中国公路可持续发展顶层设计研究

王燕弓　王　伟　著

人民交通出版社股份有限公司
China Communications Press Co.,Ltd.

内 容 提 要

本书共分7个部分，内容包括：中国公路可持续发展需要顶层设计、确立发展战略：构建“公路两个体系”、创新资金机制：强化财政事权与设立法定机构、深化体制改革：建立公路公共行政体制、完善法规制度：修订《收费公路管理条例》、重视规划引领：实施完善国家公路网规划、优化交通配置：建设综合交通运输体系。

本书可供从事公路行业管理、规划、研究工作的人员参考使用。

图书在版编目(CIP)数据

中国公路可持续发展顶层设计研究 / 王燕弓，王伟著. — 北京：人民交通出版社股份有限公司，2017.10

ISBN 978-7-114-14225-3

Ⅰ. ①中… Ⅱ. ①王… ②王 Ⅲ. ①公路运输发展—可持续性发展—研究—中国 Ⅳ. ①F542.3

中国版本图书馆 CIP 数据核字（2017）第 239335 号

书　　名：中国公路可持续发展顶层设计研究
著 作 者：王燕弓　王　伟
责任编辑：周　宇　尤晓暐
出版发行：人民交通出版社股份有限公司
地　　址：（100011）北京市朝阳区安定门外外馆斜街3号
网　　址：http://www.ccpress.com.cn
销售电话：（010）59757973
总 经 销：人民交通出版社股份有限公司发行部
经　　销：各地新华书店
印　　刷：北京市密东印刷有限公司
开　　本：720×980　1/16
印　　张：27
字　　数：330千
版　　次：2017年12月　第1版
印　　次：2017年12月　第1次印刷
书　　号：ISBN 978-7-114-14225-3
定　　价：160.00元

目　录

Contents

导论　中国公路可持续发展需要顶层设计

习近平总书记在《关于〈中共中央关于全面深化改革若干重大问题的决定〉的说明》中指出："全面深化改革需要加强顶层设计和整体谋划，加强各项改革的关联性、系统性、可行性研究。我们讲胆子要大、步子要稳，其中步子要稳就是要统筹考虑、全面论证、科学决策。"❶

公路交通发展在国家经济社会发展全局中具有基础性的战略地位，事关中国特色新型工业化、信息化、城镇化、农业现代化进程，事关全面建成小康社会和建成富强民主文明和谐的社会主义现代化国家目标的实现。我们必须充分认识公路交通可持续发展的战略价值，高度重视公路可持续发展的顶层设计，采取切实有效措施，解决突出矛盾问题，推动公路交通持续健康发展。

第一节　中国公路发展的时代背景

中国公路发展的生态环境是研究中国公路可持续发展之顶层设计的基本出发点。概括地说，中国公路发展的时代背景包括三个基本方面，即中国公路发展取得巨大成就，中国公路发展面临严峻问

❶ 2013 年 11 月 16 日《人民日报》第一版。

题，中国公路发展处于黄金时期。

一、中国公路发展取得巨大成就

新中国成立之初，交通运输面貌十分落后。能通车的公路仅有8.08万公里，民用汽车5.1万辆。经过3年的国民经济恢复期，修复了被破坏的交通运输设施设备，恢复了水陆空运输。1953年起，开始有计划地进行交通运输建设。在第一个、第二个“五年计划”和国民经济调整期间（1953—1965年），国家投资向交通运输倾斜，改造和新建了一批公路，提高了西部和边远地区的交通运输基础设施覆盖程度。“文化大革命”期间（1966—1976年），交通运输发展一度受到严重干扰，但设施和装备规模、运输线路仍在缓慢增加。

1978年，改革开放揭开了中国经济社会发展的新篇章，交通运输步入了快速发展阶段。中国政府把交通运输放在优先发展的位置，加大政策扶持力度，在放开交通运输市场、建立社会化融资机制等方面进行开创性探索，积极扭转交通运输不适应经济社会发展的被动局面。出台了提高养路费征收标准、开征车辆购置附加费以及“贷款修路、收费还贷”等扶持公路发展的三项政策；公路工程建设项目开始实行招投标制度；加大交通运输建设投资力度，吸引社会资本参与基础设施建设。1988年沪嘉高速公路通车，实现中国高速公路零的突破。

1992年，中国确立了建立社会主义市场经济体制的改革目标。交通运输不断加大改革开放力度，公路实施公路主骨架和支持保障系统的规划，制定了加快建设步伐的目标任务。为应对东南亚金融危机，中国实施积极的财政政策，公路建设投资进入“快车道”，高速公路建设大规模兴起。实施西部大开发战略，全面加强西部地区公路建设。提出“修好农村路，服务城镇化，让农民兄弟走上油路和水泥路”的发展目标，掀起农村公路建设新高潮。《国家高速公路网规划》出台。大力提升交通运输基本公共服务水平，全面加强城乡客运、城市公共交通、交通运输安全应急救助等领域建设。2008 年组建交通运输部，交通运输大部门体制改革迈出实质性步伐。

党的十八大以来，交通运输进入了加快现代综合交通运输体系建设的新阶段。交通运输全面深化改革，建设法治政府部门，加快综合交通、智慧交通、绿色交通、平安交通“四个交通”建设，围绕“一带一路”、京津冀协同发展、长江经济带三大国家战略制定发展规划。加快综合交通运输基础设施成网，推进多种运输方式有效衔接。促进现代物流业发展，提升综合运输服务保障水平。加强交通运输基本公共服务供给和管理，支持集中连片特困地区交通运输基础设施、城乡客运、城市公共交通发展。推进东、中、西、东北“四大板块”区域交通协调发展，西部地区高铁加快发展，中西部地区交通条件显著改善。2013 年，西藏墨脱公路建成通车，中国真正实现县县通公路。

近 70 年来，中国交通运输总体上经历了从“瓶颈制约”到“初步缓解”，再到“基本适应”经济社会发展需求的奋斗历程，与世界一流水平的差距快速缩小，部分领域已经实现超越，一个走向现代化的综合交通运输体系正展现在世界面前。

概括地说，广覆盖的公路网建立起来。截至 2016 年年底，全国公路通车总里程达 469. 63 万公里。高速公路通车里程达 13. 10 万公里，位居世界第一。国省干线公路网络不断完善，连接了全国县级及以上行政区。农村公路里程达到 395. 98 万公里，通达 99. 99% 的乡镇和 99. 94% 的建制村。路网技术结构不断优化，等级公路里程占公路总里程的 90. 0% 。公路客货运输量及周转量、水路货运量及周转量均居世界第一。基础设施建设技术世界领先。高原冻土、膨胀土、沙漠等特殊地质的公路建设技术克服世界级难题，青藏公路先后建成通车运营。陆续建成一批世界级特大桥隧，特大桥隧建造技术达到世界先进水平。市场体系不断完善。经过 30 多年的市场化进程，公路建设、养护、运输不断推向市场。积极推行市场准入负面清单制度，鼓励和引导社会资本参与交通运输投资运营，大力推广社会资本与政府合作模式（PPP）。公路运输全面实现政企分开。加快市场信用体系建设，市场监管体系逐步完善，统一开放、竞争有序的公路交通运输市场基本形成。着眼全面建成小康社会，中国政府坚持把交通运输摆在先行发展的重要位置，交通运输在推动经济社会发展、服务和改善民生以及促进生态文明建设方面，发挥了基础性先导性服务性作用。不断扩大对外开放。交通运输业是中国最早对外开放的行业之一。在运输服务领域，公路货运、国际集装箱多式联运完全放开。中国交通工程建设向全世界展示了雄厚的产业竞争实力。

二、中国公路发展面临严峻问题

本书研究的主题是“中国公路可持续发展顶层设计”，而“问题意识”则是研究的导向。

习近平总书记在党的十八届三中全会所作《关于〈中共中央关于全面深化改革若干重大问题的决定〉的说明》中精辟地指出：“我们强调，要有强烈的问题意识，以重大问题为导向，抓住关键问题进一步研究思考，着力推动解决我国发展面临的一系列突出矛盾和问题。我们中国共产党人干革命、搞建设、抓改革，从来都是为了解决中国的现实问题。可以说，改革是由问题倒逼而产生，又在不断解决问题中得以深化。35 年来，我们用改革的办法解决了党和国家事业发展中的一系列问题。同时，在认识世界和改造世界的过程中，旧的问题解决了，新的问题又会产生，制度总是需要不断完善，因而改革既不可能一蹴而就也不可能一劳永逸。”[1]

（一）我国公路交通发展面临的困难、问题和风险不容低估

概括地说，交通运输基础设施补短板，物流服务降成本提水平仍需下大力气；构建现代综合交通运输体系任务繁重，国家层面综合交通运输管理体制已基本建立，但省级综合交通运输改革、各种交通方式融合发展等仍需改革攻坚；交通运输促投资稳增长仍面临较大压力，资金供给与刚性支出矛盾突出，政策障碍尚未消除；传统道路运输、港航等企业经营困难加剧，交通运输企业转型升级亟待加快；政府管理服务尚不能满足行业转型升级的迫切需要，法律法规与标准制修订、形势研判与政策储备、管理与服务方式方法等跟不上交通运输新技术、新模式、新业态的飞速发展；交通运输安全生产形势仍不乐观、基础仍不稳固，安全生产监管不可掉以轻心；等等。对于这些问题，我们要高度重视，认真加以解决。

具体地讲，公路交通面临的突出问题至少有以下几个方面：

1. 公路建设任务依然繁重，制约因素日益增多

（1）总量依然不足。国务院批准的《国家公路网规划（2013—2030年）》要求新建国家高速公路2.6万公里，改造升级普通国道10万公里。农村公路通达深度不够，全国还有10多个乡镇、1892个建制村没有通公路。无论从规模上、数量上、质量上来说，还有大量工作要做，就是路通了，也是低水平的，离规划目标还有较大差距。

（2）结构性矛盾突出。无论从高速公路还是从普通国道的比例关系来说，或者城乡公路结构、地区公路结构、不同等级的公路结构方面，都存在一些突出问题。就高速公路本身来说，还有4000多

[1] 2013年11月16日《人民日报》第一版。

公里的断头路，普通国道还有2800公里的瓶颈段，路网中二级及以上的公路占比只有12%，水平比较低，中西部比例更低。

（3）建设造价攀升。现在新开工的高速公路，每公里平均造价要超过1亿元。再加上能源资源、土地、生态环境的刚性约束日益强化，公路建设面临的制约因素日益增多。

（4）建设债务风险加大。一方面建成的路多，成绩巨大，另一方面债务包袱也很沉重。现在我国早期建成的高速公路面临着收费期限到期、积累的债务需要集中清偿的问题。截至2013年底，政府还贷公路债务余额1.96万亿元。2014年底，全国已有2134公里的政府还贷高速公路收费到期。如果停止收费，因贷款本息和收费权质押带来的连带债务约有2216亿元，将失去偿还来源。

总的看，公路建设任务依然繁重，制约建设内容增多。

2. 公路养护管理需求日益增长，体制机制仍不适应

在养护管理方面的问题也不少，甚至比建设问题更突出。

（1）养护任务繁重。20世纪90年代大规模建设的公路，现在大都进入了周期性养护高峰期，需要集中大修。

（2）养护资金短缺。据测算，仅普通公路养护资金每年需要约2800亿元，但实际投入只有1443亿元，缺口约50%。从农村公路来说，养护经费缺口在70%以上。一些地区干线公路养护工程难以安排，一些危险桥隧、事故多发和灾毁路段不能及时修复，大量农村公路存在失养。有些地方还将养护资金挪作建设资本金，加剧了资金不足的情况。按照规定，转移支付应该全部用于养护，但是相当一部分用于建设。

（3）体制机制不顺。现在养护管理体制是事权和主体责任不清楚，支出责任不分明，管理机构分散多元，管理模式不统一，有些计划经济色彩还比较重。财政出钱养人、效率低下的情况依然存在，

不能适应公路管理养护需要。这些问题的存在，都和“重建轻养”的现象有关，不少地方还存在着弃养待建和以建待养，公路损坏严重。

3. 公路交通服务能力不足，难以满足多元化资金需求

随着经济社会快速发展，越来越多小汽车进入家庭。群众出行需求日益增多，出行质量要求不断提高，但公路基础设施条件、出行服务能力等还不能完全达到要求。

（1）服务水平有待提高。如服务站所虽比过去有了较大改善，但仍有不小差距。高速公路服务站的厕所是服务水平的一个重要标志，确实是好的不多；不是不想弄得更干净一些，但受条件所限，没那么多土地资源，车流量又大，使用密度高。解决这些问题，需要下很大工夫。

（2）智能化水平有待提高。尽管 ETC 建设和应用规模增长很快，但受使用频次和使用范围影响，覆盖还不够广，与发达国家相比还有较大差距。江苏等不少地方做得不错，但是从全国范围来看，需要很大提高。

（3）应急处置能力有待提高。路网运行监测体系仍不健全，尚未建立覆盖国省干线的灾害预报预警系统，重大突发事件抢通保通能力需要加强。

4. 交通安全特重大事故频发，公路安全保障能力明显不足

道路交通事故是交通安全的重灾区，占 80% 以上。据公安部门统计，2016 年 1 ~ 9 月，全国共发生涉及人员伤亡的道路交通安全事故 13.5 万起，造成 3.6 万人死亡、15 万人受伤，直接财产损失 7.2 亿元，给人民生命财产安全带来重大损失。造成事故的原因是多方面的，但安全防护设施不完善也是一个重要因素。据统计，近年来，实施安保工程成效显著，但目前急需改造的隐患路段还有 32

万公里，还有约157万公里的乡道、村道存在安全隐患。这些隐患如果不能够及时治理，始终是道路交通安全的隐性火药桶。

（二）坚持以问题为导向，加强公路可持续发展顶层设计

针对公路交通发展中存在的问题，必须转变交通运输发展方式、加快构建综合交通运输体系，坚持公路建设、管理、养护、服务、安全五位并举，坚持以问题为导向，加强顶层设计，全面深化公路体制改革，创新运行机制，强化科技支撑，完善法规政策，以实现公路科学发展、安全发展、可持续发展，为经济社会发展和人民群众安全、便捷出行做出更大贡献。

具体地讲，包括以下几个方面：

1. 关于公路建设问题

公路建设首先还是要解决认识问题。究竟我国公路建设得差不多了，还是要继续加强？我们认为，当前我国正处于转变发展方式、加快建成小康社会的关键时期，对公路基础设施网络提出了新的更高要求，公路建设只能加强，不能削弱。要继续坚持适度超前的原则，统筹规划，分步实施，优化结构，注重质量，发挥好公路建设对经济发展的支撑保障和投资拉动作用，为稳增长、促改革、惠民生、防风险做出积极贡献。

（1）要坚持规划引导。规划先行，就是要一手抓当前，把当前的公路建设工作抓好；一手抓长远，基础设施建设具有先导性，不仅要满足当前需求，还要为未来经济社会发展留有空间。我国公路发展还处在加速成网的关键阶段，要从全面建成小康社会和构建综合交通运输体系出发，科学合理地确定发展目标和建设任务。既要避免规模过大，造成浪费，也要保持一定的发展速度和建设规模，

做到适度超前，避免出现新的“瓶颈制约”。当然，公路发展规划要放在综合交通运输体系中统一考虑、统一安排。同时各项专项规划，包括高速公路、普通国省道、农村公路规划，都要做好衔接。

（2）适度加大公路建设投资。当前经济下行压力较大，适度增加公路建设投资，有利于稳增长、促就业，有利于消化钢铁、水泥等过剩产能，也有利于加快完善公路网结构。“十三五”规划的项目要逐一落实，可以借鉴铁路建设的经验，采取项目对接的办法，把地方政府、环保、土地等相关部门集合起来，做好项目对接，倒排时间表，抓好每一个环节的落实和跟进。资金的筹措还是要多渠道，关键是落实好 2011 年国办发 22 号文件《关于进一步完善投融资政策促进普通公路持续健康发展的若干意见》，除中央预算资金、专项资金和政府债券以外，地方政府还要加大资金安排，用于普通公路发展。建议由地方发行专项债券；同时通过采取特许经营，通过 PPP 等各种模式，广泛吸引社会资金参与公路建设。

（3）要优化路网结构和均衡发展。目前高速路网还存在断头路，普通国道还有瓶颈路段。要优化结构，首先要把高速路网的断头路和普通国道的瓶颈路段摆在优先位置上去考虑，否则整体效益、网络效益就发挥不出来。要按照国家发展战略规划，加强京津冀、长江经济带、丝绸之路经济带等路网建设，把建设重点更多地向中西部地区特别是贫困落后地区倾斜，继续加强农村公路建设，提高通达深度和通畅率。

（4）要大力提升公路建设质量。要坚持质量速度、规模效益相统一。时间服从质量，不能靠行政命令干预压缩前期工作周期和施工工期，确保工程优质、资金安全。

（5）要落实公路建设各项支持政策。公路建设项目的审批环节不能少，比如土地、环境、文物、水利评审都是必要的，建设过程中政府必须要管，不管不行。但是在审批层次、审批环节、审批程序和工作效率上要进一步改进，压缩时间、提高效率。

2. 关于公路养护问题

公路建设创造财富，是增量发展；公路养护保护财富，是可持续发展。公路“三分建、七分养”，这句话确实是有道理的。现在公路存量近500万公里，建设好这些路不容易，养好护好这些公路更重要。现在有不少地方，建设积极性很高，养护管理重视程度不够。如果养护管理跟不上，小病不治成大病，路网出现大面积损坏，会造成更大损失，不符合科学发展的要求。公路养护问题确实是到了必须摆上重要议事日程、下功夫解决的时候了；否则欠债越来越多，将来问题更大，早动手早解决早主动。公路养护工作的难点是体制机制问题，突出表现为养护事权与支出责任不相匹配；核心是资金保障问题，突出表现在资金缺口较大；关键是推进市场化改革，提升养护作业效率，降低养护工程成本。要重点抓好以下三个方面改革：

（1）理顺公路养管体制机制。按照“统一领导、分级管理”和“政事分开、政企分开”的原则，稳步推进公路行政管理体制改革，明确事权，理顺支出责任。要根据财税体制改革确定的事权划分原则，综合考虑国道、省道、农村公路的不同功能定位，分级明确养护管理职责，理顺中央和地方的养护事权划分，相应承担和分担支出责任。交通运输部提出的国道国管、省道省管、县道县管，总体思路和方向是对的，但在表述上可以进一步研究。比如说国道国管，从支出责任来看由中央负责，在具体管理上鞭长莫及，还得委托地方管。目前正在搞财税体制事权划分，其中有一项是公路事权划分。公路养护管理体制改革的方向应该是明确的，首先要划分事权和支出责任，这是前提；财政部、交通运输部正在按照财税体制改革的要求，尽快予以明确。

（2）构建资金保障体系。非收费的普通公路养护资金主要通过财政安排，需建立以公共财政为主的保障机制。各级政府要拓宽渠道，多方筹措资金，解决资金不足问题。财政、交通运输部门要加强养护资金使用监管，防止和避免挤占挪用。公路交通部门也要加强管理，千方百计降低养护成本，提高养护资金使用效率。现在养护资金费用本来就不足，如果再拆东墙补西墙，墙墙有洞，将来必须要有更多的钱投入，所以还是要坚持专款专用。

（3）推动养护市场化改革。管养分离、养护市场化要继续探索扩大。要坚持因地制宜、分类有序推动改革，建立政府与市场合理分工的养护组织模式。收费公路、普通国省干线养护工程实行市场化，采取政府购买服务的方式。普通国省干线日常养护作业，发挥基层公路养护道班、工区及区域性应急养护保通队伍的作用。农村公路养护工程可通过购买服务方式由专业化队伍承担，也要充分发动群众参与日常养护。

3. 关于收费公路政策问题

（1）要充分肯定贷款修路、收费还贷政策的历史贡献、历史作用。“贷款修路、收费还贷”政策对促进我国公路建设特别是高速公路建设发挥了积极作用。它打破了由政府包办的单一投资渠道，形成了多元化的公路建设投融资模式，有效缓解了公路建设资金不足，为公路事业快速发展注入了极大活力。如果没有这项政策，我国的公路建设不可能发展得这么快、这么好，取得这么大的成绩，行路难的问题也根本解决不了。这是一个成功的经验，必须充分肯定。

（2）现行收费政策迫切需要尽快完善。原有的一些政策已经不能适应新的环境和条件，在执行中也存在不少现实问题，最重要的是到期了就要取消收费。从现实情况看，现在高速公路是成网运行的，但投入运营的时间有先有后，先到期的取消收费了，整个网里面有一段收费，其他段不收费，一会儿收费一会儿不收，路网的整体性被破坏，效率也会降低。从还贷来说，建设成本提高很快，到期还不了贷，形成巨大的债务风险。从养护看，将来停止收费，养护成本不可能完全让政府财政承担，养护缺口也无法解决。从未来建设来看，取消了收费，凡是投资建设高速公路的都背了债。如果是这样的社会示范效应，社会资金还会参与高速公路建设吗？显然，不利于将来稳定地解决建设资金来源。

（3）要科学论证、有理有据地完善收费公路政策。收费公路政策是个敏感的问题，既是经济问题，又是社会问题，社会各界十分关注，决策必须慎之又慎，必须周密科学，为社会各界所接受。下一步收费公路政策如何调整？《收费公路管理条例》如何修订？交通运输部、国务院法制办正在已有基础上继续研究，做到更加有理有据。“公路两个体系”的思路，采取低标准、长期限收费和统贷统还的调整办法，总体是可行的，可以沿着这个思路去深入研究。联网运行的高速公路，第一是要统一贷款、统一还款，虽然公路每一条线建设时间不一样，但都是一个网络、一个整体；第二是非盈利，向公众说清楚，虽然收费，但是非盈利的；第三，低费率，到期后延长收费，采取低费率；第四，长期性，要基本满足收费公路维持自身养护和管理的基本开支；第五，高透明，把理由说清楚，把成本说清楚，把将来花费说清楚，让公众客观地、公正地对待这件事情。对少数到期的高速路收费需要慎重研究。

简言之，中国公路的发展与治理正是遵循习近平总书记所指出的“问题导向”与“顶层设计”而进行的。特别是改革开放以来，我们用改革的办法解决了中国公路发展与治理中的一系列问题。同时，在认识世界和改造世界的过程中，旧的问题解决了，新的问题又会产生，公路政策与制度总是需要不断完善，因而中国公路的发展与治理既不可能一蹴而就，也不可能一劳永逸。

三、中国公路发展处于黄金时期

习近平总书记高度重视交通运输工作，对交通运输事业寄予殷切期望，给予亲切关怀，并做出一系列重要论述。

2016 年 9 月，习近平总书记对交通运输工作做出新的重要指示。他指出，“十三五”是坚持新发展理念，实现全面建成小康、推进供给侧结构性改革的关键时期，是经济社会发展的重要时期，也是交通运输基础设施发展、服务水平提高和转型发展的黄金时期，要求我们抓住这一时期，加快发展，不辱使命，为实现中华民族伟大复兴中国梦发挥更大作用。他指出，实现扶贫脱贫要多措并举，路、水、电等基础设施是重要方面，“要想富，先修路”不过时，要求我们久久为功，建好“四好农村路”。他指出，推进供给侧结构性改革，促进物流业“降本增效”，交通运输大有可为，要求我们在组织创新、管理创新等多个方面要有所作为，把简政放权、提高效率放到重要的位置。他指出，“三大战略”和“四大板块”是经济发展的重点，特别是“三大战略”都是从全国和国际国内大局出发提出的，要求我们找准位置，不辱使命，有所作为，发挥先行作用。他指出，综合交通运输进入了新的发展阶段，要求我们在体制机制上、方式方法上、工作措施上都要勇于创新、敢于创新、善于创新，推进各种运输方式融合发展。他指出，“两路”精神充分体现了交通运输系统的风采，要求我们在新形势下要进一步弘扬并创新发展。他指出，加强党的建设，加强党的领导，交通运输部党组要把主体责任、监督责任承担起来，扛在肩上，落到实处，不断提高党的建设的科学化水平，要求党组的同志和各级党组织都要精诚团结、努力奋斗，不断开创党的建设和各项事业的新局面。[1]

习近平总书记对交通运输工作新的重要指示，概括起来，主要是“七个重点、四项要求”。七个重点是：紧紧抓住交通运输黄金时期，建好“四好农村路”，促进物流业“降本增效”，积极服务“三大战略”，创新发展综合交通运输，大力弘扬“两路”精神，全面加强党的建设。四项要求是：把握机遇，加快发展；真抓实干，久久为功；组织创新，管理创新；找准位置，履职尽责。这是习近平总书记治国理政新理念新思想新战略在交通运输领域的集中体现，是做好新时期交通运输各项工作的指导方针和根本遵循。

这里，要突出重视习近平总书记做出交通运输仍处于黄金时期的重大判断，进而深入理解，交通运输作为国民经济重要的基础性、先导性、服务性行业的基础地位没有改变，交通运输在经济社会发展中先行官的职责和使命没有改变，交通运输在稳增长、促投资、促消费中的重要作用没有改变，交通运输由基本适应向适度超前发展的阶段性特征和态势没有改变。所以，黄金时期是经济发展新常态、战略机遇期、全面建成小康社会决胜阶段、推进国家“三大战略”等大的时代背景综合作用于交通运输的集中体现。

简言之，2020 年，中国将全面建成小康社会，实现第一个“百年目标”，公路交通运输需要进一步加快发展，充分发挥基础性先导性服务性作用，当好先行官，为全面建成小康社会提供坚强保障。而 2049 年，实现第二个“百年目标”、实现中华民族伟大复兴的中国梦，对公路交通运输发展提出了新的更高要求。

---

[1] 参阅李小鹏在交通运输部 2017 年全国交通运输工作会议上的讲话。

第二节　中国公路可持续发展顶层设计的价值与建议

习近平总书记十分注重顶层设计，强调加强顶层设计，完善重大政策制度，从而为我国公路交通可持续发展的顶层设计指明了方向。

一、改革开放要在加强顶层设计的前提下进行

中国公路可持续发展，需要坚持社会主义市场经济改革方向，搞好顶层设计，及时推出一些有针对性的改革措施，坚持整体渐进和局部突破相结合，大胆探索，务求实效。

顶层设计本是一个建筑学、工程学、艺术学、经济学的概念。习近平总书记强调对改革的顶层设计，是要我们重视宏观思考、总体谋划、整体规划。顶层设计有以下几个特点：第一，它是自上而下“系统谋划”的过程，在一定的理论、理念指导下，制定出政策、规划，从上到下，层层贯彻落实。第二，它是一个谋划全局、带动长远的过程。“不能谋全局者不能谋一域，不足谋万世者不足谋一时。”顶层设计在推进改革开放过程中有很重要的作用。顶层设计有利于拓展和深化改革开放。例如，我国的全面改革是从农村家庭联产承包制开始的，起初也只是局部活动。十二届三中全会通过了《中共中央关于经济体制改革的决定》，对拓展和深化改革提出了指导意见。正是这一顶层设计，农村改革成果得到巩固，并向城市改革推进。党的十八届三中、四中、五中、六中全会相继审议通过的《中共中央关于全面深化改革的决定》《中共中央关于全面推进依法治国若干重大问题的决定》《中共中央关于制定国民经济和社会发

展第十三个五年规划的建议》《关于新形势下党内政治生活的若干准则》和《中国共产党党内监督条例》，就是关于“四个全面”战略的顶层设计。

2012 年 12 月 31 日，习近平总书记在十八届中共中央政治局第二次集体学习时指出：摸着石头过河，是富有中国特色、符合中国国情的改革方法。摸着石头过河就是摸规律，从实践中获得真知。摸着石头过河和加强顶层设计是辩证统一的，推进局部的阶段性改革开放要在加强顶层设计的前提下进行，加强顶层设计要在推进局部的阶段性改革开放的基础上来谋划。❶

这就为我们正确运用摸着石头过河和加强顶层设计这两种基本方法，进一步加强改革的宏观思考和顶层设计提供了基本遵循。

强调摸着石头过河，就是要继续鼓励大胆试验、大胆突破，不断把改革开放引向深入；强调顶层设计，就是要加强宏观思考、高瞻远瞩、整体谋划，增强我们推进改革开放的自觉和自信。依靠摸着石头过河为顶层设计提供材料和经验，为改革开放提供源头活水和实践依据；依靠顶层设计为摸着石头过河提供政策引导和方案指导，为改革开放引领目标、凝聚共识、统筹谋划。把两种方法结合使用，就能既大胆探索、勇于实践，又高屋建瓴、综合配套、系统推进，避免头痛医头、脚痛医脚。

全面深化改革是一项复杂的系统工程，需要加强顶层设计和整体谋划，加强各项改革关联性、系统性、可行性研究。我们要在基本确定主要改革举措的基础上，深入研究各领域改革关联性和各项改革举措耦合性，深入论证改革举措可行性，把握好全面深化改革的重大关系，使各项改革举措在政策取向上相互配合、在实施过程中相互促进、在实际成效上相得益彰。

❶ 2013 年 1 月 1 日《人民日报》第一版。

全面深化改革是关系党和国家事业发展全局的重大战略部署，不是某个领域某个方面的单项改革。“不谋全局者，不足谋一域。”大家来自不同部门和单位，都要从全局看问题，首先要看提出的重大改革举措是否符合全局需要，是否有利于党和国家事业长远发展。要真正向前展望、超前思维、提前谋局。只有这样，最后形成的文件才能真正符合党和人民事业发展要求。全面深化改革需要加强顶层设计和整体谋划，加强各项改革的关联性、系统性、可行性研究。

加强顶层设计，是为了更好地走过深水区；有利于把改革引向深入。加强顶层设计，就是更加注重总体统筹、整体谋划，把握改革的宏观性、整体性、系统性、协同性，务实有效推进各项改革。加强顶层设计，就是要对经济体制、政治体制、文化体制、社会体制、生态文明体制和党的建设制度改革做出总体统筹设计，对各项关联性改革进行深入研究，努力做到全局带动局部，局部促进全局，努力做到治本和治标相结合，标本兼治，努力做到以渐进改革促进重点突破。

中国是个大国，决不能在根本性问题上出现重大错误。当前，改革已进入攻坚期和深水区。随着利益格局深刻调整，利益关系日益错综复杂，形成改革共识的难度在增大。改革进程中，既有利益的藩篱盘根错节，也有体制机制的顽瘴痼疾。这样的背景下，要继续深化改革，必须把握大局、稳中求进。

“不谋全局者不足谋一域，不谋万世者不足谋一时”。改革是一场深刻的革命，提高改革决策的科学性、连续性和可行性，离不开统筹谋划，在战略思考的基础上进行顶层设计。这些年来，改革不断向前推进，但在一些领域，难以上升到宏观层面，难以向纵深发展。有的地方和领域，单兵突进，没有系统整体谋划，缺乏配套协调。这些现象的存在，都要求我们强化改革顶层设计和总体规划，确保改革措施的公平性和利益最大化。

改革是一个复杂的系统工程，确保各个子系统之间的协调和互动至关重要。无论是收入分配制度改革，还是加快经济结构调整；无论是推进城镇化进程，还是建设更加体现公平正义的社会保障体系，都涉及国家、企业、居民间利益格局的调整，涉及城乡、地区、行业间利益格局的调整，涉及中央、地方利益格局的调整，涉及经济基础和上层建筑的整体建构，需要更高层次的统筹协调，使改革更加科学系统，富有成效。

2014 年 3 月 30 日，习近平总书记应德国科尔伯基金会邀请，在柏林发表重要演讲。演讲结束后在回答关于中国改革的问题时，他强调，改革在中国只有进行时，没有完成时。当前，中国改革已进入深水区，牵一发而动全身，要敢于啃硬骨头。我们的改革是全面改革，包括经济、政治、文化、社会、生态文明领域，还包括中国共产党自身建设制度改革。我们已经做出了顶层设计，提出了时间表和路线图，正在逐项落实。[1]

综上所述，习近平总书记关于“改革开放要在加强顶层设计的前提下进行”的一系列重要讲话，深刻阐述了加强顶层设计的重要意义，并为我国公路交通可持续发展的顶层设计指明了方向。

二、关于公路可持续发展的顶层设计建议

2013 年 5 月，我们撰写完成了呈报国务院的决策咨询报告《关于公路可持续发展的顶层设计建议》，该报告主要内容如下：

（一）公路发展的严峻形势与关键问题

实现公路交通的可持续发展，需要充分认识并解决好三对突出

[1] 2014 年 3 月 31 日《人民日报》第一版。

矛盾：一是公路交通的巨大成就与巨额债务的矛盾；二是经济社会对公路发展需求增长与政府财政能力不足的矛盾；三是社会公众取消公路收费的过高期望与社会主义初级阶段的矛盾。

得益于1984年国务院出台的“贷款修路、收费还贷”政策，到2012年底，我国公路总里程达到了423.75万公里，其中高速公路9.62万公里，一级公路7.43万公里，二级公路33.15万公里，分别是25年前的654倍、44倍和10倍。公路运输成本不断下降，目前我国公路吨公里物流成本仅为美国的1/3和德国的1/4。同时也积累了巨额债务。2012年，全国收费公路债务29130亿元，已取消的二级还贷收费公路债务约7400亿元，在建收费公路债务约6000亿元，加上其他普通公路（含农村公路）债务，总债务规模约为4.6万亿元。

公路债务产生并不断积累的根源是现阶段我国一般财政与专项税收远无法满足经济社会发展对公路基础设施的旺盛需求。在建设方面，2011年我国公路建设投资为12596亿元，其中车购税和中央地方预算资金分别为1981亿元和173亿元，仅能满足其17%；在维护方面，我国423.7万公里公路每年的管理养护和大中修需求约为4000亿元，目前公路的成品油消费税专项转移支付资金仅能满足其30%，剩余建养资金缺口都需要依靠收费公路政策筹集的资金予以弥补。收费公路政策仍是我国公路可持续发展的根基。

受建设、养护、融资成本快速上涨和通行费收入增长放缓的影响，当前我国收费公路的形势相当严峻。2012年全国公路通行费收入3281亿元，支出3847亿元，收支亏损566亿元，比2011年亏损323亿元进一步扩大。这主要是由于收费公路已进入集中还债期：2010至2012年全国通行费收入分别为2859亿元、3179亿元、3281亿元；还本付息支出分别为1733亿元、2210亿元、2808亿元，分别占当年通行费收入的60%、70%、86%，占比提高迅速。在这样严峻的形势下，即使只实行收费公路到期停止收费，将存量债务和维护发展经费改由政府财政承担，也必将引发重大危机。同时，收费公路政策的外部环境也面临严峻挑战。我国收费公路每收10元就有8.6元还债的现实，被炒作为暴利行业；在通行费标准十几年未上调的情况下，被指责为物价和流通费用上涨的推手。这些误解经媒体推波助澜，已经影响到公路政策的制定与实施，阻碍了公路可持续发展。

（二）确立发展战略：构建“公路两个体系”

世界上没有真正意义的“免费公路”，只有“收税公路”和“收费公路”。美国于20世纪90年代初建成的州际高速公路系统属于“收税公路”，其资金来源是国家公路信托基金。该基金由联邦财政部管理，联邦与各州政府的出资比例为90:10。到2010年，美国公路总里程为655万公里，其中高速公路9.9万公里；全年公路总支出为12750亿人民币，其中建设支出6221亿元，维护与管理支出5766亿元，还债支出762亿元。而同年美国公路专项税（加少量“费”）总收入为13723亿元人民币，收支盈余约1000亿元。

世界银行2007年《中国高速公路：连接公众与市场，实现公平发展》报告曾测算：“如果中国政府决定完全依靠燃油税来支持公路维护支出，燃料的税后价格将会比2006年中期油价高30%。如果将税后油价提高到2006年中期油价的3倍，所得税收可以支付所有养护和规划中公路的建设费用。”但世界银行报告更倾向于中国坚持收费公路政策：“最近通过的关于已经偿清所有贷款的公路不再收费的规定值得商榷。”“为满足中西部交通量不足地区公路的需求，中国政府可以考虑采用全国统一路费征收政策。这一政策目标是将成熟高速公路上的收入转移到欠发达省份低容量和非营利公路的建设上。这一方法旨在弥补部分省份的收入不足，直至所有公路债务完全偿清为止。许多国家，尤其是欧洲国家的收费公路发展运用的都是这种方法。”

交通“适度超前”发展是“十二五”期确定的任务。届时全国高速公路将增加到11万公里，建设投资需16000亿元以上。到2020年，全国公路将新增100万公里，达到500万公里，其中仅非收费公路新建改建就需要25000亿元。未来我国公路建设、维护管理以及债务偿还的任务十分艰巨。

我们认为，基于我国将长期处于社会主义初级阶段的基本国情，确保公路可持续发展的治本之策，是统筹发展以高速公路为主体的收费公路体系和以普通公路为主体的非收费公路体系。2011年8月，国务院办公厅《关于促进物流业健康发展政策措施的意见》中明确指出：“统筹发展以普通公路为主的体现政府普遍服务的非收费公路和以高速公路为主提供快捷、高效服务的收费公路”。

我们建议，继续坚持收费公路政策，创新完善以高速公路为主的收费公路体系；健全收费公路管理监管机制，实现收支透明，将我国收费公路在公路网的比重稳定在4%以内。收费目的包括统筹偿还整体债务，承担高速公路运行维护费用，筹集大中修及改扩建资金，调节路网交通流量，优化路网资源配置，适度支持普通公路的发展。同时，还要创新以公共财政投入为主的普通公路投融资机制，探索建立公路发展基金，完善专项税政策，实现事权与财权财力匹配，确保车购税用于公路发展，包括普通国省干线公路和农村公路建设与养护，形成覆盖城乡运转良好的非收费公路体系。

（三）创新融资机制：设立不以营利为目的的法定机构

资金是当前制约公路交通可持续发展最突出的问题。公路（包括收费公路）回归公共产品属性，是公路创新投融资机制，确保公路可持续发展的基石。只有在收费公路回归公共产品属性并强化其非营利性，确保通行费收入“取之于车，用之于路”的基础上，才能让公众接受延长收费公路期限，实施“公路两个体系”发展战略。

我国尚处在社会主义初级阶段，不可能由政府承担高速公路发展的全部资金。为此，我们建议借鉴日本的有关做法。

1956 年，日本颁布“道路公团法”，成立以建设和管理收费公路的特殊法人“日本道路公团”，并授权国土交通省负责监管。道路公团的业务活动通过立法确定，在发展计划、预算、收费标准等方面由国家批准并监督实施；日本政府给予担保并免征法人税等特权。道路公团的资产属于日本政府，资金来源主要是政府的资本金、债券和票据的发行收入、贷款、政府补贴和通行费收入。日本国家高速公路网就是由道路公团建成的，同时也积累了巨额债务。

2005 年，日本政府对收费公路管理模式进行改革，出台《日本高速公路资产持有及债务偿还机构法》，设定 2050 年还清日本所有公路（含新建续建）债务的目标。新组建的独立行政法人“日本高速公路资产持有及债务偿还机构”（简称“机构”），继承原道路公团的公路资产管理职能并对全国收费公路实行统贷统还。截至 2011 年底，该机构已偿还公路债务 55972 亿日元，占接手时的债务 387398 亿日元（约为 21010 亿人民币）的 17%；并整体降低 10% 的通行费标准。

“机构”代表日本政府持有公路资产，将公路“出租”给按区域组建的 6 家专业化特许公司，实现了资源集约与收费公路服务的标准化、均等化，大幅降低了路网运营维护成本。“租金”全额用于偿还收费公路债务；公司代收通行费并负责管理维护收费公路。通行费收入扣除核定的运营维护成本后，以租金的形式全额上缴“机构”；从制度设计上实现了优先维护公路与通行费的非营利性。

公司则主要通过服务区经营、沿线广告、信息服务，以及通过技术创新和效率提高所节约的管理费用等获得利润。新建收费公路需经“机构”批准，再由公司负责初始融资，招标建设，施工监管。建成后的公路资产和债务一并移交“机构”，同时签订特许运营合同。这种 BTO 的模式，确立了政府在收费公路领域的主导地位，消除了公司利用公路垄断特性牟取暴利的机会。

在融资渠道方面，日本收费公路建设主要采取专项债券等低成本融资方式。2005 年 12 月至 2013 年 2 月，“机构”共发行 101 笔“日本高速道路保有债务偿还机构债券”，总额 41528 亿日元，债券最小面值为 1000 万日元（62 万人民币）。投资门槛的降低使广大公民和企业都有公平的机会参与收费公路投资，进而形成债券的发行方市场。最新一期债券利率仅为 0.781%，略高于日本国债，这即是通过市场机制确定的收费公路投资合理回报率；融资过程与收支情况过程公开透明，提高了收费公路政策的社会认可度。“机构”在当前日本经济低迷的情况下，通过发行低息债券置换原有的高息债务，对公路资本进行优化和重组。

我们建议，坚持并完善《收费公路管理条例》关于“依法设立专门的不以营利为目的的法人组织”的规定，借鉴日本的做法，以更大的创新力度，制定适应我国高速公路可持续发展的投融资政策，创建有中国特色的旨在代行政府职能，建设和管理以高速公路为主的收费公路的法定机构；交通运输部建立全国公路债务动态监管机制。

（四）深化体制改革：建立公路公共行政体制

《收费公路管理条例》规定：“省、自治区、直辖市人民政府交通主管部门对本行政区域内的政府还贷公路，可以实行统一管理、统一贷款、统一还款。”多年来，辽宁省卓有成效地实行了这一政策。省交通厅是公路项目融资主体，统一负责资金的筹集和偿还。

隶属于省交通厅的高速公路管理局（事业法人）作为全省高速公路的运营主体，只负责高速公路的经营和维护保养。政府对高速公路的管理职能采取省交通厅授权下属事业单位方式进行。辽宁模式的突出特征，是全省公路“统收统支、统贷统还”，没有经营性公路，大幅降低公路发展对债务性资金的依赖，有效推进辽宁省公路的整体发展。在政府还贷二级公路首批撤收费站的13省中，辽宁省债务最少（52.8亿元），远低于12省均263.8亿元的水平；收费里程最短（2682公里），远低于12省均11056公里的规模。而辽宁15214公里二级公路总里程却超过12省均近2000公里，养护质量在全国名列前茅，是全国第一个实现所有非高速公路免费通行的省区。

我们建议，保持、完善并推广“辽宁模式”。

我们认为，转变政府职能作为公路管理体制改革的核心，关键要解决从“部门行政”向“公共行政”转型。以“社会主义公共行政体制”作为我国行政体制改革的目标，是完善社会主义市场经济体制和政治体制的必然要求。“公共行政”的主要特征有：一是公共性，强调政府的职能是管理社会公共事务、提供公共产品和公共服务。二是公正性，强调政府是公共利益的代表者和公共意志的执行者，必须维护社会公平正义。三是服务性，强调政府管理社会公共事务的主要方式是为公民提供良好的服务。

收费公路的本质是《收费公路管理条例》所强调的“不以营利为目的”；不宜由国资委管理。课题组建议，作为公共产品的收费公路，包括收费公路法定机构，由交通运输主管部门监管；实行交通运输主管部门监管的公路建设的投融资管理体制。

（五）完善法规制度：修订《收费公路管理条例》

完善法规制度，是公路可持续发展顶层设计的关键。

我们认为，当务之急是按照公路两个体系发展战略思路，修订

《收费公路管理条例》，完善以高速公路为主的收费公路体系的相关法规，为实施公路两个体系发展战略提供法规保障。

《收费公路管理条例》中关于收费期限设定主要是基于当时的公路造价和收费标准，对高速公路的快速发展、债务偿还和大规模路网的长期维护考虑不足。目前大多数收费公路执行的还是一二十年前的收费标准；面对建设、维护成本的快速上涨，如独立核算，大多数新建公路都难以在规定年限内偿清债务。政府与金融机构都面临严重的“公路债务悬崖”风险。按《收费公路管理条例》规定年限，5 年内将有 1.8 万公里收费公路到期（含桥梁隧道 1100 公里），其中高速公路 7300 公里，一级公路 7400 公里，二级公路 3300 公里。这 1.8 万公里收费公路 2012 年的债务余额为 4900 亿元；通行费收入为 440 亿元，扣除 140 亿元的税费和维护等费用，仅有 300 亿元可用于还本付息；5 年内将有超过 4000 亿元贷款失去还款来源。特别要注意的是，很多即将到达收费年限的高速公路还担负着其他已建或在建公路的质押责任。如山西已经建成的 4000 公里高速公路中，约有 3000 公里的银行贷款都以太旧高速公路作为质押；如果太旧高速公路近期停止收费，全省公路资金链必然断裂。此类情况在大多数省份都存在。

我们建议，《收费公路管理条例》修订时，一要允许到期的高速公路在政府收回后继续实行非营利性收费，以确保全国公路整体债务偿还并筹集维护资金；二要推广完善省（自治区、直辖市）人民政府交通主管部门对本行政区域内的政府还贷公路“实行统一管理、统一贷款、统一还款”；三要对“依法设立专门的不以营利为目的的法人组织”做出进一步规定，以支持创建中国特色的收费公路法定机构。

（六）重视规划引领：完善国家公路网规划

国家公路网作为由普通国道和国家高速公路组成的国家级干线

公路网，是综合交通运输体系的基础，对支撑经济发展、推进社会进步、保障国家安全和维护社会稳定具有基础作用。然而，中华人民共和国成立已逾63年，至今仍没有出台由国务院正式批准的国家公路网规划，这不能不说是个重大缺憾。

“完善国家公路网规划”已经列入国家“十二五”规划。交通运输部会同国家发展改革委拟定的《国家公路网规划》为此奠定了扎实的基础。但仍有完善的空间，特别是关于编制国家公路网规划的目标定位与布局规模。

我们认为，编制国家公路网规划应定位为基本适应实现现代化建设第三步战略目标，即基本适应新中国成立100年时建成富强民主文明和谐的社会主义现代化国家目标的长期规划。邓小平同志早在1989年6月就高瞻远瞩地提出：“我建议组织一个班子，研究下一个世纪前五十年的发展战略和规划，主要是制定一个基础工业和交通运输的发展规划。要采取有力的步骤，使我们的发展能够持续、有后劲。”

编制目标决定布局规模。我们认为，适应上述目标的我国公路网总规模应不低于600万公里，其中国道的规模为40万~43万公里（含12万~15万公里的国家高速公路），省道规模约为50万公里。从总体看，需要适度扩大布局规模。例如，重庆作为我国中西部地区唯一的直辖市，在国家公路网的布局中应占据重要的战略地位。我们建议，在现有普通国道网12条首都放射线与国家高速公路网7条首都放射线的基础上，增设北京至重庆的首都放射线。

（七）优化交通配置：建设综合交通运输体系

科学使用公路资源，是确保公路可持续发展的基础。2010年京藏公路大堵车之时，课题组曾专程前往内蒙古调研。大堵车的背景在于内蒙古成为供应南方煤炭的主要地区，每天出区的运煤车辆约8000辆（折合小客车2.4万辆）。22个省区的大型运输车辆在京藏公路行驶，其中50吨以上车辆占80%。据计算，从内蒙古运煤到南方，公路、水路、铁路的收益比为1:2:9，但我国没有从内蒙古南下的铁路专线。世界上通过公路大规模长途超载运煤的唯有中国。运输结构不合理，是阻碍公路可持续发展的重要原因。为此，需要优化交通配置，建立由公、铁、水、空、管道等各种运输方式组成的分工协作、有机结合、连接贯通、布局合理、无缝对接、高效运行的综合交通运输体系。

“十一五”以来，江苏省在全国率先形成了公、铁、水、空齐抓共管、与综合交通运输体系相适应的“大交通”格局，有效推动铁路、水运和机场建设跨越式发展。公路、水运、铁路、航空建设投资比重由“十五”时期的89.9:5.8:4.1:0.2调整为“十一五”时期的494:17:32:2。铁路投资占全省交通建设投资比例由2006年的9.6%增长到2009年43.6%，水运投资比例由2006年的21.1%增长至2012年26.3%。投资结构调整导致运输结构优化的正效应已经显现。2012年江苏省社会物流费用占GDP的比例为15.3%，比全国18%的平均水平低2.7个百分点（发达国家一般在10%）。总体上，江苏交通运输开始步入结构优化、网络衔接和运输一体化的新阶段。到2015年，江苏有望在全国率先基本形成综合交通运输体系。

我们建议，要统筹规划公路、铁路、水路、民航、管道等资源配置，根本改变以公路为主进行长途运输的方式。综合交通运输体系是保障包括公路在内的交通运输可持续发展的根本途径。

以上为《关于公路可持续发展的顶层设计建议》的内容，也是我们关于“中国公路发展顶层设计”的基本思路。本书便是以此为基本架构而展开论述的。

第一章　确立发展战略：构建“公路两个体系”

中国公路可持续发展的顶层设计中，首先应该着眼于确立公路可持续发展战略。

我们关于“确立构建公路两个体系发展战略”的建议，历经以下几个认识与深化阶段。

第一节　燃油税费改革提出的问题

完善成品油价格形成机制，实施燃油税费改革，必然引发公路发展结构的根本性大变革。对于中国公路发展来说，既是巨大机遇，又是严峻挑战。

一、燃油税费改革方案征求意见

2008 年 11 月，燃油税费改革正式启动。

11 月 20 日，国家发展和改革委员会、财政部、交通运输部、国家税务总局四部门在北京召开“完善国内成品油价格形成机制实施燃油税费改革座谈会”。各省、自治区、直辖市人民政府和新疆生产建设兵团副秘书长以及发展改革委员会、物价局、财政厅（局）、交通厅（局）负责同志参加。会议的主要目的是实施三项重大改革，包括完善国内成品油价格形成机制，适当降低成品油价格，同步实施燃油税费改革和收费公路改革，听取地方同志的意见，进一步完善相关改革方案，确保方案一旦决定后的平稳实施。

会议有两大议题。

（一）关于完善成品油价格形成机制

1. 完善成品油价格形成机制的背景

1998 年我国确立了国内原油、成品油价格与国际市场价格直接接轨的机制，原油价格当年实现了与国际市场接轨，2000 年成品油价格实现与国际市场接轨。2003 年，为减轻国际市场油价大幅上涨以及国内“非典”的影响，我国对成品油价格进行了适当调控，没有完全按照定价机制随国际市场油价调整，2005 年 4 月起国内成品油价格与原油价格出现倒挂。2006 年 3 月国家实施石油价格综合配套改革，建立了国内成品油价格与国际市场原油价格有控制地间接接轨的机制。但是，随着国际市场油价不断攀升，上述机制运行的基础和环境发生了较大变化，需要对现行成品油价格形成机制适当完善。

2. 完善成品油价格形成机制的主要内容

（1）国内成品油价格继续实行与国际市场原油价格有控制地间接接轨。2006 年确定的下列办法保持不变：①国内成品油出厂价格以国际市场原油价格为基础，加国内平均加工成本和合理利润确定。②当国际市场原油一段时间内平均价格变化超过一定水平时，相应调整国内成品油价格。③国内成品油两次调价间隔时间不少于 10 天。

（2）将现行零售基准价格允许上下浮动改为实行最高零售价格。现行国内成品油价格实行政府指导价，零售基准价以出厂价格为基础，加流通环节差价确定，并允许企业在此基础上上下浮动

8%确定具体零售价格。今后将现行成品油零售基准价格允许上下浮动改为实行最高零售价格，并适当缩小流通环节差价。最高零售价格，以出厂价格为基础，加流通环节差价确定。将原允许上浮 8% 降为 4% 左右，折成额度取整确定。成品油经营企业可根据市场情况在不超过最高零售价格、最高批发价格或最高供应价格的前提下，自主确定或由供销双方协商确定具体价格。发展改革委根据流通环节费用变化等情况适当调整流通环节差价水平。

（3）完善价格调控办法，调整调控区间。为了减缓国际市场油价高位波动对国内市场的影响，2006 年机制规定，当国际市场原油平均价格高于 50 美元时开始扣减加工利润率，高于 80 美元时，按照兼顾生产者、消费者利益，保持国民经济平稳运行的原则，另行研究等。近年来国际市场油价持续大幅上涨，原油价格自 2007 年 10 月份以后持续在每桶 80 美元以上的高位运行，今年 6 月 20 日国内成品油价格调整后也已超过每桶 80 美元。

因此，拟作如下修改：①当国际市场原油价格低于 80 美元时，按确定的加工利润率计算成品油调价额。②当国际市场原油价格高于每桶 80 美元低于 100 美元时，扣减利润率计算成品油调价额。③当国际市场原油价格高于 130 美元时，按照兼顾生产者、消费者利益，保持国民经济平稳运行的原则，另行研究。④一个月内成品油最高零售价格累计涨幅或降幅每吨不超过 800 元，连续 3 个月内累计涨幅或降幅每吨不超过 1600 元。

3. 继续实行并完善 4 个配套机制

2006 年 3 月国家实施石油价格综合配套改革方案时，建立了石油企业内部上下游利益调节、相关行业价格联动、对部分困难群体和公益性行业补贴，以及石油涨价收入财政调节 4 个配套机制。从近两年的实践情况看，4 个配套机制的运行对理顺成品油价格发挥了极其重要的作用。

（1）继续发挥石油企业内部上下游利益调节机制作用。当国际市场油价大幅上涨，国家实施有控制地调整汽、柴油价格措施时，原油加工企业会出现暂时性困难，中石油、中石化两公司要继续按照石油企业内部上下游利益调节机制，平衡好内部利益关系，调动炼油企业生产积极性，保证市场供应。

（2）完善相关行业价格联动机制。成品油价格按机制运行后，调整频率加快，次数增多。为防止下游运输行业价格频繁波动，对相关行业价格联动机制作适当完善。价格涨跌相互抵消，综合算账。

具体如下：①铁路货运价格，根据上年国内柴油价格上涨情况，原则上还是每年调整一次。②民航国内航线旅客运输燃油附加，根据前半年航空煤油价格变化情况，原则上还是每半年调整一次。③公路客运价格，由各地进一步完善联动机制，根据前半年油价平均变动幅度，每半年调整一次基准价格。④出租车运价，由各地建立调整联动机制，运价调整幅度按联动措施出台时的油价水平测算，调整间隔不少于一年，如果采取燃油附加的形式，间隔时间可以短一些，一个季度或半年调整一次。

（3）完善对种粮农民等部分困难群体和公益性行业补贴的机制。①对种粮农民补贴，当年成品油价格变动引起的农民种粮增支，继续纳入农资综合直补政策统筹考虑。种粮农民综合直补只增不减。②渔业、林业、城市公交、农村道路客运。补贴比例按现行政策执行，补贴标准随成品油价格的增减而增减，具体补贴办法由财政部商有关部门另行制定。新的补贴办法从2009年起执行，实行当年补贴年终清算拨付，以保证政策执行的准确性。③出租车。在运价调整前，因油价上涨增加的成本，继续由中央财政给予临时补贴。④低收入困难群体。各地综合考虑成品油、液化气等调价和市场物价变动因素，继续做好城乡低保对象等困难群体基本生活保障工作，切实保障困难群体基本生活不因物价变动而受到影响。

（4）继续实行石油涨价收入财政调节机制。为合理调节石油涨价收入，妥善处理各方面利益关系，继续按相关规定征收石油特别收益金。

（二）关于实施燃油税费改革

1. 实施燃油税费改革的必要性

为了理顺税费关系，合理筹集交通基础设施维护和建设资金，国务院 1998 年提出研究实施费税改革，道路和车辆费税改革先行，改革思路就是要用税收取代公路养路费等6 项收费。1999 年10 月全国人大修订了《中华人民共和国公路法》，明确提出“国家采用依法征税的办法筹集公路养护资金，具体实施办法和步骤由国务院规定”，为燃油税的改革提供了法律基础。十余年来，我们对燃油税方案进行了认真研究，为出台燃油税做了大量准备工作，但是由于国际市场油价一直居高不下，燃油税费改革面临增加消费者油价负担等问题而一直未能出台。近年来，随着我国宏观经济形势的发展变化，能源和环境问题凸显，节能减排工作任务艰巨，社会各界要求运用税收手段抑制燃油不合理消费的呼声日益高涨。

目前，国际市场油价大幅回落，国内成品油价格已经高于国际市场价格，为实施燃油税费改革提供了十分难得的调控空间。总的来看，目前各方面条件应已具备，是实施燃油税费改革难得的有利时机。抓住机遇，同步实施完善成品油价格形成机制和燃油税费改革，既能发挥财税和价格两大调控成品油市场政策杠杆的协同效应，也能体现政府统筹运用多种政策工具加强和改善宏观调控的能力和水平。

实施燃油税费改革，取消养路费等6项收费和政府还贷二级公路收费，可以大幅减轻社会负担，有利于扩大内需，刺激经济增长，规范政府收费行为，合理调节分配关系，充分体现“多用油多负担”的原则。对于促进经济结构调整和优化产业结构升级、鼓励节约能源和保护环境、实现国民经济又好又快发展具有重要的意义。

现行成品油消费税具有燃油税性质，通过提高现行成品油消费税单位税额的方式，可以实现税费改革目标和节能减排的宏观调控目标，可以利用现有征管手段，避免增加纳税人负担和税收成本，有利于提高纳税遵从度和税收征管效率，符合简化税制的要求。

2. 推进收费公路改革势在必行

1984年实施的“贷款修路、收费还贷”政策对促进我国公路交通发展起到了极为重要的作用。截至2007年底，全国公路总里程达358.4万公里，其中高速公路5.4万公里，居世界第二位。收费公路总里程20.4万公里，占路网总里程的5.7%。整个路网中，94%的高速公路、60%的一级公路、42%的二级公路，都是依靠收费公路政策发展起来的。但目前收费公路规模大、站点多、结构不合理等问题突出，全国二级收费公路里程规模与站点数量均占收费公路总量的60%左右，已经成为影响区域经济发展和群众出行的突出问题，社会和群众反映强烈，每逢“两会”，关于取消二级公路收费问题的提案逐年增多。同时，随着高速公路的逐步联网，二级公路收费出现连年下滑势头，目前收费额仅占全国收费公路收费总额的12%，成本高，效益差，很多地方收不抵支，偿还本息的难度很大，“借新账、还旧账”现象比较普遍，二级公路融资能力加速衰减，几乎已经走到了尽头，继续发展二级收费公路难以为继，不改革已经没有出路。结合燃油税改革，全面取消政府还贷二级公路收费站点，既有利于回应公众对燃油税改革的期望，解决社会的热点焦点问题，又能按照国际惯例，向社会提供普遍服务的免费普通公路网络，也能消化长期积累的债务负担。解决问题的条件已经具备，势在必行。

3. 燃油税费改革的总体思路和主要内容

燃油税费改革的总体思路是：按照“适当降价、理顺机制、撤销站点、减轻负担、保持稳定”的原则，利用国际市场油价下降，国内油价高于国际市场的空间，通过提高现行成品油消费税单位税额的方式替代养路费等收费，并限时撤销政府还贷二级公路收费站点。

燃油税费改革的主要内容是：

（1）取消公路养路费等收费，撤销政府还贷二级公路收费站点。提高现行成品油消费税单位税额的同时，宣布取消公路养路费、航道养护费、公路运输管理费、公路客货运附加费、水路运输管理费、水运客货运附加费6费（包括海南燃油附加费，下同）和政府还贷二级公路收费（包括二级公路上的隧道、桥梁收费，下同）。可减轻社会负担1632亿元，其中取消公路养路费等六项收费减负1372亿元，取消政府还贷二级公路收费减负260亿元。燃油税费改革出台之日起至当年年底前已收取养路费等费用的，应向社会公告由原征收部门予以退还。

撤销政府还贷二级公路收费站点的具体措施：一是在正式启动燃油税费改革的同时，停止审批新的二级公路收费；二是已有的政府还贷二级公路收费站点自2009年1月1日零时起全部停止收费，相关人员的工资、福利待遇在妥善安置前保持不变；三是中央在这次新增税收收入中每年安排一定规模的资金，按照地方为主、中央补助的方式，专项用于逐年解决还贷余额、人员安置、养护管理和公路建设等问题，2年内基本完成人员安置工作，6年内还完贷款。

取消政府还贷二级公路收费，撤销站点 1925 个，减少收费公路里程 10 万公里，有利于降低运输成本，提高运输效率。对于占 8.7% 的经营性二级收费公路，考虑其是由国内外企业投资经营的，由各地视情况逐步取消。

（2）税收名称及收入归属。目前成品油已征收了消费税，为简化税制，此次燃油税费改革可采用直接提高现行成品油消费税单位税额实现，不再单独出台燃油税，对外可称燃油消费税。燃油消费税属于中央税，由国家税务局统一征收。

（3）征收范围、征收环节和计征方式。燃油消费税纳税人为在我国境内生产、委托加工和进口成品油的单位和个人，纳税环节在生产环节（包括委托加工和进口环节）。征税范围为汽油、柴油、石脑油、溶剂油、润滑油、燃料油和航空煤油。计征方式实行从量计征，价内征收。

今后要结合完善消费税税收体制，积极创造条件，适时将消费税征收环节后移到批发环节，并改为价外征收。

（4）税率设计原则。按照替代加补偿并考虑取消政府还贷二级公路收费，收支基本平衡的原则，设计税率。

（5）收入分配原则。新增燃油消费税连同由此增加的增值税、城建税和教育费附加具有专项用途，不作为经常性财政收入，不计入现有与支出挂钩项目的测算基数。改革增加的消费税、增值税，虽然列在中央，但在性质上不是中央收入，中央财政也不用于安排本级支出，除扣除对军队、武警、铁路等必要的补偿外，全部由中央财政通过规范的财政转移支付方式分配给地方，可以确保地方所需资金落实到位，保证地方既得利益不受影响：一是替代养路费等 6 费基数；二是对农田作业、渔业捕捞、城市公交、林业、农村道路客运的补偿；三是增量资金。增量资金主要根据各地批发环节燃油销量、交通设施里程以及成本差异系数等因素分配。在保证地方既得利益的前提下，适当向中西部地区倾斜。确保资金属性不变、资金用途不变、地方预算程序不变、地方事权不变。具体转移支付办法由财政部商交通运输部等有关部门组织落实。撤销政府还贷二级公路收费站点的补助资金按照贷款余额等因素，由财政部切块给交通运输部，交通运输部具体分配给地方。

改革方案实施后，应做好改革前后资金安排及预算衔接工作，中央财政向地方预拨资金，确保相关收费的退付、养护管理及人员经费等的需要，保障改革方案顺利实施。

4. 需要研究解决的几个问题

（1）妥善安置交通收费稽征人员。能否妥善做好相关人员的安置工作，是推进燃油税费改革，撤销政府还贷二级公路收费站点的前提，关系到改革方案出不出台，能不能顺利出台的问题。2007 年末，全国养路费和航道养护费等收费稽征人员约为 14.54 万人。养路费等 6 费取消后，必须全部妥善安置，在当前的经济和就业形势下，不能推向社会，增加社会就业压力。

具体而言，对 12.05 万养路费稽征人员，拟通过以下途径解决：一是对工龄满 30 年，年龄 50 岁以上的人员，在其自愿基础上，各地可制订优惠政策，鼓励提前退休。二是燃油税费改革后，若税务部门需要充实人员时，按照《中华人民共和国公务员法》的要求，通过考试择优录用。三是通过上述两种途径安置后，其他在编人员，带编制划转公路局，在公路局下设专职路政管理队伍，加强公路路政管理和治超工作。这支管理队伍由编制部门核定合理编制后，允许超编运行，直到自然消化为止。具体由各省（自治区、直辖市）人民政府组织所属交通、编制、财政和税务等部门负责落实。运管费、航养费征稽人员在所属机构内部转岗，充实和加强运输管理工作。

撤销政府还贷二级公路收费站点，涉及近9万人，主要是合同制职工，采取以下办法妥善安置：一是在合同期内全部转岗到公路养护部门工作和新增高速公路收费站点工作。二是属于事业编制的，编制不变，转入所在公路管理机构。

（2）研究普通公路建设发展，特别是二级公路发展问题。取消二级公路收费更有利于发展二级公路。一是通过这项改革，以燃油消费税资金补贴偿还现有债务，免掉地方政府还贷压力，地方政府可以整合现有资源，更好地用于发展二级公路。二是中央将进一步加大普通公路建设投资力度，支持普通公路发展。三是以此为契机，研究逐步建立和理顺普通公路投融资体制，为社会提供一个完善的免费普通公路网络，促进普通公路走向健康可持续发展之路。

（3）密切关注并妥善解决实施过程中出现的问题。燃油消费税替代6项收费，取消政府还贷二级公路收费，总体上是减轻社会负担的。从结构上看，长途客货运、出租车等用油大户的负担会相应增加，但这种增加是符合“多用油多负担”原则的，在今后如因国际市场油价上涨，需要提高油价的情况下，这种矛盾会更加突出。应预先予以考虑，妥善应对。由交通运输部、国家发展和改革委员会、财政部等部门制定应对预案，出现问题及时解决。

（4）严厉打击油品走私活动。实施燃油消费税改革后，国内成品油价格会高于国际市场，走私问题可能再度出现，进而冲击国内市场，应予以高度重视。海关、工商、公安、税务、财政、商务等有关部门要密切配合，与地方政府共同采取有力措施，严厉打击各种油品走私活动。同时加强油品市场监管，严厉打击各种假冒伪劣油品与合同欺诈等违法行为。

国家发展和改革委员会、财政部、交通运输部、国家税务总局等4部门制订的关于“完善国内成品油价格形成机制，实施燃油税费改革方案”，引发出席“完善国内成品油价格形成机制实施燃油税费改革座谈会”的各省（自治区、直辖市）人民政府和新疆生产建设兵团以及发展和改革委员会、物价局、财政厅（局）、交通厅（局）负责同志强烈反应，对方案提出众多问题与意见。

几天后，由国家发展和改革委员会和财政部主导制订的成品油税费改革方案依然按原计划提交国务院。

11月26日，国务院总理温家宝主持召开国务院常务会议，审议国家发展和改革委员会、财政部、交通运输部、国家税务总局4部门提交的关于成品油税费改革方案。该方案在这次国务院常务会议上没有得到批准。这清楚地表明，由国家发展和改革委员会和财政部主导制定的成品油税费改革方案存在需要进一步解决的重大问题。

温家宝总理在这次国务院常务会议上指出：政府重大决策，人民有权了解决策过程，有权参与决策，有权监督政策的执行。第一，我们必须广泛听取各方面的意见，加强决策的科学化、民主化。第二，提高决策的透明度。把听取各方面意见，作为深入了解民情、充分听取民意、广泛集中民智、加强政府与人民群众沟通、扩大公民有序政治参与、广泛动员人民依法管理国家事务的重要渠道，把国家的政策准确、及时、直接传递给社会，赢得人民群众理解、支持。第三，加强决策的民主监督。温家宝总理指示，将成品油税费改革方案在网上公布，向社会公开征求意见，修改后再报国务院常务会议审议。

新华社次日就这次国务院常务会议发表的报道指出：“会议决定，向社会公布成品油价格和燃油税费改革方案，广泛征求各方面意见。”❶

---

❶ 2008年11月27日《人民日报》新华网。

2008 年 12 月 5 日，国家发展和改革委、财政部、交通运输部和国家税务总局通过新华社联合发布公告（2008 年第 66 号），就《成品油价税费改革方案》公开征求意见。内容如下：

为建立规范的税费体制和完善的价格机制，促进节能减排、环境保护和结构调整，公平负担，依法筹措交通基础设施养护和建设资金，根据《中华人民共和国公路法》等有关法律、法规规定，国家发展和改革委员会、财政部、交通运输部、国家税务总局特拟定成品油价税费改革方案。

一、成品油价税费改革的总体思路

规范政府收费行为，取消公路养路费等收费；在不提高现行成品油价格的前提下，提高成品油消费税单位税额，依法筹集交通基础设施养护、建设资金；完善成品油价格形成机制，理顺成品油价格。

二、关于燃油税费改革

（一）取消公路养路费等收费。取消公路养路费、航道养护费、公路运输管理费、公路客货运附加费、水路运输管理费、水运客货运附加费 6 项收费。逐步有序取消已审批的政府还贷二级公路收费。

（二）成品油消费税单位税额安排。汽油消费税单位税额由每升 0.2 元提高到 1 元，柴油由每升 0.1 元提高到 0.8 元，其他成品油单位税额相应提高。汽油、柴油等成品油消费税价内征收，单位税额提高后，现行汽、柴油价格水平不提高。

（三）成品油消费税收入的使用。这次调整税额形成的成品油消费税收入一律专款专用，主要用于替代公路养路费等 6 项收费的支出，补助各地取消已审批的政府还贷二级公路收费，并对种粮农民、部分困难群体和公益性行业给予必要扶持。

三、关于完善成品油价格形成机制

国产陆上原油价格继续实行与国际市场直接接轨，国内成品油价格继续坚持与国际市场有控制地间接接轨，建立和完善既反映国际市场石油价格变化和企业生产成本，又考虑国内市场供求关系；既反映石油资源稀缺程度，又兼顾社会各方面承受能力的价格形成机制，促进资源节约和环境保护。

国内汽油、柴油出厂价格以国际市场原油价格为基础，加国内平均加工成本、税收和合理利润确定。将现行汽油、柴油零售基准价格允许上下浮动改为实行最高零售价格。最高零售价格以出厂价格为基础，加流通环节差价确定，并将原流通环节差价中允许上浮8%的部分缩小为4%左右。国家将继续对成品油价格进行适当调控。

国内成品油价格按完善后的机制运行后，当年成品油价格变动引起的农民种粮增支，继续纳入农资综合直补政策统筹安排，对种粮农民综合直补只增不减；出租车在运价调整前，继续由财政给予临时补贴。渔业（含远洋渔业）、林业、城市公交、农村道路客运（含岛际和农村水路客运），补贴标准随成品油价格的升降而增减。各地要继续做好城乡低保对象等困难群体基本生活保障工作。

四、相关问题及解决措施

（一）妥善安置交通收费征稽人员。在地方各级人民政府统一领导下，多渠道妥善安置，中央相关部门给予指导、协调和支持，确保改革稳妥有序推进。

（二）确保取消收费政策到位。取消公路养路费等收费后，要加强监督检查，确保取消收费政策落到实处，严格禁止变相新增收费项目、乱收费。对违反规定的，要严肃查处，并追究相关责任人的责任。

（三）加强成品油市场监管。加强油品市场监测和监管，严厉打击虚假销售偷逃税款、油品走私、经营假冒伪劣油品以及合同欺诈等违法行为，确保成品油市场稳定。

五、实施时间

成品油价税费改革方案自2009年1月1日起实施。

2008年12月5日同时发布国家发展和改革委员会、财政部、交通运输部、国家税务总局4部门有关负责人联合就成品油价税费改革的背景、目标、内容及一些社会关心的热点问题所回答的记者提问内容。

有必要回顾一下我国成品油价格调整及成品油价税费改革至此已经走过的15年之路：

1994年1月，海南在全国率先将公路养护费、道路通行费、过桥费和公路运输管理费“四费合一”，改为只征收机动车辆燃油附加费。这被认为是我国燃油税费改革的起点。

1997年7月，国家公布《中华人民共和国公路法》，首次提出“公路养路费用采取征收燃油附加费的办法”。从此，燃油税费改革的问题开始正式出现在法律文本中。

1998年，国家对原油、成品油价格形成机制进行了重大改革，汽油、柴油零售价实行政府指导价，由当时的国家计委按进到岸口完税成本为基础加国内合理流通费用制定各地零售中准价，石油、石化集团公司在此基础上，在上下5%浮动的幅度内确定具体零售价格。

1999年10月，九届全国人大常委会第十二次会议将公路法有关条款修改为“国家采用依法征税的办法筹集公路养护资金，具体实施办法和步骤由国务院规定”。这从法律上为“燃油税费改革”

创造了条件。

1999年11月和2000年2月，国家先后两次调整了国内成品油价格，但还是远远滞后于国际市场价格的上涨幅度。2000年5月起，国务院决定国内成品油价格随国际市场变化每月调整一次，2000年7月，国内成品油价格水平实现了与国际市场的完全接轨。

2000年的九届全国人大三次会议上，财政部部长项怀诚在有关报告中指出："燃油税、车辆购置税实施方案等各项准备工作已基本就绪，待条件适合时正式实施。"次年，他再次表示，将"择机出台燃油税"。

2001年10月17日起，中国开始实行新的石油价格接轨办法。国内成品油价格参照新加坡、鹿特丹、纽约三地市场价格调整国内成品油价格，当国际油价上下波动幅度在5%～8%的范围内时保持油价不变，超过这一范围时由国家发展改革委调整零售基准价。

2005年1月，国家税务总局局长谢旭人表示，燃油税改革方案已经有了初步意见，但是需要有一个比较合适的时间推出。

2006年3月26日，国家发展和改革委员会出台"石油综合配套调价方案"，在适当提高国内成品油价格的同时，出台对部分困难群体和公益性行业的补贴措施。

2007年6月，国务院办公厅转发国家发展和改革委员会有关通知提出，由财政部、国家税务总局牵头，稳步推进税收制度改革，并适时出台燃油税。

2008年12月5日，国家发展和改革委员会、财政部、交通运输部和国家税务总局联合发布公告，就《成品油价税费改革方案（征求意见稿）》向社会公开征求意见。

我们在当时曾协助国家发展和改革委员会，汇总网上征求到的各方面意见，参与了若干座谈会与研讨会，并前往有关地区调研。

在这个过程中，我们意识到：成品油税费改革预示我国公路交通的投融资体制乃至公路发展基础模式将发生根本性的变化；如准备不充分，将引发重大危机。其中，公路发展中积存的巨额债务就是一个不容忽视，但实际上在《成品油价税费改革方案（征求意见稿）》已经被严重忽视的问题。一个重要原因在于，公路发展中积存的巨额债务全部在地方，特别是地方政府；而中央政府没有公路债务，中央政府的有关部委局也并不真正清楚公路债务的真实情况。以至于在制定成品油价税费改革方案时，远没有切实解决好公路债务。而这一问题如不能得到妥善解决，危害极大；在国际金融危机的在背景下，有可能导致我国公路发展，乃至国民经济发展的严重危机。

当时，本书作者曾绘制了以下4张图表，如图1-1～图1-4所示。

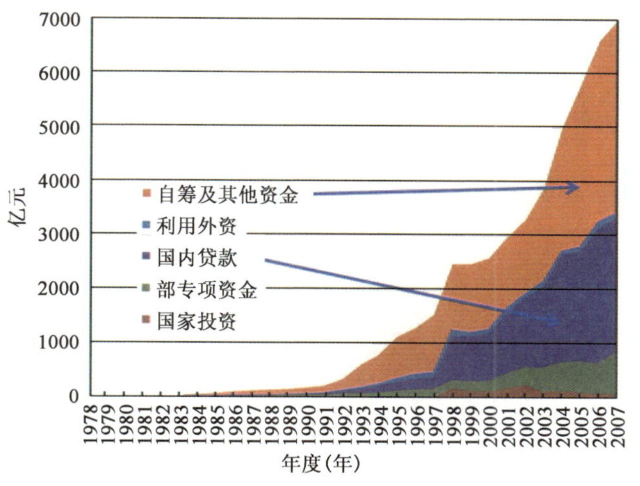

图1-1　交通固定资产投资（1978—2007年）

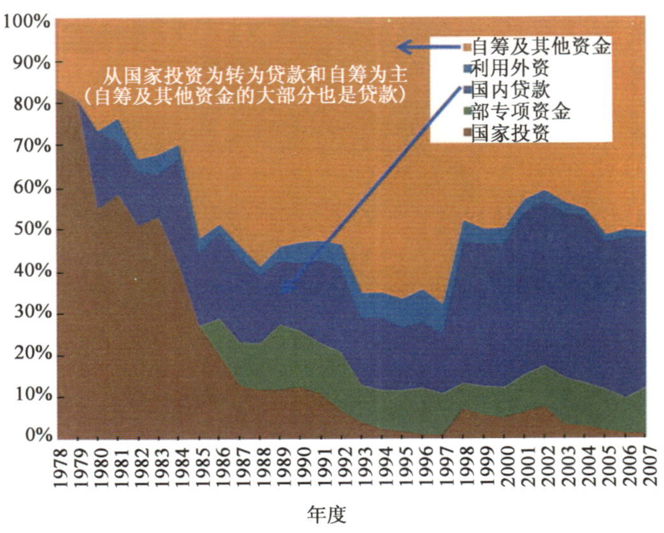

图 1-2　交通固定资产投资来源比例一（1978—2007 年）

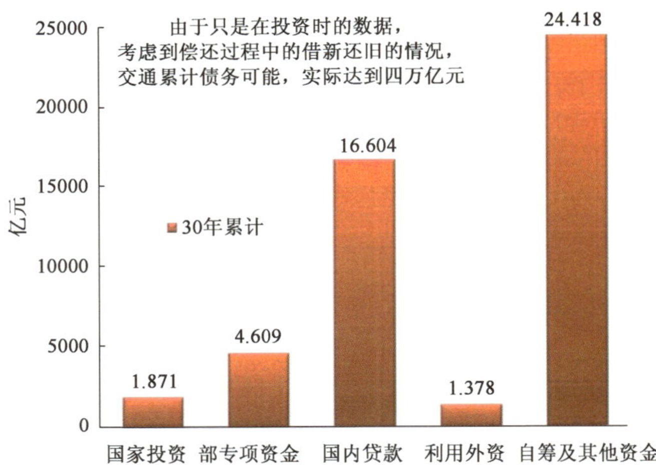

图 1-3　交通固定资产投资来源比例二

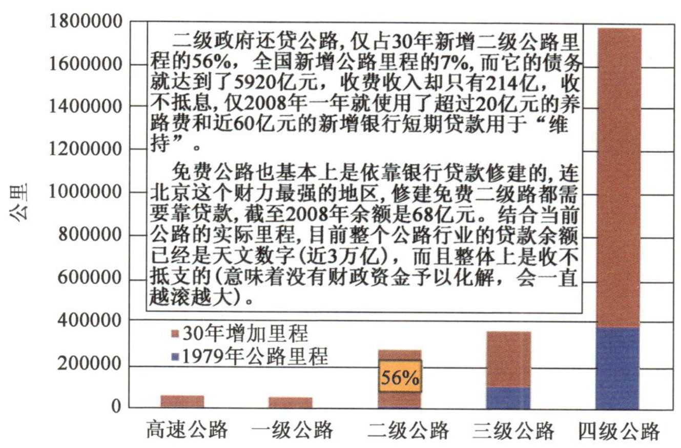

图 1-4 公路里程增长表（1978—2007 年）

我们当时拿着这些图表请教了国务院有关部门的同志。在国家行政学院交通管理体制改革研究课题组进行深入讨论后，我们决定赶在国务院常务会议再次审议成品油税费改革修正方案前撰写呈报有关决策咨询报告。

二、燃油税费改革要避免引发中国的“次贷危机”

2008 年 12 月 16 日，即在国务院常务会议再次审议燃油税费改革修正方案前夕，我们撰写完成《燃油税费改革要避免引发中国的“次贷危机”》的决策咨询报告，当天即呈报国务院。《燃油税费改革要避免引发中国的“次贷危机”》内容如下：

我国交通建设资金主要依靠银行贷款，交通建设已出现“次级贷款”。目前交通建设债务依靠“六费”和收费还贷政策维持，但通行费收入收不抵息。如实施燃油税费改革不做充分准备，债务资金断链的危险很大。为此，我们结合长期研究掌握的情况提出几点政策建议，供决策参考。

（一）燃油税费改革要直面可能引发的“次贷危机”

1. 我国交通建设资金主要依靠银行贷款

改革开放后，我国交通固定资产投资增长迅速。从 1978 年的 24.85 亿元增长到 2007 年的 6997.59 亿元，增加了 280 倍。但是，这种增长主要是依靠银行贷款。

从交通固定资产投资来源看，在 1978 年的 24.85 亿元中，国家投资占 83.3%，地方自筹及其他资金占其余的 16.7%。而在 2007 年的 6997.59 亿元中，国家投资仅占 1.3%，交通运输部专项资金占 10.9%，利用外资占 1.2%，国内贷款占 35.8%，自筹及其他资金占 50.8%。而地方自筹及其他资金其实也存在大量银行贷款，有些地区的比例甚至超过 70%。

交通固定资产 30 年的累计投资达到 48878.71 亿元，其中向银行贷款 16604 亿元，地方自筹及其他资金为 24418 亿元。考虑到地方自筹资金中的银行贷款，估计累计债务超过 35000 亿元，结合交通建设普遍存在的借新贷还旧债的现象，债务很可能突破 40000 亿元。

据国家审计署公告，“十五”期浙江等 10 个省（市）收费公路投资完成额 6400 亿元，其中银行贷款等债务性资金高达 4700 多亿元，占 73%。浙江省公路建设完成投资 1618 亿元，其中银行贷款达 1400 多亿元，占 85% 以上。

2. 交通建设已出现“次级贷款”

以政府还贷建设的二级公路为例，它仅占 30 年来新增二级公路里程的 56%，全国新增公路里程的 7%。2007 年，其债务就达到了 5017 亿元。当年通行费收入只有 243.8 亿元，收不抵息。为此，2007 年使用 12.36 亿元的养路费和 49 亿元的新增银行短期贷款缴纳还贷的利息。2008 年情况进一步恶化，统计的债务规模已超过了 5900 亿元（是燃油税费改革方案制订初期预计的 3 倍）；但通行费收入却下降到214亿，收不抵息进一步加剧。2008年还没有过去，就已经使用了超过20.7亿元的养路费和近60.6亿元的新增银行短期贷款用于“维持”还贷的利息。

特别要注意的是，免费公路建设也存在大量银行贷款。即使是北京这个财政收入位于全国前列的城市，2008年修建二级公路的累计贷款余额也达到了68亿元。

据国家审计署公告，黑龙江等5个省（市）260多条公路项目拖欠工程款87亿元，拖欠时间有的已达6~7年。大量借债建设收费公路加重了建设单位的债务负担，至2005年底，18个省（市）收费公路银行贷款余额高达8000多亿元。这些债务无法通过收费路自身解决。2001—2005年，吉林等8个省（市）因修路需偿还银行贷款本息1090亿元，同期收取的通行费扣除必需的管养费用后仅680亿元，缺口410亿元。其中，吉林省2005年政府还贷公路通行费收入扣除运营成本后只有5.88亿元，仅为当年应付贷款利息13.15亿元的45%；贷款本金更是无法偿还。为此，各地普遍采取了借新还旧的做法。山东省2003—2005年“借新还旧”76.36亿元，占归还贷款本息的30%。5个省逾期不能偿还的达60余亿元，另有8个省的25.5亿元贷款被银行作为坏账剥离。2004年，建设银行四川省分行剥离用于公路建设的不良贷款12.33亿元。

3. 目前交通建设债务依靠6费和收费还贷政策维持

多年来，这些实质上的不良贷款之所以能够维持，主要是依靠以养路费等担保的新增短期贷款来保证足额偿还银行利息，有些地区甚至用养路费直接偿还贷款。这种做法使收费公路继续被银行视为所谓“优良资产”，从而没有发生大面积的银行资金断链问题（但在一些地级市已经多次发生）。地方交通部门寄希望于大规模建设期结束后，建设资金需求减缓，通过6费和收费还贷政策逐渐消化积累的贷款。实际情况则是地方交通建设需求日益增长，“次级贷款”规模越滚越大。如果没有财政资金予以及时化解，难免会有资金链全面断链的一天。

4. 如改革准备不充分，债务资金断链的危险很大

相关政策和法律法规不允许用财政税收作为贷款担保和偿还银行贷款。即使在燃油税费改革过渡期允许特例，但作为中央转移支付到地方财政的资金，将主要由地方财政部门操作。由于地方财政部门对交通建设贷款缺乏切身的利益关系，再加上部门行政的制约，如果燃油税费改革方案中没有妥善和可行的配套衔接方案，如果操作不当，很可能会将银行和交通行业逼上绝境。

燃油税费改革所取消的养路费和二级收费公路政策，可以说是动摇了交通行业维持现状的根基。银行会因担心资金安全而收缩贷款规模，停止提供短期流动贷款，截断交通建设长期采用的借新贷还旧债的渠道。虽然二级路可以逐步分批撤站，但银行不会再冒险为二级公路新增贷款。省公路系统如无力还贷，市县财政也会被牵连进去（市县交通部门也存在大量银行贷款，当市公路局资金断链的时候往往是省公路局利用养路费救援）。这就像揭开了大黑锅盖，处置不当可能会演变成促发中国“次贷危机”的导火索。银监会已对云南、新疆等西部地区的公路债务问题提出了警告。

（二）交通建设贷款成为“次级贷款”的两点反思

1. 政府财政对交通建设投入严重不足

在改革开放初期，交通建设投资基本上是以中央政府为主（1978 年为 83.3%）。交通作为经济社会发展的先导型基础产业，需要大规模投资。国家由于财力有限，陆续出台了征收养路费、收费还贷等一系列政策，促使我国交通在短短 30 年间发生了天翻地覆的变化，推动经济社会高速发展。但由于各级政府财政的投入不足，

使得交通发展过度依赖养路费等规费收入所撬动的银行贷款，而收费还贷政策正是两者间的杠杆。如国道建设中央财政出资大约只占约10%左右；国家高速公路网作为国家最重要的交通骨架网，它的建设也是依靠收费还贷公路政策和银行贷款。据国家开发银行网站公布，仅此一家就为公路建设贷款4900多亿元。

2. 交通行业“优良资产”被不恰当剥离

交通建设领域存在一个比较独特的“现象”，即不断剥离“优良资产”，使之逐步脱离交通行业；保留“不良资产”，继续坚守交通行业。“优良资产”的代表主要是高速收费公路，目前均主要由国资委管理。

在国资委成立之前，各省交通部门实行的是高速、一级、二级收费公路的统贷统还，这种政策的实施有效保证了省内的平衡。国资委成立后，将高速公路打包成立了高速公路公司，使最优良的资产剥离出交通运输行业。这种剥离优良资产的做法，仅看到高速公路收费行为，忽视其作为公共产品的公益属性。公益属性和国资委保值增值的目的南辕北辙，也违背了收费公路政策的初衷；由“为了建路而收费”，变成“为了收费而建路”。但从另一个角度看，公路通行“收费”其实与养路费的规费性质类似，都是通过法规赋予一个机构对特定对象征收政府规定标准的特殊费用。二级收费公路性质和高速收费公路相同，但由于已沦为不良资产，几乎没有省国资委将二级收费公路打包成立公司，纳入管理。

（三）关于燃油税费改革的几点建议

1. 妥善解决费改税后的6费融资平台问题

原有地方6费变为消费税，如要继续用于融资和偿还还贷就会出现和财税法、担保法等法规抵触的问题，这在地方层面几乎无法操作。建议中央研究出台相应政策和切实可行的维持方案，并在过渡期间保证资金的计划、程序、拨付的时效性与原来一致，保证原有融资渠道的稳定。

2. 二级路债务化解时应充分考虑统贷统还的其他债务

二级收费公路作为重要的融资平台背负了一些免费公路、桥梁甚至农村公路的债务，如果在债务化解时仅考虑二级收费公路自身建设所形成债务，其余债务必然会变成巨额银行坏账。建议在燃油税费改革中一并考虑解决。同时可支持地方政府探索“挂账停息”等方式尽早解决政府还贷二级收费公路问题。

3. 坚持以省为单位的交通基础建设统贷统还政策

即各省交通部门对本省高速、一级、二级收费公路建设实行统贷统还。《收费公路管理条例》（2004 年 8 月 18 日国务院第 61 次常务会议通过）明确指出：“省、自治区、直辖市人民政府交通主管部门对本行政区域内的政府还贷公路，可以实行统一管理、统一贷款、统一还款。”

4. 实行交通主管部门监管的公路建设的投融资管理体制

大多数省的高速公路发展公司在划归省国资委管理后，都与省交通厅产生了程度不同的矛盾，此类“新的体制性矛盾”已经相当严重地制约了公路的建设与管理。课题组认为：作为行政性国有资产的交通基础设施，不应由以国有企业为管理对象、以国有资本为管理内容、以资本的保值增值为监管目标的国资委担当管理主体，而应由交通主管部门监管。

国务院领导的批示内容纳入《国务院关于实施成品油价格和税费改革的通知》（国发〔2008〕37 号）。

国务院办公厅印发的《逐步有序取消政府还贷二级公路收费实施方案》（国办发〔2009〕10 号）中明确指出：“进一步调整完善收费公路发展政策，研究修订《收费公路管理条例》”。

第二节　公路发展形势严峻

实施成品油价格和税费改革引发的我国公路发展的重大革命，在实施过程必然要面对众多的问题与考验，公路发展形势严峻。

一、成品油税费改革后公路交通面临的严峻形势与对策建议

《国务院关于实施成品油价格和税费改革的通知（国发〔2008〕37号）》下发后，我们立即前往多省进行跟踪调研。实施燃油税费改革对我国来说前所未有，对公路交通的发展既造成巨大冲击（特别是在初期阶段），也是创新发展的新机遇。关键之一是要准确把握改革进程；并针对提出的问题，适时制订相关政策。

为此，我们2009年7月撰写了《成品油税费改革后公路交通面临的严峻形势与对策建议》，内容（有删节）如下：

《国务院关于实施成品油价格和税费改革的通知》（国发〔2008〕37号）明确规定：“改革后形成的交通资金属性不变、资金用途不变、地方预算程序不变、地方事权不变。具体转移支付办法由财政部会同交通运输部等有关部门制定并组织落实。”然而，由于有关部门缺乏有效衔接，一些地方对“四不变”政策没能落实，公路交通建设和养护出现停滞，改革压力增大。

（一）成品油税费改革后公路交通面临的严峻形势

1. 养护资金未能及时到位，公路养护陷入困境。截至2009年上半年，全国东、中部地区除广东、山西、浙江外，其他12个省已全都取消了政府还贷二级公路收费，共撤销站点1263个，占全国政府还贷二级公路收费站总量的65%。一方面是大幅度地取消二级公

路收费，另一方面则是一些地方转移支付资金被滞留，养护计划无法下达，公路难以养护。以东部地区一个县级市为例，1～5月应拨养护经费数额为954.43万元，实际拨付金额503万元，其中人头费474.4万元，而养护、建设经费总和只有28.6万元，仅够支付0.7公里的二级路中修工程。由于养护工程须在雨季前完成，该市交通部门被迫借用领导成员个人积蓄与职工工资垫付工程款和材料费。养护资金无法到位对公路养护人员也产生了负面影响。东部的一个地级市，负责19533公里农村公路的养护的5000名养路工人，近半年来没领到工资（每人每月300元）。全国公路路网服务保障的形势相当严峻。

2. 建设资金没有及时到位，建设计划未能执行。多数省级财政部门力图对替代性资金的使用管理方式进行全面改革，一些地市级财政部门力图将原属省级规费的养路费通过一般性转移支付变为市级收入。从2月份即出现转移支付资金滞留财政账户，迟迟不能拨付到公路部门的情况。各地银行因政策不明朗，基本停止了对普通公路建设贷款。普通公路的建设出现停滞，一些省上半年没有安排任何普通公路新开工建设项目，续建项目也出现了停工。即使下半年资金可以到位，但由于已经错过施工最佳季节，今年普通公路建设下滑的态势几成定局。公路建设和养护时间主要在3～10月份，最佳时间为3～5月，是资金需求的高峰。因此，按月等额转移支付在时间上的滞后性对公路建设和养护管理有重大负面影响。

3. 债务化解难度极大，已经出现资金断链。改革方案未涉及用养路费担保的农村公路和其他普通公路的债务，债务化解难度极大。云南普通公路600多亿元债务主要在市（州），其中一些市（州）全年的财政收入只有十几亿元，而公路负债却高达三四十亿元。江西省九江市交通部门贷款利息到期无法偿还，经市政府出面，银行才暂缓向法院申请冻结。黑龙江省佳木斯市替代性资金总量大幅减少，无法按时支付工程款，交通局账户已被法院冻结。此类情况在各地都有发生，且有蔓延的趋势。据国家开发银行反映，改革后涉及“养路费”和“二级收费公路”的贷款合同实际上已全部失效，但由于“替代性资金的使用管理办法”至今未出台，导致替代性资金的使用管理主体和可用于偿还贷款的资金渠道及总量不明确，半年来无法重新签订合同，债务偿还危机加大。

（二）成品油税费改革后公路交通形势严峻的成因分析

1. 公路资金减少的同时支出需求增加。根据改革方案，2009 年替代性资金基数仅为 2007 年收入的 110%，低于 6 费预期收入 19%。各地公路交通资金为此减少 20% 左右。但是，公路交通支出却在增加，特别是二级收费公路撤站的相关费用。经测算：“中央对 12 个已撤站省的补助资金需要 6 年的时间才能完全拨付到位，除中央财政每年拨付的 260 亿元外，12 省每年还要承担 495.5 亿元（其中包括人员安置费用 21 亿元、公路养护费和大中修费用 69.7 亿元，其余为利息和本金）。6 年间 12 省（东部 5 省债务为 870 亿元，中部 7 省债务为 2063 亿元）需支付的利息高达 1055.9 亿元。”而以前很多普通公路大中修工程及利息偿都要依靠银行贷款和养路费周转的方式。原依靠养路费担保和偿还的三级、四级公路和农村公路建设债务更是难以化解。取消收费之后，地方二级公路建设的筹资渠道进一步收窄，而建设养护压力却不断增加，如新建普通公路则需一次性筹到 100% 资金。

2. 没有贯彻养路费“原有资金功能不变的原则”。养路费按规定是用于干线公路的省级规费，法规也确定了国省干线公路为省级事权；其在 6 费中的比例超过 80%，是替代性资金使用管理的核心。2008 年 12 月 27 日国务院 543 号令发布的《公路管理条例》规定：

“公路管理工作实行统一领导、分级负责的原则。国道、省道由省、自治区、直辖市公路主管部门负责修建、养护和管理。”税费改革后，一些省财政部门将养路费通过一般性转移支付的方式直接转移到市县财政，使得预算层级发生变化，出现了市县财政为了统筹资金而造成资金滞留财政账户的现象。实践证明，预算层级变化导致原有国省干线专项资金很难得到保障。市县政府由于“事多钱少”，且对国省干线的重视程度相对较低，专项资金下放市县后被挪用的情况相当普遍。据江西省审计厅审计，2003 年江西省国省干线公路下放给市县至今，市县政府部门已累计违规占用养路费资金约 10 亿元，占同期养路费的 10.8%。

3. 改革偏离了原定轨道。国务院通知指出：“有关部门要按照6费原有资金功能不变的原则，抓紧研究建立和理顺普通公路投融资体制，促进普通公路健康发展。”但是，有些地方财政部门实际上已经放弃了“四不变”政策和原则。有的甚至提出交通建设项目改由财政部门编制、审核、下达，由财政部门编制全省的交通补助资金计划，组织专家评审工程施工项目。瞬间彻底改变交通资金使用管理模式的“改革”，不仅导致交通资金滞留财政，实质上相当于对交通行业实施“休克疗法”。这种“改革”既没有解决积存的老问题，又引发大量新问题，会造成我国公路发展的“硬着陆”，不符合中央和国务院应对国际金融危机的战略部署。税费改革和政府还贷二级公路收费站点撤销后，公路行业的现金流大大减小，但目前债务主体仍是交通部门。改变资金管理模式或拨付渠道后公路行业可调控资金量几乎为零，已经严重影响债务偿还和融资能力，加剧了公路行业的隐性财务危机。在“研究解决普通公路建设发展”过程中，相对于财政部门，作为公路建设发展主体的交通部门的发言权、决定权都比较小。这也许正是问题的症结之所在。

（三）成品油税费改革后公路交通持续发展的对策建议

1. 严格落实国务院“四不变”政策。有关部门应搁置争议，按原有拨付渠道和6费资金使用管理办法全额及时拨付建设和养护资金，使替代性资金使用管理得以延续，确保基层人员稳定和公路建管养正常进行。建议国家有关部门尽快出台落实国务院通知要求的“替代性资金使用管理办法”，弥补原6费使用管理办法取消后带来的法规真空。青岛市按照“四不变”原则，积极研究财政资金支付办法，建立符合交通发展实际的预算编制和资金拨付程序。在中央财政预拨资金到位前，协调市财政部门做好资金安排及预算衔接工作。1～5月份已协调市财政预拨资金4亿元，用于交通行业管理及人员经费等支出，保障税费改革顺利推进。

2. 养路费替代资金继续作为省级交通部门预算管理。国省干线管养的事权和财力在省级，符合有关规定和国务院要求。实践证明，只有将国省干线养护建设资金作为省级预算管理，才能确保国省干线的完整性和路网服务的统一性，确保公路网的全面正常养护。青岛市财政将成品油价格和税费改革转移支付补助资金（存量和增量部分）及时足额拨付市交通委，全部纳入交通委会计中心实行会计集中核算和资金集中支付管理。在保障基本支出、交通行业管理专项支出、5市3区补助资金等支出后，剩余资金用于新开工项目建设和偿还贷款本息。自2009年起，市政府于每年3月前对市交通委会同市发改委、市财政局研究上报的交通建设投资计划草案实行一次性审定，由市交通委负责组织实施。

3. 研究搭建公路交通建设投融资平台。鉴于实施成品油税费改革后公路建设原有的筹融资平台被打破，新疆维吾尔自治区已经开始构建利用中央转移支付给新疆的成品油消费税为公路建设搭建新的融资平台，即同意以成品油价格和税费改革转移支付补助作为贷款担保和还款来源，同意交通厅作为自治区公路收费权益质押登记机关。青岛市则通过重组交通开发投资中心，搭建交通建设融资平台。即由市交通委作为出资人，在所属“青岛交通开发投资中心”的基础上，通过扩大职能和增加资产进行整合重组，将部分资产、债务和人员划入该中心，并依法享有出资人权利、履行出资人职责。重组后的交通开发投资中心为隶属市交通委的副局级事业单位。职责包括发挥“统贷统还”政策功能和高速公路优良资产平台支撑作用，整合现有交通存量资产及资源，集中信用，构建投融资平台，建立高速公路与普通公路统筹发展的融资模式，筹措交通建设资金并偿还贷款本息。中心主要收入来源包括“成品油价格和税费改革转移支付补助资金中专项用于交通项目建设的资金”。

4. 尽快研究公路债务并制订解决方案。公路债务是本次改革无法回避的问题。只有解决好积存的债务，公路才可持续发展。公路交通新投融资体制的核心是提高与融资规模匹配的“偿还能力”。新疆维族自治区政府决定，区级财政每年将新增收入的5%环比递增作为交通专项资金。青岛市政府决定，市国土、财政等部门会同相关区市，将环胶州湾高速公路填海造地剩余土地的出让收入，继续作为交通基础设施建设和偿还贷款本息的专项基金，并全部拨付市交通委。同时，将滨海公路两侧一公里范围内土地的出让收入按10%的比例拨付市交通委，用于偿还滨海公路建设贷款资金的还本付息。课题组建议：组织力量对公路债务进行深入研究，摸清债务规模和构成，从开源、节流两个方面制订解决方案。包括提高中央与地方政府的资金投入比例；实行交通主管部门监管的公路建设投融资管理体制，建立长期收费的高速公路网补贴普通公路网的机制；将从成品油税费改革转移支付资金中支出的水利建设资金、公安机关交通管理经费逐步纳入一般财政，以提高交通发展可用资金总量；

将轮胎消费税等收入用于公路发展；发行公路建设债券或专项国债以降低公路发展的融资成本；科学规划公路建设规模；完善基本养护，减少大中修需求；杜绝“弃养待建”现象，降低公路全寿命周期成本。

5. 治本之策是建立公路交通公共行政体制。公路建设、养护和管理的事权应坚持“统一领导、分级管理”的原则，通过此次改革理清事权，完善中央、省、市、县四级公路管理体系。交通运输部是中央政府主管公路交通的行政部门，要强化对全国路网特别是国道的统一管理；国道的建设与养护资金由中央财政负责。省（自治区、直辖市）人民政府的交通厅（局、委）是主管公路交通的地方行政机构，主要负责本区域内国道（经交通运输部授权）和省道的养护和管理；省道的建设与养护资金由省（自治区、直辖市）财政负责。县乡公路的建设和管理养护的主体是县级政府，由市县交通局及公路管理机构负责实施；即实行以县为主的农村公路养护管理体制。在理清事权的基础上，实行服务于公路公共行政体制的公共财政政策。

二、关于普通公路可持续发展的政策建议

国家发展和改革委员会、财政部、交通运输部于2009年9月，就“普通公路投融资机制研究”召开专题汇报会议。听完汇报后，三部委有关司局领导进行了讨论，并就现状与问题的分析基本达成了一致，在后续工作的开展方面也提出了很好的建议。

国家发展和改革委员会有关负责同志在会议上指出：国务院领导同志非常重视成品油税费改革后普通公路的发展融资问题，两次就《成品油税费改革后公路交通面临的严峻形势与对策建议》和《燃油税费改革要避免引发中国的“次贷危机”》作出重要批示。

研究这个问题必须从源头、历史、客观、现实的角度来看，方向要清晰。重点是明确思路、目标、原则和措施，指导思想不能变，原则不能变。坚持政府主导、科学规划、分级负责。原则要清楚。当前最迫切的是如何避免资金断链，要搭建过渡的平台。特别强调的是要正确处理当前化解矛盾与长远的关系和如何构建体制机制的关系。要当作一个难得的改革契机，要和“十二五”规划结合起来。小方案的关键是保证改革的成功和行业的正常运转。根据国务院领导批示要求，《指导意见》及《请示》必须在11月底前上报国务院。

为配合这一工作，2009年12月2日，我们撰写的《关于普通公路可持续发展的政策建议》，报送国务院相关部委。内容如下：

成品油价格和税费改革后，普通公路面临着前所未有的挑战与机遇。为配合国务院及有关部委出台完善普通公路投融资体制机制、促进普通公路可持续发展的政策，我们再提出如下建议。

（一）我国普通公路的现状

自2006年将村道纳入统计之后，我国公路总里程即超过印度排在世界第二位。截至2008年底，我国公路总里程达到373.0万公里，公路网密度达到38.8公里/百平方公里，与改革开放之初的1979年比较，增长了4.3倍。其中，国、省、县、乡、村道里程分别达15.5万公里、26.3万公里、51.2万公里、101.1万公里和172.1万公里，分别占路网总里程的4.4%、7.1%、13.9%、27.6%和47.0%。国道里程提高了46.2%，省道提高了62.3%。

2008年，高速公路达到6.0万公里；二级及以上高等公路增长至39.9万公里，累计增长了34倍；等级以上公路里程从1979年的50.6万公里增长至2008年的277.9万公里，30年间累计增长了4.5倍，路网等级结构得到了全面提高。国省道中二级以上公路占比为

67.2%，比1991年水平提高50个百分点。国省、县乡公路的路面等级相比1991年也有显著的改善和提高。村道中铺装有高级、次高级路面的里程为67.1万公里，能够实现晴雨通车的里程为125.5万公里，分别占全部村道的39.0%和72.9%。2009年又新增公路通车里程9.8万公里，其中高速公路4719公里。

世界银行2006年对我国公路基础设施建设发展做出的评价是：“还没有任何其他国家，能够在如此短的时间内，大规模提高其道路资产基数。”

按《中华人民共和国公路法》（简称《公路法》）和《中华人民共和国公路管理条例》（简称《公路管理条例》）的规定，县道和乡道的建设、养护、管理的事权分别由县级和乡级负责。在对国、省道的建设和养护管理事权划分时，《公路法》和《公路管理条例》都明确了是省级事权。但是，基于调动地方政府促进本区域公路发展的积极性原因，对管理体制机制中的确定比较含糊，只在《公路管理条例》里提出了相关规定。因此，各地在国省道事权履行时所依附的体制机制各地不同而且经常变化。多年实践证明，在国家总体资金宽松条件下，各地倾向于有利于加快建设的“块块”体制；在资金紧缩条件按下，很多地方为确保基本养护又将管理体制改为“条条”；但大多数省选择了事权责任相对模糊的“条块”体制。

国省干线公路建设资金来源的前三种渠道为：地方自筹、国内贷款和企事业资金，占全年资金来源的比例均超过9成。其中地方自筹三年平均占比为43.3%，国内贷款三年平均占比为36.2%，企事业单位资金三年平均占比为14.1%（其中少部分为收费公路收入，大部分是养路费）。而政府预算内资金、车辆购置税、外资及其他资金来源的三年平均占比合计仅为8.9%，其中政府预算内资金和车辆购置税占比为5.4%。对公路建设各类资金来源在2007年的使用进行分析，一般预算的87%和国债资金的62%都投入到普通公路的建设中，但两者总规模合计仅为80亿元；车购税的安排中，有41.9%用于了农村公路建设，仅有3.7%用于普通国省道建设；地方自筹资金中的52.8%都给了农村公路，总规模达到1037亿元，26%给了普通国省公路。企事业资金（主要是养路费和收费公路收费盈余）则主要安排在高速公路和普通国省干线上。

地方自筹是指地方政府或公路交通主管部门筹措的配套建设资金。根据实际调查的情况，由于大部分地区地方财力难以满足建设配套资金需求，地方自筹资金除公路部门的专项规费之外，主要依靠贷款筹措。在灵活的融资政策机制条件下，由于建设资金不要求一次性到位，且一个地区同期的建设、改造项目不止一个，地方政府或公路交通主管部门具有较大的资金回旋余地，流动贷款重复担保、延期还款、息转本或拖欠工程款及材料款等也都成为地方解决自筹资金的常用手段。仅从统计数据看，难以掌握地方公路建设自筹资金的实际情况，因此，也很难了解债务的真实规模。基于广泛的调查分析，地方自筹资金中可能有80%是债务性资金。

（二）我国普通公路存在的问题

第一，规划及发展目标方面的问题。随着国家高速公路网规划、全国农村公路建设规划等国家级公路规划的出台，许多省区也相继制订出台或相应调整了本地区的公路网发展规划。但在地方规划制定出台的过程中，普遍存在4个主要问题：一是多层级频繁制订和修订规划，规划目标经常变动且不断扩大，而对目标本身的合理性以及与社会经济发展阶段的适应性缺乏研究和论证；二是许多规划着重对路网布局、里程规模、建设标准进行了研究，但对实现规划所需的合理建设时序、资金规模及资金保障等方面的内容相对欠缺、不足，造成一些地区出现建设资金紧张而过度依赖债务融资的状况；三是公路建设规划的民主参与程度不够，导致社会产生“财政幻觉”，使公众和舆论对公路税费政策提出许多质疑，如指责公路“乱收费”、政府多收钱等；四是规划及投资事权主体分散、目标不一难以协调（连高速公路与国省干线公路之间都很难协调），造成在规划尚未实施阶段就存在“断头路”问题和衔接问题，而事后纠正往往要付出更大代价。

第二，投融资体制机制问题。公路基础设施建设投资使用债务融资手段虽然具有合理性，但在缺乏必要的财政纪律约束的情况下，地方政府具有加大投资、加快建设的内在激励，公路规模（尤其是高速公路）被作为地方政府政绩的体现。这种激励机制，一方面极大地促进地方公路基础设施建设的较快发展，另一方面也会因忽视对公路建设投资效益的科学评价，而带来地方财政隐性债务风险加剧等后果。但是，在现行投融资体制下，无论交通行业还是财政部门，都很难从行业角度对地方政府的行为实现有效的积极引导。此外，当前过于灵活的投融资机制以及银行巨大的存贷差压力（1998年国家实施积极财政政策前后，收费公路贷款政策几乎没有变化，导致贷款规模激增的主要原因是以开行为首的银行推出了资本金软贷款以及极为宽松的统贷统还放贷条件，支持各省将各类项目打捆申请贷款）为地方政府融资创造了巨大条件，像黑龙江、贵州这样的经济相对落后、交通量很小的省，也能为其规划的数千公里高速公路一次性获得几百亿元的银行授信。从某种角度看，由于我国银行的特殊情况，银行系统在公路交通发展方面的作用甚至超过了发展改革、财政和交通三个部门。

第三，政府事权划分问题。在公路建设面临较高投资需求的阶段，中央政府通过投资补贴有效调动了地方的积极性，地方政府承担着主要的投资供给责任。但由于中央投资补贴规模相对较低，地方政府为保证配套资金规模在财力不足的情况下，采取多种方式、千方百计筹集资金，造成地方政府拖欠项目工程款以及重建轻养等多种问题。原因之一就是事权过度下放、财力不足并相对上移。中央没有履行好对国家级公路的投资和筹资责任，造成省级政府投资筹资压力过大，故而不断改革体制并下放省级事权，而最终事权的承担主体却没有相配套的财力，甚至没有规范的筹资渠道（例如，很多地级市承担了国省道的投资建设任务，而其资金来源仅为有限的养护资金，国家财政的改革也将使市级的财政逐步弱化），引发许多基层债务的问题。

第四，财力分配导致的问题。首先，我国公路建设和养护所依赖的资金渠道较少，资金规模与建设和养护需求相比相差甚远（公路建设养护专项税收及国家和地方的一般性财政投入 2008 年也不足 2500 亿元，仅占同期 GDP 的 0.8%）。因此，建设资金甚至养护资金的缺口都要通过贷款、自筹等方式解决。致使公路行业的实际债务规模十分巨大，估计今年全行业的债务规模可能要超过 4 万亿元，其中普通公路的债务已经确认超过 6000 亿元。车购税和燃油税分配给公路方面的总收入仅与全行业债务的应付利息水平相当，压力和风险都已十分巨大。因此，公路建设和养护仅依靠专项资金是非常不足的，必须引入公共财政的支持。

第五，资金来源变化的问题。一直是普通公路发展和养护的重要资金养路费被燃油税替代后，资金的拨付程序也发生了较大变化，资金性质也由原来的地方自有资金转变为由中央向地方转移支付的税。同时，随着二级收费还贷公路撤站工作的逐步推进，普通公路的通行费收入大有减少，若干年后将不复存在。此外，车购税资金受国家调整和振兴汽车行业政策的影响，减收幅度较大，全年可能产生200亿元缺口（年初已经安排资金相比）。而燃油费税改革后，各级政府的财政性资金对普通公路的投入还没有增加，对高速公路的投入有所突破（如湖南省、黑龙江省等）。

二级还贷公路逐步取消收费后，为普通公路提供融资质押的收费权不复存在。目前，中央也未明确燃油税资金能否用于贷款担保。既无质押也无担保，普通公路的市场融资出现政策真空。一些省市根据本地实际，出台了临时性政策，但多数省市还处于观望之中。尽管银行在放贷的压力下，正在积极引导一些地区的政策创新和突破。但是，大部分地区普通公路贷款的基本条件已经缺失，融资环境面临很大的不确定性。2009年东、中部地区普通公路贷款同比下降31%和25%。我国虽然建立了中央与地方的“分税制”财税体系，但地方政府税费收入渠道基本被法规固化，难以为提供符合本地发展需要的公共设施及中央事权的配套开拓有效财源。而作为农村公路责任主体县政府，多数都是吃饭财政，很难为农村公路建设养护筹集到应有的资金，这是导致农村公路养护情况十分严峻的根本原因。

总体上看，我国公路基础设施建设虽然取得了巨大的发展成就，但在建设及投融资环节也存在资金供不应求的突出矛盾。造成这种矛盾的原因既有我国公路基础设施建设发展长期滞后的客观性，也与以上几方面的问题存在关联；既有行业自身的原因，更有行业外的原因；而燃油价税改革不仅使既有的矛盾与问题得到了充分的揭示与暴露，也使过去维系平衡的一些虽不合规但却有效的做法（如养路费担保、统贷统还等）突然不能使用，从而使很多地市资金断链的问题即刻显现。当然，改革使旧有的平衡被打破，同时也带来了与相关部门和机构共同正视问题、化解矛盾、寻求建立普通公路可持续、稳定发展的体制机制重要机遇。

（三）我国普通公路可持续发展的政策建议

1. 制订适应普通公路公共行政体制的财政政策

普通公路的公共财政政策（特别是投融资体制机制政策），要突出普通公路作为公共产品的公益属性，适应公路公共行政体制，坚持政府主导、科学规划、理清事权、分级负责。

多年来，一些地方政府在公路发展方面遇到财政困难时，通常不是研究调整财政政策，而是将国省干线公路下放到市甚至县，这是严重的本末倒置。公路行业职责、权力、能力不匹配的管理体制危害巨大：一是完整的路网被区域分割。同一条国省道在省际甚至市界间出现"断头路""卡脖子路"；同一编号的干线公路在不同行政区出现各种等级路，有的失养变成的土路，新的行路难和行车难时有发生。今年310国道宝鸡段堵车5天，30公里路上有万余车滞留。二是公路规划目标和筹资能力脱节，债务规模无法控制。因为负责规划的不考虑资金供给；负责筹资的无法控制规模，只能依靠非正当手段超能力举债。三是筹资投资责任主体不清。2007年，中央一般预算、国债、车购税用于普通干线公路建设的资金只有52亿元，占整个干线资金需求的4.4%，而用于农村公路建设的为334亿元，占资金需求的21.2%。与此同时，县乡政府又承担着国省干线公路的资金配套任务，这种模式被基层称为"上面替我背农村路，我替上面背国省道。"

我们认为，普通公路投融资体制应该服务于公路公共行政体制改革、建立与之相适应的公共财政这一战略目标。在发达国家，普遍建立了适应公路公共行政体制的公共财政。美国联邦政府承担公路建设资金的绝大部分。对于州际公路及其高速公路，联邦资助90%，所在州承担10%；对于其他干线公路和城市道路，联邦资助75%，所在州承担25%；对各州其他一般公路，联邦资助50%，所在州承担50%。其资金主要来源于燃油税、轮胎费、重车使用税。日本《道路法》规定：对国道的新建和改建，由国土交通省实施的一般工程，中央政府负担新建工程费的2/3，负担改建工程费的3/4；由都道府县道实施的工程，中央政府负担工程费的1/2。法国中央政府负责国道和高速公路的修建、养护和管理，并对其他道路予以补贴。

2. 建立与养护需求匹配的税率调解机制，确保公路养护

2007 年，公路行业的固定资产投资是5537 亿元，养护支出1300 亿元（低于公路养护实际需求），而车购税、通行费（扣除还本付息等）、养路费等专项收入不足3000 亿元。长期以来巨大的资金缺口在产生巨额债务的同严重影响了公路养护，普通公路的“重建轻养”“弃养待建”成为普遍现象。众多养护好就可以使用20 年的公路，却被迫在 5 ~6 年间花费 10 倍以上的资金（又需贷款）“重建”。

我国现有公路370 多万公里，绝大部分是普通公路。实现公路交通可持续发展，必须坚持公路建设和养护并重，养护优先。在投资政策上，应首先满足公路养护资金需求。绝不能在公路养护资金因财政供给不足而需要借债的同时，又将财政性养护资金用于建设。

迫切需要建立与普通公路养护需求相匹配的成品油税率调节机制。发达国家普遍实行了与公路养护匹配的燃油税率调节机制。美国的燃油税是联邦和地方共享税，这种模式解决了联邦与地方、地方与地方之间由于资金需求不同带来的问题。美国每加仑汽油的平均税率为0. 47 美元，其中联邦税率为0. 184 美元，各州平均税率为0. 286 美元；资金需求大的康涅狄格州合计税率为0. 634 美元，资金需求小的阿拉斯加州合计税率为0. 264 美元。

据测算，如要达到全路网的养护，“十二五”末普通公路养护

与管理的资金需求将达到3300多亿元，而同期建设资金需求可能降为2000亿元。目前，受资金投入不足的影响，国省干线公路养护水平总体滞后，尤其是大修、中修不能按期进行，大大缩短了公路使用寿命。农村公路更未得到有效养护管理，其状况令人担忧。二级收费公路撤站后，车流量平均增加30%以上，超限超载形势十分严峻，需要专项资金养护的国省干线又增加10万公里，致使养护任务更加繁重。2010年普通公路养护与管理资金需求大致为：国道325亿元，省道434亿元，农村公路1625亿元。到2020年，普通公路养护的年度资金需求不会少于4000亿元，预计占GDP的0.7%～0.8%。这一比例远低于发达国家。美国公路基础设施建设在20世纪70年代末基本完成。此后每年用于公路维护和改进的支出，基本维持在GDP的1.5%，实际费用逐年增长。目前，美国联邦公路基金的75%用于公路养护。

当前，应切实落实国务院及有关部委规定，确保燃油税用于公路养护的合理投入比例。根据公路养护与建设规划，综合拟定公路建设规模；首先保障基本养护，杜绝“弃养待建”现象，降低公路全寿命周期成本。需要重申，养路费替代资金继续作为省级交通部门预算管理是保障养护资金有效运行的重要措施。

3. 出台可持续的投融资政策，强化银行与地方政府的责任，建立风险可控的融资平台

我们在调研中发现，银行及相关部门知道用“养路费”质押贷款是有巨大风险的。全国每年1000多亿元的养路费收入，只能保障基本的养路支出。各地通常的做法，是用养路费临时垫付到期的利息，再贷出同等甚至更多的资金拨到养护工程。银行从公路贷款中获得的巨额利息在很大程度上是依靠这种“风险贷款”维持的。明知“以贷还贷”还继续放贷的银行及相关部门对此“贷款风险”负

有重大责任。

普通公路作为公共产品必须回归公益属性。即税费改革后，财权上收，地方交通6费变为国税，中央财政应负责为公路基本养护提供足额返还资金；在建设方面，应强化各级政府在公路发展中的财政投入责任，建立与融资规模匹配的“偿还能力”。因此，必须解决“开源”问题。同时，公路债务是无法回避的问题；只有解决好积存债务，公路才可能真正健康发展。

强化地方各级政府在公路发展中的财政投入责任，应该成为新的普通公路投融资体制机制的重要特色。近期，课题组就上述问题给10个省的领导同志写信并送了有关材料。从反馈的情况看，态度是积极的。当然，强化地方各级政府在公路发展中的责任主体地位的同时，还应赋予并维护其相应的权利。

各地陆续出台了一些措施。湖南省、浙江省政府提出由省财政逐步解决积存的公路债务。新疆维吾尔自治区政府决定，区级财政每年将新增收入的5%环比递增作为交通专项资金。河南省洛阳市制订《养护管理条例》，对市、县、乡财政为农村公路养护提供资金数额作出规定。山东省诸城市政府对农村公路的建设与养护投入了比较充足的资金。

青岛市通过重组交通开发投资中心，搭建了具有创新性的交通投融资平台。仅整合的高速公路、房产土地、客运场站等优质资产就达127亿元，还将有一批即将建成的交通项目和其他优质资产纳入；此外还有税费改革返还中可用于交通基本建设的资金，国家和省交通建设项目补助，市管高速公路每年还能至少注入20亿通行费收入。青岛市政府决定，将公路项目两侧土地出让收入按比例拨付投资中心，作为交通基础设施建设和偿还贷款本息的专项基金，并安排一定债券资金。上述资产按照事业单位国有资产管理模式，免交房产税、营业税、契税。青岛市政府在重组投资中心前，首先理顺公路管理体制，将区市公路管理机构垂直上划，由市交通委统一管理，国、省道的管理养护由市公路局负责；农村公路管理养护职责全部下放到当地政府，区市交通部门设路政科具体负责，并安排专项资金用于农村公路养护管理，市交通委适当补助。理顺的公路管理体制和健康的投融资平台相结合，实现了公路管理职责、权利、能力的统一。

4. 理清公路事权，建立公路公共行政体制

我国公路划分为国道、省道、县道和乡道 4 个等级，目的就是使各级政府分担不同层次路网的建设与管理职能。然而至今我国仍没有建立起适应上述事权划分的公路管理体制。贵州省公路管理体制经历过“三下三上”；每次下放都出现人员膨胀、资金截留和路况下降。今年，一些地方又在“下放”公路管理职能。究其原因，仍是由于专项资金不足而将本级政府公路建设、养护、管理责任推给下级政府。

现代公共管理的基本模式，以及市场经济条件下公路管理的长效机制，是建立公共行政体制。行政管理体制改革的核心内涵与价值目标是从“部门行政”向“公共行政”转型。概括地说，部门行政是旨在适应计划经济体制与部门权力运作，在市场经济条件下会导致部门分割与地区分割的行政管理制度。公共行政则是与市场经济相适应、旨在满足公共需要的行政管理模式。公共行政包括人事行政、公共政策与公共财政。公路发展方面的公共政策与公共财政都要适应公路公共行政体制。为此，必须首先理清公路事权。公路建设、养护和管理应坚持“政府主导、统一领导、分级管理”的原则，按照国家公路、省区市公路和农村公路三个层次，完善中央、省、市县三级公路管理体系。交通运输部是中央政府主管公路交通

的行政部门，负责国家公路系统（国家高速公路网与普通国道）的建设、养护、运营、管理；国道的建设与养护资金由中央财政承担（目前交通运输部掌握的资金基本可以承担）。省（自治区、直辖市）政府的交通运输厅（局、委）是主管公路的地方行政机构，下设公路管理机构，对国家公路系统（经交通运输部委托）和省级公路系统实行统筹管理，垂直到市；省道的建设与养护资金由省（自治区、直辖市）财政承担。农村公路由县乡政府负责，实行省里指导、以县为主的管理体制；市县交通局及公路管理机构负责实施；中央与省市政府给予一定的财政支持。

5. 综合治理车辆超限超载，创新高速公路可持续发展政策

强化综合治理车辆超限超载，研究制订相关法律法规，是保障公路持续健康发展的重要环节。这是与“开源”相辅相成的“节流”。按照国务院部署，逐步有序地取消政府还贷二级公路收费，应当说可以有效解决车辆“大吨小标”难题。但现实却是运输车辆超限超载现象反弹严重，有的省市超限率又达到30%以上，个别地区甚至达到40%，道路破坏严重。超载车辆还严重威胁着桥梁安全。今年黑龙江铁力西大桥垮塌、天津津晋高速公路匝道高架桥垮塌，都是严重超载所致。如不有效治理，公路维护的资金需求必将大幅增加。

完善普通公路投融资体制机制，要与创新高速公路可持续发展政策相结合。政府还贷二级路取消收费后，普通公路发展丧失了融资资源。可考虑将普通公路与高速公路捆绑融资（一些地方已经在做），不仅可以适度解决普通公路贷款，也有利于增强路网的整体协作。更为重要的是，高速公路的收费年限日益迫近，原收费公路期限设定时对路网长期养护资金需求和资金来源统筹考虑不足；一旦到期停止收费，高速公路所面临的资金难题将远远超过普通公路。

对此，必须未雨绸缪，研究创新以高速公路为主的收费公路体系的相关政策，探索允许收费期满的高速公路继续收费以筹集养护资金，并将延长期的部分收入适度用于普通公路发展。

国务院办公厅2011年4月转发的《发展改革委财政部交通运输部关于进一步完善投融资政策促进普通公路持续健康发展若干意见》吸纳了我们的相关建议。

第三节 实施“公路两个体系”

解决我国公路可持续发展的深层次问题，必须从顶层设计的高度，确立战略方针。否则，将会在复杂多变的严峻现实面前束手无策。

一、取消公路收费的舆论压力

2011年初，我国公路可持续发展面临着越来越大的取消公路收费的舆论压力。

大家知道，新闻舆论工作是党的一项重要工作，是治国理政、定国安邦的大事，要适应国内外形势发展，从党的工作全局出发把握定位，坚持党的领导，坚持正确政治方向，坚持以人民为中心的工作导向，尊重新闻传播规律，创新方法手段，切实提高党的新闻舆论传播力、引导力、影响力、公信力。做好党的新闻舆论工作，事关旗帜和道路，事关贯彻落实党的理论和路线方针政策，事关顺利推进党和国家各项事业，事关全党全国各族人民凝聚力和向心力，事关党和国家前途命运。必须从党的工作全局出发把握党的新闻舆论工作，做到思想上高度重视、工作上精准有力。在新的时代条件下，党的新闻舆论工作的职责和使命是：高举旗帜、引领导向，围绕中心、服务大局，团结人民、鼓舞士气，成风化人、凝心聚力，澄清谬误、明辨是非，连接中外、沟通世界。要承担起这个职责和使命，必须把政治方向摆在第一位，牢牢坚持党性原则，牢牢坚持马克思主义新闻观，牢牢坚持正确舆论导向，牢牢坚持正面宣传为主。

然而非常遗憾，正是人民日报、新华社、中央电视台等 3 家中央新闻单位于 2011 年初，先后发起了对国家制订的收费公路政策的质疑和批评。

以 2011 年 2 月 15 日的《人民日报》为例。

《人民日报》当天以在“读者聚焦 · 公路收费之乱象”的标题下，用两个版面刊登了几封倾向性极强的“读者来信”。特别值得关注的，是《人民日报》在当天的“编辑视线”中刊发了代表人民日报社观点的文章《不合理公路收费吞噬民众利益》。

这则“编辑视线”指出：

“本版今日刊登的几封读者来信，既有反映收费站点多、收费高、收费乱问题的，也有反映交警、路政稽查人员乱罚款问题的，其乱象触目惊心。如今我国公路货运的主要成本，一是超高的过桥过路费，二是交警、路政人员的乱罚款，三是高昂的柴、汽油费。这‘两高一乱’使得我国物流成本大大高于其他国家。据统计，目前我国社会物流总成本占国内生产总值的 18%，运输费用占国内生产总值 9% 以上，分别高出发达国家 80% 和 50%。中国各种过路过桥费已高达运输企业成本的 1/3，车辆通行费占人均 GDP 比例超过 2%，居世界首位。”

“要致富，先修路，这是 20 世纪八九十年代一些地方为突破经济发展的瓶颈而提出的口号。在我国的公路交通事业取得飞速发展的今天，人们痛感到，不合理的公路收费反过来在侵蚀着百姓利益，并成为制约经济发展的新瓶颈。在经济发展的整个过程中，如果面向市场的终端生产环节利润过低、而中间或基础环节利润过高的话，对经济特别是实体经济的发展将是致命打击。”

“贷款修路，收费还贷，这是20世纪80年代我国政府在财力不足的情况下出台的修路模式，它确实大大促进了公路的建设与发展。如今，我国政府的财力已非当年所比，让大部分由政府投资建设的公路回归其公益性质并不是不可能的。但由于收费公路政策能给地方政府及收费企业带来巨大利润，因此，尽管许多公路‘收费还贷’已演变成与民争利的掠夺者、地方政府和企业追逐利益的‘提款机’而屡遭公众、媒体抨击，并多次遭受人大代表、政协委员提案议案质疑，但是，公路收费大战并未偃旗息鼓，站点密、收费高、罚款乱犹如血盆大口，吞噬着民众利益，成为民生的一大负担。众多的收费站卡如同‘肠梗阻’，使不少高速路变成了低速路，大大降低了公路使用效益，令百姓怨声载道。民众在购车、用车过程中，已缴纳了车辆购置税、车船税、燃油税等各种税费，本应享受免费公路这种公共资源的服务，而他们却要为公路的高收费、高罚款、高腐败二次‘买单’，这是极不公平的。我国已成为汽车生产、销售和使用大国，越来越多的汽车正在进入寻常百姓家庭。”

“因此，决不应该让不合理的公路收费方式延续下去了！”

真的如“编辑视线”所说：“如今我国公路货运的主要成本，一是超高的过桥过路费，二是交警、路政人员的乱罚款，三是高昂的柴、汽油费。这‘两高一乱’使得我国物流成本大大高于其他国家”吗？答案是否定的！

真的如“编辑视线”所说：“如今，我国政府的财力已非当年所比，让大部分由政府投资建设的公路回归其公益性质并不是不可能的”吗？事实绝非如此！

真的如“编辑视线”所说：“决不应该让不合理的公路收费方式延续下去了”吗？否！否！否！《人民日报》“编辑视线”所描绘的否定“收费公路”政策的路径是死路一条。上述中央主流媒体不专业、不中肯的报道与言论，给公路可持续发展设置了障碍。

二、关于实施“公路两个体系”发展战略的建议

理性看待公路收费问题，是正确制订相关政策、有效解决存在问题的前提。更重要的是，必须从顶层设计的高度，解决我国公路交通可持续发展战略。

为此，我们撰写了《关于实施“公路两个体系”发展战略、完善公路收费政策、促进公路科学发展的建议》，呈报国务院。内容如下：

当前我国公路发展存在着不可持续的问题。为此，我们提出关于实施“公路两个体系”发展战略、完善公路收费政策、促进公路科学发展的建议。

（一）理性看待公路收费问题

公路发展正面临越来越大的取消公路收费的舆论压力。理性看待公路收费问题，是正确制订相关政策、有效解决存在问题、满足公众合理要求的基本前提。为此，需要正视我国公路交通面临的突出矛盾。

第一，公路建设的巨大成就与巨额债务的矛盾。截至2010年底，我国公路总里程达到398.4万公里，其中高速公路7.4万公里，二级以上公路44万公里。公路快速发展得益于1984年国家出台的“贷款修路、收费还贷”政策。现有公路网中，95%的高速公路、61%的一级公路、42%的二级公路，都是依靠收费公路政策建成的；收费公路建设总投资中约80%是通过银行贷款和集资获得的。2010

年我国公路固定资产投资达到10000亿元，而专项用于公路建设的车购税只有1800亿元，仅满足需求的18%，地方政府主要依靠收费公路政策筹集债务性资金。保守测算，全国收费公路累计债务余额在3.5万亿元以上，极有可能突破4万亿元；加上普通公路的债务可能达到4.5万亿元，每年仅利息支出就需要3000亿元。2010年全国公路收费额约2500亿元，当年实际还贷约1300亿元，养护支出275亿，税费、交警费用、水利基金等其他支出约1000亿元。尽管过去五年中我国财政收入从3.16万亿元增加到8.31万亿元，但想要停止公路收费，将存量债务和维护公路发展经费全由政府承担显然是不可能的。我国公路的巨额债务是跨越式发展所必须付出的代价。世界银行报告指出："还没有任何其他国家，能够在如此短的时间内，大规模提高其公路资产基数。"同时也应承认，如果我们能及时完善收费公路政策，具体规定并严格实施合理回报率，降低融资成本，杜绝低价转让，提高债务偿还能力，加强养护和治超，降低大中修资金需求等，是可缩减债务规模，减轻公众负担的。

第二，公路持续发展需求与财政投入严重不足的矛盾。公路是我国覆盖面积最广、通达程度最深、公益性最强的交通方式，承担了全社会74.1%的货运量和93.5%的客运量，是国民经济发展的命脉。在维护好"已有成果"的基础上，"适度超前"发展是"十二五"确定的任务。"十二五"期，全国高速公路将由2010年底的7.4万公里增加到11万公里，建设投资需16000亿元以上。国家高速公路网有39%的路段在建或待建；国道、省道中三级以下公路分别占21%和39%，其中3万多公里仍为砂石路面；13%的国道处于拥挤状态，一些经济发达地区的主要运输通道急需扩容改造。到2020年，全国公路将新增100万公里，达到500万公里；其中非收费公路新建改建需要25000亿元。在养护方面，现有公路网每年维护资金约3000亿元，2020年将扩大到4000亿元；而税费改革交通专项资金中可用于公路养护的实际不足1000亿元，一些公路失养加剧了公众的不满情绪。

第三，社会公众过高期望与社会主义初级阶段的矛盾。我国仍处于并将长期处于社会主义初级阶段。部分公众既要享用超过发达国家的公路基础设施，又要求停止公路收费，超出了我国政府的财政能力和税收标准。这种过高的期望主要源于对我国公路整体资金状况的不了解，以及对“收费”的误解。世界上没有真正意义的“免费”公路，任何国家都不可能“无偿”提供公路设施。“收费”和“收税”只是筹集资金的方式不同，其本质功能与最终目的是一样的。一些媒体将收费公路政策执行层面的个别问题放大视为普遍现象，并归咎于收费公路政策本身；简单比较各国收费公路里程，却避而不谈国外远高于我国的公路专项税收标准和总额。这种片面宣传极大误导社会公众，给国家完善收费公路政策、有效解决公路债务、促进公路科学发展设置了障碍。美国收费公路里程较少，是因为公路税收专项资金远远高于我国。美国“联邦资助公路法”和“公路税收法”规定，征收燃油税、轮胎税、卡车购置税和重型车辆使用税，注入公路信托基金。此基金可以满足公路发展资金需求的70%，发行债券和公路收费只需分别解决20%和10%。美国公路网已经建成，目前以60%的公路基金满足公路养护。而我国专项税收只能满足公路建设的18%、养护的33%；4.5万亿元的公路债务仍依靠收费艰难维持。在这样严峻的形势下，要实现公路不收费，就得大幅提高专项税标准，这显然不可取。建议有关部门通过收费公路政策发布会或白皮书等形式，全面阐述“两个公路体系”发展战略，消除媒体与公众的误解，并让社会适度了解公路发展中的资金与债务实情。

（二）实施“公路两个体系”战略是解决公路收费问题、促进公路科学发展的治本之策

构建“公路两个体系”，是基于我国长期处于社会主义初级阶段与公路发展实践提出的公路科学发展战略。其内涵是：统筹发展政府主导的以高速公路为主的低收费、高效率的“收费公路体系”和以普通公路为主的体现政府普遍服务的“非收费公路体系”。其中，非收费公路体系约占全国公路里程的96%，主要解决通达问题，资金以公共财政为主，尽量避免使用债务性资金。收费公路体系约占全国公路里程的4%，体现更高品质的公共服务，主要解决快捷高效问题，其收费不以营利为目的，资金以融资成本低且易于监管的债券和低息贷款为主。

收费公路仍然属于公共产品，在融资成本更低的前提下，可适度吸引社会投资。国家应按照公路法的规定明确企业投资的合理回报率，并采取投资与收费经营分开的形式，避免企业瞒报收入和做大成本。通行费先全额上缴政府，再由政府按协议支付企业合理回报；如收入低于合理回报，政府予以补足。这样可以解决公众强烈反映的收费公路企业的“暴利”问题，也能保护企业的合法利益；更重要的是避免将属于国家的公路资产变成上市公司的资产。收费公路体系的资金收支、投资协议、债务情况以适当方式向社会公开，接受监督。“公路两个体系”坚持“取之于车，用之于路”的原则，通过“收的透明，交的合理”，以较低成本为公众提供更好的公路基础设施和服务，维护广大人民的根本利益。

相比之下，我国现行“收费公路政策”是“临时性”政策，最长为30年；其功能只解决公路建设资金，公路最终都将成为由税收承担的“非收费公路”。该政策的“假设前提”是届时政府财力可以满足所有公路的养护、发展和剩余债务的偿还；但实践表明，现

阶段无法实现。

构建“公路两个体系”可以确保我国公路的可持续发展。一是确保收费公路到期后剩余债务的偿还和日常养护、并为大中修积累资金。二是收费公路体系稳定运转的同时，可以对非收费公路体系给予适度的资金支持。收费公路是公路网不可分割的一部分，必须与非收费公路相连才能有效使用，统筹两个公路体系具有必然性和合理性。三是收费政策是调节干线公路交通量，引导合理交通需求的重要手段。我国公路“低值运输，超限运输，高级能源运低级能源”的现象应予抑制。通行费作为调节公路流量的手段越来越凸显。建议适时采取分时段、分货类、分车型收取不同标准通行费，平衡交通量，确保公路网的高效运行。

公路使用者付费是国际普遍采用的政策。发展中国家的高速公路基本上全是收费公路；发达国家的高速公路收费比重也较高且有扩大的趋势。如法国为42%，日本为61%，意大利为86%；德国对12吨以上的货车为100%，欧盟2012年将全面对货车收取通行费；美国、俄罗斯、瑞士也在考虑扩大收费公路政策的使用范围。

综上所述，“收费政策”是“收税政策”的必要补充，可以长期有效解决公路发展资金，还可以将公路使用者和非使用者的负担分开，调节交通流量，是一项需要长期坚持的政策。

（三）促进公路科学发展的若干建议

我们在郑重建议实施“公路两个体系”发展战略的基础上，再提出促进公路科学发展的若干建议。

1. 当务之急是要建立超额收入调节机制，解决社会公众强烈关注的某些路段“暴利”收费问题。所谓超额收入调节机制，即依据《公路法》关于“收回投资并有合理回报的原则”，将收费公路超出合理回报的部分利润上缴省级财政，统筹用于公路发展。首都机场高速公路的收益分配受到社会高度关注。解决好这一个案，影响十分深远。课题组认为，如果简单采取降低收费标准的做法，必将引发链式反应，丧失政府统筹公路资金的空间，严重阻碍“公路两个体系”战略的实施；还会使车流量已经饱和的机场路更加拥堵。课题组建议：采用超额收入调节机制，落实公路“统贷统还”政策，推进“公路两个体系”发展战略。尽管首都机场高速公路公司是香港上市公司，仍可基于该路公共产品的本质属性和《公路法》，将超出合理回报的利润上缴北京市财政，作为专项资金用于公路发展。社会公众对超额收入调节机制是会理解与支持的。

2. 理清公路事权，实施由省交通厅主管的统贷统还的公路发展的投融资管理体制。《收费公路管理条例》规定：“省、自治区、直辖市人民政府交通主管部门对本行政区域内的政府还贷公路，可以实行统一管理、统一贷款、统一还款。”交通部门管理高速公路企业，可以有效实现政府对高速公路实物资产与收费权资产的统一管理。辽宁省交通厅作为高速公路融资主体，统一负责资金的筹集和偿还；高速公路管理局（事业法人）作为高速公路的运营主体，不以营利为目的，负责高速公路的收费和养护；高等公路建设局作为厅授权的项目法人单位，负责对全省高速公路项目建设招标实施监管。“辽宁模式”大幅降低了公路发展对债务性资金的依赖。在政府还贷二级公路首批撤收费站的13省中，辽宁省债务最少（52.8亿元），远低于12省均263.8亿元的水平；收费里程最短（2682公里），远低于12省均11056公里的规模。而辽宁15214公里二级公路总里程却超过12省均近2000公里，养护质量更是全国名列前茅。课题组建议，完善辽宁模式，在全国推广，为构建“公路两个体系”打好基础。

3. 深化公路管理体制改革，创立承担建设和管理高速公路的法定机构。《收费公路管理条例》第十一条规定：“建设和管理政府还贷公路，应当按照政事分开的原则，依法设立专门的不以营利为目的的法人组织。”课题组建议：以此为基本依据，创立有中国特色的旨在代行政府职能，建设和管理高速公路的法定机构，以施行收费期满的高速公路继续收费的政策。法定机构一般是指依照特定法规设立的，不在政府职能机构序列内，承担具体执行性职能的行政机构。日本道路公团就是依据“道路公团法”组建，以建设和管理收费公路为主要业务的特殊法人，是执行政府决策和规划的独立运作的机构。其业务活动的基本原则（包括经营目标、经营范围等）都是立法确定，其发展计划、预算、收费标准等需经国家批准，并由国土交通省监督实施。日本政府给予其资金担保并免征法人税等特权。道路公团资产全部属于日本政府，资金来源主要是政府资本金，债券、票据的发行收入，贷款，政府补贴和营业收入。作为法定机构的日本“道路公团”，将市场调节这只“看不见的手”与政府管理这只“看得见的手”在高速公路发展这一特定“公共产品”的运作中有机结合起来，可以借鉴。

4. 修订《收费公路管理条例》，为实施“公路两个体系”发展战略提供政策法规支持。按照“调整结构，控制规模；撤并站点，统贷统还；降低标准，延长期限；政府主导，严格监管”的总体思路，完善收费公路体系相关法规。确定企业投资的合理回报率。允许高速公路长期实行政府主导的非营利低收费政策，具体可分两个阶段。第一阶段，在经营性收费公路收回投资并有合理回报的基础上，实行超额利润回收机制，统筹用于公路发展。第二阶段，所有收费公路在到达转让期限时，资产全部收归省级政府交通主管部门，实行不以盈利为目的的低收费；并在收费公路体系正常运转维护的同时，反哺非收费公路体系的发展。

5. 加快建设综合运输体系。2010年京藏公路大堵车曾引起社会广泛关注。课题组专程前往内蒙古调研。京藏公路大堵车的背景在于内蒙古成为供应南方煤炭的主要地区，每天出区的运煤车辆约8000辆（折合小客车2.4万辆）。22个省区的大型运输车辆在京藏公路行驶，其中50吨以上车辆占80%。据计算，从内蒙古运煤到南方，公路、水路、铁路的收益比为1∶2∶9，但我国没有从内蒙古南下的铁路专线。世界上通过公路大规模长途运煤、运菜的唯有中国。综合运输路网结构不合理，是形成公路拥堵并加大运输成本的最重要原因。

我们建议，要站在加快建立综合运输体系的战略高度，根本改变以公路进行长途运输的方式。“统筹发展、加快构建便捷、安全、高效的综合运输体系”，是交通运输科学发展的紧迫任务。

2011年8月，国务院办公厅在《关于促进物流业健康发展政策措施的意见》中明确指出：“尽快研究修订《收费公路管理条例》，统筹发展以普通公路为主的体现政府普遍服务的非收费公路和以高速公路为主提供快捷、高效服务的收费公路”。

这表明，“公路两个体系”发展战略已经得到国务院的同意。

2017年2月颁布的《国务院关于印发“十三五”现代综合交通运输体系发展规划的通知》（国发〔2017〕11号），再次强调：“完善收费公路政策，逐步建立高速公路与普通公路统筹发展机制。”并要求“认真贯彻执行”。

第二章　创新资金机制：强化财政事权与设立法定机构

我国公路的快速发展得益于国务院关于“贷款修路、收费还贷”政策。强化政府财政事权、创建中国特色收费公路融资建设偿债管理的法定机构，是实施“公路两个体系”发展战略，促进公路可持续发展的基础性措施。

第一节　我国亟待创新公路资金机制

公共产品本质属性是制定公路可持续发展政策的基本依据，创新公路资金机制要强化政府财政事权及公共财政的支出责任。公路科学发展是创新公路资金机制的根本目标，债务偿还是创新公路资金机制的重要诉求。

一、公路科学发展是创新公路资金机制的根本目标

（一）完成公路发展规划需要创新公路资金机制

国务院于2017年2月3日印发的《“十三五”现代综合交通运输体系发展规划》（国发〔2017〕11号）指出：“十三五”时期，交通运输发展面临的国内外环境错综复杂。从国际看，全球经济在深度调整中曲折复苏，新的增长动力尚未形成，新一轮科技革命和产业变革正在兴起，区域合作格局深度调整，能源格局深刻变化。

从国内看，“十三五”时期是全面建成小康社会决胜阶段，经济发展进入新常态，生产力布局、产业结构、消费及流通格局将加速变化调整。与“十三五”时期经济社会发展要求相比，综合交通运输发展水平仍然存在一定差距，主要是：网络布局不完善，跨区域通道、国际通道连通不足，中西部地区、贫困地区和城市群交通发展短板明显；综合交通枢纽建设相对滞后，城市内外交通衔接不畅，信息开放共享水平不高，一体化运输服务水平亟待提升，交通运输安全形势依然严峻；适应现代综合交通运输体系发展的体制机制尚不健全，交通投融资等方面改革仍需深化。

综合判断，“十三五”时期，我国交通运输发展正处于支撑全面建成小康社会的攻坚期、优化网络布局的关键期、提质增效升级的转型期，将进入现代化建设新阶段。站在新的发展起点上，交通运输要准确把握经济发展新常态下的新形势、新要求，切实转变发展思路、方式和路径，优化结构、转换动能、补齐短板、提质增效，更好满足多元、舒适、便捷等客运需求和经济、可靠、高效等货运需求；要突出对“一带一路”倡议、京津冀协同发展、长江经济带发展三大战略和新型城镇化、脱贫攻坚的支撑保障，着力消除瓶颈制约，提升运输服务的协同性和均等化水平；要更加注重提高交通安全和应急保障能力，提升绿色、低碳、集约发展水平；要适应国际发展新环境，提高国际通道保障能力和互联互通水平，有效支撑全方位对外开放。

到 2020 年，基本建成安全、便捷、高效、绿色的现代综合交通运输体系，部分地区和领域率先基本实现交通运输现代化。

其中关于“完善高速公路网络”包括：加快推进由 7 条首都放射线、11 条北南纵线、18 条东西横线，以及地区环线、并行线、联络线等组成的国家高速公路网建设，尽快打通国家高速公路主线待贯通路段，推进建设年代较早、交通繁忙的国家高速公路扩容改造和分流路线建设。实施京新高速（G7）、呼北高速（G59）、银百高速（G69）、银昆高速（G85）、汕昆高速（G78）、首都地区环线（G95）6条区际省际通道贯通工程；推进京哈高速（G1）、京沪高速（G2）、京台高速（G3）、京港澳高速（G4）、沈海高速（G15）、沪蓉高速（G42）、连霍高速（G30）、兰海高速（G75）8条主通道扩容工程。推进深圳至中山跨江通道建设，新建精河至阿拉山口、二连浩特至赛汗塔拉、靖西至龙邦等连接口岸的高速公路。有序发展地方高速公路。加强高速公路与口岸的衔接。

关于“强化高效率的普通干线网”包括：推进普通国道提质改造。加快普通国道提质改造，基本消除无铺装路面，全面提升保障能力和服务水平，重点加强西部地区、集中连片特困地区、老少边穷地区低等级普通国道升级改造和未贯通路段建设。推进口岸公路建设。实现G219、G331等沿边国道三级及以上公路基本贯通，G228等沿海国道二级及以上公路基本贯通。建设G316、G318、G346、G3474条长江经济带重要线路，实施G105、G107、G206、G3104条国道城市群地区拥堵路段扩能改造，提升G211、G213、G215、G216、G335、G345、G3567条线路技术等级。推进G219线昭苏至都拉塔口岸、G306线乌里雅斯太至珠恩嘎达布其口岸、G314线布伦口至红其拉甫口岸等公路升级改造。加强普通国道日常养护，科学实施养护工程，强化大中修养护管理。推进普通国道服务区建设，提高服务水平。

立足现在，为了保证实现“十三五”规划的公路发展目标；展望未来，为了实现中华民族伟大复兴的“中国梦”；无疑需要巨额资金，为此必须创新公路资金机制。

（二）我国公路投融资政策和体制发展历程

自1978年改革开放以来，我国公路建设取得了辉煌成就，投资逐年增加，经历了4次跨越，并由过去单一的政府计划投资逐步发展到今天的多渠道融资格局，投融资政策和体制不断改革创新和完善，大致经历了4个发展阶段：

第一阶段：政府计划投资为主的阶段（1983年以前）

我国公路实行以地方为主的分级管理体制，公路的建设、养护和管理由地方政府负责。在计划经济体制下，公路建设主要资金来源是中央和地方政府的预算内财政拨款，数额十分有限，资金短缺严重。20世纪50年代起开始实施的养路费政策为国省道网的养护提供了资金保障，而农村公路的建设和养护资金则主要依靠少量的公路养路费、民工建勤和以工代赈等政策解决。中央除了给予国道建设一定补助外，其余的省道和县乡道路的建设，以及所有公路的养护资金都由地方政府投入。从1978年到1983年6年间，全国公路建设总投资不足50亿元，公路建设发展非常缓慢。

第二阶段：投融资政策重大变革的阶段（1984—1991年）

随着我国社会经济的发展，交通运输的“瓶颈”制约越来越严重。为解决公路建设的资金匮乏等问题，1984年12月，国务院第542次常务会议做出了具有划时代意义的三项重大决策：一是征收车辆购置附加费（1985年5月1日起施行），作为中央预算外专项资金，主要用于国家计划内干线公路建设及与公路建设有关的支出；二是提高养路费征收标准，其中增加的部分用于公路建设资金；三是允许用银行贷款修建公路，通过收取通行费偿还贷款，即“贷款修路、收费还贷”的收费公路政策。前两项政策分别为中央和地方开辟了较为稳定的资金来源，加大了政府投入力度；收费公路政策则突破了公路建设完全依靠政府投入的单一投资体制，使得多渠道向市场融资成为可能。在上述三项政策的推动下，我国交通建设投资随即迈上了一个新台阶，1985—1990年6年间完成的公路建设投资是1978—1983年6年投资的近10倍。在此阶段，收费公路逐渐开始发展，银行贷款也成了公路建设重要资金来源。1988年，我国第一条收费的高速公路——上海至嘉定高速公路建成通车，体现了新投融资政策的作用。

第三阶段：投融资体制不断完善和成型阶段（1992—2010年）

以1992年邓小平南方讲话和党的“十四大”召开为标志，我国经济和社会发展进入了全新的发展阶段，交通行业加大了政府投入和市场融资力度。1992年全国公路建设投资较1991年猛增85%，1992—1997年6年间完成的公路建设投资是1985—1990年6年投资的近10倍。1998年开始实施积极财政政策，交通部门积极利用中央安排的国债资金的带动作用，加大公路建设投入。1998年全国公路建设投资较1997年再次猛增70%，并在随后10年间保持稳步增长的势头。

1996年，交通部颁布《公路经营权有偿转让管理办法》，以规定期限的收费经营权为条件，通过转让经营权方式吸引社会资金进入公路基础设施领域。1997年颁布的《中华人民共和国公路法》规定，筹集公路建设资金，可以依法向国外金融机构和外国政府贷款；国家鼓励国内外经济组织对公路建设进行投资；开发、经营公路的公司可以依照法律、行政法规的规定发行股票、公司债券筹集资金。此外，一些地区还通过给予投资者土地开发权、使用权，筹集公路建设资金。

在规范公路投资方面，1996年国务院在《关于加强预算外资金管理的决定》中明确将养路费、车辆购置附加费纳入财政预算管理，由交通部门提出计划，财政部按规定拨付。2001年国务院批准将车辆购置附加费改为车辆购置税，由国家税务总局统一征收，财政部负责收入的分配和使用监督，交通部负责具体使用。费改税理顺了税费关系，使公路建设专项资金的使用更加规范。1996 年，公路建设投资项目实行资本金制度，资本金比例为 35% 及以上。中央和地方交通主管部门投入水路基础设施建设项目的财政性资金，被视为项目的资本金，中央和地方交通主管部门则成为项目的出资人，政府投资有了明确的身份和地位。此外，交通部门还加强了交通建设项目法人责任制、投资项目招投标制、重大投资项目稽查制的建设完善工作。在规范中央资金使用方面，交通部坚持以规划为基础，优化投资结构，确保重点。

第四阶段：深化改革阶段（2011 年至今）

2011 年，交通运输部发布《关于开展收费公路专项清理工作的通知》（交公路发〔2011〕283 号），提出组织开展收费公路专项清理，解决超期收费、违规设站等问题；尽快修订《收费公路管理条例》，统筹发展以高速公路为主的收费公路体系和以普通公路为主的体现政府普遍服务的非收费公路体系。

为控制地方政府性债务风险，自 2011 年来，中央开展了各类政府性融资平台和融资平台公司清理工作，交通建设贷款条件区域苛刻，贷款成本提高，贷款规模受到限制。统贷统还政策被废除，禁止以燃油税担保进行债务融资，非收费的公益性公路、航道建设项目被禁止贷款。按照“堵后门、开前门”的思路，各地交通融资平台贷款条件和规模将被严格控制，财政将扩大发行地方政府债券规模，支持符合条件的交通项目建设，建立规范的举债机制。2012 年起，各地开始安排普通政府债券支持普通公路发展，财政部拟发行收费公路专项债券，交通运输部正在配合财政部研究方案。

党的十八届三中全会通过的《中共中央关于全面深化改革若干重大问题的决定》（以下简称《决定》），提出完善立法、明确事权、改革税制、稳定税负、透明预算、提高效率，建立现代财政制度，发挥中央和地方两个积极性。按照减少专项转移支付规模的改革要求，以及完善地方税体系改革要求，长期支持交通发展的专项资金走向不明，交通发展的财政性资金来源将面临调整。此外，《决定》要求理顺中央与地方事权关系，建立事权和支出责任相适应的制度。执行多年的事权不清晰、投资责任倒挂的投资机制必须进行调整。

2016 年 8 月，《国务院关于推进中央与地方财政事权和支出责任划分改革的指导意见》颁布。交通领域将于 2020 年基本完成交通运输领域财政事权改革，形成中央与地方财政事权和支出责任划分的清晰框架，总结改革成果，梳理修订相关法律法规，形成保障财政事权和支出责任划分科学合理的法律保障体系。

二、债务偿还是创新公路资金机制的重要诉求

党中央早在 2014 年经济工作会议上就强调指出："着力防控债务风险。要把控制和化解地方政府性债务风险作为经济工作的重要任务，把短期应对措施和长期制度建设结合起来，做好化解地方政府性债务风险各项工作。"

（一）必须重视公路发展中积累的巨额债务

1. 我国公路发展 2016 年取得巨大成就

2016 年，全国交通运输行业坚持稳中求进工作总基调，团结奋斗、攻坚克难，改革创新、开拓进取，圆满完成各项目标任务，实现了"十三五"良好开局。

根据 2017 年 4 月交通运输部发布的《2016 年交通运输行业发展统计公报》：2016 年年末全国公路总里程 469. 63 万公里，比上年增加 11. 90 万公里。公路密度 48. 92 公里/百平方公里，增加 1. 24 公里/百平方公里。公路养护里程 459. 00 万公里，占公路总里程 97. 7% 。

2016年年末全国四级及以上等级公路里程422.65万公里，比上年增加18.03万公里，占公路总里程90.0%，提高1.6个百分点。二级及以上等级公路里程60.12万公里，增加2.63万公里，占公路总里程12.8%，提高0.2个百分点。高速公路里程13.10万公里，增加0.74万公里；高速公路车道里程57.95万公里，增加3.11万公里。国家高速公路9.92万公里，增加1.96万公里。

2016年年末国道35.48万公里，省道31.33万公里。农村公路里程395.98万公里，其中县道56.21万公里，乡道114.72万公里，村道225.05万公里。

2016年年末全国通公路的乡（镇）占全国乡（镇）总数99.99%，其中通硬化路面的乡（镇）占全国乡（镇）总数99.00%、比上年提高0.38个百分点；通公路的建制村占全国建制村总数99.94%，其中通硬化路面的建制村占全国建制村总数96.69%、提高2.24个百分点。

2016年年末全国公路桥梁80.53万座、4916.97万米，比上年增加2.61万座、324.19万米，其中特大桥梁4257座、753.54万米，大桥86178座、2251.50万米。全国公路隧道为15181处、1403.97万米，增加1175处、135.58万米，其中特长隧道815处、362.27万米，长隧道3520处、604.55万米。

2016年全年完成公路建设投资17975.81亿元，比上年增长8.9%。其中，高速公路建设完成投资8235.32亿元，增长3.6%；普通国省道建设完成投资6081.28亿元，增长14.0%；农村公路建设完成投资3659.20亿元，增长13.4%，新改建农村公路29.90万公里。

毫无疑问，我国公路发展取得了巨大成就。

然而，公路发展进程中所积累的巨额债务是无法回避的问题，只有解决好积存的债务问题，我国公路才能持续发展。

2. 国家审计署关于公路债务的公告

2012 年 11 月至 2013 年 2 月，国家审计署对 15 个省、3 个直辖市及 15 个省会城市、3 个市辖区，共计 36 个地方政府 2011 年以来政府性债务情况进行了审计。审计公告关于公路债务负担的统计与分析表明，我国既有的投融资模式存在严重问题，难以有效解决公路交通可持续发展的建设、养护、偿债、管理的需求。以下是审计署 2013 年第 24 号公告《36 个地方政府本级政府性债务审计结果》的有关内容：

“部分地区高速公路债务规模增长较快，偿债压力较大。有 10 个省 2012 年年底高速公路债务余额比 2010 年有所增长，增长额 2156.59 亿元，增长率为 36.88%。在债务规模快速增长的同时，受经济增速放缓、货车流量下降、重大节日免收小型客车高速公路通行费等因素的影响，高速公路车辆通行费收入出现减收，一些地区高速公路债务偿还压力较大。2012 年，有 8 个省通过举借新债偿还高速公路债务 453.85 亿元，其中 4 个省高速公路债务的借新还旧率超过 50%，3 个省已出现逾期债务 17.15 亿元。”

“部分取消收费地区的政府还贷二级公路债务偿还面临较大压力。近年来，部分省份取消收费后，政府还贷二级公路的债务偿还、公路养护和建设资金完全来源于财政，虽然中央财政对截至 2008 年年底已锁定的债务余额给予一定比例的补助，但由于锁定年度之后新产生的债务尚未给予补助、中央财政不承担债务利息，加上部分地方财政资金不到位等原因，有些地方政府偿债压力较大，甚至出现逾期债务。截至 2012 年年底，在 2011 年年底前已取消收费的 15 个省份中，12 个省和 9 个省会城市负责偿还的政府还贷二级公路债务余额 1311.61 亿元，比 2010 年增加 423.93 亿元，增长 47.76%。

2012 年，有 6 个省和 1 个市通过举借新债偿还政府还贷二级公路债务 170.69 亿元，借新还旧率为 66.92%；3 个市和 1 个省已出现逾期债务 31.09 亿元。”

国家审计署公告清楚地表明，从整体上看，我国收费公路存在沉重的债务负担。2011 年，各省级政府公布的已经投入运行的收费公路债务余额合计接近 2.4 万亿元；当年应还利息超过 1550 亿元，应偿还本金超过 1100 亿元。结合审计署的审计情况综合分析，即使考虑十分之一的债务逾期，2011 年全国各省的收费公路还本付息支出已经占到通行费收入的 70%。随着债务规模的增长，还本付息支出占比逐年上升，2012 年高达 86%。由于剩余通行费收入不足以支付收费公路养护管理、大中修和相关税费，全国收费公路整体上收不抵支，亏损超过 10%。审计发现，这部分亏损主要依靠举借新债弥补。

国家审计署公告提醒我们必须高度重视解决公路发展中积累的巨额债务。

（二）2016 年全国收费公路债务分析

2017 年 6 月 28 日，交通运输部根据《政府信息公开条例》的有关规定，经汇总各省（区、市）已公布的收费公路统计数据，正式发布《2016 年全国收费公路统计公报》。受交通运输部委托，我们作为交通运输部聘请的专家，参与了对 2016 年全国收费公路统计公报解读。

1. 收费公路发展状况

1）总体情况

截至 2016 年底，全国收费公路里程为 17.11 万公里，占公路总里程 469.63 万公里的 3.6%。其中，高速公路 12.45 万公里，一级公路2.35万公里，二级公路2.19万公里，独立桥梁隧道1123公里，分别占收费公路总里程的72.8%、13.7%、12.8%和0.7%。与2015年相比，全国收费公路总里程由16.4万公里增加到17.1万公里，净增6658公里，增长4.0%。其中，高速公路里程由11.7万公里增加到12.5万公里，净增7486公里，增长6.4%；一级公路由23377公里增加到23513公里，净增136公里，增长0.6%；二级公路里程由22867公里减少到21949公里，净减918公里，减少4.0%；独立桥梁隧道里程由1168公里减少到1123公里，净减46公里，减少3.9%。

截至2016年底，全国收费公路累计建设投资总额为75857.5亿元。与2015年相比，全国收费公路累计建设投资总额净增6369.0亿元，增长9.2%。在累计建设投资总额中，资本金投入为23518.2亿元，举借债务本金52339.3亿元，分别占收费公路累计建设投资总额的31.0%、69.0%。与2015年相比，全国收费公路累计债务性资金投入由47668.8亿元增加到52339.3亿元，净增4670.5亿元，增长9.8%。

截至2016年底，全国收费公路债务余额为48554.7亿元。其中，高速公路45635.0亿元，一级公路1673.8亿元，二级公路468.9亿元，独立桥隧777.0亿元，分别占全国收费公路债务余额的94.0%、3.4%、1.0%和1.6%。与2015年相比，全国收费公路债务余额净增4061.0亿元，增长9.1%。

2016年，全国收费公路通行费总收入为4548.5亿元。其中，高速公路4181.3亿元，一级公路143.7亿元，二级公路59.3亿元，独立桥隧164.1亿元，分别占全国收费公路车辆通行费总收入的91.9%、3.2%、1.3%和3.6%。与2015年相比，全国收费公路车辆通行费总收入净增450.7亿元，增长11.0%。其中，高速公路净增456.6亿元，一级公路净减9.0亿元，二级公路净减0.2亿元，独立桥隧净增3.4亿元。

2016年，全国收费公路支出总额为8691.7亿元。其中，偿还债务本金支出4750.5亿元，偿还债务利息支出2313.3亿元，养护支出476.3亿元，公路及附属设施改扩建工程支出228.7亿元，运营管理支出596.8亿元，税费支出308.9亿元，其他支出17.3亿元，分别占收费公路支出总额的54.7%、26.6%、5.5%、2.6%、6.9%、3.6%和0.2%。与2015年相比，全国收费公路支出总额净增1406.7亿元，增长19.3%。其中，偿还债务本金支出净增1252.5亿元，增加35.8%；偿还利息支出净增61.4亿元，增加2.7%；养护管理支出净减27.2亿元，减少5.4%；公路及附属设施改扩建工程支出净增40.5亿元，增长21.5%；运营管理支出净增69.3亿元，增加13.1%；税费支出净增12.4亿元，增加4.2%；其他支出净减2.2亿元，减少11.5%。

2016年全国收费公路收支缺口4143.3亿元。与2010~2015年相比，收支缺口进一步扩大，但增速有所减缓。

2）政府还贷公路

截至2016年底，全国政府还贷公路里程10.05万公里，占全国收费公路里程的58.7%。其中，政府还贷高速公路6.47万公里，一级公路1.83万公里，二级公路1.72万公里，独立桥梁隧道286公里，分别占政府还贷公路里程的64.4%、18.2%、17.1%和0.3%。政府还贷高速公路占收费高速公路里程的52.0%。与2015年相比，政府还贷公路总里程由102133公里减少到100477公里，净减1656公里，减少1.6%。其中，高速公路里程由65834公里减少到64746公里，净减1088公里，减少1.7%；一级公路里程由18193公里增加到18251公里，净增58公里，增长0.3%；二级公路里程由

17818 公里减少到 17196 公里，净减 622 公里，减少 3. 5%；独立桥梁隧道里程由 289 公里减少到 286 公里，净减 3 公里，减少 1. 2%。

截至 2016 年底，政府还贷公路累计建设投资 38172. 8 亿元，占收费公路累计建设投资总额的 50. 3%。其中政府还贷高速公路累计建设投资 34125. 4 亿元，一级公路 2830. 9 亿元，二级公路 814. 6 亿元，独立桥梁隧道 401. 9 亿元，分别占政府还贷公路累计建设投资总额的 89. 4%、7. 4%、2. 1% 和 1. 1%。与 2015 年相比，政府还贷公路累计建设投资总额由 37420. 8 亿元增加到 38172. 8 亿元，净增 752. 0 亿元，增长 2. 0%。其中，政府还贷高速公路累计建设投资总额由 33517. 7 亿元增加到 34125. 4 亿元，净增 607. 7 亿元，增长 1. 8%。

截至 2016 年底，政府还贷公路累计建设投资中，累计资本金投入 10967. 8 亿元，资本金比例为 28. 7%；累计债务性资金投入为 27205. 1 亿元，占 71. 3%。按技术等级划分，政府还贷高速公路累计资本金投入 9466. 9 亿元、一级公路 1071. 7 亿元、二级公路 320. 2 亿元、独立桥隧 109. 0 亿元，资本金比例分别为 27. 7%、37. 9%、39. 3% 和 27. 1%。

截至 2016 年底，政府还贷公路累计债务性资金投入中，银行贷款 25580. 1 亿元，其他建设债务 1624. 9 亿元，分别占累计债务性资金投入的 94. 0% 和 6. 0%。其中，政府还贷高速公路银行贷款 23239. 6 亿元，其他债务资金投入 1418. 9 亿元。与 2015 年相比，全国政府还贷公路累计债务性资金投入由 26417. 3 亿元增加到 27205. 1 亿元，净增 787. 8 亿元，增长 3. 0%。其中，政府还贷高速公路的累计债务性资金投入由 23897. 2 亿元增加到 24658. 5 亿元，净增 761. 3 亿元，增长 3. 2%。

截至 2016 年底，政府还贷公路债务余额 26107. 5 亿元，占全国收费公路债务余额的53.8%。其中，政府还贷高速公路债务余额24248.7亿元，一级公路1264.6亿元，二级公路394.9亿元，独立桥梁隧道199.3亿元，分别占年末债务余额的92.9%、4.8%、1.5%和0.8%。与2015年相比，政府还贷公路债务余额由25150.3亿元增加到26107.5亿元，净增957.2亿元，增长3.8%。其中，政府还贷高速公路债务余额由23179.6亿元增加到24248.7亿元，净增1069.1元，增长4.6%。

2016年度，政府还贷公路通行费收入1810.7亿元，占收费公路通行费收入的39.8%。其中，政府还贷高速公路通行费收入1642.4亿元，一级公路104.0亿元，二级公路34.9亿元，独立桥梁隧道29.5亿元，分别占政府还贷公路通行费收入的90.7%、5.7%、1.9%和1.6%。与2015年相比，全国政府还贷公路通行费总收入由1748.6亿元增加到1810.7亿元，净增62.1亿元，增长3.6%。其中，高速公路由1578.3亿元增加到1642.4亿元，净增64.1亿元，增长4.1%；一级公路由109.3亿元减少到104.0亿元，净减5.3亿元，减少4.9%；二级公路由34.0亿元增加到34.9亿元，净增0.9亿元，增加2.6%；独立桥梁隧道由27.0亿元增加到29.5亿元，净增2.5亿元，增加9.1%。

2016年，政府还贷公路支出总额为3961.3亿元。其中偿还债务本金支出2063.4亿元，偿还债务利息支出1278.0亿元，养护支出259.7亿元，公路及附属设施改扩建工程支出37.8亿元，运营管理支出268.8亿元，税费支出50.7亿元，其他支出2.9亿元，分别占政府还贷公路支出总额的52.1%、32.3%、6.6%、1.0%、6.8%、1.3%和0.1%。与2015年相比，全国政府还贷公路支出总额由3515.1亿元增加为3961.3亿元，净增446.2亿元，增长12.7%。其中，偿还债务本金支出净增462.7亿元，增加28.9%；偿还债务利息支出净减 5. 2 亿元，减少 0. 4%；养护支出净减 11. 5 亿元，减少 4. 2%；公路及附属设施改扩建工程支出净减 17. 1 亿元，减少 31. 2%；运营管理支出净增 29. 9 亿元，增加 12. 5%；税费支出净减 10. 4 亿元，减少 17. 0%；其他支出净减 2. 2 亿元，减少 42. 5%。

2016 年政府还贷公路收支缺口为 2150. 6 亿元。其中，政府还贷高速公路收支缺口 1928. 0 亿元，一级公路收支缺口 162. 3 亿元，二级公路收支缺口 37. 3 亿元，独立桥梁隧道收支缺口 23. 0 亿元，分别占资金缺口的 89. 7%、7. 5%、1. 7% 和 1. 1%。与 2010 年至 2015 年相比，收支缺口进一步扩大。

3）经营性公路

截至 2016 年底，全国经营性公路里程 7. 06 万公里，占全国收费公路里程的 41. 3%。其中，经营性高速公路 5. 98 万公里，一级公路 0. 53 万公里，二级公路 0. 48 万公里，独立桥梁隧道 837 公里，分别占经营性公路里程的 84. 6%、7. 5%、6. 7% 和 1. 2%。经营性高速公路占收费高速公路里程的 48. 0%。与 2015 年相比，经营性公路总里程由 62301 公里增加到 70615 公里，净增 8314 公里，增长 13. 3%。其中，高速公路里程由 51188 公里增加到 59762 公里，净增 8574 公里，增长 16. 7%；一级公路里程由 5184 公里增加到 5262 公里，净增 78 公里，增长 1. 5%；二级公路里程由 5049 公里减少到 4754 公里，净减 296 公里，减少 5. 9%；独立桥梁隧道里程由 879 公里减少到 837 公里，净减 42 公里，减少 4. 8%。

截至 2016 年底，经营性公路累计建设投资 37684. 7 亿元，占收费公路累计建设投资总额的 49. 7%。其中经营性高速公路累计建设投资 35426. 7 亿元，一级公路 910. 3 亿元，二级公路 190. 0 亿元，独立桥梁隧道 1157. 6 亿元，分别占经营性公路累计建设投资总额的 94. 0%、2. 4%、0. 5% 和 3. 1%。与 2015 年相比，经营性公路累计建设投资总额由32067.7亿元增加到37684.7亿元，净增5617.0亿元，增长17.5%。其中，经营性高速公路累计建设投资总额由29913.5亿元增加到35426.7亿元，净增5513.2亿元，增长18.4%。

经营性公路累计建设投资中，累计资本金投入12550.5亿元，资本金比例为33.3%；累计债务性资金投入为25134.2亿元，占66.7%。

截至2016年底，经营性公路债务余额22447.2亿元，占收费公路债务余额的46.2%。其中，经营性高速公路债务余额21386.3亿元，一级公路409.2亿元，二级公路74.0亿元，独立桥梁隧道577.7亿元，分别占经营性公路年末债务余额的95.3%、1.8%、0.3%和2.6%。与2015年相比，经营性公路债务余额由19343.4亿元增加到22447.2亿元，净增3103.8亿元，增长16.0%。其中，经营性高速公路债务余额由18280.5亿元增加到21386.3亿元，净增3105.8亿元，增长17.0%。

2016年，经营性公路通行费收入2737.7亿元，占收费公路通行费收入的60.2%。其中，经营性高速公路通行费收入2539.0亿元，一级公路39.7亿元，二级公路24.4亿元，独立桥梁隧道134.6亿元，分别占经营性公路通行费收入的92.7%、1.5%、0.9%和4.9%。与2015年相比，经营性公路通行费总收入由2349.1亿元增加到2737.7亿元，净增388.6亿元，增长16.5%。其中，高速公路由2146.5亿元增加到2539.0亿元，净增392.5亿元，增长18.3%；一级公路由43.4亿元减少到39.7亿元，净减3.7亿元，减少8.5%；二级公路由25.5亿元减少到24.4亿元，净减1.1亿元，减少4.4%；独立桥梁隧道由133.7亿元增加到134.6亿元，净增0.9亿元，增长0.7%。

2016年，经营性公路支出总额为4730.4亿元。其中，偿还债务本金支出2687.1亿元，偿还债务利息支出1035.3亿元，养护支出216.6亿元，公路及附属设施改扩建工程支出190.9亿元，运营管理支出327.9亿元，税费支出258.2亿元，其他支出14.3亿元，分别占经营性公路支出总额的56.8%、21.9%、4.6%、4.0%、6.9%、5.5%和0.3%。与2015年相比，经营性公路支出总额由3770.0亿元增加到4730.4亿元，净增960.4亿元，增长25.5%。其中，偿还债务本金支出净增789.8亿元，增长41.6%；偿还债务利息支出净增66.6亿元，增长6.9%；养护支出净减15.7亿元，减少6.7%；公路及附属设施改扩建工程支出净增57.6亿元，增长43.2%；运营管理支出净增39.4亿元，增加13.6%；税费支出净增22.8亿元，增加9.7%；其他支出净减0.1亿元，减少0.5%。

2016年全国经营性公路收支缺口1992.7亿元。其中，经营性高速公路收支缺口1893.7亿元，一级公路收支缺口72.2亿元，二级公路收支缺口3.7亿元，独立桥梁隧道收支缺口23.2亿元。与2010年至2015年相比，收支缺口进一步扩大。

2. 债务规模及收支缺口分析

（1）债务规模扩大的原因

收费公路里程特别是高速公路里程有所增加。2016年与2015年相比，收费公路总里程净增加6658公里，里程结构发生了巨大变化，其中高速公路净增加7486公里，一级公路净增加136公里，二级公路净减少918公里，独立桥梁隧道净减少46公里。

累计建设投资总额和举借债务本金规模进一步扩大。2016与2015年相比，全国收费公路累计完成建设投资总额净增了6369.0亿元，增长了9.2%，其中举借银行贷款本金和其他债务本金净增4670.5亿元，增长了9.8%。

受里程增加和投资总额扩大影响，收费公路债务余额持续上升。2016 年与 2015 年相比，收费公路债务余额净增加 4061.0 亿元。其中，高速公路净增加 4174.9 亿元，一级公路净减少 74.5 亿元，二级公路净减少 39.3 亿元，独立桥梁隧道净减少 0.2 亿元。新增的债务余额主要是新通车收费公路建设投资中新举措的银行贷款和其他债务本金，以及为养护工程、改扩建工程等支出举措的新债。

（2）收支缺口扩大的原因

2016 年，全国收费公路通行费收支缺口为 4143.3 亿元，与 2015 年相比扩大 956 亿元，增大 30.0%。

收支缺口扩大的原因：一是新建成通车的收费公路特别是高速公路导致收费公路整体债务规模继续扩大，使年还本付息支出进一步增加；二是随着收费公路剩余收费期限的减少，在债务余额依然较大的情况下，每年偿还债务本金的需求也在逐年增加，同时一些项目的短期贷款、债券、借款集中到期，需要一次性偿还所有本金；三是通行费收入增长缓慢，低于还本付息支出增长，与 2015 年相比，收费公路通行费收入增加 450.7 亿元，增长 11.0%，而还本付息支出增加 1313.9 亿元，增长 22.9%，其中，偿还债务本金支出增加 1252.5 亿元，偿还债务利息支出增加 61.4 亿元，分别增长 35.8% 和 2.7%。目前收费标准大都延续 20 世纪 90 年代水平，个别省份在 2016 年还进一步降低了收费标准，使收入与成本倒挂的状况愈发严重；四是个别收费公路项目为降低利息费用等财务成本，主动提前偿还了部分债务本金，也导致偿还本金支出的增加。

有关研究材料显示，截至 2012 年底，非收费路的债务规模约 1.24 万亿元。

（三）现有投融资模式难以解决公路巨额债务

通过以上的数据与分析不难看出，现有投融资模式难以解决我国公路快速发展中积累下的巨额债务。具体表现在以下几个方面。

1. 政府投入不足，权责不统一，财力与事权不匹配

（1）政府投入严重不足。作为重要的公共基础设施，公路、航道发展应得到充足的财政投入保障，发达国家公路、航道发展的资金来源主要是各类财政性资金，总体约占 90%。而我国公路建设资金仅有约 30% 来自财政性资金并主要为专项税，其余 70% 为各类债务及其他投资。2012 年全国公路、航道建设、养护完成总投资约 1.65 万亿元，而各级财政投入仅占约 1/4，并主要为专项税，其余为各类债务及其他投资。即便是公益性极强的普通公路、航道的建设，甚至养护，由于缺乏足够政府投入，也需通过大量债务融资筹集资金。

（2）权责不一致，投资责任倒挂。发达国家国家级公路建设和养护资金投入主要由中央或联邦财政承担。由于中央投入不足，我国国道建设由地方为主筹资，大部分地区的市县级政府是普通国省干线公路建设的筹资责任主体。地方政府，直至市县级政府过多承担了本应属于上级政府的筹资责任。另外，国道养护的资金投入几乎完全由地方承担，中央只安排少量的路面改造资金补助。国家高等级航道建设（长江干线航道除外）、沿海主要港口航道建设，也存在同样的问题。与此同时，中央和地方政府在公路建设中的投资责任发生明显倒挂。中央车购税被安排用于属于县级政府事权的农村公路建设支出占其公路总支出的比重最高年份高达近 50%（2009 年），而“十五”期前三年车购税用于普通国道建设支出占比仅

为3.7%。

（3）财力和事权不匹配。原养路费、航养费属于地方规费，是地方政府用于普通公路、航道建设和养护的主要资金来源，与地方政府的事权相对应。燃油税改革后，地方费变成了中央税，目前车购税和燃油税均为中央税，地方政府失去了与其事权责任相对应的专项资金来源和相应调节机制。

2. 公路建设、养护资金短缺

（1）成本上涨超出预期。随着物价水平提高，公路建设材料、人工费用及搬迁补偿等费用上涨，“十二五”以来，公路水路交通建设和养护成本不断增加，一些省份数据显示，高速公路、普通干线公路建设成本均是“十一五”平均水平的2倍以上，高速公路建设成本超出“十二五”规划预测水平30%，普通干线公路建设成本超出40%～50%，资金需求大大超出预计规模。

（2）融资难度进一步加大。国家清理地方融资平台，规范贷款项目，加之取消政府还贷二级收费公路政策的影响，使得普通公路项目获得信贷支持几乎没有可能；政府公共财政缺失，地方财力薄弱，难以落实普通公路建设资金；新建项目特别是国省干线项目造价高、公益性强、财务盈利能力弱，经济效益较差，对社会资本吸引力进一步下降，导致社会投资意愿不强。

（3）车购税增速放缓，资金安排需求加大。民用汽车保有量增速放缓，加上1.3升小排量车减收车购税、城市公交免缴车购税等政策的实施，2011年、2012年、2013年车购税年均增速分别为14.1%、8.9%和8.8%，远低于“十五”“十一五”期年均21.9%、25.2%的增速。交通建设成本上升，要完成既定规划任务和新增加的集中连片特困地区交通建设任务，资金需求与供给的矛盾非常突出，资金缺口较大。

（4）养护资金明显不足。成品油消费税收入年均增速约为9%左右，明显低于原养路费收入年均增速，加之公路技术等级提高和养护机械化程度提高，“十五”“十一五”期核定和新增超过200万公里的农村公路进入了养护范围，使得养护资金需求进一步加大，养护资金缺口问题更加突出。

3. 公路债务风险日益积累，偿还出现困难

在政府投入严重不足、投资责任倒挂、财力和事权不匹配的客观状况下，各地公路发展不可避免地选择了负债发展的道路。目前公路建设投资除资本金外，其他来源主要是债务性资金，很多项目的部分资本金来源也是债务。这种资金结构放大了公路的债务风险和投资规模。目前全行业债务预计已超过4.5万亿元，每年支付的利息就超过3200亿元。“十一五”以来，收费公路债务增长速度已超过通行费收入增长速度，很多地区收费公路体系和融资平台的融资能力已达极限，部分地区理论上已出现收不抵支状况；已取消收费的普通公路，债务偿还问题尚未有效解决。

4. 基础设施发展结构型矛盾突出

国省干线建设滞后。由于融资困难和财政资金不足，虽然交通运输部加大了国省干线资金投入，推进仍然缓慢，重点推进的15条国道建设进度滞后，“十二五”期规划建设里程1.6万公里，前三年累计安排约9000公里。

贫困地区建设任务依然艰巨。国家新确定的集中连片特困地区和实施特殊扶持政策的地区，交通建设任务重，但财政资金困难、自我发展能力弱，是实现“十三五”规划目标的重点和难点。

5. 收费公路政策与新时期公路发展不相适应的矛盾突出

收费公路政策支撑了我国公路事业的快速发展，但对收费公路

政策的过度依赖造成了“收费公路里程偏多、结构不合理、少部分路段收费标准偏高、管理欠规范”等突出问题，制约了路网效率的发挥，不能满足新时期经济社会对公路运输服务的新要求。其次，随着路网的不断完善，二级公路和一级公路承担的作用已经从长距离快速服务转为区域的普遍服务，而开放式收费方式不仅征收成本高而且对交通的影响也相对较大，因此，这类公路已不适宜再通过收费站向用户筹资建设养护资金。另外，现行收费政策未能考虑公路长远维护需求以及路网统筹发展需要，收费公路政策的内涵、功能定位、范围都要适应发展需要进新的调整。

在此，我们愿郑重强调：如果不能解决好我国公路的巨额债务问题，将会引发重大危机，后果不堪设想；但是，如果我们的对策得当，则完全可以保障我国公路可持续发展。

三、公共产品本质属性是创新公路资金机制的基本依据

（一）公路的本质属性是公共产品

公路属性之定位至关重要，它是包括公路资金机制在内的公路体制、机制、政策制定的基本依据和出发点。

我们的观点是：公路，包括收费公路，本质属性是公共产品。

我们在研究公路发展的过程中了解到，将公路基础设施属性定性为“整体上属于准公共物品或混合物品”这个结论，似乎已是我国交通领域几十年来颇具共识的看法。但我们坚持认为，即使是经营性的高速收费公路，其本质属性依然是公共产品。

高速公路公共产品的本质属性，决定必须坚持政府主导，市场机制为辅。为此，需要创新高速公路专门的法律法规，制订适应高速公路可持续发展的投融资政策。

以高速公路的公共产品本质属性作为制订高速公路可持续发展政策的基本依据，重视强化政府及公共财政的责任。

高速公路的本质属性依然是公共产品性质。高速公路作为公共产品的本质属性决定，应强化政府及公共财政在高速公路发展中的责任。

美国是目前世界上最发达的市场经济国家，也是高速公路网最早完善的国家。美国于20世纪90年代初建成由高速公路构成的美国州际公路系统，其建设资金的主要来源是国家公路信托基金。1956年，美国通过《联邦资助公路法》和《公路税收法》，决定征收各种公路交通税（汽车燃油税、轮胎税、卡车购置税和重型车辆使用税），设立了国家“公路信托基金”。该基金由联邦财政部负责管理，并确定联邦与各州在州际高速公路建设中的出资比例为90:10。美国高速公路系统由联邦公路局统一规划，各州负责本辖区的项目实施及运营管理。

德国作为国家高速公路网最早建成的国家之一，同样由联邦政府提供高速公路建设与养护资金，联邦交通部委托各州实施建设、养护和管理，各州设高速公路管理局具体负责实施。

美国与德国的做法清楚地表明，高速公路的本质属性是社会公共产品。

我国作为世界上最大的发展中国家，尚处在社会主义初级阶段，不可能如美国、德国那样由政府承担高速公路发展的全部资金。在总结国内外实践经验的基础上，国务院于1984年第54次常务会议做出“贷款修路、收费还贷”的重要决策。在收费公路政策的带动下，各地除利用国内银行、国外政府及国际金融组织贷款的信贷融资之外，还进行了中外合资经营、中外合作经营等直接融资以及资产证券化、收费公路经营权转让等融资方式的尝试，收费公路的融资规模和带动效应明显提高。

但是，在我国高速公路建设突飞猛进的进程中，关键的基础点被严重忽视，即收费公路政策并没有改变高速公路公共产品的本质属性；相反，高速公路作为公共产品的本质属性决定，高速公路的经营管理政策从整体和实质上必须是非营利性质的。高速公路即使经营，也不能遵循“谁投资，谁拥有，谁受益”的一般经济原则，而只能在一定限度内与一定程度上实行“谁投资，谁受益”原则。

我们认为，当务之急仍是将已有的“贷款修路、收费还贷”政策用得更好，让高速公路继续保持发展势头，而不使发展受到限制。如果目前高速公路发展建立在完全依靠政府财政支持的前提下，其结果只能是事与愿违。同时也要看到，高速公路作为公共产品的本质属性决定，高速公路的经营管理政策从整体和全局上是非营利性质的；包括重庆在内的我国乃至世界高速公路的发展中，企业化与市场化的作用都是“有限”的；从长远分析，只有通过强化政府及公共财政的责任，包括后面将要具体阐述的探索制定允许收费期满的高速公路继续收费政策等，才能根本解决资金问题。

2013 年 5 月，国务院批准了《国家公路网规划（2013 ~ 2030 年)》。依据《国家公路网规划》，我国公路网可以分为国家公路、省级公路和农村公路三个层次。根据 2030 年远景目标，全国公路网总规模约 580 万公里。其中，行政等级结构比例为：国家公路规模 40 万公里，约占全路网总规模的 7%；省级公路规模约为 45 万 ~ 60 万公里，占 8% ~ 10%；农村公路规模约为 480 万 ~ 500 万公里，占 83% ~ 86%。资金保障是《国家公路网规划》得以实施的关键。按静态投资匡算，实施《规划》总投资需求大约是 4.7 万亿元。其中，普通国道规划中有大约 10 万公里的升级改造与 8 千公里的新建任务，约需要 2.2 万亿元；国家高速公路规划中新建大约 2.5 万 ~ 3.3 万公里，约需要2.5万亿元。

2017年2月，国务院印发了《“十三五”现代综合交通运输体系发展规划》（国发〔2017〕11号）。

经测算，“十三五”期全国公路建设资金总需求约4.8万亿元。按行政等级划分：①国家公路。国家公路建设资金需求约3.21万亿元，其中国家高速公路资金需求2.07万亿元，普通国道资金需求1.14万亿元。②省级公路。省级公路建设投资需求约1.81万亿元，其中省级高速公路资金需求0.35万亿元，普通省道资金需求1.46万亿元。③农村公路。农村公路建设资金需求1.3万亿元。

经测算，若基本维持当前公路路况水平（低方案），“十三五”全路网养护管理资金总需求约2.28万亿元。按行政等级分：①国家公路。国家公路养护管理资金需求9276亿元，其中，国家高速公路3186万亿元，普通国道6090万亿元。②省级公路。省级公路养护管理资金需求6290亿元，其中，省级高速290亿元，普通省道6000亿元。③农村公路。农村公路养护管理资金需求7200亿元。

若按照路网达到优良质量要求（高方案），“十三五”期间全路网养护管理资金总需求约3.72万亿元。

从长远发展趋势分析，随着路网规模的增加，养护管理资金需求将逐年加大。由此，更加重视养护管理，加大养护资金投入，保持路网良好的质量和运行状态。本报告将中方案预测结果作为后续分析依据，即“十三五”全路网养护管理资金总需求约3.06万亿元，其中国家公路、省级公路、农村公路分别需要14300亿元、7090亿元、9200亿元。

如果依托现有的交通专项资金来源，“十三五”期车购税、燃油税、港建费三项专项资金只能供给3.07万亿元，资金缺口巨大，高达63%。考虑到收费公路养护资金由通行费支出后，专项资金缺口依然高达58%，表明长期以来交通运输发展专项税费保证能力严重不足的局面在“十三五”依然不会有根本改观。

解决巨大的资金缺口，根本渠道在于切实加大公共财政投入、合理举债和吸引社会资金。如果继续依赖过度举债的传统模式，行业将不堪重负。以公路为例，目前全国公路债务超过4.5万亿元，若继续目前60%的资金来源于债务的话，到“十三五”末公路行业债务将超过9万亿元，年债务利息就超过近6000亿元。

如果按照既有的投融资模式，即使能完成规划任务，仍会带来两大难题：一是投融资成本过高，二是巨额债务难以偿还。为走出公路融资与还债的困境，确保公路可持续发展，必须创新涵盖收费公路的融资与建设、资产持有与债务偿还、养护与服务的综合管理模式。

（二）确立公路财政事权和支出责任

基于公路，包括收费公路，本质属性是公共产品，创建公路资金机制便有两个基本途径：一是确立公路财政事权和支出责任，强化各级政府对公路这一公共产品所应该承担的职责；二是设立公路法定机构，使市场经济在公路发展中发挥其应有作用。

1. 关于推进中央与地方财政事权和支出责任划分改革的指导意见

合理划分中央与地方财政事权和支出责任是政府有效提供基本公共服务的前提和保障，是建立现代财政制度的重要内容，是推进国家治理体系和治理能力现代化的客观需要。根据党的十八大和十八届三中、四中、五中全会提出的建立事权和支出责任相适应的制度、适度加强中央事权和支出责任、推进各级政府事权规范化法律化的要求，按照党中央、国务院决策部署，国务院于2016年8月16日发布《国务院关于推进中央与地方财政事权和支出责任划分改革的指导意见》（国发〔2016〕49号）。

财政事权是一级政府应承担的运用财政资金提供基本公共服务的任务和职责，支出责任是政府履行财政事权的支出义务和保障。改革开放以来，中央与地方财政关系经历了从高度集中的统收统支到“分灶吃饭”、包干制，再到分税制财政体制的变化，财政事权和支出责任划分逐渐明确，特别是1994年实施的分税制改革，初步构建了中国特色社会主义制度下中央与地方财政事权和支出责任划分的体系框架，为我国建立现代财政制度奠定了良好基础。总体看，我国财政事权和支出责任划分为坚持党的领导、人民主体地位、依法治国提供了有效保障，调动了各方面的积极性，对完善社会主义市场经济体制、保障和改善民生、促进社会公平正义，以及解决经济社会发展中的突出矛盾和问题发挥了重要作用。

但也要看到，新的形势下，现行的中央与地方财政事权和支出责任划分还不同程度存在不清晰、不合理、不规范等问题，主要表现在：政府职能定位不清，一些本可由市场调节或社会提供的事务，财政包揽过多，同时一些本应由政府承担的基本公共服务，财政承担不够；中央与地方财政事权和支出责任划分不尽合理，一些本应由中央直接负责的事务交给地方承担，一些宜由地方负责的事务，中央承担过多，地方没有担负起相应的支出责任；不少中央和地方提供基本公共服务的职责交叉重叠，共同承担的事项较多；省以下财政事权和支出责任划分不尽规范；有的财政事权和支出责任划分缺乏法律依据，法治化、规范化程度不高。

这种状况不利于充分发挥市场在资源配置中的决定性作用，不利于政府有效提供基本公共服务，与建立健全现代财政制度、推动国家治理体系和治理能力现代化的要求不相适应，必须积极推进中央与地方财政事权和支出责任划分改革。

推进财政事权和支出责任划分改革的基本目标，是通过科学合理划分中央与地方财政事权和支出责任，形成中央领导、合理授权、依法规范、运转高效的财政事权和支出责任划分模式，落实基本公共服务提供责任，提高基本公共服务供给效率，促进各级政府更好履职尽责。

总体要求包括：通过合理划分中央与地方在基本公共服务提供方面的任务和职责，形成科学合理、职责明确的财政事权和支出责任划分体系，充分发挥中国特色社会主义制度在维护社会公平正义和促进共同富裕方面的优势，确保党的路线、方针、政策得到贯彻落实，为加强和改善党的领导提供更好保障。坚持财政事权由中央决定。在完善中央决策、地方执行的机制基础上，明确中央在财政事权确认和划分上的决定权，适度加强中央政府承担基本公共服务的职责和能力，维护中央权威。要切实落实地方政府在中央授权范围内履行财政事权的责任，最大限度减少中央对微观事务的直接管理，发挥地方政府因地制宜加强区域内事务管理的优势，调动和保护地方干事创业的积极性和主动性。要正确处理政府与市场、政府与社会的关系，合理确定政府提供基本公共服务的范围和方式，将应由市场或社会承担的事务，交由市场主体或社会力量承担；对应由政府提供的基本公共服务，要明确承担财政事权和支出责任的相应政府层级，促进社会主义市场经济体制不断完善，使市场在资源配置中的决定性作用得到充分发挥。

划分原则要体现国家主权、维护统一市场以及受益范围覆盖全国的基本公共服务由中央负责，地区性基本公共服务由地方负责，跨省（区、市）的基本公共服务由中央与地方共同负责。要实现权、责、利相统一。在中央统一领导下，适宜由中央承担的财政事权执行权要上划，加强中央的财政事权执行能力；适宜由地方承担的财政事权决策权要下放，减少中央部门代地方决策事项，保证地方有效管理区域内事务。要明确共同财政事权中央与地方各自承担的职责，将财政事权履行涉及的战略规划、政策决定、执行实施、监督评价等各环节在中央与地方间做出合理安排，做到财政事权履行权责明确和全过程覆盖。要做到支出责任与财政事权相适应。按照“谁的财政事权谁承担支出责任”的原则，确定各级政府支出责任。对属于中央并由中央组织实施的财政事权，原则上由中央承担支出责任；对属于地方并由地方组织实施的财政事权，原则上由地方承担支出责任；对属于中央与地方共同财政事权，根据基本公共服务的受益范围、影响程度，区分情况确定中央和地方的支出责任以及承担方式。

推进中央与地方财政事权划分改革，要适度加强中央的财政事权。坚持基本公共服务的普惠性、保基本、均等化方向，加强中央在保障国家安全、维护全国统一市场、体现社会公平正义、推动区域协调发展等方面的财政事权。强化中央的财政事权履行责任，中央的财政事权原则上由中央直接行使。中央的财政事权确需委托地方行使的，报经党中央、国务院批准后，由有关职能部门委托地方行使，并制订相应的法律法规予以明确。对中央委托地方行使的财政事权，受委托地方在委托范围内，以委托单位的名义行使职权，承担相应的法律责任，并接受委托单位的监督。要逐步将国防、外交、国家安全、出入境管理、国防公路、国界河湖治理、全国性重大传染病防治、全国性大通道、全国性战略性自然资源使用和保护等基本公共服务确定或上划为中央的财政事权。

保障地方履行财政事权。加强地方政府公共服务、社会管理等职责。将直接面向基层、量大面广、与当地居民密切相关、由地方提供更方便有效的基本公共服务确定为地方的财政事权，赋予地方政府充分自主权，依法保障地方的财政事权履行，更好地满足地方基本公共服务需求。地方的财政事权由地方行使，中央对地方的财政事权履行提出规范性要求，并通过法律法规的形式予以明确。要逐步将社会治安、市政交通、农村公路、城乡社区事务等受益范围地域性强、信息较为复杂且主要与当地居民密切相关的基本公共服务确定为地方的财政事权。

减少并规范中央与地方共同财政事权。考虑到我国人口和民族众多、幅员辽阔、发展不平衡的国情和经济社会发展的阶段性要求，需要更多发挥中央在保障公民基本权利、提供基本公共服务方面的作用，因此应保有比成熟市场经济国家相对多一些的中央与地方共同财政事权。但在现阶段，针对中央与地方共同财政事权过多且不规范的情况，必须逐步减少并规范中央与地方共同财政事权，并根据基本公共服务的受益范围、影响程度，按事权构成要素、实施环节，分解细化各级政府承担的职责，避免由于职责不清造成互相推诿。

完善中央与地方支出责任划分。属于中央的财政事权，应当由中央财政安排经费，中央各职能部门和直属机构不得要求地方安排配套资金。中央的财政事权如委托地方行使，要通过中央专项转移支付安排相应经费。属于地方的财政事权原则上由地方通过自有财力安排。对地方政府履行财政事权、落实支出责任存在的收支缺口，除部分资本性支出通过依法发行政府性债券等方式安排外，主要通过上级政府给予的一般性转移支付弥补。地方的财政事权如委托中央机构行使，地方政府应负担相应经费。中央与地方共同财政事权区分情况划分支出责任。

中央与地方财政事权和支出责任划分改革是建立科学规范政府间关系的核心内容，是完善国家治理结构的一项基础性、系统性工程，对全面深化经济体制改革具有重要的推动作用。各地区、各部门要充分认识推进这项改革工作的重要性、紧迫性、艰巨性，把思想和行动统一到党中央、国务院决策部署上来，以高度的责任感、使命感和改革创新精神，周密安排部署，切实履行职责，密切协调配合，积极稳妥推进中央与地方财政事权和支出责任划分改革，为建立健全现代财政制度、推进国家治理体系和治理能力现代化、落实“四个全面”战略布局提供有力保障。

2. 关于公路交通运输领域中央与地方财政事权和支出责任划分改革

遵照国务院的统一部署，公路交通运输领域中央与地方财政事权和支出责任划分改革已经提到议事日程。2017 年，基本形成改革实施方案。2018 年，公路交通运输领域财政事权和支出责任划分改革应取得突破性进展。2019 年，要基本完成公路交通运输领域财政事权改革，形成中央与地方财政事权和支出责任划分的清晰框架和相应的法律保障体系。2020 年，要在公路交通运输领域建立“权责明晰、体制科学、运行顺畅、保障有力、依法合规”的财政事权模式，支撑交通运输持续健康发展，为我国实现两个百年梦想提供高质量的公路交通运输服务。届时，我国公路发展的财政事权及支出责任机制将得以真正确立。

作为交通运输领域中央与地方财政事权和支出责任划分改革工作专家咨询组成员，笔者关于《公路水路交通运输领域中央与地方财政事权划分专题报告》的初步意见如下：

初步阅读后，总体感到此报告为“公路水路交通运输领域中央与地方财政事权划分”提供了一个较好的基础性框架，为深入研究此重大议题奠定了较为坚实的基础。

鉴于公路水路交通运输领域中央与地方财政事权划分对于我国

交通运输事业的发展具有重要的里程碑的价值，我们以为需要从交通运输治理体系与治理能力现代化的视角，审视这一“划分”所涉及的众多领域与内容，需要做更加全面深入的调查与研究。

我们的基本看法是，需要先研究公路水路交通运输领域中央与地方事权的划分；在此基础上，进而研究公路水路交通运输领域中央与地方财政事权的划分；然后研究界定支出责任与实施步骤。

我们的核心建议是，国家公路网（包括国家高速公路网与普通国道）、国防公路属于中央的事权。在此前提下，可以根据中央财政的支出能力与多年来地方主导的实际情况，采取中央财政事权与支出责任逐步到位的方案。

第二节　关于重庆公路资金机制改革研究

2010 年 7 月，我们完成了《关于重庆市高速公路可持续发展的政策建议报告》，并报送重庆市委、市政府主要领导。该决策咨询报告前 4 部分集中直面重庆高速公路资金机制改革问题，可以看作是关于深化我国公路资金机制改革的一个具体案例分析。以下是《关于重庆市高速公路可持续发展的政策建议报告》的有关内容：

重庆市是我国重要的中心城市之一，国家历史文化名城，长江上游地区经济中心，国家重要的现代制造业基地，西南地区综合交通枢纽。近年来，重庆市在高速公路建设与管理方面都取得了可喜的成绩。国务院 2007 年批复同意的《重庆市城乡总体规划（2007—2020 年）》中关于“规划建成覆盖所有区县（自治县）的‘两环十射多连线’高速公路网基本骨架”将提前完成。目前，重庆市正在调整制订《重庆市高速公路网规划（2010—2030 年）》。同时，重庆市面临着如何保持高速公路可持续发展的巨大挑战。为此，特提出关于重庆市高速公路可持续发展的政策建议。

一、创新资金机制要重视强化政府及公共财政的责任

以高速公路的公共产品本质属性作为制订高速公路可持续发展政策的基本依据，重视强化政府及公共财政的责任。

高速公路的本质属性是公共产品性质。具体表现在以下几个方面：

（1）高速公路资产的国家终极所有权属性。高速公路资产是依托于土地而形成的，土地的所有权属于国家，因此高速公路资产所有权属于国家，是国有资产。即使是利用社会资金建设或者转让经营权的高速公路，其变动的只是高速公路的经营权而非高速公路的所有权，在特许的收费经营期满后，整个高速公路资产必须无偿交还国家。高速公路资产的国家终极所有权属性，决定高速公路经营管理政策必须明确建设权、经营权与所有权分离。

（2）高速公路资产价值影响因素的特殊性。高速公路呈带状分布，客观形成高速公路不同区间段的资产价值不同。一是由于不同区段土地开发成本、路基条件等自身因素的差异，造成公路资产形成的价值不同；二是由于不同区段周围的经济发展水平不同，造成高速公路资产所带来预期收入流不同。从而提出省（自治区、直辖市）政府乃至中央政府有必要通过实施“统贷统还”的政策筹集与偿还高速公路建设资金。

（3）道路、土地的合一性与长期性。高速公路资产的一个重要经济特征是道路必须依托于一定的土地。高速公路占用土地的开发成本不可避免地蕴含在高速公路资产价值之中，土地的使用价值也通过高速公路资产得以体现，二者在使用价值上存在相互依存的关系。高速公路对于国有土地的这种使用权，包含了相当长时期对土地处置、收益、使用的权益。这是地方政府可以用相应的土地政策

作为当地高速公路建设投资的依据。

(4) 高速公路资产的不可移动性与专用性。由于高速公路占用的土地不可移动，因此依附于土地之上的高速公路资产也是不可移动的；高速公路是由路基、路面、构造物和沿线设施组成，这些实物资产只能用来供汽车行驶服务，既不能移作他用，也不能转移到其他区域使用，一旦高速公路建成，投入到高速公路上的资本就“沉淀”下来，形成了巨大的“沉淀资本”。这是高速公路资产最显著的特征之一。高速公路资产位置的固定性与专用性，导致高速公路运行管理中的地区性和垄断性。这个特性要求制订相关市场化政策（如高速公路经营权转让）时需要格外慎重。

简言之，高速公路作为公共产品的本质属性决定，应强化政府及公共财政在高速公路发展中的主体责任，而不能简单推给市场。

美国是目前世界上最发达的市场经济国家，也是高速公路最发达的国家。美国于20世纪90年代初建成由高速公路构成的美国州际公路系统，其建设资金的主要来源是国家公路信托基金。德国作为国家高速公路网最早建成的国家，同样由联邦政府提供高速公路建设与养护资金，联邦交通部委托各州实施建设、养护和管理，各州再设高速公路管理局具体负责实施。美国与德国的做法表明，高速公路的本质属性是社会公共产品。

我国作为世界上最大的发展中国家，仍处在社会主义初级阶段，不可能像美国、德国那样由政府承担高速公路发展的全部资金。在总结国内外实践经验的基础上，国务院于1984年第54次常务会议做出“贷款修路、收费还贷”的重要决策。收费公路政策的实施，极大地加快了我国高速公路建设的步伐。沈大、京津塘、成渝等一批高速公路项目相继开工建设。在收费公路政策的带动下，各地除利用国内银行、国外政府及国际金融组织贷款的信贷融资之外，还进行了中外合资经营、中外合作经营等直接融资以及资产证券化、收费公路经营权转让等融资方式的尝试，收费公路的融资规模和带动效应明显提高。

但是，在我国高速公路建设突飞猛进的进程中，关键的基础点被严重忽视，即收费公路政策并没有改变高速公路公共产品的本质属性；相反，高速公路作为公共产品的本质属性决定，高速公路的经营管理政策从整体和实质上必须是非营利性质的。高速公路即使经营，也不能遵循“谁投资，谁拥有，谁受益”的一般经济原则，而只能在一定限度内与一定程度上实行“谁投资，谁受益”原则。

2000 年，我们在英国考察时了解到，英国也有利用社会与私人资金建设的高速公路，但没有设立收费站，而是由英国政府所属的公路部门，经过对实际通过的车流量的测算，从燃油税中支付相应报酬。值得我们借鉴的是，英国高速公路投资者从中获得的只是微小的利润，国家和公众则获得最大的利益；即便如此，英国仍有社会与私人资金投向高速公路建设，因为没有投资风险。

我国的情况则不尽然。我们近期在四川省调研时，曾经专门对成渝高速公路成都段所成立的上市股份有限公司进行探讨。与会者的结论居然是：“高速公路上市得不偿失。”海南高速公路集团股份有限公司的情况更发人深省。该公司是以海南东线高速公路的 40 亿元资产组建的。建设的债务完全由海南省交通运输厅负责偿还。公司上市后划归国资委管理，主要业务是房地产，其利润不能用于高速公路发展。相反，已经属于该公司“资产”的海南东线高速公路的养护经费，还需要再由海南省交通运输厅公路局划拨。致使海南省西线高速公路建设时，海南高速公路集团股份有限公司竟没有参与其中。该公司负责人盼望回归交通运输行业。此类情况在东部地区更是多有出现。

在我国，高速公路中的许多最优良资产就是在这种所谓的市场运作下被不恰当的剥离。

高速公路必须回归公共产品属性。税费改革后，财权上收，地方交通6费变为国税，中央财政应负责为国家高速公路网的基本养护提供必要的返还资金。在建设方面，应强化各级政府在高速公路发展中的财政投入责任，提高与融资规模匹配的“偿还能力”。因此，必须解决“开源”问题。强化地方各级政府在高速公路发展中的财政投入责任，应该成为保证高速公路可持续发展的投融资体制机制的重要特色。当然，强化地方各级政府在高速公路发展中的责任主体地位的同时，还应赋予并维护其相应的权利。

综上所述，我们强调指出：高速公路作为公共产品的本质属性，决定了高速公路的经营管理政策从整体和全局上是非营利性质的。在包括重庆在内的我国及世界高速公路发展中，企业化与市场化的作用都是“有限”的，因之重庆高速公路集团有限公司的地位与作用也是“有限”的。从长远分析，只有通过强化政府及公共财政在高速公路建设与发展中的责任，才能根本解决资金问题。

二、创新资金机制要注意解决债务问题

高度重视高速公路发展中的债务问题，为探索允许收费期满的高速公路继续收费以偿还债务并筹集养护资金做好必要准备。

（一）高速公路发展进程中所积累的巨额债务是无法回避的问题，只有解决好积存的债务问题，高速公路才能可持续发展。

在改革开放初期，交通建设投资基本上是以中央政府为主（1978 年是 83.3%）。交通作为经济社会发展的先导型基础产业，需要大规模投资。国家由于财力有限，陆续出台了征收养路费、收费还贷等一系列政策，促使我国交通在短短30 年间发生了天翻地覆的变化，推动经济社会快速发展。但由于各级政府财政的投入不足，

使得交通发展过度依赖养路费等规费收入所撬动的银行贷款，而收费还贷政策正是两者间的杠杆。如国道建设中央财政出资大约只占10%左右；国家高速公路网作为国家最重要的交通骨架网，它的建设也是依靠收费还贷公路政策和银行贷款。据国家开发银行网站公布，仅此一家至2008年就已经为公路建设贷款4900多亿元。

重庆高速公路集团有限公司为重庆市高速公路发展做出了重要贡献。同时，由于国家投入的资本金不足20%，致使重庆高速集团有限公司负债过高，还本付息压力大。重庆高速集团有限公司2009年初的负债为552.28亿元，2009年底的负债为659.05亿元，如果加上重庆市交通委员会用贷款为重庆高速集团有限公司提供的“资本金”，已经大体相当重庆市当年的财政收入，年负债增加106.77亿元，增长率为19.33%。根据重庆市高速公路发展规划的要求，重庆高速公路集团有限公司2010年需要融资140亿元，负债至少又将增加100亿元。重庆高速公路集团有限公司在建的13个项目，总里程853公里，总投资753亿元；拟建的14个项目，总里程775公里，总投资需要697亿元。重庆高速公路集团有限公司从2011年将进入还款高峰期，连续几年都将超过50亿元。项目建成初期通行费收入低，正常的营运开支都无法满足。据测算，2005~2015年重庆高速公路集团有限公司包括通行费收入和其他收入在内，预计累计收入只有181亿元左右，而包括支付运营成本、上缴税费、偿还到期债务等累计支出则高达436亿元左右。收支相抵，运营资金缺口总额255亿元左右，平均每年缺口23亿元左右（2011年达到42亿元），亏损严重。倘若没有新的建设项目或者其他融资渠道，没有新的建设资金注入，重庆高速公路集团有限公司将面临资金链断裂的危险。课题组认为，即使有了新建设项目或者其他融资渠道，也并不能从根本上解决问题，充其量是在债务大量增加的前提下延缓了资金链断裂。

我们在湖南省调研时，重点对湖南省政府还贷性高速公路效益进行了分析。1994～2009年，湖南省已通车的政府还贷性速公路实际收取通行费收入245.87亿元，运营支出53.34亿元，可用于偿还本息的资金有192.53亿元；1994～2009年还本付息共计253.49亿元，亏损60.96亿元。湖南省高速公路管理局对2010～2033年所有政府还贷性项目的效益进行了预测分析研究。其效益预测是假定目前在建高速公路项目全部在2012年底建成通车（至2012年底政府还贷性高速公路已建成通车总里程为3250公里），并对影响投资效益的4大因素（通行费收入、运营支出、还本付息金额、大修改造支出）进行了分析和测算。经测算，2010～2033年预计可收取通行费收入2808.12亿元，运营支出842.44亿元，应归还本金1224.44亿元，应支付利息942.72亿元，大修改造经费402.78亿元（大修计划安排在2018～2023年），亏损将达604.25亿元。如果加上2009年底已经亏损60.96亿元，亏损额总计将达665.21亿元。

我们认为，湖南省高速公路管理局对政府还贷性项目效益所进行的预测，基本反映了包括重庆市在内的中西部地区高速公路发展的债务状况。随着高速公路建设贷款的不断增加，贷款偿还高峰的来临，如何偿还债务成为必须认真解决的问题。

建议重庆市参照湖南省的做法，对全市高速公路债务做一次全面分析，以便给政策的制订，特别是探索允许收费期满的高速公路继续收费以偿还债务并筹集养护资金的政策，提供必要的基础资料。

（二）探索制订允许收费期满的高速公路继续收费政策。

高速公路的收费年限日益迫近，高速公路收费政策取向受到社会的广泛关注，收费公路政策关于收费公路期限设定时对建设资金债务偿还、路网长期养护资金需求和资金来源统筹考虑不足；一旦到期停止收费，高速公路所面临的资金债务、偿还难题将远远超过目前的情况。对此，必须未雨绸缪，研究创新以高速公路为主的收费公路体系的相关政策，探索制订允许收费期满的高速公路继续收费以偿还债务并筹集养护资金的政策。

为保证高速公路可持续发展，必须继续实行并完善收费公路筹资政策。按照“总量控制、严格准许、公开透明、动态监控”的原则，发展以高速公路为主的收费公路体系，同时探索允许收费期满的高速公路继续按低费率收费以筹集养护资金，并将延长年限带来的未来预期收入，用于普通公路滚动发展的融资担保，细化并进一步落实好统贷统还政策。

延长（甚至取消）高速公路收费期限，是从根本上解决高速公路发展进程中所积累的巨额债务的最现实、最有效的措施。

修订完善《收费公路管理条例》已经提到议事日程。在已经发布《经营性公路建设项目投资人招标投标管理规定》和《收费公路联网收费技术要求》的基础上，继续抓紧制订出台相关的收费公路法规、规章，逐步健全完善收费公路法规体系。同时，要坚持依法建设和管理收费公路，切实维护好公路使用者的合法权益，促进收费公路健康发展。当前的关键，是如何以科学发展观为指导，正面回应社会对于高速公路收费政策的广泛关注，能够促进延长与完善高速公路收费政策的出台。

这里，需要研究关于高速公路集团有限公司的负债率问题。我们经过对我国中西部地区若干省的调研，高速公路建设的负债率普遍在80%左右。所以，我们很欣赏重庆市政府提出的高速公路建设两个基本面的政策，即保证高速公路建设中资本金占30%，负债率控制在70%。但在我们看来，前提应该是保证首先确保30%的资本金到位；否则，仅仅依靠企业运作很难使负债率控制在70%。2009

年，重庆高速公路集团有限公司负债率为68.94%。从数据看，是个很不错的成绩。然而实现这一数据的前提是，已经先将60多亿债务划归重庆市交通委员会承担。2010年，重庆国资委给重庆高速公路集团有限公司下达的指标为：将负债率降为65%。我们以为，经过适当的技术处理，在账面上是可以实现所下达的指标的，但这并不能真实反映重庆市高速公路建设的债务情况。这样的考核方式非但没有太多的实际价值，其负面影响不可忽视。仅分析一个方面：目前，社会上普遍形成的看法是“高速公路公司赚了很多钱”，强烈要求取消高速公路收费。而高速公路公司应该是实际上也是非盈利甚至于是负盈利的企业。如果硬要把它打扮成经营很好的企业，只会误导社会舆论，强化“高速公路公司赚了很多钱”的错误认识。这在客观上给研究探索允许收费期满的高速公路继续收费以偿还债务并筹集养护资金的政策设置了障碍。

关于制订延长完善高速公路收费政策，我们认为需要强调两点：一是以公司名义管理的收费高速公路（不论是经营性还是政府还贷性的），在到达现有《收费公路管理条例》所规定的收费期限时，必须全部收归省级政府交通运输主管部门。二是制订允许收费期满的高速公路继续收费的政策，仍基于高速公路的本质属性是公共产品，旨在偿还高速公路债务并筹集养护资金。因此，只能由省级政府交通运输主管部门直接管理。尽管在具体收费环节，省级政府交通运输主管部门可以委托有关公司实施，但与现有相关公司对高速公路的管理在性质上已经有质的区别。《收费公路管理条例》第十一条明确规定：“建设和管理政府还贷公路，应当按照政事分开的原则，依法设立专门的不以营利为目的的法人组织。”显然，这里所说的“依法设立专门的不以营利为目的的法人组织”，并不是以《公司法》为依据设立的公司，更不应该是以营利为目的的公司，特别是上市的股份有限公司。目前，延长高速公路收费期限的最重大障碍，就是众多由省级国资委管理的高速公路集团有限公司已经不符合《收费公路管理条例》上述最重要的根本性的规定。《收费公路管理条例》第十一条还明确规定："省、自治区、直辖市人民政府交通主管部门对本行政区域内的政府还贷公路，可以实行统一管理、统一贷款、统一还款。"而全国各地纷纷组建高速公路集团有限公司的宗旨越来越背离或难以实现上述规定的要求。为此，需要创建有中国特色的旨在代行政府职能，建设和管理高速公路的法定机构，以有效履行收费期满的高速公路继续收费的政策。

建议重庆市在研究制订高速公路可持续发展政策时，充分考虑如何与中央政府可能出台的关于延长高速公路收费政策的对接。

三、创新资金机制要拓宽思路

创新重庆高速公路可持续发展的投融资体制，加大实施土地储备政策力度，推进重庆高速公路存量用地盘活再利用。

（一）创建有中国重庆特色的旨在代行政府职能，建设和管理高速公路的法定机构。

重庆市组建高速公路集团有限公司的主要目的与全国各地同类公司组建一样，都是为了融资。这样做可以在一定时间内与一定程度上解决部分资金，但同时也带来新的问题。高速公路公共产品的本质决定，高速公路建设与否的关键不取决于能否获得利润，而是取决于人民的需要和国家的意志。在这个意义上，高速公路集团有限公司必然是按照政府制订的建设规划去贷款。任何企业化的运作都不可能从根本上全部解决一省范围内高速公路建设管理的巨额资金。其实，银行系统是清楚高速公路公司债务状况的，之所以继续给其贷款，有的地区甚至是银行送贷款上门，就是看中高速公路公司身后的政府背景。多年来，高速公路收费中的很大部分转换成高额贷款利息送给银行，其成本是很高的。难怪高速公路部门的人戏称：“我们这些年是在给银行打工。”

高速公路公共产品的本质属性决定了“政府主导为主，市场机制为辅”。为此，需要创新高速公路专门法律，制订适应高速公路可持续发展的投融资政策。

《国务院关于加强地方政府融资平台公司管理有关问题的通知》（国发〔2010〕19号）指出：“地方各级政府要对融资平台公司债务进行一次全面清理，并按照分类管理、区别对待的原则，妥善处理债务偿还和在建项目后续融资问题。纳入此次清理范围的债务，包括融资平台公司直接借入、拖欠或因提供担保、回购等信用支持形成的债务。债务经清理核实后按以下原则分类：①融资平台公司因承担公益性项目建设举借、主要依靠财政性资金偿还的债务；②融资平台公司因承担公益性项目建设举借、项目本身有稳定经营性收入并主要依靠自身收益偿还的债务；③融资平台公司因承担非公益性项目建设举借的债务。对原计划由融资平台公司承担融资的在建项目，对其后续资金应根据不同情况妥善处理。”“在本通知下发前已经设立的融资平台公司，要按以下要求进行清理规范：对只承担公益性项目融资任务且主要依靠财政性资金偿还债务的融资平台公司，今后不得再承担融资任务，相关地方政府要在明确还债责任、落实还款措施后，对公司做出妥善处理；对承担上述公益性项目融资任务，同时还承担公益性项目建设、运营任务的融资平台公司，要在落实偿债责任和措施后剥离融资业务，不再保留融资平台职能。对承担有稳定经营性收入的公益性项目融资任务并主要依靠自身收益偿还债务的融资平台公司，以及承担非公益性项目融资任务的融资平台公司，要按照《中华人民共和国公司法》等有关规定，充实公司资本金，完善治理结构，实现商业运作；要通过引进民间投资等市场化途径，促进投资主体多元化，改善融资平台公司的股权结构。对其他兼有不同类型融资功能的融资平台公司，也要按照上述原则进行清理规范。”“地方政府在出资范围内对融资平台公司承担有限责任，实现融资平台公司债务风险内部化。要严格执行《中华人民共和国担保法》等有关法律法规规定，除法律和国务院另有规定外，地方各级政府及其所属部门、机构和主要依靠财政拨款的经费补助事业单位，均不得以财政性收入、行政事业等单位的国有资产，或其他任何直接、间接形式为融资平台公司融资行为提供担保。”

上述规定使得各地组建的高速公路集团有限公司面临着新的考验，但同时也为之转型提供了新的机遇。

建议重庆高速公路集团有限公司，特别是重庆市政府及其市交委、国资委从高速公路可持续发展的高度，把握住这一转型机遇，创新改革相应体制机制。

高速公路可持续发展的投资体制之核心应是构建与融资规模匹配的“偿还能力”。

我们曾在呈报国务院的报告中建议：组织专门力量对债务问题进行深入研究，摸清债务实际规模和构成，从开源节流两个方面提出解决方案。包括提高中央政府与地方政府的资金投入比例；实行交通主管部门监管的公路建设的投融资管理体制，建立长期收费的高速公路网补贴普通公路网的机制；将从成品油价格和税费改革转移支付资金中支出的水利建设资金、公安机关交通管理经费逐步纳入一般财政，以提高交通发展可用资金总量；研究发行公路建设债券或专项国债来降低公路融资成本。

我国各地陆续出台了一些措施。湖南省、浙江省政府提出由省财政逐步解决积存的公路债务。新疆维吾尔自治区政府决定，区级财政每年将新增收入的5%环比递增作为交通专项资金。河南省洛阳市制订《养护管理条例》，对市、县、乡财政为农村公路养护提供资金数额作出规定。山东省诸城市政府对农村公路的建设与养护投入了比较充足的资金。青岛市通过重组交通开发投资中心，搭建了具有创新性的交通投融资平台。仅整合的高速公路、房产土地、客运场站等优质资产就达127亿元，还将有一批即将建成的交通项目和其他优质资产纳入。此外，还有税费改革返还中可用于交通基本建设的资金，国家和省交通建设项目补助，市管高速公路每年还能注入20亿以上的通行费收入。青岛市政府决定，将公路项目两侧土地出让收入按比例拨付投资中心，作为交通基础设施建设和偿还贷款本息的专项基金，并安排一定债券资金。上述资产按照事业单位国有资产管理模式，免交房产税、营业税、契税。青岛市政府在重组投资中心前，首先理顺公路管理体制，将区市公路管理机构垂直上划，由市交通委统一管理，国、省道的管理养护由市公路局负责；农村公路管理养护职责全部下放到当地政府，区市交通部门设路政科具体负责，并安排专项资金用于农村公路养护管理，市交通委适当补助。理顺的公路管理体制和健康的投融资平台相结合，实现了公路管理职责、权利、能力的统一。

《国务院关于推进重庆市统筹城乡改革和发展的若干意见》（国发〔2009〕3号）明确指出："支持重庆进行综合交通体制改革试点。"

我们真诚地希望，重庆市能以更大的创新力度，借鉴国际有益经验，结合重庆市的实际，创建有中国重庆特色的旨在代行政府职能，建设和管理高速公路的法定机构。

（二）加大实施土地储备政策力度，制订重庆高速公路存量用地盘活再利用政策。

重庆市政府已经制订了一些好的政策，如赋予重庆高速公路集团公司土地储备的政策。从2008年起，重庆市新开工高速公路建设项目已不属于国家干线高速公路网建设项目，项目建设资本金获得国家的资金补助十分有限。基于此，重庆市政府在《关于进一步加快高速公路建设的会议纪要》（专题会议纪要2008-162）中明确指出："根据市政府批准，在高速公路建设沿线区县（自治县）主要节点、重要区域周边实施土地储备2万亩，通过土地储备收益筹集40亿元。"课题组了解到，重庆高速公路集团公司从2009年起在新开工项目实施带项目储备土地工作。其基本的做法是：在高速公路建设项目涉及区县，按照区县通过里程 以及需要的投资，及其资本金缺口（缺口比例约为资本金的20%），按储备土地预期增值（根据所在区县的情况确定）折算出项目涉及区县应储备土地数量。目前，与相关区县签订协议储备土地数量11700亩，涉及奉巫（奉节—巫溪）、南万（南川—万盛）、成渝复线等高速公路建设项目。

我们也发现，土地储备工作中存在一些需要解决的问题。一是相关区县对重庆高速公路集团公司储备土地的态度问题。随着重庆"二环八射"2000公里高速公路的建成通车，全市除城口、丰都个别区县外，其余所有区县的行政中心区域都有高速公路连接。这使多数区县对高速公路建设的急迫性、期望值降低，加之各地近几年经济发展、城市建设日益迅猛，土地资源日渐缺乏，尤其土地收益作为重要的地方收入，致使集团开展土地储备工作遇到很大的困难。如：成渝复线建设项目涉及的区县，除大足县（该县目前仍无高速公路连接行政中心区域）对储备土地较为支持，其余区县的态度较为懈怠。虽通过重庆高速公路集团有限公司不懈努力，但所储备的土地均在规划区外，短期甚至10年内都不具备开发价值，达不到筹集资本金的目的。二是储备土地数量问题。重庆高速公路集团有限公司从2009年开始土地储备工作，目前已协议储备土地1.17万亩，对应的项目建设里程约155公里。按照重庆市政府确定的2012年前高速公路建设计划，还将开工建设里程约740公里。根据资本金缺口，对应的土地储备数量将达到约6万亩（总量将为8万亩），但市政府赋予集团的土地储备职能时只明确了2万亩的储备数量，显然难以补足资本金缺口。三是缺乏相关配套政策的支持。课题组在大足县调研时注意到，重庆高速公路集团有限公司土地储备中心对已经作为规划性储备的2500亩土地前景把握不准，鉴于前期还要投入大量资金用于基础设施的建设，预计三四年内难以见效；而对储备土地较为支持的大足县政主管副县长则认为，高速公路建设以后重庆高速公路集团有限公司应将规划性储备的2500亩土地归还大足县，并补偿土地闲置费。

为避免日后有关方面发生纠纷，我们建议，当前应该研究制订储备土地的具体政策与实施细则。可以考虑先以大足县为试点，先行实施规划性储备土地开发利用，以便为制订相关政策提供必要的实践基础。

我们同时建议，重庆市政府及其相关部门，进一步明确新的高速公路建设将土地储备作为项目开工的必备条件，并要求涉及区县提供的储备土地符合当地的城市建设总统规划和土地利用总体规划；将重庆高速公路集团有限公司储备土地数量增加到4万亩。北京市针对发展中的难题，创造性地建立了政府土地开发储备制度，完成了1000亿元土地储备任务，为推动首都经济的可持续发展奠定了扎实的基础。有关经验可以借鉴。

我们在调研中还了解到，重庆市已建成的高速公路征地约4600公顷，其中耕地约3100公顷；在建高速公路征地约4700公顷，其中耕地约2400公顷。在高速公路建设使用的建设用地指标中，相当一部分转变成为其项目的配套建设用地使用。这部分配套建设用地，经过一段时间的建设和改造，其中有许多已经实际作为苗圃、生态林等农业用地使用，但在土地利用现状认定和土地管理上仍将其作为建设用地。这部分建设用地存量不仅造成了土地利用现状统计与实地不一致，而且还占用了宝贵的建设用地指标，造成全市建设用地特别是交通类基础设施用地总量“虚胖”。

重庆高速公路集团有限公司所建高速公路中约有2万亩“高速公路存量建设用地”，简称“存量土地”。从实地踏勘和现场调研的情况看，近2/3远离城镇，实际用作苗圃，或由周边群众自行耕种，部分甚至荒芜。从前期实地踏勘和适宜性分析结果看，这部分存量土地可以通过土地整治，实施土地平整、客土、整形，并配套完善农田水利和田间通路即可恢复为耕地、园地、林地或者其他农业用途，工程上和管护利用上具有可行性。重庆市农村土地交易所是全国唯一一家从事地票交易的中介服务机构。所谓地票，即是将农村建设用地通过整治复垦为农用地（耕地）腾出的建设用地指标和新增耕地指标。地票交易实质就是建设用地和耕地指标的交易。第三次土地利用总体规划中，在城镇规划的建设区中，提出“三线四区”的概念，即在空间上划定城乡建设用地规模边界、扩展边界和禁止建设用地边界，从而形成允许建设区、有条件建设区、限制建设区和禁止建设区。其中在有条件建设区内开展建设，要求不突破规划建设用地规模控制指标，即允许在控制建设用地总量的前提下，开展建设用地的布局优化。地票和挂钩置换正是利用有条件建设区的恰当工具。盘活存量土地，对其中适宜恢复为农业用途的地块通过土地整治复垦为农用地（耕地），通过地票或挂钩置换的方式，以市场或计划手段优化配置生产要素资料，不仅仅是充分利用资源，提高节约集约用地水平和优化土地资源配置的重要手段，而且也可以通过资源盘活，进入资本市场融资，在一定程度上缓解重庆市高速公路基础设施建设资金较紧张的问题。

据了解，重庆高速公路集团有限公司与重庆市土地勘测规划院已经就“重庆高速公路存量建设用地盘活再利用”进行了比较深入的调查研究。我们建议，重庆市政府在有关调研报告的基础上，研究制订“重庆高速公路存量建设用地盘活再利用”的相关政策。

四、实行交通运输主管部门监管的投融资管理体制

理清高速公路事权，实行交通运输主管部门监管的公路建设的投融资管理体制。

高速公路可持续发展的根本保障是深化公路发展体制机制改革。概括地说，一是按照层级清晰、权责对等的原则，探索建立“三个层次两级管理”的模式。国家公路系统的建设、养护、运营、管理属中央事权，委托省里实施。省级交通运输主管部门下设公路管理机构，对国家公路系统和省级公路系统实行统筹管理，垂直到市。农村公路由县乡人民政府负责，实行省里指导、以县为主的管理体制。在此前提下，要理顺高速公路管理体制，逐步建立和完善以省级行政区划为单位的“一厅一局”高速公路行政管理体系，对经营性收费高速公路建立完善特许经营制度。二是继续坚持并进一步完善“国家投资、地方筹资、社会融资、利用外资”的良好机制，逐步建立公共财政框架下的多渠道融资机制，加大公共财政资金比重，形成促进交通运输可持续发展的资金保障机制。三是继续实行并完善收费公路筹资政策。按照“总量控制、严格准许、公开透明、动态监控”的原则，发展以高速公路为主的收费公路体系，同时探索允许收费期满的高速公路继续按低费率收费以筹集养护资金，并将延长年限带来的未来预期收入，用于普通公路滚动发展的融资担保，细化并进一步落实好统贷统还政策。

高速公路建设投融资监管体制是高速公路管理体制的重要组成部分。解决高速公路建设投融资监管体制中出现的新情况、新问题，必须提到高速公路管理体制改革的重要议程。制约我国经济社会发展的体制机制性障碍还不少。改革仍处在攻坚阶段，原有体制的不少弊端尚未完全革除，又出现了一些新的体制性矛盾。我们面临着许多难度很大的改革任务。特别是一些改革涉及各方面利益关系的调整，如果处理不好，就有可能加剧社会矛盾和风险。

我们在调查中发现，大多数省的高速公路发展公司在划归省国资委管理后，都与省交通运输厅产生了程度不同的矛盾，此类“新的体制性矛盾”已经相当严重地制约了公路的建设与管理。我们在陕西省的多次调研中，深切感受到划归省国资委管理后高速公路公司与省交通运输厅之间的尖锐矛盾，给高速公路的统一规划、建设与管理造成的不良影响。为此，陕西省在2005年底撤销了由省国资委管理的正厅级的高速公路公司，重新组建了两个由省交通运输厅管理的副厅级的高速公路公司。

我们认为，应该实行交通运输主管部门监管的高速公路投融资管理体制。主要原因在于，作为行政性国有资产的交通基础设施，不应由以国有企业为管理对象、以国有资本为管理内容、以资本的保值增值为监管目标的国资委担当管理主体，而应由交通运输主管部门监管。由交通运输主管部门监管有利于实施以省、自治区、直辖市为单位的交通基础建设统贷统还政策。《收费公路管理条例》(2004年8月18日国务院第61次常务会议通过）明确指出：“省、自治区、直辖市人民政府交通运输主管部门对本行政区域内的政府还贷公路，可以实行统一管理、统一贷款、统一还款。”高速公路资产由不同部门监管，不利于实现责权利的统一。高速公路管理的这种责权利不统一，使高速公路监管难以到位，势必割裂全省公路网的完整统一性，影响公路建设管理的效率和水平。我们曾就此问题与国务院国资委负责同志交换过意见。国务院国资委负责同志原则上同意我们的看法，并明确表示：省国资委可以不管理高速公路公司。

我们郑重推荐辽宁模式。其核心内容有：一是辽宁省交通运输厅是高速公路项目融资主体，统一负责资金的筹集和偿还。湖南省高速公路管理局与省高速公路建设开发总公司两块牌子、一套人马、合署办公，为归口省交通运输厅管理的相当于副厅级规格的事业单位，负责全省高速公路发展资金的筹集和偿还。二是隶属于省交通运输厅的高速公路管理局（事业法人）作为全省高速公路的运营主体，负责高速公路的经营和维护保养。三是省高速公路管理局统一高速公路经营和保养环节的监管，包括全省高速公路的收费、养护、路政执法、服务区等方面的管理。四是实行“统收统支、统贷统还”。辽宁模式的基本特征与最大适应性就是与我国目前金融环境相适应，充分利用了政府信用，以较低的融资成本获得了充足的建设资金。作为行业主管的交通运输厅可以较好地协调建设和管理以及高速公路和普通公路的关系，基本上是在传统的管理体制基础上顺延下来的，与现行的绝大多数法律法规适应。资金可以从收益好的项目流向收益不好的项目，有助于解决公路建设养护长期面临的资金问题。

放眼世界，高速公路网资产都由政府交通运输主管部门负责管理。例如，美国运输部下属的联邦公路局，日本国土建设省下设的道路局，法国公共工程、运输和旅游部下设的公路局。法国的高速公路建设管理虽然采用特许经营方式，但其中绝大部分主要由8家国家控股的特许经营机构代表中央政府代行出资人职责，负责管理收费高速公路，包括收费、养护、经营等管理事务。对于特许经营机构，政府仍然具有管理和调控职能，具体执行机构是运输部下设的公路交通局。

我们在2008年12月呈送国务院的报告《燃油税费改革要避免引发中国的“次贷危机”》中，曾谈及“交通建设贷款成为‘次级贷款’”的重要原因之一，就是“‘优良资产’被不恰当剥离”。交通建设领域存在一个比较独特的“现象”，即不断剥离“优良资产”，使之逐步脱离交通运输行业；保留“不良资产”，继续坚守交通运输行业。“优良资产”的代表主要是高速收费公路，目前均主要由国资委管理。在国资委成立之前，各省交通运输部门实行的是高速、一级、二级收费公路的统贷统还，这种政策的实施有效保证了省内的平衡。国资委成立后，将高速公路打包成立了高速公路公司，使最优良的资产剥离出交通运输行业。这种剥离优良资产的做法，仅看到高速公路收费行为，忽视其作为公共产品的公益属性。公益属性和国资委保值增值的目的南辕北辙，也违背了收费公路政策的初衷；由“为了建路而收费”，变成“为了收费而建路”。但从另一个角度看，公路通行“收费”其实与养路费的规费性质类似，都是通过法规赋予一个机构对特定对象征收政府规定标准的特殊费用。二级收费公路性质和高速收费公路相同，但由于已沦为不良资产，几乎没有省国资委将二级收费公路打包成立公司，纳入管理。

当时，我们就向国务院建议：“实行交通运输主管部门监管的公路建设投融资管理体制。大多数省的高速公路发展公司在划归省国资委管理后，都与省交通运输厅产生了程度不同的矛盾，此类“新的体制性矛盾”已经相当严重地制约了公路的建设与管理。我们认为：作为行政性国有资产的交通基础设施，不应由以国有企业为管理对象、以国有资本为管理内容、以资本的保值增值为监管目标的国资委担当管理主体，而应由交通运输主管部门监管。”

国务院领导对上述报告做了重要批示。

我们认为，重庆市有必要研究高速公路集团有限公司与重庆市交通运输委员会、重庆市国资委之间的关系与定位。建议重庆市研究实行由交通运输主管部门对包括高速公路集团有限公司在内的高速公路资产进行监管，实现管规划、管安全、管路政、管畅通、管养护与管人、管事、管建设、管资产的有机结合，实行交通运输主管部门监管的公路建设的投融资管理体制。作为过渡方案，建议在重庆高速公路集团有限公司的基础上，重新组建重庆市交通运输委员会高速公路管理局。

第三节　创建公路融资建设偿债管理的法定机构

PPP 模式正成为我国公路建设投融资改革的重要方向。但是，PPP 模式的局限性必须引起我们的高度重视。为有效解决我国公路资金机制，建议创建公路融资建设偿债管理一体化的法定机构。

一、PPP 模式在公路资金机制中的局限性

PPP 模式是公共服务供给机制和政府投入方式的重大变革。在实践中，关于公路资金机制的 PPP 模式的争论焦点，更多集中在公路项目的“落地率”方面。表面上看，可融资性是 PPP 项目面临的主要矛盾；其实，更为关键的是如何解决融资后的债务问题。

（一）PPP 模式的一般界说

PPP 模式（Public-Private-Partnership，即政府和社会资本合作，简而言之即政府和社会资本合作共同提供基础设施及公共服务。社会资本负责承担设计、建设、运营、维护基础设施的大部分工作，

并通过“使用者付费”及必要的“政府付费”获得合理投资回报；政府部门主要制订公共物品的价格和质量监管。

PPP模式包括广义和狭义两个范畴，广义的PPP泛指政府部门与社会资本为提供公共产品或服务而建立的各种合作关系，以授予特许经营权为特征，主要包括BOT、BOO、PFI等模式；狭义PPP则与BOT原理相似，都由“使用者付费”，但PPP比BOT更加强调公私部门的全程合作，政府部门在结束前期的融资后，还要继续参与项目公司的经营管理。目前展开的讨论主要是针对狭义PPP模式。

PPP的运行具有3个重要的特征：伙伴关系、利益共享和风险分担。

伙伴关系表示合作方的项目目标一致：以最少的资源，实现最多的产品或服务。

利益共享则强调PPP中需要对社会资本可能的高额利润进行控制，即不允许其在项目执行过程中形成超额利润。利益共享在这里除了指共享PPP的社会成果之外，也包括使作为参与者的社会资本、民营企业或机构取得相对合理、稳定的投资回报。

风险分担则考虑双方风险的最优应对、最佳分担，而将整体风险最小化。如政府部门尽可能大地承担自己有优势方面的伴生风险，与此同时，社会资本会按其相对优势承担较多的具体管理职责，而这个领域对于政府部门而言，正是管理层“道德风险”的易发领域。

PPP模式起源于英国，20世纪90年代以来取得了快速发展，目前在世界各地的公共管理领域已获得广泛应用。在欧洲尤其是英国，PPP适用的领域涉及交通运输、公共服务、燃料和能源、公共秩序、环境和卫生、娱乐和文化、教育和国防等。在大多数国家，PPP模式主要适用基础设施建设领域，包括收费公路、铁路、桥梁、城市轨道交通、机场设施、隧道、电厂、电信设施、学校、医院、监狱、污水和垃圾处理等。英国在1992年最早地将PPP模式引入到具体的项目建设中，经验表明，PPP模式项目的经费预算控制要远远好于传统模式下建设项目的经费预算控制。

从区域看，欧洲的PPP市场较为发达。据统计，在1985—2011年间，全球基础设施PPP名义价值为7751亿美元，其中欧洲约占45.6%，亚洲和澳大利亚约占24.2%。从国别看，英国、澳大利亚、美国、西班牙、葡萄牙、德国、法国等发达国家PPP项目的规模和管理水平较高。

（二）重视PPP在公路资金机制中的局限与风险

2014年以来，国务院及相关部门陆续出台数十项推广应用政府和社会资本合作（PPP）模式的各类文件，全国各地掀起了在基础设施和公共服务领域大力推广应用PPP模式的高潮，有效推动了相关领域投融资体制深化改革。同时，随着各项政策文件的陆续出台和贯彻落实，社会各界对PPP模式的具体特征、运作方式、适用范围、操作规范及利弊得失出现各种不同看法，在实际操作层面遇到各种问题，出现PPP政出多门、缺乏协调、项目落地难、签约率低等现象，影响了PPP模式在我国的健康发展。

国际上，使用者付费类特许经营和政府付费类购买服务是PPP模式的两种基本类型。法国是在基础设施和社会事业投资建设领域应用特许经营模式最为成熟的国家之一，英国是最早提出私人融资计划（PFI），通过政府购买服务引入私人资本承担公共基础设施建设的国家，两国在推广应用PPP模式方面有着丰富经验。为借鉴国际先进经验，促进我国政府和社会资本合作模式健康发展，国家发展和改革委员会投资司和法规司接受英、法两国政府主管部门的邀请，与有关单位组成代表团，对英、法两国PPP政府主管部门、专业研究咨询机构、典型 PPP 项目进行实地调研和访谈。

2016 年 6 月 5 日，中国发展网发表了由韩志锋、郝雅风、李开孟、徐成彬、李燕、王东、杨凯越等同志撰写的调研报告《借鉴英法经验　促进我国 PPP 模式健康发展》。这份调研报告写得相当好，我们与其中一位作者进行过交流。

该报告在在概述“英法两国应用 PPP 模式的主要经验”时，首先指出：“引入 PPP 模式的核心目的是完善公共治理体系。”英法两国均是西方主要市场经济国家，均建有比较完善的市场经济体系，发挥市场配置资源的决定性作用，但均强调政府的功能及公共部门和私人部门在市场经济体系中的作用边界。在公共服务领域，传统上均强调发挥公共部门维护公共利益的作用。法国从 1955 年开始探索采用特许经营模式引入私人资本参与基础设施和公共事业领域的项目建设，通过使用者付费构建公共服务领域的商业化运作模式，尤其是在交通建设领域，法国在其 11000 公里的高速公路中，有 8500 公里采用特许经营模式。“英法两国政府相关部门均明确表示，引入 PPP 模式的目的不是解决公共投资的建设资金不足问题，而是推动公共服务领域的体制机制改革。”

报告还强调“继续发挥传统公共项目运作模式的作用”。英法两国政府非常重视发挥私人资本在基础设施和公共事业投资建设领域的作用，因此积极推动私有化或通过 PPP 模式吸引私人资本参与相关领域的项目建设和运营。同时，两国政府仍然非常重视发挥政府投资在提供公共产品或公共服务中的独特作用，即继续采用传统模式运作公共项目。

对于采用 PPP 模式所具有的降低成本、提高效率等作用，实际上一直存在争议。英国众议院财政委员会 2010—2012 年度专题报告就曾明确提出：①PFI 模式采购程序复杂，耗时较长，融资成本相对较高，最终通过政府付费实质上会增加财政负担，难以实现“财务价值”（VFM）最大化；②PFI 项目融资属于政府资产负债表之外的融资，其负债不直接计入政府财政预算，从而使得 PFI 成为政府规避预算约束的一种方式，短期内能够刺激政府的非理性投资，长期内将加大政府未来财政负担；③PFI 项目提供的是公共服务，项目失败的风险最终依旧会由政府承担，因此风险并没有真正转移出去；④PFI 项目合同期长，难以根据未来实际情况与需求变化对合同条款进行调整，缺乏灵活性。

英国议会研究认为，没有必要通过采用 PFI 的方式，将项目设计、建设、融资、运营等任务都捆绑交给私人部门承担，认为可以采用传统模式，通过政府投资来享受融资成本较低的建设资金，而将设计、建设、运营等专项任务交给私人部门以便提高效率。因此，英国虽然推崇使用 PFI 模式，但从未排除继续使用传统的政府投资模式，而且坚持将传统模式作为选择其他模式的比较基准。

英国的公共基础设施项目运作中，私有化程度相对较高，完全私有化项目占比约 60%，传统的政府投资项目占比约 20%，采用各类 PPP 模式运作的项目占比约 20%。根据英国财政部提供的最新数据，PFI 项目占英国整个公共部门投资的比例仅 11%。因此，不能将 PFI 视为英国采用 PPP 的唯一模式，更不能将其视为英国政府公共项目运作的唯一模式。

该报告在论证“我国运用 PPP 存在主要问题”时，特别分析了“过分关注 PPP 项目的财政财务功能”。我国所推行的 PPP 模式，与英法等西方市场经济国家所推行的公共部门和私人部门合作模式相比，一个非常重要的区别，就是我们所关注的重点是项目的资金筹措问题。一个完整的 PPP 模式，应该包括项目周期各个阶段的活动，如设计、融资、建设、运营、维护、移交等，是一种结构复杂的项目运作模式。其中，融资只是项目运作众多环节中的一个环节。我国各级政府积极推动 PPP 模式，主要是强调把 PPP 作为筹集资金的一种方式，由于不考虑其他环节的作用，可能会潜伏各种风险和不确定性，使得项目的运作难以构建一个具有可持续性的框架结构体系，使 PPP 项目未来可能产生各种风险。这也是我国开展 PPP 模式在现阶段所体现的一个重要特征。

《国务院关于加强地方政府性债务管理的意见》（国发〔2014〕43 号）要求剥离地方政府投融资平台公司替当地政府进行融资的功能，尤其强调地方政府不得再继续以融资平台公司为载体进行负债融资，同时要求推广使用政府和社会资本合作（PPP）模式，鼓励社会资本通过特许经营等方式，参与城市基础设施等有一定收益的公益性事业投资和运营。这样一来，PPP 模式就成为在剥离地方平台公司融资功能的新形势下，地方政府为基础设施和社会事业建设项目筹集资金的一种现实可行的选择方式，这是全国各地积极推动运用 PPP 模式的重要内在动因，体现了鲜明的短期功利性特征。

另外，我国将 PPP 模式作为化解存量债务风险的工具。《关于在公共服务领域推广政府和社会资本合作模式的指导意见》（国办发〔2015〕42 号）要求，积极运用转让—运营—移交（TOT）、改建—运营—移交（ROT）等方式，将融资平台公司存量公共服务项目转型为政府和社会资本合作项目，引入社会资本参与改造和运营，将政府性债务转换为非政府性债务，减轻地方政府的债务压力。因此，解决地方政府存量债务问题，化解当前地方政府偿还债务压力，是我国推广应用 PPP 模式的另一重要动因。

我国当前仍然处于经济转轨、需要大力发展经济基础设施的关键时期，应根据我国的经济社会发展阶段、法制建设及体制机制改革进展等具体国情，借鉴英国、法国等国际有益经验，完善我国

PPP 相关政策及制度建设。

我国推广应用特许经营项目已有 31 年的历史，国家发展和改革委员会、建设部及其他行业部门在此过程中都积累了许多经验教训，国家投资主管部门与相关部门按照各自职责分工，合作一直非常顺畅。本轮的 PPP 热，起始于 2014 年初，通过以过去人们很少使用的 PPP 概念，推行大量特许经营项目，并将各类特许经营项目视同政府购买服务项目，借鉴英国推广应用 PFI 的相关做法，出台各种政府文件，将各种广义的和狭义的 PPP 概念混合使用，并积极创造条件发挥财政资金作为社会资本的引领作用，导致目前社会各界对于 PPP 的概念认识越来越模糊，这种状况持续下去，不利于特许经营、政府购买服务及股权合作等 PPP 模式在我国的健康发展。我国应认真总结过去 30 年来推行特许经营模式、股权合作等 PPP 模式的经验教训，认真研究 PPP 模式的运行特点及在我国推广路径，不应另起炉灶，盲目推进。

近年来，PPP 在公路交通行业已经开始尝试，但未来能否获得更广阔的发展空间尚属于变数。交通运输部科学研究院胡方俊高级工程师和邹光华助理研究员在《PPP 在交通运输行业应用研究》一文中阐述了“PPP 在我国公路交通应用中的局限性”：

一是 PPP 固然在一定程度上可以拓宽融资渠道，但未必真能有效解决当前及未来公交通基础设施建设融资难问题。根据新的《国家公路网规划》，到 2030 年，国家高速公路总规模将达到 11.87 万公里，另有规划展望线 1.8 万公里，普通国道规模将达到 26.5 万公里。按照目前补助标准，中央车购税资金确实存在巨大缺口。按目前体制，公路建设与管理的事权在地方政府，不少省份纷纷调高了建设目标，但又无力安排足额财力保障，交通运输部门自身筹资能力有限，建设和筹资的任务持续加重。社会资本并不情愿进入这个利益空间不大的领域。

二是 PPP 难以有效防范和化解当前交通基础设施政府性债务风险。目前交通存量债务余额巨大，考虑到公路在建项目特别是高速公路在建项目规模很大，债务规模必将进一步扩大。企图“通过 PPP 模式转变公共产品供给机制，可以将一部分政府性债务剥离出去，减轻政府债务压力”的愿望恐怕是“一厢情愿”。致使目前已经实施的一些所谓 PPP 项目，成为政府隐性债务的掩饰。20～30 年之后，政府还要回收项目，“所以本质上 PPP 也是一种长期债务，它只是改变了债务的结构，是一种更高明的还债手段”。从总体成本核算来讲，只会是大大增加债务成本。

三是不能迷信 PPP 在建设、维护和运营等方面一定会提升管理效率和创新，即能够在同等定价下提供更多的基础设施服务。实践表明，PPP 中的社会资本一方必定要求选取有一定回报能力、运营中可产生现金流，直接效益相对较好的项目。广大中西部地区一方面由于大量处于经济欠发达地区，或地处边陲、处于国家公路网的末梢，通行车辆大部分为区域内自有车辆、交通量偏低，收费公路项目效益普遍较差，收费还贷政策存在“效应衰减”；另一方面，这些地区财政收入偏低，面对规模庞大的基础设施建设，地方财政有限的补贴显得杯水车薪。而这些地区的一些交通项目具有较强的社会公益性，也具有较高的间接经济效益，不论是从拓宽融资渠道、防范政府性债务风险还是从提高管理效率的角度，政府方面当然对 PPP 应用更为迫切。为此，加大政策扶持和中央财政资金支持力度，成为满足 PPP 实施的关键要素。

本书作者支持上述见解。

二、日本高速公路资产持有及债务偿还法定机构

众所周知，资金是世界各国公路发展中面临的最突出的问题。

日本通过不断创新并不断改革收费公路管理模式，较好地解决了这个难题。

日本收费公路管理模式既不是我国的经营性公路，也不同于我国的政府还贷公路，而是吸收了两者优点的结合体，是一种政府主导框架下特许专业公司建设运营的模式。准确地说，是特定的不以营利为目的的收费公路融资建设偿债管理的法定机构。这种模式大幅降低了日本收费公路的融资、建设与维护成本，提高了收费公路的运营效率与偿债信度。日本收费公路管理模式对我国收费公路的发展与管理有着很现实的借鉴价值，有助于我国创新公路投融资机制，设立不以营利为目的的收费公路融资建设管理法定机构。

日本收费公路管理模式的基本出发点在于：高速公路公共产品的本质属性，决定其发展必须坚持政府主导为主，市场机制为辅。为此，日本通过创新高速公路专门的法律，制订适应高速公路可持续发展的投融资政策，设立相应的不以营利为目的的法定机构。

我们通过赴日本的实地考察了解到，日本收费公路管理模式的发展历程分为两大阶段："道路公团模式"与"高速公路资产持有及债务偿还机构模式"。

（一）日本道路公团模式

日本是市场经济最发达的国家之一。它在高速公路的建设进程中却回避了简单的所谓公司化、市场化做法，而采取了独具特色的"道路公团"（NDK）运作模式。

1952 年，日本颁布《道路建设特别措施法》，规定由国家向金融机构贷款建设公路，待公路建成开通后通过收取通行费偿还贷款。当时，公路建设的主体是政府和地方公共团体。经过几年的实践，这项制度仍难以满足公路建设的资金需求。

1956 年，日本制定了《日本道路公团法》，由政府依法投资成立了日本道路公团。日本道路公团是以建设和管理收费公路为主要业务的特殊法人。其特殊性表现在，虽然它与私人法人一样具有自身的决策权，但是其业务活动的基本原则（包括经营目标、经营范围等）都是通过立法确定的，在发展计划、预算、收费标准等方面须由国家批准和监督实施。对于这个公益性很强的“事业单位”，日本政府给予了免征法人税及政府担保等特权。日本道路公团的主要业务范围包括：①高速公路国道和一般收费公路的建设及管理；②收费停车场的建设和管理；③高速公路服务区和其他设施的建设及管理；④与高速公路相关设施的建设和管理（如长途汽车总站等）。

为有效地筹集和利用民间资金，促进高速公路的发展，日本相继成立了4个道路公团，即1956年成立的日本道路公团、1959年成立的首都高速道路公团、1962年成立的阪神高速道路公团和1970年成立的本州四国联络桥公团。这4个公团是为了建设和管理收费道路而成立的代行政府职能（相当于我国“事业单位”）的法人机构，是受国土交通省（最初是建设省）监督的公法人；国土交通省内设有专门的道路公团监督办公室。公团的主要领导人由国土交通省任命或认可，公团预算和计划须由国土交通省批准。公团行政上分总部、地方局和管理事务所三级。为进一步吸收和利用民间资金，促进地方干线公路建设，1970年以后，日本又陆续在都道府县及人口在50万以上的城市成立了30多个地方道路公社，这些公社都是以法人资格进行公路投资。日本道路公团作为非营利性法定机构，与私人企业有所不同，它不以营利为目的；政府给予它各种优惠，包括提供资本基金而不享受分红，提供有关支付债务利息方面的补贴，减免包括公司税在内的各种税赋。当然，它要接受政府对其行业管理和监督。

《日本道路公团法》赋予国土交通省监管日本道路公团业务活动的权力，如日本道路公团管理层的总裁和审计官由国土交通省大臣任命；副总裁和执行官由总裁提名，国土交通省大臣批准任命。再如，下列业务要求有国土交通省大臣的同意方能实施：新建设工程，年度预算、业务计划和财务计划，借债和债券发行，长期借款和债券的年度偿还计划。

《日本道路公团法》授权日本道路公团建设和经营下列设施：国家高速公路，地区高速公路，包括收费隧道、收费桥梁和渡口，停车处和服务区。此外，日本道路公团在中央和地方政府委托下，建设高速公路的附属公路，并从事与道路有关的研究。日本道路公团总部负责全国范围内的公路事宜，地方的“执行分部”负责当地的事宜。地区局为执行机构，主要负责实际工作，如公路建设和运营，公路用地的获取及收费。每个地区设一个建设局和一个运营局。地区建设局负责获得建设公路的场地，负责工程建设。地区运营局负责道路养护和收费等。每一项工程都是以总部制订的计划为基础的。从 1996 年 7 月开始，通过合并一些地区建设局和运营局，成立了 6 个地区局和地方建设办公室、地方调查办公室、技术开发办公室和地方运营办公室（主要负责现场运营）。

依据《日本道路公团法》，日本道路公团的资产由日本政府持有，道路公团则是执行政府决策和规划的独立运作的机构。“日本道路公团”的资金主要是来自政府的资本金，债券和票据的发行收入，贷款，政府补贴和营业收入。《日本道路公团法》要求日本道路公团每年做出财务报表，并附审计意见，然后在下一财年的 9 月将该报表和审计意见交给国土交通省（最初是建设省）大臣，以获得同意。道路公团的账目要由审计委员会审计，该审计委员会是根据《日本宪法》建立的监督团体；《审计报告》还要通过内阁递交给议会。

日本国家高速公路网就是由道路公团建成的。在这个意义上，道路公团功不可没；同时也积累了巨额债务，出现了一些问题。

（二）日本高速公路资产持有及债务偿还机构模式

2005年10月，日本政府对“道路公团”模式进行优化改革。这次改革的动因主要基于国家高速公路网基本建成，公众对道路公团负债水平、偿还能力和管理效率担忧。作为特殊法人的日本道路公团，由于缺乏竞争机制与成本意识，在运行后期出现了责任目标模糊，运营低效率，管理不透明，机构与业务的自我膨胀等问题。因此，日本政府首先对道路公团的建设、管理和收费职能进行企业化改革。为确保企业的合理规模和通过比较竞争建立成本与效率意识，日本按区域设置了6家相互独立的国有收费公路特许运营公司。运营公司的外包业务实行彻底的市场开放，打破利益共同体，消除道路公团与“家族企业”的不正当关系，提高管理效率与服务水平。改革目标是使运营管理成本整体降低30%。

优化改革的重头戏，是组建“日本高速公路资产持有及债务偿还机构（Japan Expressway Holding and Debt Repayment Agency）”（以下简称“机构”），全面担承原有道路公团的公路资产管理和债务偿还职能，实行全国收费公路的统贷统还。“机构”的身份为公益性独立行政法人。为成立该机构，专门出台《日本高速公路资产持有及债务偿还机构法》（Japan Expressway Holding and Debt Repayment Agency Law），其法定目标是在2050年（累计约100年）还清所有公路债务（含新建续建的债务）。2005年成立之初，该“机构”承接的收费公路债务为387398亿日元（约为21010亿人民币）；到2011年底，“机构”的债务余额为321426亿日元，已偿还17%的债务。日本收费公路改革前后对比如图2-1所示；日本现行收费公路管理模式如图 2-2 所示。

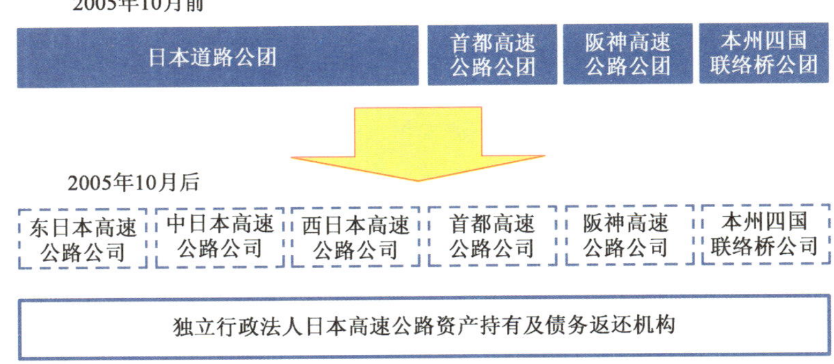

图 2-1　日本收费公路改革前后对比

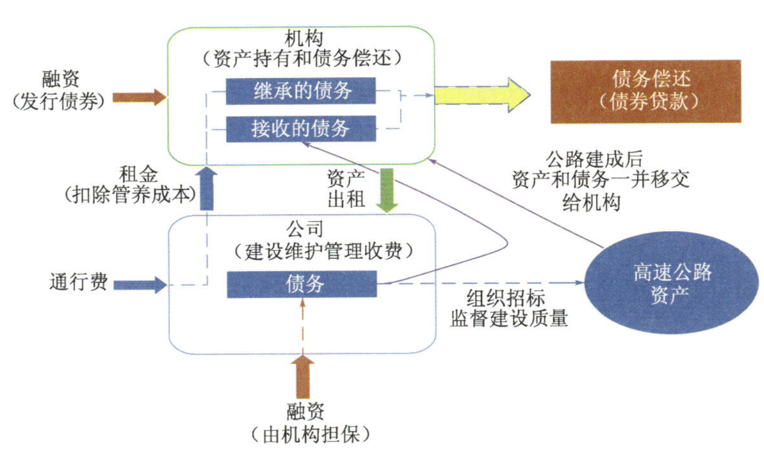

图 2-2　日本现行收费公路管理模式

“机构”和公司间的运作关系。“机构”代表日本政府持有公路资产，并将资产“出租”给 6 家特许运营公司，并允许其收取通行费；资产的出租行为属于非营利性质，租金全额用于统筹偿还日本收费公路债务。公司除了收取通行费外，还负责管理维护收费公路。在具体操作中，租金的标准是按照通行费收入扣除管理维护成本的原则确定。通行费收入的绝大部分以租金形式上缴给“机构”，实质是一种代收费的方式；从程序上确保了收费公路的管理维护资金需求，使之不受还债等其他因素的挤占和影响。因此，通行费对于公司来说并不是盈利点；公司通过服务区经营、沿线广告、信息服务等方面获得利润。在养护质量与服务标准不变的前提下，公司通过技术创新和效率提高所节约的管理维护费用归公司所有。

新建收费公路需经“机构”批准，然后由公司负责项目融资，组织公开招标建设，并负责施工质量的监管。公路建成后经验收审计，将资产和债务一并移交给“机构”；“机构”再与公司签订特许运营合同。由于公路建设质量的好坏决定着未来维护的工作量与费用支出，在定额管理和服务水平考核的框架下也决定着公司可结余资金的多少，从而使公司利益与社会利益趋于一致。公司有充足动力对建设施工过程实施严格监管，积极研究和采用新材料、新技术、新工艺，主动提高收费公路的建设质量。

（三）日本模式的启示

日本“道路公团”与“高速公路资产持有及债务偿还机构”都是在市场经济条件下管理“公共产品”的法定机构。其中“机构”模式最突出的优越性，就是将市场调节这只“看不见的手”与政府管理这只“看得见的手”在“公共产品”的提供和管理中有机结合起来，通过职能转变和管理模式创新，将应由政府负责的公益性职能进一步加强，将可以通过市场机制实现的职能下放，注重发挥企业的活力与专业优势，通过相互竞争提高效率和服务水平。

以下重点阐述日本“高速公路资产持有及债务偿还机构”模式的启示，以便我国设立不以盈利为目的的收费公路融资建设管理法定机构。

1. 通过公路资产持有确保政府主导

“机构”代表日本政府持有收费公路资产，扮演着“业主”角色；特许公司在建设阶段是“临时融资平台”和“代建人”，公路建成后进行资产与债务移交；同时公司与“机构”签署特许运营协议，成为替“业主”管理资产的“物业公司”角色。这种BTO的模式，既确保了政府在收费公路领域的主导地位，避免了经营性收费公路游离于行业管理之外的现象，也消除了由“企业”主导时利用公路垄断特性谋取暴利的可能，而不以盈利为目的的收费模式也更容易被社会公众理解和接受。更值得重视的是，“机构”在代表日本政府持有收费公路资产的同时，还承担着债务偿还的职责，后者特别值得我国借鉴。

2. 实行统贷统还统一公路收费标准

日本收费公路发展与我国类似。早期修建的收费公路造价低、流量大、还债能力强，主要集中在东京、大阪周边。后期修建的公路造价高、工程难度大、交通量小、还债能力弱，且分布在相对欠发达地区。如果实行项目单独核算，就会出现数倍于平均水平的收费标准，超出公众承受能力；但如果不提高收费标准，一些项目又会出现严重债务危机。因此，日本政府通过“机构”实行了全国收费公路统贷统还，通过交叉补贴，基本统一了全日本的通行费标准，消除了债务风险。基于全日本收费公路债务与收入情况，通过精密测算，日本政府在2005年改革时整体降低了10%的收费标准。日本相关法律还规定，“机构”每年的资产变化、租金收入、还债支出、债务余额等情况必须定期公布，接受社会监督，消除公众“债务越还越多”和“无法按时偿还”的担忧。

3. 发行专项债券降低收费公路融资成本

目前，日本收费公路建设资金主要是以专项债券等低成本融资方式为主。2005年12月至2013年2月，“机构”共发行了101笔“日本高速道路保有债务偿还机构债券”，总额为41528亿日元，债券最小面值为1000万日元（62万人民币）。这种方式投资门槛低，对投资者没有任何限制，上至银行企业、养老基金，下至广大公民甚至退休老人，都可以自由公平参与。加之投资渠道简单透明，形成了供小于求的债券发行方市场，在满足融资规模的前提下，通过投资者间的竞争得到了最低的票面利率（融资成本）。最新一期利率仅为0.781%，略高于日本国债，这也是通过市场机制所确定的收费公路投资“合理回报率”，得到了日本全社会的认可。这种发债的方式使得广大公众的利益与收费公路的利益达成了一致，提高了公路收费政策的社会支持度。“机构”在当前日本经济低迷的情况下，还通过发行低息债券置换原有高息债务的方式，进行了资本优化和重组。

反观我国现行的收费公路融资模式，动辄数十亿的投资门槛，在“拒绝”大量只需较低回报率的中小投资者和公众投资需求的同时，大大提高了收费公路整体的融资成本。

4. 收费公路实行统一和专业化管理

日本收费公路按区域组建了6家国有全资特许公司。这种投资、还债与建设运营相分离的模式，确保了收费公路建设运营的专业性和路网管理的完整性，避免了公共利益与投资利益的矛盾问题（如养护投入越大，服务质量越高，投资收益越小）。特别是随着收费公路里程的增加，特许公司运营管理的边际成本持续下降。与一路一公司和谁投资谁运营的模式相比，不需要组建新机构，装备和人员也可以统一调配，大幅降低了日本收费公路网的运营成本，避免了路网分割管理带来的协调成本，实现了路网服务水平的标准化和均等化，也很容易完成了日本全国收费公路联网收费和全路网路况信息服务。

三、设立我国收费公路融资建设偿债管理的法定机构

我国的实践证明，成功实施“统贷统还”政策可以大幅降低融资成本和公路负债规模，同时还可提高管理效率和服务水平，是一种优于 PPP 的具有中国特色的公路融资建设偿债管理模式。当然，这种模式也需要与时俱进，不断完善。

（一）辽宁曾经的“统贷统还”投融资管理模式

辽宁省交通运输厅曾经长期作为收费公路唯一投融资主体，统一负责全省高等级公路资金的筹集和偿还，通行费全额上缴财政专户，专款专用并接受监督；高速公路管理局作为高速公路的运营主体，负责高速公路的收费和养护；高等级公路建设局作为厅授权的项目法人单位，负责对全省高速公路项目建设招标和施工质量实施监管。辽宁省的“统贷统还”模式由于实现了项目间的交叉补贴，大幅降低了借债需求，也由此减少了还本付息的压力。在首批取消政府还贷二级公路收费的 13 个省中，辽宁省的债务最少（52.8 亿元），远低于其他 12 个省均 263.8 亿元的水平；收费里程最短（2682 公里），远低于 12 个省均 11056 公里的规模。而辽宁省 15214 公里二级公路总里程却超过 12 个省均近 2000 公里，公路养护质量和服务水平更是在全国名列前茅。辽宁省也是我国首个全面取消非高速公路收费的省份。

我们曾两次在呈报国务院的决策咨询报告中郑重推出“辽宁模式”，认为辽宁省最有可能率先创新融资机制，设立不以营利为目的的融资建设管理收费公路的法定机构。《收费公路管理条例》（国务院令第 417 号）第十一条明确规定：“建设和管理政府还贷公路，应当按照政事分开的原则，依法设立专门的不以营利为目的的法人组织。省、自治区、直辖市人民政府交通运输主管部门对本行政区域

内的政府还贷公路，可以实行统一管理、统一贷款、统一还款。”因此，经过努力争取，完全有可能得到国务院的批准，试点长期实行并完善“辽宁模式”即政府主导的公路建设融资平台，关键在于省政府的充分认识与下定决心。

我们在多次前往辽宁省实地调研的过程中，曾致信辽宁省省长，并与分管副省长面谈，表达我们的上述建议。

非常遗憾，2016 年 2 月 19 日，《辽宁省人民政府关于同意调整完善辽宁省交通建设投资集团有限责任公司组建方案的批复》（辽政〔2016〕47 号）结束了我国最好的“辽宁模式”。

辽宁省政府放弃“辽宁模式”，在一定程度上是受到山东省政府的影响。

据山东省人民政府关于《省政府关于齐鲁交通发展集团债务划转和承接工作的专题会议纪要》（〔2015〕29 号）记载：“受郭树清省长、夏耕副省长委托，2015 年 5 月 8 日，王书坚副省长主持召开专题会议，向各金融机构通报齐鲁交通发展集团组建情况，研究交通债务划转和承接工作。”“会议认为，省政府组建齐鲁交通发展集团，通过市场化运作方式整合政府还贷高速公路优质资产，保障山东省公路建设发展资金需求，是深化交通投融资体制改革的重要举措，有利于促进山东省交通运输事业持续健康发展。会议指出，齐鲁交通发展集团作为省管功能型国有资本投资运营公司，是省政府的交通运输事业发展的投融资平台，其功能定位为省内重大交通项目的投融资主体。省政府将省交通运输厅持股的 6 条经营性高等级公路的股权、41 段政府还贷高速公路资产、在建的 5 条高速公路和交通设计、监理、交通装备制造单位等资产，一次性划转至齐鲁交通发展集团，由其依法受让资产并运营管理，原始投资规模约 1139 亿元。公司注册资本 200 亿元。公司成立后，将通过多种融资方式，快速实现规模效益，依托稳定的现金流和巨大的资金池，发挥强大的融资能力。这对金融部门是重大利好，对交通发展是重大机遇。通过这一平台，银企双方搭起合作桥梁，实现互惠互利，合作共赢。”然而，几年过去了，齐鲁交通发展集团没有实现《纪要》的美好“愿景”。

我们相信：上述“辽宁模式”既然已经被公路发展的实践证明具有中国创新特色与巨大优越性，就一定会在适当的时机，经过进一步创新，在辽宁乃至中国的大地上重新发挥应用的作用。

作为备案，特节录 2013 年 7 月《辽宁省公路建设管理研究报告》。

1. 概况

辽宁省位于我国东北地区和环渤海地区的结合部，是东北地区的主要出海通道和入关交通要道，也是东北地区对外开放的重要窗口和东北亚经济圈的重要枢纽。辽宁省陆地面积 14. 59 万平方公里，常住人口 4179 万人。截至 2012 年底，全省公路总里程 105562 公里，居全国第 22 位，面积密度 72. 35 公里/百平方公里，居全国第 19 位，其中高速公路 3912 公里，居全国第 13 位，实现了全省 97% 以上的县（市、区）通高速公路；二级以上公路 24535 公里，居全国第 6 位；100% 行政村通油路。2009 年 5 月 1 日，辽宁省一次性全部取消政府还贷普通公路收费。截至 2013 年 6 月末，辽宁省交通运输厅债务余额为 969 亿元。其中：高速公路 828 亿元；普通公路 141 亿元。

2. 普通公路管理

辽宁省普通公路实行省市县三级管理、条块结合、分级负责的管理体制。省设公路管理局，各市设公路管理处、各县设公路管理段。“条”体现在省市对、市对县公路管理机构行使行业管理和监督职责，包括计划制定、资金拨付等；“块”体现在市、县公路管理部门为市、县交通局的直属单位，负责辖区内公路建设、养护、人员队伍及应急管理。

省对县以上公路路面、桥梁建设养护工程按照投资标准实行定额补助政策，资金不足部分由地方政府筹措解决。省对计划执行及资金运行情况进行检查、监督、考核，对公路建设、养护工程进行技术和业务指导。公路建设养护项目由市、县公路部门作为建设单位组织实施。

3. 高速公路管理

“八五”以来，辽宁省在高速公路建设管理的实践中，逐步探索并形成了“统一规划、统一建设、统一管理、统贷统还”的管理体制。

①统一制订规划。省交通运输厅为了维护交通建设计划的持续性、系统性和整体性，坚持从全省经济社会发展的总体战略、产业结构和城镇空间布局出发，在深入调查研究、系统分析论证的基础上，经与地方政府充分沟通协商，统一编制全省交通建设中长期发展规划和年度建设计划。项目前期工作由省交通运输厅统一组织开展。

②统一组织建设。省交通运输厅委托省高等级公路建设局，作为高速公路工程建设项目法人，统一组织全省高速公路建设，对工程设计、施工、质量、进度、资金全面负责。

③统一运营管理。省交通运输厅按照建管分开的原则，将建成后的高速公路，交由省高速公路管理局统一管理。具体负责道路收费、养护、路政、超限治理、监控指挥和服务区经营等管理工作。

④统一收费还贷。省交通运输厅作为项目建设的融资主体，统一筹措、使用和偿还建设资金，对全省高速公路通行费实行“统收统支”，对高速公路建设贷款实行“统贷统还”。通行费收入纳入省

财政预算管理，实行收支两条线。

该建设管理体制，可以实现以政府为主导，科学规划并整体推进高速公路建设，以低成本、高质量地实现高速公路建设目标，实现高速公路建设资金的良性循环，并确保全省高速公路的运营服务水平。

2010 年国家开展收费公路清理公布的资料表明，辽宁省高速公路建设与管理在“四个统一”的模式下，形成了低成本建设、低费用管养、适中标准收费、适中规模举债、高集中管理、高比例还贷的良好建管体制和运行机制。截至 2010 年末，全省已通车高速公路的债务余额平均 1550 万元/公里，仅略高于海南、内蒙古和广西；2010 年通行费收入平均 301 万元/公里，低于全国平均水平 344 万元/公里；管养征收费用支出平均 43 万元/公里，远远低于全国平均水平 96 万元/公里，仅略高于甘肃、宁夏和安徽；通行费收入用于还本付息的比例为 67%，略高于与全国的平均水平 60%。

（二）创建我国收费公路融资建设偿债管理的法定机构

无论是从长远看，要解决我国公路发展积累下的巨额债务；还是在不远的将来，当公路财政事权与支出责任经国务院决策后，必然要处理中央与地方的公路财政事权与公路资产归属及积存的债务问题，因此创建我国收费公路融资建设偿债管理的法定机构应该是有效途径。

结合日本法定机构“道路公团”与“高速公路资产持有及债务偿还机构”，以及我国“辽宁模式”，可以概括出设立法定机构应遵循的 4 项原则：

（1）权责一致的原则。要明确高速公路资产持有与债务偿还一致。真正做到相同或相似的事情交给一个部门来管理，从而提高科学行政的水平。将有关高速公路方面的职能分别提取出来，加以内在整合（不是外部形式联合）之后，通过一定程序授权给新成立的法定机构；法定机构隶属政府领导，对政府负责。为适应机构精简和发展综合交通运输的需要，可将法定机构挂在中央与省（自治区、直辖市及副省级市）政府交通运输行政主管部门。

（2）依法成立的原则。真正做到职权法定，越权无效。省（自治区、直辖市及有立法权的副省级市）可以根据国务院关于政府机构改革的总体要求，通过人大立法，政府法规或通过编制部门出台“三定规定”等法律规范文件，用列举的方式明确收费公路法定机构的职权。

（3）决策与执行适当分开的原则。真正做到规则的统一与执行的高效。收费公路法定机构专掌融资、建设、偿债、管理等执行之责，不承担制订规则（制订政策）的职责。

（4）改革优先与体制创新的原则。允许为探索全国高速公路的管理模式试点。这是探索建立收费公路法定机构的必要条件。

我国公路两个体系的发展战略已经确立，收费公路政策将长期坚持。2011 年 8 月，国务院办公厅《关于促进物流业健康发展政策措施的意见》中指出：“尽快研究修订《收费公路管理条例》，统筹发展以普通公路为主的体现政府普遍服务的非收费公路和以高速公路为主的收费公路”。

日本收费公路采取的政府与企业分工合作的模式，即社会债券融资、政府统筹偿还、特许企业专业化建设运营，较好地协调了政府、市场和社会间的关系，利用了各方的优势和资源，调动了各方的积极性，实现了三方“共赢”，对我国进一步建好、养好、管好收费公路有着积极的借鉴意义。为此，有必要从统一所有权、统一管理、统一服务、统一标准的视角，重新思考和设计我国收费公路的发展模式。只有跳出旧有的管理模式和习惯性思维，通过转变职能，创新收费公路管理模式，才能实现收费公路建、管、养的良性循环，才能确保收费公路的健康和可持续发展，为经济社会发展和人民群众提供更高效率、更高水平、更优品质、更加透明的公路交通服务。

世界银行2007年报告《中国高速公路：连接公众与市场，实现公平发展》分析道："中国目前面临的情况是东部高速公路网由于交通量大，将拥有足够的收入来吸引贷款甚至私人资产，而中部和西部高速公路网则将缺乏足够的收入来负担债务和养护费用。中央政府在平衡高速公路系统收益率上可以采取的措施包括：①以盈利的公路吸引贷款和私人资产从而使政府能够将资金集中在社会需要但却难以盈利的公路上；②建立全国统一收费机制，将收入重新分配给贫困的西部省份；③征收燃油税。这几种措施可以混合使用。"世界银行报告主张中国统一收费期，实行全国统一还债政策："最近通过的关于已经偿清所有贷款的公路不再收费的规定值得商榷。为满足中西部交通量不足地区公路的需求，中国政府可以考虑采用全国统一路费征收政策。这一政策目标是将成熟高速公路上的收入转移到欠发达省份低容量和非营利公路的建设上。这一方法旨在弥补部分省份的收入不足，直至所有公路债务完全偿清为止。许多国家，尤其是欧洲国家和日本的收费公路发展运用的都是这种方式。这类交叉补助被认为是支持高速公路网发展的关键手段。"

简言之，高速公路作为公共产品的本质属性决定，高速公路的经营管理政策从整体和全局上是非营利性质的。在世界范围高速公路发展中，企业化与市场化的作用都是"有限"的，因之我国纷纷成立的交通发展投资集团有限公司的地位与作用也是"有限"的。从长远分析，只有通过创建收费公路融资建设偿债管理的法定机构，才能根本解决资金问题。

第三章　深化体制改革：建立公路公共行政体制

党的十八届三中全会指出，全面深化改革的总目标是完善和发展中国特色社会主义制度，推进国家治理体系和治理能力现代化。习近平总书记强调：全面深化改革需要加强顶层设计和整体谋划，加强各项改革的关联性、系统性、可行性研究。

本章尝试从顶层设计的高度，阐述公路交通深化行政体制改革问题。

第一节　关于深化行政体制改革的重大决策

习近平总书记在党的十八届二中全会重要讲话中指出："加快转变政府职能，深化行政体制改革，是党中央、国务院做出的重大决策。"我们只有在认真领会这一重大决策的基础上，才能深化公路交通体制改革，建立公路公共行政体制。

一、加快转变政府职能，深化行政体制改革

党的十八大提出，要构建系统完备、科学规范、运行有效的制度体系，使各方面制度更加成熟更加定型。这是一篇大文章，做好这篇大文章不容易。我们要落实好已经出台的改革措施，同时要从解决当前突出矛盾出发，及时推出改革新举措。

《中共中央关于全面深化改革若干重大问题的决定》指出：面对新形势、新任务，全面建成小康社会，进而建成富强民主文明和谐的社会主义现代化国家、实现中华民族伟大复兴的中国梦，必须在新的历史起点上全面深化改革，不断增强中国特色社会主义道路自信、理论自信、制度自信。全面深化改革的总目标是完善和发展中国特色社会主义制度，推进国家治理体系和治理能力现代化。

习近平总书记就《中共中央关于全面深化改革若干重大问题的决定》向全会作说明时强调：党的十八大之后，中央即着手考虑十八届三中全会的议题。党的十八大统一提出了全面建成小康社会和全面深化改革开放的目标，强调必须以更大的政治勇气和智慧，不失时机深化重要领域改革，坚决破除一切妨碍科学发展的思想观念和体制机制弊端，构建系统完备、科学规范、运行有效的制度体系，使各方面制度更加成熟更加定型。我们认为，要完成党的十八大提出的各项战略目标和工作部署，必须抓紧推进全面改革。[1]

改革开放是我们党在新的历史条件下带领人民进行的新的伟大革命。这场伟大革命，从党的十一届三中全会到现在，走过了近40年极不平凡的历程。事实证明，改革开放是当代中国发展进步的活力之源，是党和人民事业大踏步赶上时代的重要法宝，是大势所趋、人心所向，停顿和倒退没有出路。行政体制改革是经济体制改革和政治体制改革的重要内容，必须随着改革开放和社会主义现代化建设发展不断推进。转变政府职能是深化行政体制改革的核心，实质上要解决的是政府应该做什么、不应该做什么，重点是政府、市场、社会的关系，即哪些事应该由市场、社会、政府各自分担，哪些事应该由三者共同承担。这个问题，应该说我们党在改革开放一开始就认识到了。改革开放近40年来，我国行政体制改革的过程，就是

[1] 参阅2013年11月16日《人民日报》第一版，或2013年11月15日新华网。

从计划经济条件下的政府职能体系不断向社会主义市场经济条件下的政府职能体系转变的过程。党的十四大、十五大、十六大、十七大、十八大都对转变政府职能提出了明确要求。党的十八大在总结行政体制改革经验的基础上，提出要建立中国特色社会主义行政体制，深化行政审批制度改革，继续简政放权，推动政府职能向创造良好发展环境、提供优质公共服务、维护社会公平正义转变。

我们对政府职能的认识和定位，是随着改革开放和社会主义市场经济发展而发展的，从传统计划经济体制向社会主义市场经济体制转变是一个不断前进的过程。改革的推进，经济基础的发展，自然而然会对上层建筑提出新的要求。我们党在实践中不断深化对这个问题的认识，持续推进政府职能转变。总体上看，改革开放以来，我们在转变政府职能方面取得了重大成就，积累了宝贵经验，有力推进了社会主义现代化建设。同时，我们也必须看到，现在政府职能转变还不到位，政府对微观经济运行干预过多过细，宏观经济调节还不完善，市场监管问题较多，社会管理亟待加强，公共服务比较薄弱，这些问题的存在与全面建成小康社会的新要求是不相符合的。进一步改革政府机构、转变政府职能，不仅是提高政府效能的必然要求，也是增强社会发展活力的必然要求。我们必须下更大决心、以更大力度推进政府职能转变，以更好适应深化改革开放、加快转变经济发展方式、转变工作作风、维护社会和谐稳定的迫切要求。

方向决定成败。转变政府职能，关键是要明确往哪里转、怎么转。在总结经验的基础上，我们提出了现在转变政府职能的总方向，这就是党的十八大确定的创造良好发展环境、提供优质公共服务、维护社会公平正义。要按照这个总方向，科学界定政府职能范围，优化各级政府组织结构，理顺部门职责分工，突出强化责任，确保权责一致。当今社会发展很快，经济社会事务千头万绪，事无巨细都要由政府来管，只能是眉毛胡子一把抓，不仅管不过来、抓不深入，而且不利于发挥全社会的积极性和主动性。政府要全面正确履行经济调节、市场监管、社会管理、公共服务职能，应该有所为有所不为，减少对微观事务的管理，把不该由政府管理的事项转移出去，把该由政府管理的事项管住管好，努力做到不越位、不错位、不缺位，以充分发挥市场在资源配置中的基础性作用，更好发挥社会力量在管理社会事务中的作用，充分发挥中央和地方两个积极性。

推进行政体制改革，要坚持积极稳妥、循序渐进、成熟先行，抓住主要矛盾和重点问题，把职能转变放在更加突出的位置，既巩固以往的改革成果，又着力破解重大难题。这方面，我们也要讲究瓜熟蒂落、水到渠成，条件成熟、形成共识的就先推进，能改的先改起来。上层建筑需要不断适应经济基础发展的要求，但这是一个不断调整的过程，不可能毕其功于一役，不可能通过一次改革就统统解决，有的改革还需要探索、还需要时间，可以进一步积累共识和经验、条件成熟时再作推进。

推进机构改革和职能转变，要处理好大和小、收和放、政府和社会、管理和服务的关系。大部门制要稳步推进，但也不是所有职能部门都要大，有些部门是专项职能部门，有些部门是综合部门。综合部门需要的可以搞大部门制，但不是所有综合部门都要搞大部门制，不是所有相关职能都要往一个筐里装，关键要看怎样摆布符合实际、科学合理、更有效率。转变政府职能需要放权，以发挥地方的积极性和主动性，但并不是说什么权都要下放，该下放的当然要下放，但该加强的也要加强，有些职能搞得太分散反而形不成合力。我们要发挥社会力量在管理社会事务中的作用，因为有些事情是政府管不了也管不好的，可以让群众依法实行自我管理、自我服务，同时也要加强对各类社会组织的规范和引导，特别是要注意防范一些别有用心的人打着社会组织的旗号干非法勾当。政府要切实履行好服务职能，这是毫无疑义的，但同时也不要忘了政府管理职能也很重要，也要履行好，只讲服务不讲管理也不行，寓管理于服务之中是讲管理的，管理和服务不能偏废，政府该管的不仅要管，而且要切实管好。

国务院机构改革和职能转变在行政体制改革中具有至关重要的作用，必须首先抓好。转变政府职能是一个系统工程，需要周密部署、精心组织。要强化的职能怎么强化，要放的职能怎么放，要合的职能怎么合，都要有工作方案和严密程序。各地区各部门要讲政治、顾大局，正确处理改革发展稳定关系，对涉及本地区本部门的改革任务要克服困难、坚决抓好落实，做到令行禁止、承担责任，同时要做到思想不乱、工作不断、队伍不散，确保改革顺利推进。政府职能转变到哪一步，法治建设就要跟进到哪一步。要发挥法治对转变政府职能的引导和规范作用，既要重视通过制订新的法律法规来固定转变政府职能已经取得的成果，引导和推动转变政府职能的下一步工作，又要重视通过修改或废止不合适的现行法律法规为转变政府职能扫除障碍。只有让人民监督权力、让权力在阳光下运行，做到依法行政，才能更好把政府职能转变过来。要推进法治政府建设，坚持用制度管权管事管人，完善政务公开制度，做到有权必有责、用权受监督、违法要追究。

为人民服务是我们党的根本宗旨，也是各级政府的根本宗旨。不论政府职能怎么转，为人民服务的宗旨都不能变。要坚持以人为本、执政为民，接地气、通下情，想群众之所想，急群众之所急，解群众之所忧，在服务中实施管理，在管理中实现服务。要加强公务员队伍建设和政风建设，改进工作方式，转变工作作风，改变门难进、脸难看、事难办现象，纠正老爷作风、衙门习气，杜绝吃拿卡要那一套，提高工作效率和服务水平，提高政府公信力和执行力。

实现全面建成小康社会的奋斗目标，对全面深化改革提出了更加迫切的要求。我国改革已进入攻坚期和深水区，需要解决的问题十分繁重。调查研究是谋事之基、成事之道。没有调查，就没有发言权，更没有决策权。研究、思考、确定全面深化改革的思路和重大举措，刻舟求剑不行，闭门造车不行，异想天开更不行，必须进行全面深入的调查研究。必须以更大的政治勇气和智慧，不失时机深化重要领域改革，攻克体制机制上的顽瘴痼疾，突破利益固化的藩篱，进一步解放和发展社会生产力，进一步激发和凝聚社会创造力。

综上所述，要深入研究全面深化体制改革的顶层设计和总体规划，加强对各项改革关联性的研判，把经济、政治、文化、社会、生态等方面的体制改革有机结合起来，把理论创新、制度创新、科技创新、文化创新以及其他各方面创新有机衔接起来。要尊重人民首创精神，坚持全局和局部相配套、治本和治标相结合、渐进和突破相促进，鼓励大胆探索、勇于开拓。对看准了的改革，要下决心推进，争取早日取得成效。对看得还不那么准、又必须取得突破的改革，可以先进行试点，摸着石头过河，在实践中开拓新路。

二、创新行政管理方式，提高政府治理能力

2013 年 5 月 13 日，李克强总理在国务院机构职能转变动员电视电话会议上的讲话中指出：加快转变政府职能，深化行政体制改革，是党中央、国务院作出的重大决策。这次国务院机构改革和职能转变，是在改革开放以来历次机构改革、简政放权的基础上进行的。其特点是改革方案把机构改革和职能转变有机结合起来，把职能转变作为核心，把行政审批制度改革作为突破口和抓手，这是我们思

路的进一步创新。转变政府职能，就是要解决好政府与市场、政府与社会的关系问题，通过简政放权，进一步发挥市场在资源配置中的基础性作用，激发市场主体的创造活力，增强经济发展的内生动力；就是要把政府工作重点转到创造良好发展环境、提供优质公共服务、维护社会公平正义上来。也就是说，既要把该放的权力放开放到位，又要把该管的事务管住管好，这不仅是当前形势下稳增长、控通胀、防风险的迫切需要，也是保持经济长期持续健康发展的重大举措，是我国经济社会发展到这一阶段的客观要求。机构职能转变，不仅要取消和下放权力，还要改善和加强政府管理，关键是要在搞活微观经济的基础上搞好宏观管理，创新行政管理方式，增强政府治理能力，健全公共服务体系，提高政府效能，建设现代政府。这是提升政府公信力、执行力和权威性，更好地服务经济社会发展、服务人民群众的必然要求。[1]

对于公路交通领域加快转变政府职能、深化行政体制改革来说，需要特别强调："该管的事必须管住管好，创新行政管理方式，提高政府治理能力。"

首先，要切实加强市场监管。最大限度地放权，一个重要目的就是要为各类市场主体营造公平竞争的发展环境。只有建立公平的环境，才能实现公平的竞争。目前，我国市场经济秩序还很不规范，经营不讲诚信、假冒伪劣屡禁不绝、侵犯知识产权时有发生、寻租行为不少。这些现象得不到有效制止，对于诚实守信的经营者就是不公平，就会产生"劣币驱逐良币"的扭曲现象，从而伤害整个经济健康发展。这不仅会影响国内各种所有制企业的正常经营，也会影响国外投资者来华投资发展。所以，我们这次改革绝不是一放了之，在放权的同时必须加强市场监管。

---

[1] 2013 年 5 月 14 日中央政府网站。

转变职能，放和管是两个轮子，只有两个轮子都做圆了，车才能跑起来。大量减少行政审批后，政府管理要由事前审批更多地转为事中事后监管，实行“宽进严管”。加强事中事后监管，发现问题就必须叫停、处罚，这往往要得罪人，甚至要做“恶人”，比事前审批难得多。工作方式也不一样，事前审批是别人找上门，事后监管则是自己要下去，到现场了解情况，实施监管。同时，我们一些政府机关和干部在行政审批方面通常是轻车熟路，但在市场监管方面办法还不多、经验也不足。这主要不是因为干部水平本身的问题，还是体制不对头，所以事倍功半。这种管理方式上的转变，对各部门、各级政府都是新的考验和挑战，责任更重了，要求更高了。我们作为人民的政府和国家的公务员，要对人民负责、对国家负责，就要担这个责任，不断提高自身水平，这是无法回避的。

第二，要创新公共服务提供方式。加强社会管理和公共服务，是政府的重要职责。在经济领域简政放权的同时，我们为人民群众提供优质公共服务的职责必须加强。总体上看，现在我们的产品供应是充足甚至有些方面是过剩的，而服务则存在短缺问题，质量也需要提高。增加服务供给，满足社会需求，必须把政府的作用与市场和社会的力量结合起来。要把政府的工作重点放到“保基本”上来，加快织就织好一张覆盖全民的社会保障“安全网”，特别是要“补短板”“兜底线”，为人民基本生活提供保障。同时，在非基本的公共服务领域，要更多更好发挥市场和社会的作用。要加快事业单位改革步伐，提供更多更有效的服务。大力引入社会资本，增加竞争，满足多样化需求。即使是基本公共服务，也要深化改革、利用市场机制、创新供给方式，更多地利用社会力量，加大购买基本公共服务的力度，要加快制订出台政府向社会组织购买服务的指导意见。凡适合市场、社会组织承担的，都可以通过委托、承包、采购等方式交给市场和社会组织承担，政府办事不养人、不养机构。这样既能加快解决公共服务产品短缺问题，又能形成公共服务发展新机制，对企业、老百姓和政府，都是“惠而不费”的好事。当然，在公共服务领域引入市场机制的同时，政府也要加强监管、搞好服务。

第三，要优化必要的行政审批程序。政府转型要有个过程，不该审批的不再审批，该审批的则要把关审好。由于多种原因，像钢铁、水泥等行业上项目都是需要审批的，但多年来恰恰没有管住管好，以致造成产能严重过剩。相比之下，家电、服装等行业早已走上市场化轨道，不用政府审批，靠市场优胜劣汰，没有严重的产能过剩问题。这说明，该审批的审批不严格、执行不到位的，费力办了事而又事与愿违，还不如已放给市场的。这确实值得我们深思、反思。履行审批职权就要把责任担起来，本行业的事情一定要摸清摸透，出了问题要敢于碰硬，该报告的要及时报告，把确需审批的事项管住管好。现在经常有这样的情况，一个项目，可以批给张三，也可以批给李四；可以早批，也可以晚批；可以多批，也可以少批。这种自由裁量的随意性，不利于建设公平竞争的市场环境，影响了市场主体对未来发展的预期，也容易滋生腐败。解决这个问题，要提高规划布局和标准制订的水平，这才能真正考验我们的行政能力。还要从体制上加以保证，再造行政流程，完善审批制度，建立标准明确、程序严密、运作规范、制约有效、权责分明的管理制度。

第四，要加强和改善宏观管理。转变职能、减少微观事务管理后，政府可以腾出更多的精力管宏观，管好那些最该管的事。有所不为才能有所为。只有把那些该放的放了，才能抓大事、议长远、谋全局，少管微观、多管宏观。宏观部门的主要职责就是搞好宏观调控，要更加重视经济社会发展战略和政策的研究制订，保持经济总量平衡，促进重大结构优化，维护全国市场统一开放，保障国家经济安全。在当前错综复杂的经济环境下，既要处变不惊、按预期的发展目标搞好调控，又要未雨绸缪、充分考虑各种可能性，如经济下行压力继续加大怎么办，物价涨幅超出上限怎么办，农产品供给出现大的波动怎么办，诸如此类问题，都要超前谋划应变的调控预案。要增强宏观调控的针对性、有效性，把政府掌控的资源集中用在重点领域和关键环节，起到“四两拨千斤”的作用，确保经济持续健康发展。

我们发展社会主义市场经济，要调动中央和地方两个积极性，发挥政府和市场两只手的作用，中央在宏观调控上一定要有权威性，要留有“撒手锏”。在宏观形势发生重大变化时，国务院经统筹考虑采取必要的干预措施，地方也要理解并坚决执行。地方政府要有全国一盘棋的思想，要有大局意识和全局观念，自觉维护党中央、国务院权威，维护中央大政方针的统一性和严肃性，提高执行力，确保政令畅通、令行禁止。当前，大幅减少行政审批事项和转变职能，坚决遏制产能严重过剩行业盲目扩张，都是硬任务，要按照党中央、国务院的统一部署，确保完成。

要以简政放权更好地发挥地方的作用。我国地域辽阔，地区之间经济社会发展很不平衡，中央和地方两个积极性都要发挥好，该下放给地方的要坚决下放。如中央政府和地方政府在四川芦山抗震救灾中各负其责，形成以地方为主、中央各部门和有关方面统一对口省里的一体化救援救灾应急机制，充分发挥地方党委和政府的作用。大量的具体救灾工作由地方和一线的同志承担，这有力有序地促进了抗震救灾。这样的大事急事经部署后都能交给地方为主去办去管，说明地方也能办好管好其他很多事。反过来讲，国务院部门管得过多过细了，既管不了也管不好。各级政府要按照各自的事权分级管理，尤其是涉及改善民生的具体事项，要尽可能实行就近管理。

我们要充分发挥好地方政府贴近基层的优势，从有利于地方政府更好履职的要求出发，把一些确需审批但由地方实施更方便有效的投资审批事项，以及量大面广的生产经营活动审批事项，坚决下放给地方。比如把城市快速轨道交通、机场扩建等投资项目审批或核准权放给地方。事权调整必然涉及财权，必须加快推进财政转移支付制度改革。要下决心较大幅度减少中央对地方专项转移支付项目，“合并专项，扩大一般”，将适合地方管理的专项转移支付项目审批和资金分配工作下放地方，为地方政府更好履行职能提供财力保障。同时，有权必有责，地方政府要切实负起统筹资金使用的责任，把钱用到中央要求的方向上来，用到科学发展上来。

这里，需要特别强调的是，政府履行职能必须依靠法治。市场经济的本质是法治经济，转变政府职能本身就是建设法治政府的要求。国务院及各部门和地方各级人民政府要带头维护宪法法律权威，无论履行哪一项职能，从行为到程序、从内容到形式、从决策到执行都必须符合法律规定，让行政权力在法律和制度的框架内运行。要依法规范企业、社会组织和个人的行为，维护市场经济运行秩序，保障各类市场主体的合法权益。我们一定要用法治思维和法治方式履行政府职能，推动改革发展，建设现代政府。

第二节　建立公路公共行政体制

根据党中央、国务院的有关会议决策指示精神，我们认为，深化公路行政管理体制改革的价值目标，可以定位为建立具有中国特色的公路公共行政体制。

一、社会主义公共行政体制的基本内涵

“社会主义公共行政体制”是一个新的重要提法，也是公路管理体制改革必须确立的价值目标。

以“社会主义公共行政体制”作为我国行政管理体制改革的目标模式，是完善社会主义市场经济体制的必然要求。就是说，随着社会主义市场经济体制的不断完善，必然要求建立与之相适应的行政体制。这体现了上层建筑必须适应经济基础的一般规律。“公共行政体制”准确地反映了市场经济条件下行政体制的基本特征。在这一提法中没有使用“管理”的概念，主要是由于“行政”本身具有“管理”的含义，应避免同义反复；另外，由于各方面的原因，有些人往往容易把“管理”与“管制”联系在一起，这样不利于确立建设服务政府的理念。推进行政管理体制改革，要围绕建立社会主义公共行政体制这一总体目标，全面推进政府管理的体制创新、制度创新、机制创新和管理创新。

（一）公共行政体制是市场经济条件下行政管理体制的一般模式

建立公共行政体制是市场经济和民主政治发展的必然要求和必然结果。在市场经济条件下，市场机制在资源配置中起着基础性的作用。同时，市场失灵与市场缺陷的广泛存在要求政府提供公共产品与公共服务，满足社会公共需求。在民主政治条件下，政府行使的权力是公共权力，行政权力由人民赋予、为人民服务并受人民的监督，这就必然要求政府管理走向公共行政，要求建立公共行政体制。

公共行政体制是市场经济和民主政治条件下政府管理模式演变的最终成果。在自由竞争市场经济时期，政府职能仅限于提供宪政

制度、产权保护、法律框架以及范围有限的公共服务，这一时期的政府是“守夜型”政府。第二次世界大战后，随着一系列社会保障立法的颁布，福利国家的建立，以提供公共产品和公共服务为基础的公共政府最终建立。20 世纪 70 年代末，为进一步提高政府公共服务效率，发达国家普遍开始了以公共治理多元化为核心、以提高政府公共效能为目标的新公共管理运动，并最终建立了以公共管理职能、公共权力运行、公共组织体系、公共财政体制、公共治理结构、公共效能管理为核心要素的完善的公共行政体制。

公共行政体制已经成为当代市场经济国家政府管理的一般模式。

当前，世界大体存在着 5 种公共行政体制：一是与国家宏观调节的市场经济体制相适应的公共行政体制，以英国和美国为代表；二是与社会市场经济体制相适应的公共行政体制，以德国为代表；三是与计划导向型的市场经济体制相适应的公共行政体制，以法国为代表；四是与国家发展导向型市场经济体制相适应的公共行政体制，以日本和韩国为代表；五是与民主社会主义的市场经济体制相适应的公共行政体制，以瑞典为代表。

（二）公共行政体制的基本特征与基本内容

公共行政体制指适应市场经济要求的，行使公共权力、管理公共事务、提供公共产品与公共服务、满足社会公共需求的政府管理制度与组织体系。

公共行政（Public Administration）体制是市场经济发展到一定阶段的产物，形成于 19 世纪 80 年代的英国和美国。它以建立文官制度、理性行政组织体系、社会保险制度为基本标志。

其主要特征是：

①公共性。强调政府的主要职能是管理社会公共事务、提供公共产品和公共服务。

②公正性。强调政府是公共利益的代表者和公共意志的执行者，必须维护社会公平正义。

③服务性。强调政府管理社会公共事务的主要方式是为公民和顾客提供良好的服务。

公共行政体制的基本内容包括以下几个方面：

①公共管理职能。在市场经济条件下，政府的作用集中在正的外部性最强、公共性最强、弥补市场失灵、政府最有比较优势的公共领域，履行公共管理职能，行使公共权力，承担公共责任。政府必须集中精力提供公共教育、公共科技、公共医疗卫生、社会保障等公共服务。

②公共权力运行。在民主政治条件下，在行政权力体制上实行民主政府制与责任政府制。政府必须对议会负责、受法院的司法审查的制约，从而保证政府对立法机构、对法律、对人民负责。

③公共组织体系。适应政府履行公共管理职能、高效地提供大量公共服务的要求，在政府组织管理上普遍实行大部制，并实行政府决策职能与执行职能的相对分离。

④公共财政体制。现代政府的一个基本特征就是实现了政府财政的公共化，也就是实现了财政收入的公共化与财政支出的公共化。公共财政的主要功能就是矫正市场失灵、提供公共服务、调节资源配置和收入分配以及稳定宏观经济。

⑤公共治理结构。当代行政管理体制的一个基本特征是由统治到治理的转变，治理是各种公共的或私人的个人和机构管理其共同事务的诸多方式的总和，其基本结构包括两个方面：一是公共服务供给结构上的主体多元化，公共服务主体由单一的政府扩展到政府、非政府组织和企业组织；二是公共权力结构上的分权化和自治化，实行地方自治、基层自治与社区自治。

⑥公共效能管理。公共行政是一种有目的的管理活动，必须讲求经济、效能、效益与质量的原则。这就要求转变政府管理方式，再造政府公共服务流程，推进政务公开与电子政务，实施政府绩效管理与行政问责制。

（三）深化行政管理体制改革、加快建立公共行政体制的重要性与紧迫性

当前，我国经济社会发展的新形势和新任务，要求深化行政管理体制改革、建立社会主义公共行政体制。

首先，完善社会主义市场经济体制迫切要求建立社会主义公共行政体制。在社会主义市场经济条件下，在资源配置中起基础性作用的是市场而不是长官意志，政府是市场秩序的维护者、公共服务的提供者与社会公正的保障者，这就要求限制和规范政府权力，将政府权力限定在公共领域。我国要建立的公共行政体制，是社会主义市场经济条件下的公共行政体制；其基本特征是：充分发挥市场在资源配置中的基础性作用，同时发挥国家的宏观调控和公共服务作用；注重调整和规范国家、企业和个人的分配关系，建立一种公平与效率相统一的收入分配保障体系；注重建立和完善公共服务体系，加强社会保障等。

其次，构建社会主义和谐社会迫切要求建立社会主义公共行政体制。从本质上看，公共行政体制反映了社会主义制度的优越性，是我国行政体制的根本特征。在社会主义制度条件下，政府是社会公正与社会利益的代表者，是公共服务的提供者，衡量政府工作的标准就是社会的和谐程度与人民群众的满意程度。构建社会主义和谐社会，要求政府保持经济社会全面协调可持续发展，不断满足日益增长的社会公共需求，这就要求确保社会发展与经济发展相协调、政府公共服务与社会公共需求相适应。

第三，随着市场经济和民主政治的发展，迫切需要提高政府管理的民主化、科学化、现代化与法治化水平，以进一步加快社会主义现代化的进程。而我国政府管理方式粗放、现代化水平不高的局面还没有得到明显改观，主要体现在政府组织结构亟待优化、依法行政方面差距很大、政府管理方式亟待转变等方面。这就要求建立公共行政体制，完善公共组织体系，推进依法行政，提高政府公共效能。

（四）加快建立社会主义公共行政体制的基本任务

加快建立社会主义公共行政体制的基本任务，是要建立适应社会主义市场经济体制与构建社会主义和谐社会要求、与社会主义民主政治制度相配套，决策科学、权责对等、分工合理、执行顺畅、监督有力的社会主义公共行政体制，实现政府职能向创造良好的发展环境、提供优质高效的公共服务、维护社会公平正义的根本转变，实现政府机构设置和运行机制向综合化、科学化、规范化、法定化的根本转变，实现政府管理与服务方式向以人为本、便民高效、程序规范、公开透明的根本转变。

具体地说，包括以下几个方面的任务：

①通过政府职能转变，形成完善的政府公共管理职能体系，建设服务型政府。要着眼于完善社会主义市场经济体制，强化经济调节和市场监管职能；要正确处理政府与企业、与社会的关系，努力实现政企分开、政资分开、政事分开、政府与市场中介组织分开；要彻底摒弃计划经济体制下形成的直接干预微观经济活动以及主要用行政手段管理经济的方式，着力为市场主体服务和创造良好发展环境。要着眼于构建社会主义和谐社会，强化政府社会管理职能，健全社会管理的体制和机制，完善社会政策体系，建立全过程、多渠道、全方位、法治化与柔性化的社会矛盾调节机制。要着眼于实

现最广大人民群众的根本利益，完善政府公共服务职能，建立适应我国国情的公共服务模式和公共服务制度，形成制度完善、全面覆盖、水平适度、可持续发展的公共服务体系，促进基本公共服务均等化，努力实现人人享有基本公共服务的目标；要实行积极的就业政策，建立健全与经济发展水平相适应的分层次、广覆盖的社会保障体系，完善公共卫生和医疗服务体系，全面推行素质教育；要建立有效的公共产品与公共服务供给机制，切实加强对公共服务行为的监管。

②以规范公共权力运行为核心，建设法治政府与责任政府。要全面实施依法行政纲要，建设法治政府的基本框架。要依法完善公务员制度，提高公务员的依法行政能力。要完善政府责任体系与制度，推行以行政首长为重点的行政问责制，重点强化政府与公共部门的公共责任。要完善民主决策机制，完善和健全行政权力的运行和监督机制。

③以优化政府组织结构为中心，建设精干、统一、高效的公共组织体系。要规范政府机构设置，将相同或相近的职能合并，尽可能地由一个部门管理，推进政府事务综合管理，实行大部制。要推进决策与执行的适度分离，形成高效的执行机制。政府主管部门的职能要转变为制定统一的公共服务政策、实施公平监管；将公共服务执行的职能从政府部门中逐步剥离出来，成立法定机构或执行机构，实行绩效管理；大力发展公共服务事业法人，发展公共教育、公共医疗卫生与社会保障事业。正确处理中央与地方关系，依法规范中央和各级地方政府经济社会管理的职能和权限，理顺中央和地方的职责和分工。统筹政府机构改革、事业单位改革与社会组织改革，共同发挥政府、事业单位、社会组织三者在公共治理中的积极性，完善公共服务体制。

④以财政支出公共化为中心，完善公共财政体制。优化财政支出结构，稳步提高公共教育、公共卫生与基本医疗、公共就业服务和社会保障、公共文化、公共科技等方面的公共财政支出占国内生产总值的比重，力争在不太长的时间内，将我国公共教育支出、公共医疗卫生支出、社会保障支出占 GDP 的比重提高到中等收入国家水平。从世界各国的经验来看，公共财政收入或公共财政支出占 GDP 的比重指标反映的是政府为提供公共服务而从市场中汲取资源的比重，政府的公共收入在整个国民生产总值中应该有一个适当的比例，过高的比例容易导致高税收、地下经济和激励扭曲等恶果，从而影响经济社会持续发展；过低的比例则会导致政府公共资源配置能力的降低，降低政府履行公共服务职能的能力，从而影响经济社会协调发展。从确保政府公共服务能力与保持经济激励动力双重因素来考虑，根据发达国家公共服务正反两方面的教训，政府公共财政支出占 GDP 的比重大体保持在三分之一左右为宜。

⑤转变政府管理方式，推进公共治理的进程。在公共服务和社会治理中引入多元化主体，推进公共服务社会化进程，发挥社会组织、企业在公共服务供给和社会治理中的作用，建立政府与社会组织的合作伙伴关系。理顺政府与企事业单位、社会组织的关系，要把那些政府不该管的事情，真正交给企事业单位和行业协会或市场中介组织。

⑥推行政府绩效管理，切实提高政府公共效能。要建立以公共服务为取向的政府业绩评价体系，以失业率、社会保障、生态环境、社会治安、教育卫生等公共服务指标考核干部政绩。要对政府履行职责进行行政问责，坚决纠正有令不行、有禁不止的行为。要建立规范的公共支出制度，切实降低行政成本，最根本的是要控制行政管理费支出。我国当前行政管理体制改革面临的一个十分紧迫的任

务就是，要严格控制和大幅减少行政管理费支出，将节省出来的经费投入社会性公共服务体系建设之中。

在设定公路管理体制改革目标的时限时，需要着重考虑两方面的因素：一是完善社会主义市场经济体制迫切要求在行政管理体制改革方面尽快取得全面突破，时间不宜太长；二是通过长期的努力，我国的公路管理体制改革已取得重要的阶段性成果，具备了较好的基础，只要统一思想、坚定信心、扎实推进，通过努力，在2020年基本实现上述目标是可能的。

公路管理体制包括公路组织体系和制度体系两个方面。深化公路管理体制改革包括5项主要任务，即转变政府职能、改革和优化政府组织结构、健全行政运行机制、创新行政管理与服务方式、全面推进依法行政。这5个方面，基本涵盖了公路管理体制改革的主要内容。

二、公路管理体制从“部门行政”向“公共行政”转型

我国公路管理体制改革的核心内涵，就是从“部门行政”向“公共行政”转型；或者说，中国公路行政体制改革的基本任务是尽一切努力弱化“部门行政”，基本目标是建立“公共行政”。

（一）“部门行政”与“公共行政”的区别

“部门行政”体制是相对于“公共行政”体制而言的，这是两种不同类型的政府管理制度。

1. 经济基础不同

“部门行政”是与计划经济体制相适应的，是与政府在资源配置中发挥主导性作用状况相适应的。部门是政府配置资源的杠杆，

是联系政府与社会的中介，是落实计划经济的依靠力量。而“公共行政”是与市场经济体制相适应的，是与市场机制在资源配置中发挥基础性作用相适应的。部门行政是为了满足按计划配置资源的需要而进行的一种政府行政模式，而公共行政则是旨在满足社会公共需要而进行的。“全能政府”是部门行政管理制度基本生态环境，而“有限权力政府”是公共行政的基本生态环境。

在由计划经济向社会主义市场经济转轨的过程中，部门行政存在的部分经济基础依然存在。由于政企分开没有完全到位，一些部门的职能不是满足社会的公共需要，而是沿袭原来计划经济条件下的职能，服从狭隘的部门需要与行业需要。如专业经济部门的职能重点由直接管理企业转为搞行业管理后，还是习惯于对原来有行政隶属关系的企业进行行业管理，并没有真正对多种所有制形式的全社会相关企业进行行业管理。在一些稀缺资源配置中还是倾斜于有行政隶属关系的企业，这种缺乏公共管理内涵的行业管理，不符合社会的需要。

2. 机构设置依据不同

部门行政主要是分行业按产品来设置部门，我国在改革开放前，单说机械部就有 8 个。行业、产品的复杂与交错必然导致部门设置的重叠与部门职责划定的边界不清。根据发达国家机构设置的一般规律，公共行政在必要的政府部门设置以外，主要是按大的产业划分来设置综合性的经济管理机构，重点是按市场经济发展的内在要求，加强市场监管部门与社会公共事务管理部门。如国外的运输部普遍采取大交通模式，在我国计划经济时期却是由交通部、公安部、铁道部、建设部、民航管理总局、信息产业部 6 个部门来管理。

在部门行政这种管理体制之下，政府部门在公共管理中唱“独角戏”，跳“独杆舞”，非政府公共组织等其他一些民间组织没有发育和发展的空间，形成政府部门“独大”的格局。当前中国各级政府仍然没有完全消除部门之间的职责交叉与延伸，没有完全消除政出多门这种行政顽症。

3. 管理内容与方式不同

部门行政是直接管理国有企业，因此，部门是微观经济活动的主体。公共行政是面对所有企业活动的环境进行公共管理，企业是微观经济活动的主体。部门行政主要是采取分钱、分物、批指标、立项目的管理模式，而公共行政主要是以法律规范与政策引导为主进行公共管理。部门行政管理制度侧重具体行政行为，轻抽象行政行为；而公共行政更重视抽象行政行为，重视规则质量的管理，强调规则的统一。

当前，政府主管部门愿意上项目的行为倾向仍然比较明显。这种裁判员与运动员角色不分的状况，使得政府很难尽到从事公共管理与提供公共服务的本分，很难为所有的经济主体提供非歧视的“国民待遇”，还可能扰乱市场经济秩序。

4. 行使权力的依据不同

部门行政主要依靠资源配置权、依靠长官“意志”来行政。在部门行政的视野中，只有“公检法”部门才是执法机关，其他的政府机关不属此列；公共行政主要是依法（“法律规范”）行政，所有的行政机关均是执法机关。在部门行政的状态下，行使权力的依据按重要性的大小先后排序为：领导意见—领导指示—政策—行政命令—法律—宪法。在公共行政的状态下，主要依靠宪法、法律、行政法规、部门规章、地方性法规作为行使权力的依据。

实践证明，依法行政比以权力行政具有更大的可预见性，更大的透明度，更大的公平性。依法行政比以权力行政可以更好地降低企业的交易费用，更好地降低企业向政府部门的“寻租”行为。

5. 行政运行机制不同

决策与执行高度合一是部门行政制度的特点，而公共行政则是根据组织性质与管理相对优势等实际情况权变匹配。部门行政管理的一个基本做法是，在横向上把行政权力分配给各个职能部门，在部门职责范围内，决策与执行高度合一，自我封闭。在这种状况下，需要高度统一的计划与高度集中的权力，特别是有效的行政协调才能克服部门间的摩擦。如果部门间摩擦的力度大于行政协调的力度，整个行政管理体制就很难运转协调。人们经常所说的“部门分割”，不是因为正常专业分工的必然结果，而是决策与执行高度合一的结果。

从一定意义上看，决策是利益的划分，执行是利益的实现。自己立规矩，容易自我确定利益，容易将部门利益塞进自己的职责，拒分内责任于千里之外，从而使“部门职责利益化”；容易将部门利益塞进部门的执法依据，从而使“部门利益法定化”。自己执行就是亲自去实现这种利益，自己监督弱化了为社会公共利益服务的强制性。这实际上是部门利益实现链条的“一条龙”。

（二）部门利益是“部门行政”向公共行政转型的最大障碍

部门行政是在计划经济条件下的政府管理体制类型。在由计划经济向社会主义市场经济体制转化的过程中，部门行政可能利用各种制度漏洞重新获得各种资源，顽强存在。事实上，能否弱化部门行政，主要取决于弱化部门行政赖以存在的物质基础——部门利益。部门利益是指行政部门的行政行为偏离了“公共利益”导向，以追求部门自身局部利益的形式来变相地实现个人利益。部门利益已经构成了部门行政向公共行政转型的最大障碍。正是因为部门利益的存在，长期以来的机构调整才摁下葫芦起来瓢，处于一种精简与膨胀的循环之中；正是因为部门利益的存在，才使政府职能转变举步维艰，难以使政府职能及时转变到经济调节、社会管理、市场监管、公共服务的轨道上来，才使得许多部门热衷心于在职责交叉与职责延伸中浑水摸鱼，乱中取利；正是因为部门利益的存在，才使得许多部门明目张胆借依法行政之名行“依法打架”之实，才使得某些行业管理体制长期处于一种部门管理冲突之中；正是由于部门利益的存在，才使得一些部门急于借立法之机，巩固原来的职权，争夺社会经济发展后产生新职权，才使得政出多门之顽症久治不除。部门利益的刚性存在，与行政部门的公共性是根本对立的，它违背了政府为公共服务的宗旨，损害了政府的权威与形象，降低了政府工作的效能。从长远来看，部门利益的制度化容易使政府部门演变为特殊利益集团（特殊利益组织），演变为“分利集团”。

1. 部门利益形成的社会与制度原因

部门利益形成具有特定的社会根源。我国政府部门利益的形成既有计划经济体制的惯性运作方面的原因，又有转型期伴随商品经济、市场经济发展而来的利益觉醒有关。政府是有独立利益的，政府部门也是有相对独立利益的。计划经济期间伴随着中央与地方集权与分权的数次收放循环，各级政府的相对独立利益也逐步孕育并得到强化。改革开放后，市场在资源配置中的作用越来越明显，资源配置权高度集中在一级政府的状况也日渐发生变化。与此同时，各种“集团性利益”也产生和发展起来。部门利益是若干“集团性利益”的一种类型。

部门利益的顽强存在的制度原因可以归结为 4 个方面：一是当前部门职责界定尚未达到管理科学化的要求。中国当前各级政府的机构改革需要在实践中进一步理顺部门关系，提高部门职责界定的科学化程度。二是对行政机关的立法行为和行政机关制定规范性文件的行为监督力度不够。三是财政制度不健全，没有建立适应市场经济发展需要的公共财政制度。四是决策与执行不分的行政运行机制没有根本改变，部门利益实现的链条难以中断。最根本的原因是现行的政治权力结构，难以形成有效制约行政权力的内在机制，它使行政权力的内部分配出现某种程度的脱轨与失序。

2. 部门利益实现方式分析

政府部门最容易将权利和职业方便转化为利益资源，因为政府部门掌握公共行政权力。这种利益追求的方式，在本质上是对公共行政权力的一种侵蚀。“部门职权利益化”与“部门利益法定化”是部门利益的独特实现方式。1999 年《中共中央、国务院关于地方政府机构改革的意见》指出：“政府部门管理体制不适应社会主义市场经济的要求，部门职权利益化的倾向，造成一些部门、地区、行业之间的分割，加剧了部门、行业和地区的保护主义。”西方国家政府部门也存在着部门利益，这些国家政府部门一般借助立法机构中通过争取较大的预算份额；我国政府部门则是通过将“部门职权利益化”的形式来直接获取部门利益。这种利益实现方式的巨大差异，使得西方国家较容易遏止部门利益恶性膨胀。

“部门职权利益化”，就是以狭隘部门团体利益为导向来巩固与争取有利于自己的职责。既然在实践中没有完全落实职权法定的原则，各部门的职权又处于调整之中，于是，许多行政机关的职权带有“自己争取”的色彩。对待有利的职责（如收费权、审批权、处罚权等），就像橄榄球比赛一样，你争我夺；对待利益不大的职责，就像击鼓传花一样唯恐落在自己身上。把从计划经济体制下继承下来的职权认为是自己部门的专有权限，任何人都动不得。这样，公共行政权力就面临着部门私有化的危险。部门职责的扩大与缩小，归根结底是由社会需求决定的。由于社会需求的变化，有的部门职责萎缩了，有的部门职责扩大了；因而，各部门在市场经济发展过程中所获得的利益是不平衡的。社会经济的发展就是一个部门利益结构平衡不断被打破的过程，也是部门利益争相实现最大化的攀比过程。这种相互攀比的机制，使得追求狭隘团体利益的政府部门处于一种“索取性竞争”之中。

“部门利益法定化”是在推行依法行政的新形势下部门利益实现的又一种独特形式。“职权法定”“行为法定”“程序法定”，是依法行政的内在要求。把体现部门利益的职责法定化，就等于为部门利益上了合法化的保险。

条块分割是传统行政管理体制的弊端，又是中国特色的实现部门利益的一种形式。所谓条块分割，就是中央的“条”的专业管理去分割本来属于地方政府在“块”上应有的综合管理。条块是一对矛盾，但“条”是矛盾的主要方面。作为中央部门的“条”凭借什么力量去分割作为地方的“块”呢？靠的是在地方上的部门。在这里，中央部门与相关地方部门是扯不断的线，是剪不断的麻，是一个在纵向上的利益共同体链条。一级政府横向层面的部门利益之争，与纵向层面不同层级政府部门利益联合，是互为犄角的。转型期部门利益是借助早已有之的条块分割体制弊端，作为编织部门利益网络的载体。条块分割保障部门利益，部门利益反过来又巩固了条块分割体制。因此。必须厘清中央与地方职责权限，落实地域化管理为主的原则，探索对专业管理进行再管理的新路子，从而撕破部门利益网络在地方的结点。

（三）推进“部门行政”向“公共行政”转型的制度设计

以弱化部门利益为主线，有针对性地进行制度设计，推进依然具有“部门行政”色彩的行政管理体制向“公共行政”的转变：一是提高部门“三定”（定职责、定机构、定编制）决策的科学化民主化程度，力争做到“职权法定”，杜绝“职权自定”。二是加强对行政立法行为的监督，有效遏制“部门职权利益化”趋向的发展。三是加快公共财政制度建设，隔阻“部门职权利益化”实现的渠道。四是决策与执行合理分开，中断部门利益实现的链条。最后，贯彻依法治国的基本方略，大胆探索有效途径。

1. 提高部门“三定”决策的科学化民主化程度，力争做到“职权法定”，杜绝“职权自定”

国务院各部门与各级地方政府部门的职责是通过“三定”来规范的。为防止部门利益法定化，必须提高“三定”的科学化与民主化，保证专家、公民、政府部门、立法机关、政党都参与的行政改革中部门“三定”决策程序，打破封闭的决策模式。

在继续充分发挥各级编制管理部门作用的基础上，要充分发挥各级人大的监督作用。从长远看，政府各部门职责都必须通过法律来规定。实践表明，专家的介入会增加“以理服人”的因素，是一个集中民智的过程，可借助知识的理性去弱化部门利益的刚性，较为科学地界定部门职责。部门职责界定过程要倾听部门服务对象（公民群体与较低层级政府部门）的意见。以公开民主的决策程序，解决那些长期难以解决民怨日久的不合理部门职责配置问题。

部门之间的相互监督作用不可忽视。那些长期以来存在职责交叉的部门，对彼此机构设置与管理的弊端往往有着比第三者更加深刻的认识，对相关职责的界定有着一定的发言权与监督优势，甚至早已设计出改革对方的预案。中央高层对改革的推动力，以及基层对改革的压力，最终是通过政府部门利益结构的调整这一中介来实现的。政府与社会关系的调整必然引发政府部门利益结构的调整，政府部门利益结构的调整必然引起部门利益的再分配，部门利益的再分配也不可能实现部门间利益的绝对均衡。对于部门之间蕴涵着的有利于改革的势能，要善于开发利用，以提高部门职权界定的科学化和民主化程度。

2. 加强对行政立法行为的监督，遏制“部门职权利益化”趋向的发展

“部门职权利益化”不仅表现为部门职责的界定方面，而且体现在行政立法行为方面。加强对行政立法行为的监督，成为遏制部门利益的重要路径。行政立法行为包括行政立法机关的立法行为和行政机关制订规范性文件的行为。必须从多种途径加强对行政立法行为的有效监督。加强政府立法机关对行政立法行为的前置审查。主要是通过政府法制部门（各级政府的“法制办”）对部门制订行政法规的行为进行前置审查。主要是审查法律规范确立的依据和对法规内容的初审。加强立法机关对行政立法行为的审查。立法机关依据《立法法》和依法行政的法律优先原则对部门的行政立法行为进行审查。建立与健全司法机关对行政立法行为的司法审查制度。可以考虑适时创设“行政公诉制度”。“行政公诉”的主体是检察机关，公诉的对象是行政“作为”与“不作为”，目的是维护“公共利益”。这是加强对行政立法监督的重要举措。

确立行政首脑办事机构（主要是指各级政府办公厅）的综合协调中心地位。加强综合协调中心对各部门行政立法行为的监控力度，加强综合协调中心与政府法制部门协同审查部门行政立法行为的力度，在当前有重大现实意义。权力意志统一的过程是行政中枢克服纵向和横向分权所造成的意志分散的过程。纵向的统一靠建立在一定规章制度之上的强制力来实现，而横向的统一靠相互协调来解决，这种协调又必然包含着一定的斗争。为此，要增强行政中枢在横向协调中的优势，消除部门之间在行政权力扩张过程中对职权、利益、

项目的争夺，消除部门行政法规之间的冲突，维护政令统一。

3. 加快公共财政制度建设，隔阻“部门职权利益化”实现的渠道

“部门职权利益化”与当前我国不尽完善的财政制度是联系在一起的。中国的财政体制仍处于从计划经济大一统财政向社会主义市场经济公共财政的转型时期，与公共财政的要求相比还存在较大的差距。一方面，财政职能定位存在偏差，存在着“越位”与“缺位”的双重现象。另一方面，财政收入与支出管理不规范。从收入来源看，税费并存，税收细目缺乏透明。因此，继续推进财政改革，加快建立公共财政制度成为必然选择。

公共行政要求建立公共财政。要完善预算外收费的管理，严格预算外收入的“收支两条线”。必须割断权力与利益之间的关系。制订各级政府法定支出目录，规范政府投资范围。建设公共财政制度应该积极推行部门预算制，规范政府采购。

4. 决策与执行合理分开，中断部门利益实现的链条

决策与执行适当分开，有助于政府突出功能优势，集中精力制定政策以及研究起草相关法律法规，从而实现政令的统一与决策的公平，并提高执行效率，有助于决策部门相对超脱地监督行政执行。决策与执行合理分开，可以中断部门利益的实现链条，应成为不可或缺的原则。

落实决策与执行相对分开的原则，实现规则的统一，有利于解决法出多门，加大决策层对执行层的监督力度。相似或相同的事情交给一个部门来管理，是权责一致原则的根本要求，但把所有与执行相关的职责都交给一个部门，有时是不现实的，只能在规则制定层次上实现统一。如在道路交通管理，将执行层次的所有相关职责（如规划、设计、建设、路政、运政、车辆、驾驶人、交通安全与路

面秩序维护等）都交给一个部门，当前在世界上没有一个国家能做得到。现实唯一可能的是将涵盖道路交通管理全部要素的道路交通规则制订权交给一个部门来负责，这就是国外发达国家参与道路交通管理的部门虽是多家，却没有出现部门扯皮的制度保障所在。

落实决策与执行相对分开的原则，实现执行的统一，既利于协同执法资源，又利于明确执法责任。如综合执法就是实现执行层次统一好形式。实践表明，对同一管理客体还存在着多头执法、重复执法以及“执法冲突”现象依然存在，而且往往立一个法就多一支执法队伍。经国务院批准，已有若干城市试点“综合执法”。在试点基础上提高“综合执法”专业化水平，选择与创新更加合适的综合执法主体业已提上日程。现在试点中的综合执法主体或是选择行政机关（如北京市城市管理综合执法），或是选择事业单位（如重庆市高速公路管理综合执法）。我们建议，根据决策与执行分开的原则适时创设“法定机构”（或称“执行机构”），作为选择综合执法主体的第三种选择。依法成立、专门承担执法职能、决策与执行分开是法定机构的三大基本要素。创设“法定机构”有助于实现政府的精简、统一、效能。法定机构不在政府职能部门序列，可以由政府直接领导，也可以由职能部门归口管理；有助于将一般的行政机关与法定机构相对区别分类管理，可以建立符合综合执法需要的财政、人事、编制管理制度；有助于强化行政执法责任。法定机构对相关独立的执法业务负全责；既有助于弱化“行政职能的体外循环”（事业单位作为综合执法主体毕竟不是长远之计），又利于执法责任的追究。

行政权力本质上是政治权力。要真正约束行政权力，遏制部门利益，切断部门行政延续的根源，从长远来看，必须按照依法治国的需要优化政治权力结构。我国政府管理体制从“部门行政”向

“公共行政”的转型，从根本上依赖于政治体制改革的深化为之提供保障。

总之，要不断提高公共行政、公共管理、公共服务的本领。随着改革开放和社会主义市场经济的深入发展，社会管理的任务和内容比过去要繁重和复杂得多；各级政府要进一步完善社会管理和公共服务的职能，提高社会管理水平，改善公共服务质量。要推动建立政府调控机制同社会协调机制互联、政府行政功能同社会自治功能互补、政府管理力量同社会调节力量互动的社会管理网络，形成对全社会进行有效覆盖和全面管理的体系。这就是说，面对当前我国社会经济成分、组织形式、就业方式、利益关系和分配方式日益多样化的新形势，面对社会生活中出现的各种错综复杂的新矛盾，面对人民群众希望提供更多廉价、高效、优质公共服务的新要求，我们必须把公共资源更多地向社会治理和公共服务倾斜，国家公务员必须把管理和服务的重点更多转向加强公共行政、公共管理、公共服务上来。

第三节 深化公路管理体制改革的路径分析

十八大以来，中央讲改革笔墨最多的就是行政体制改革、政府转变职能、政府自身建设或者政府管理创新。为此，有必要在研究整合各地公路管理体制改革经验与教训的基础上，依据行政体制改革的基础理论，在理清公路管理体制改革基本路径的基础上，拟定我国公路管理体制改革的整体方案。

一、我国公路管理体制改革中“放”与“收”

改革开放以来，各省（自治区、直辖市）在探索公路管理体制改革的进程中，大都经历过收了放、放了收的反复、曲折的发展过程。这其中，有经验需要总结，也有教训需要吸取。

案例1　“放”——某省公路管理体制改革模式

2002—2003年，某省公路管理体制在省委、省政府的推动下实施改革，改变自1976年以来的条块结合、以条为主、分级负责的管理体制，将原隶属于省公路管理局的各公路分局人财物和公路建设、养护、管理责权下放设区的市政府管理，新成立的设区市公路部门在业务上接受省公路部门的行业管理，对市、县（区）公路部门实行人、财、物垂直管理。

改革的基本原则是：“三下放，两不变，一分成”。“三下放”，即公路分局人、财、物整体下放，公路建设、养护管理责权下放，公路建设既有债务下放。“两不变”，即交通稽征体制维持不变，高速公路建设管理体制维持不变。“一分成”，即公路规费按确定的比例分成用于公路建设、管理、养护及还贷等。

改革后的公路管理体制为：原省管养的国、省道公路和省养的县道下放给各设区市负责建设、改造、养护大中修和管理，各地市公路部门（公路分局）及其所辖公路段和直属单位在保持原行政级别、机构设置、人员编制的基础上，成建制下放给各设区市人民政府管理，业务上接受省公路部门的行业管理。

改革后，省公路建设的债务迅速膨胀。为此，根据省政府的要求，省交通运输厅继续为各地新建项目进行贷款担保；2005年又将体制改革时下放债务的80%，即30亿元上收，由省交通运输厅承担。这一变化表明，作为该省“改革基本原则”的“三下放”缺乏坚实的经济基础。

从市场的角度来看，改革的效果也不能令人满意。某市组建了公路建设投资公司和建设工程公司，实行建、管、养分离，但是公路建设的速度不是快了，而是慢了，许多应该开工的项目没有开工。2005 年 11 月，市委、市政府对交通管理体制再次进行新的改革，该市甚至设计了大交通的改革方案。在实施进程中遇到一些难以逾越的障碍，根本原因是囿于一个地级市的局限。在全省、全国尚没有实行大交通体制的情况下，想在一个地级市实现大交通管理体制的突破是不现实的。况且，公共行政发展的大趋势是扁平化。中央业已明确指出，行政管理体制改革过程中，要减少行政层级。在新的行政生态环境中，公路管理体制改革已经不宜再强调地级市的中心地位。

该省的改革表明，目前一些省（自治区、直辖市）实行的条块结合、以块为主的公路管理体制存在较大的问题。问题的根源是，将统一的路网进行部门分割、地区分割，强化了与计划经济相适应的部门行政体制，阻碍了与市场经济相适应的公共行政的发展。

案例 2 “收”—— 某省公路管理体制改革模式

我们在调研过程中，经常听到的一种意见就是：建立以条为主的垂直管理体制势在必行。有的省交通运输厅明确提出，要将国、省道的建设管理及全省的运输管理统一起来，强化国省道的养护和路政管理，强化运输市场的整治，为由微观管理转向行业管理创造条件。

某省所经历的从省集中统一管理到下放地方管理，再到集中由省统一管理的艰难而又曲折的历程，可以视为“收”的公路管理体制改革模式之代表。

1997 年 8 月，省政府下达《关于改进公路管理体制的通知》，将下放到地、州、市管理才 3 年多的 9 个地区公路养护总段，再次改变隶属关系，成建制地划转省交通运输厅直接领导和管理。同时将省公路管理局升格为副厅级的事业单位，具体履行对全省公路进行管理和监督的职能。省公路管理体制从“条块结合、以块为主”又一次转变为“条块结合、以条为主”的管理模式，但是，2005 年又新设了高等级公路管理局（这在全国是相当普遍的做法），实际上已经不是严格意义上的统一管理。

2005 年下半年，省提出了《实现“四分开”，建立交通建设管理新体制的基本方案》，即按照投资、建设、管理、使用四分开的原则，对省高速公路开发总公司进行改制，把投资、建设和管理分开，在省交通运输厅的监管下，分别由不同的独立法人机构行使相应的职能，形成高速公路和二级以上收费公路在投融资、征地拆迁、建设和管理 4 个方面各自独立的体制。

该省的改革表明，“条条管理”或者“条块结合、以条为主”的管理模式也不能真正有效地解决好公路管理体制问题。把投资、建设、管理、使用“彻底分开”的观点，使管理机构臃肿，管理效能低下，具有颇浓重的部门行政色彩。即使“三权分立”的发达国家，在公路管理方面也不强调投资、建设、管理、使用“彻底分开”，而是奉行公共行政与公共管理。

在调研中，我们深切地感受到，一些省的交通主管部门一方面主张推行大交通体制，希望能将相关职能划归交通部门管理；另一方面，却自觉不自觉地在自己管辖的范围内重复设置新机构（如设置高速公路管理局），以为有利于省厅一级的管理，实际结果则是造成交通领域中新的部门分割，制造新的体制性矛盾。这种倾向应引起足够的注意。

综上所述，“以条为主”和“以块为主”是我国公路现行管理体制的两种基本模式，很多省（自治区、直辖市）经历过或正在经历“收”和“放”的选择。一个值得重视和反思的规律性现象就是，一放就乱，一收（统）就死。根本原因在于，以往的公路管理体制改革过程中，不论是“放”还是“收”，都没有从本质上摆脱与计划经济相适应的部门行政管理模式，没有真正建立起公路公共行政体制。

“公共行政”体制与“部门行政”体制，是两种不同类型的政府管理制度。公共行政体制指适应市场经济要求的，行使公共权力、管理公共事务、提供公共产品与公共服务、满足社会公共需求的政府管理制度与组织体系。公共行政体制的实质在于其公共性、公正性与服务性。

多年的改革实践表明，我们必须关注的重点应该是：“打破部门行政，实行公共行政”。

前面分析过，部门行政作为与计划经济相适应的政府管理体制，在社会主义市场经济体制建立的过程中，仍会利用制度漏洞重新获得资源，顽强存在。能否弱化部门行政，关键取决于弱化部门行政赖以存在的物质基础——部门利益。

建立社会主义公共行政体制的基本任务，是要建立适应社会主义市场经济体制与构建社会主义和谐社会要求、与社会主义民主政治制度相配套，决策科学、权责对等、分工合理、执行顺畅、监督有力的社会主义公共行政体制，实现政府职能向创造良好的发展环境、提供优质高效的公共服务、维护社会公平正义的根本转变，实现政府机构设置和运行机制向综合化、科学化、规范化、法定化的根本转变，实现政府管理与服务方式向以人为本、便民高效、程序规范、公开透明的根本转变。

公路管理体制改革的核心是从“部门行政”向“公共行政”转型。中国公路管理体制改革的根本任务即是要尽一切努力弱化“部门行政”，基本目标即是建立公路“公共行政”管理体制。

二、公路公共行政体制的国际经验

1998 年 3 月，刚刚履职的朱镕基总理在国务院第一次全体会议上即提出“道路交通管理体制改革”议题，其核心内容写进经国务院批准的《交通部职能配置、内设机构和人员编制规定》（国办发〔1998〕67 号）：“道路交通管理体制维持现状，待下一步进行深入调查后，作为专题，研究管理体制的改革与职责分工。”

国家行政学院受交通部党组委托，于 1998 年成立了“中国道路交通管理改革研究”课题组，本书作者之一王伟教授担任组长。3 年中，我们前往约 20 个省（自治区、直辖市）进行调查研究；与交通部和公安部主管道路交通工作的负责同志进行过多次访谈，当面听取十余位省、自治区、直辖市政府的主要领导或主管领导的意见。此外，还前往英国、德国、美国进行考察。2001 年 8 月，我们完成了研究报告《中国道路交通管理体制改革研究及建议方案》。

以下节录我们当年撰写的关于英国、德国、美国的研究报告，从中可以借鉴三国建立公路“公共行政”体制的做法与经验。

（一）英德两国道路交通管理体制考察报告

2000 年 1 月 13 日至 1 月 31 日，我们对英国、德国的道路交通管理体制进行了为期 18 天的考察。在英国，访问了英国环境、运输和地区事务部（Department of the Environment，Transport and the Regions，简称运输部），运输部下属的公路总局（Highway Agency-Central）及其设在伯明翰市的中区分局（Highway Agency-Midlands），伯明翰地区的交通警察机构——“警察控制办公室”（Police Control Office）；在德国，访问了运输、建设和住房部（Bundesministerium f · r Verkenhr，Bau-und Wohnungswesen，简称运输部），设在法兰克福市的德国汽车联合会（Automobilclub von Deutschland），法兰克福市秩序局（Ordnungsamtes-Stadt Frankfurt am Main）及其下属的法兰克福市交通管制中心（Abteilungsleiter StraBenverkehr）、法兰克福市车辆管理所（Zulassungsstelle f · l Kraftfahrzeuge）等部门，听取了有

关人员的介绍，参观了有关交通管理的工程技术设施、计算机控制系统和信息管理系统。

出发前，为提高此次考察活动的质量，我们利用手头现有的资料和国际互联网查阅了国外道路交通管理的有关情况。此外，对国内道路交通管理现状，课题组已进行了大量调查，有了充分了解。尽管如此，考察活动结束后，我们获得一个基本的结论：尽管国外发达国家与我国存在着国情差异，但的确国外的道路交通管理体制和管理水平已经远远走在了我们前面，其管理体制的科学、执法体系的健全、管理手段的先进、计算机技术的普遍应用，都是我们在考察前没有想象到的。发达国家现在实施的道路交通管理体制有可能成为我国道路交通管理体制改革的参考目标。

1. 英国、德国道路交通管理机构的基本现状

（1）英国

英国现行的交通管理主要由英国环境、运输和地方事务部（Department of the Environment，Transport and the Regions，以下简称运输部）负责。在近年来的政府行政改革中，英国普遍实行了“大部制”机构模式，将业务相近或相关性强的部门尽可能进行合并，以利于部门之间的沟通协调和政府资源的有效利用。该部就是由以前的环境保护、交通运输管理以及地方事务三个部合并组成的，因为目前公路、汽车的发展与环境保护、地方经济和社会发展已经息息相关，密不可分。该部2000年的年度报告提出，政府现行的道路运输与交通政策就是要“保证现有的公路、汽车在‘整体运输战略’（integrated transport strategy）中发挥更大的作用，从而有效推动经济发展、保护环境以及改善人类的生存质量。”例如，交通状况、运输方式、汽车性能、公路网布局，对环境都有很大影响；公路建设、运输事业发展对地方经济发展也起着极大的促进作用，这与我国流

行的“要想富先修路”这句口头禅有着异曲同工之处。

“大部制”改革以后，政府行政管理体制的架构有了较大改变，主要体现在实行“决策—执行”相分离的行政管理体制。1988 年，英国政府进行了旨在改善政府管理的“下一步行动”（the Next Steps）的行政改革措施，这一改革的主要内容就是在各内阁部之外设立若干“执行局”（Executive Agencies），专司行政执行职能，负责向社会提供高质量的服务。目前，运输部内部只保留一些核心部门（称之为 Central Transport Group），负责有关道路交通的政策制订、政策执行监督以及财政资助等事务，这些部门的人员编制一般比较精干。有关交通运输方面的具体事务，大都通过下面的“执行局”和非政府部门的“公共团体”（Non-departmental public bodies）来完成。该部现有这类“执行局”和“公共团体”20 余个，其中道路交通运输方面的“执行局”就有 5 个，见表 3-1。英国干线公路管理机构设置如图 3-1 所示。

执行局主要职责　　表 3-1

执　行　局	主 要 职 责
公路局 Highway Agency	高速公路和干线公路设施及其交通的管理、运营和改善等
驾驶标准局 Driving Standards Agency	驾驶标准制订、驾驶人考试、驾驶人教练登记注册、驾驶人培训的监督等
驾驶人和车辆许可局 Driving and Vehicle Licensing Agency	驾驶执照发放、车辆许可登记、车辆税征收等
车辆认证局 Vehicle Certification Agency	按照欧共体制订的车辆安全、环保标准，为汽车生产厂商提供认证服务等
车辆检测局 Vehicle Inspectorate	车辆的法定检测、路边或定点检测、特殊检测、调查车辆事故和故障

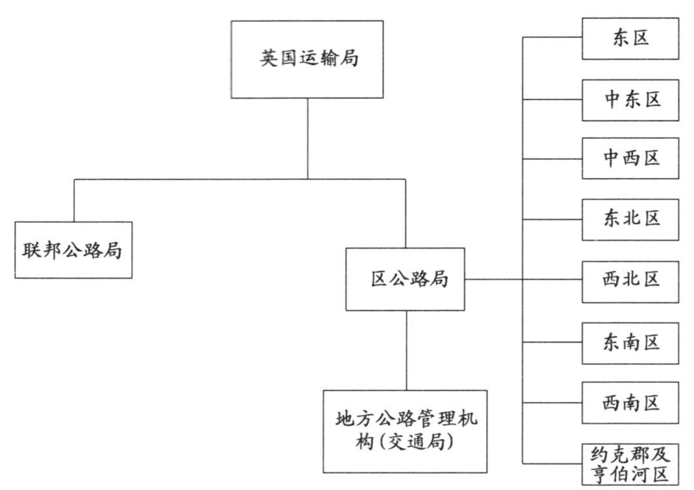

图 3-1　英国干线公路管理机构设置

需要说明的是，“执行局”本身仍属于政府部门，其雇员保留公务员身份，执行公务员工资标准，但资金来源却不完全由政府财政来提供。例如，在运输部的“执行局”中，除公路局的资金全部由政府财政提供外，其他几个“局”的资金来源，除政府拨付一定的财政资金外，部分资金来自于服务收费，而且财政资金所占比例将越来越少，有些“局”甚至完全取消，如车辆检测局。

（2）德国

与英国的“大部制”改革相类似，德国目前也将原来的联邦运输部与联邦土地规划和建设部、联邦房屋部合并为一个部（简称运输部），目的在于将公路建设、管理与土地规划、建筑设计有效地结合起来，避免职责交叉，有利于沟通协调和政府资源的有效使用。该部在运输方面的主要职责是管理全国整个运输行业（包括铁路、公路、水路、航空）。由于德国是由 16 个州组成的联邦制国家，联邦运输部主要负责运输、交通方面的法律政策制定和监督执行，具体管理工作一般通过“委托合同”的方式由各个州政府来执行。例如，依照联邦基本法规定，联邦是联邦长途公路（包括联邦高速公路和联邦公路）的所有者和建设、养护费用的承担者，联邦拥有这方面的立法权；另一方面，各州拥有自己的州级公路、县市级公路、乡镇公路以及农用经济道路的立法权。正如联邦批准通过的联邦长途公路法一样，所有州都制订有自己的州公路法。但是，依照联邦的“委托合同”，各个州实际承担联邦长途公路的行政管理任务。各公路等级的所有权、建设责任承担者和管理者的分配情况见表3-2。

各等级公路所有权及建设和养护费用分配情况 表3-2

<table>
<tr><th rowspan="2">公路等级</th><th colspan="2">所有权及建设和养护费用承担者</th><th colspan="2">行政管理者</th></tr>
<tr><th>不穿过人口密集点的公路区段</th><th>穿过人口密集点的公路区段</th><th>不穿过人口密集点的公路区段</th><th>穿过人口密集点的公路区段</th></tr>
<tr><td>联邦高速公路</td><td rowspan="3">联邦</td><td>—</td><td rowspan="3">州根据联邦的合同进行行政管理</td><td>—</td></tr>
<tr><td rowspan="2">联邦公路</td><td>居住人口少于8万所有权属联邦并联邦承担建设养护费用</td><td>居住人口少于8万由州进行行政管理</td></tr>
<tr><td>居住人口多于8万所有权属乡镇并由乡镇承担建设养护费用</td><td>居住人口多于8万由乡镇进行行政管理</td></tr>
<tr><td rowspan="2">州级公路</td><td rowspan="2">州</td><td>居住人口少于3万所有权属州并由州承担建设养护费用</td><td rowspan="2">州</td><td>居住人口少于3万由州进行行政管理</td></tr>
<tr><td>居住人口多于3万所有权属乡镇并由乡镇承担建设养护费用</td><td>居住人口多于3万由乡镇进行行政管理</td></tr>
<tr><td rowspan="2">县市级公路</td><td rowspan="2">县市</td><td>居住人口少于3万所有权属县市并由县市承担建设养护费用</td><td rowspan="2">县市根据州的合同进行行政管理</td><td>居住人口少于3万由县市进行行政管理</td></tr>
<tr><td>居住人口多于3万所有权属乡镇并由乡镇承担建设养护费用</td><td>居住人口多于3万由乡镇进行行政管理</td></tr>
<tr><td>乡镇级公路</td><td colspan="2">乡镇</td><td colspan="2">乡镇</td></tr>
</table>

根据各州的法律对居住人口界限的规定是不同的，表3-2中所

给出的数据只是例子。

同样，对于道路交通管制、驾驶人考试和驾照发放、车辆检测等事务，联邦运输部门一般只负责有关政策和技术标准的制订以及监督这些标准的执行，保证这些标准在全国乃至整个欧盟达到一致。具体的行政管理、行政机构的设置和职责配置，一般也由各州和各地方政府自己决定。如黑森州的法兰克福市，城市交通指挥（主要通过交通规则和信号灯控制）、车辆登记和车牌发放、驾驶人考试和驾照发放、交通违章处罚等，主要由该市秩序局负责。秩序局顾名思义，主要负责维护城市“秩序”，其职责非常广泛，除上述涉及道路交通管理的工作外，还负责企业登记注册、枪支管制、危险品运输许可、游行聚会许可、红灯区管制、失物招领、难民安置、外国人管理、各种违章罚款等。

此外，在德国许多技术性工作委托给半官方的工业协会和民间机构来承担，这些机构既承担政府委托的事务，又向企业和社会提供服务，资金来源也是多渠道的。如车辆检测就是由德国技术检测协会（TüV）来管理，而具体的检测工作又是由经过该协会许可的企业承担的；法兰克福市公共交通控制中心原来也属于政府部门，现在也由一家私营机构来管理。

2. 运输部门与警察部门在道路交通管理方面的职责分工

针对我国道路交通管理体制的现状，我们这次考察活动对英德两国政府运输部门与警察部门在道路交通管理方面的职责分工尤为关注。但有趣的是，我们接触的所有部门（包括警察部门），都不认为在他们那里存在着职责交叉扯皮问题。在他们看来，两个部门职责分工非常明确，有工作上的配合，但很少有扯皮情况。

（1）英国

英国作为单一制国家，主管警察事务的最高行政当局是英国内务部，内务部下设警察总局，但警察总局并不负责交通管理。交通警察的主管部门是“警官协会”（the Association of Chief Police Officers），该协会是全国性的警察组织，成员包括全国各地的警察机构。协会下设交通委员会，专门负责交通执法工作。目前，全国范围内共设有32个“警察控制办公室”（Police Control Offices），隶属于地方政府，专门负责国家高速公路和干线公路网的交通巡逻和交通执法工作。地方公路交通由地方政府负责管理，地方警察负责交通执法。

总体来讲，在道路交通管理方面，运输部门与警察部门职责分工明确，彼此相互配合。

其一，以《道路交通法》（Road Traffic Act 1988）为龙头法的道路交通法律法规主要是由运输部负责起草，再征求“警官协会”、内务部等部门的意见，最后提交议会通过的，有关道路交通法的实施细则以及相关政策也是由运输部发布的。警察部门只是负责执行法规并制订执法手册，并没有这方面的立法权。警察部门的意见可以通过两个部门的联席会议或其上级主管反映到运输部门。

其二，车辆管理、驾驶人管理由运输部门负责，警察只负责道路交通安全方面的执法。换句话讲，出现在公路上的执法人员只有交通警察，主要行使“现场”执法权。在“现场”，警察执法的范围非常广，除主要执行道路交通有关法律法规外，还要执行医疗救助、保险等有关法律法规，但执法手段一般只局限于“盘问”“检查”“追逃”“拘押”“记录”“移交”等事项。至于事故的裁定结果许多也不是由警察部门做出的，如医疗救助、保险索赔、机械事故调查等事项，都是由有关部门或法院根据相关法律做出裁定结果。

上述两点，体现了在道路交通管理方面的法律程序上，“立法—执法—实施—裁定”各个环节的有机衔接和恰当分离，各部门职责分工非常明确。

其三，随着计算机自动控制系统的不断发展和完善，公路管理部门对道路交通安全的参与程度越来越广泛和深入。过去交通执法很大程度上依赖于交警执法，信号、标牌是固定的，警察操作起来很方便，现在情况发生了变化：公路管理部门依靠高科技优势承担了大量交通技术设施提供、交通流量控制、交通状况预测、交通数据采集等战略性任务，而交警主要执行纠正违章、限速、恶劣环境下的交通管制以及少量的公路巡逻等战术性任务。公路管理部门与交警共同承担了道路交通安全管理任务，交警只是其中的一部分而不是全部。在伯明翰地区，我们参观了一个“警察控制办公室”，据他们介绍，这里的计算机控制系统就是公路管理部门提供的，警察只负责使用和维护。目前公路管理部门还准备建立两家全国性的“交通控制中心”（之所以建两家，一是考虑地区因素，二是考虑竞争因素），建设覆盖全国的计算机交通控制网络，并与现有的各个“警察控制办公室”的控制系统对接联网，从而为公路使用者提供更好的服务。可见，就路面的交通控制而言，在英国也是通过两家协作来完成的。

（2）德国

德国的情况与英国类似，联邦内务部是主管警察的最高机构，但在联邦并没有交通警察。交警属于各个州，由各个州政府管理。目前，德国的交通警察只负责联邦高速公路、联邦公路、州级公路的交通执法。按照德国有关官员的介绍，有关交通方面的法律法规、政策制订、政策监督等事务，都是由运输部制订的，警察在公路上的职责主要是作为“现场客观情况的记录者”来执行这些规定，内容不仅仅包括交通违章处理、限速等，还包括保险、路产损坏、救护的登记，一般性的交通事故都由当事人和保险公司自行处理，有人员伤亡的事故，交警除记录事故现场外，也并不对事故责任和赔偿做出决定，这些都由法庭来解决；除非交通设施出现故障影响到交通正常通行，否则交警也不上路指挥交通。

此外，德国许多城市不设立警察局，警察由州政府管。城市道路交通执法不由警察部门负责，而由其他部门负责。例如黑森州的法兰克福市，就是由该市秩序局负责的。正如前面提到的，法兰克福市道路交通管理方面的几乎所有事项，都由该局来负责。该局还设有一支负责安全的综合执法队伍，专门负责城市街道监视、违章停车、追查非法移民等事项。警察一般只负责刑事案件以及涉及人身财产安全、毒品交易等案件，在其他场合下，只有出现危险情况警察才会出现。在谈到这一问题时，法兰克福市秩序局门泽局长还风趣地说："一般在我们不在的时候，警察可以随时处理出现的事故，因为我们不是一天24小时都上班的。"

（二）美国道路交通管理体制考察报告

2000年8月13~28日，我们对美国道路交通管理体制进行了为期15天的考察。在考察活动中，我们访问了美国交通安全委员会、美国交通部所属的联邦公路局、国家公路交通安全局、联邦商用车辆安全局、美国车辆管理者协会、新泽西州车辆服务局、纽约州机动车辆管理厅纽约地区办公室、加州机动车辆管理厅、纽约市交通厅的交通管理中心、纽约市警察局的交通执法部门等部门，听取了有关人员的介绍，参观了道路交通管理设施。

美国是当前车辆最多、道路最长、道路交通管理特别是道路交通安全管理任务相对最重的国家，但是美国合理的道路交通管理体制的协调运转、道路安全管理的有效程度、科学行政与依法行政的协同程度、政府与社会民间部门的合作机制给我们留下了深刻的印象。尽管中美两国的国情各异，但道路交通管理的内在规律存在着相似性，所以，正确认识美国道路交通管理体制的合理性，对进一步理顺我国的道路交通管理体制，降低交通事故，提高道路使用效益有积极的借鉴价值。

1. 美国道路交通管理体制及职责分工

美国是实行三权分立的联邦制国家。在联邦政府层次，总统、国会与最高法院相互分权与制衡。国会拥有最高立法权、总统拥有最高行政权、最高法院拥有最高司法权。国会中 5 个常设委员会负责交通运输方面的法律；总统通过行政权力推行国会制定的交通方面的法律；最高法院对国会与总统的决策进行司法审查。

美国联邦政府由总统办事机构、内阁部以及独立机构三部分组成。总统办事机构（9 个）是总统的直属参谋机构，内阁部（14 个）是政府的职能部门，独立机构（60 个）是根据国会的“授权法案”为某一专门目的而建立的行政组织，直接对总统负责。美国交通部是 14 个内阁部之一，是联邦政府道路、水路、铁路、航运等多种交通运输方式的主管部门。国家交通安全委员会是对总统负责的专司交通安全事故调查的重要独立机构。

美国现有公路里程 634.05 万公里，其中州际高速公路 7.456 万公里，国家级高级公路 18.23 万公里，上述两种道路基本构架了当代美国高速公路的干线网络。地方公路 602.4 万公里。全国共有客货运输车辆 2.16 亿辆。其中，小汽车 1.36 亿辆，每年行驶 2.42 亿车公里；轻型卡车 6900 万辆，每年行驶 1.13 亿车公里；货运汽车 700 万辆，大客车 70 万辆。

（1）美国交通运输部门是道路交通管理的主管部门

美国在国家一级设有交通部，各州有交通厅（以及车辆管理局），各市县设有交通局。交通部门的只要主要职责是：运输基础设施规划、产业政策、市场准入、运输行业管理、公路设施管理、交通安全、车辆管理（包括新车认证、车辆注册、发牌发证、车辆检测）、驾驶人管理（包括驾驶人考试、驾驶标准、驾照发放）、驾培行业管理、交通监控、交通信号、道路标志标线管理。

美国的道路交通在20世纪60年代末由分散管理模式转为集中管理模式。1966年10月美国国会通过了交通部法案（Department of Transportation Act），将原来管理交通运输事务的8个管理机构并于交通部，自此，美国的交通集中管理模式代替了分散管理模式。美国运输部采取典型的大部制结构，以适应管理大交通与综合运输的需要。当前，交通部有内设职能部门11个，美国海岸警备队、联邦航空管理局、联邦公路局、国家道路交通安全局、联邦铁路管理局、城市公共交通管理局、航运管理局、圣劳伦斯河水道开发公司、研究与特别项目管理局、交通统计局、联邦机动商用车安全局。其主要的工作职责是，制订交通运输政策，确保交通安全，并负责制订对各种交通运输方式的扶持政策。其中联邦公路局、国家公路交通安全管理局、联邦机动商用车安全管理局3个部门负有道路交通安全的管理职责。

美国交通部依法对道路交通进行全面管理。《联邦资助公路法》《机动车运输法》《国家交通和汽车安全法》《国家公路安全法》等法律是其主要管理依据。相对于州和地方政府而言，联邦交通部主要是通过决策（特别是制订安全法规与强制性的汽车制造及道路建设技术标准）与财政控制的方式来实施对道路交通管理；具体的执行与执法可以通过直属交通部的地区办公室（field office）、州政府交通和车辆管理部门以及警察来具体执行。如在道路建设方面，美国采取的是联邦政府提供补助，州政府公路部门具体规划、设计、建设、养护的政策。州与地方政府须同时出具配套资金，且以报销的形式，才能获得专款专用的联邦公路补助。管理联邦资助公路项目是联邦公路局最重要的一项职能。再如在道路交通安全管理方面，国家公路交通安全局地区办公室与州交通厅合作，推动落实联邦汽车技术标准，当然，推动的中介是交通部发放的定向安全补助。

美国的车辆管理权与驾驶人管理权集中在联邦交通部和州政府交通部门两极。美国交通部制订商用车（营运车辆）的车辆管理与驾驶人管理规范。各州的交通厅或机动车管理厅依照国会制订的法律、交通部的要求、州法律对机动车辆和驾驶人进行统一管理。交通厅或机动车管理厅负责建立车辆与驾驶人管理信息系统，由交通部门与警察部门共用，并作为两家执法的技术支持。由于各州的相关法律条款不尽一致，车辆管理与驾驶人管理的规定也不尽一致，由美国机动车管理者协会对此加以协调。

新泽西州的交通厅负责标志、标线的管理，而交通厅归口管理的机动车管理局（Motor Vehicle Agency）具体负责车辆检测、车辆注册、驾驶人考试、发牌发证。机动车管理局在州内居民集中的地区设立4个地区办公室，突出“顾客至上”的服务宗旨。车辆管理局不是州政府的职能部门，而是由州政府交通厅归口管理的执行机构（Agency），专门从事技术性较强车辆检测和发牌发证、驾驶人考试等执行性工作；该机构实行“收支两条线”，财政由预算拨款；但车辆检测站这种日常检测的具体技术性、事务性的工作承包给私营部门，同时联合地方警察对小汽车进行抽查，联合州警察对大卡车进行不定期抽查。

纽约州机动车管理局也是与州交通厅平行的州政府职能部门。交通厅管路，机动车管理厅管人、管车。机动车管理厅在人口稠密的地区建立地区办公室，负责车辆注册、发牌发证、驾驶人考试、颁发执照、建立与警察共用的车辆与驾驶人信息管理系统。对驾驶人的违章驾驶采取记分制度。警察路面执法时将驾驶人的违章情况随时输入管理信息系统，到一定记分累积，该系统自动吊销驾照。机动车辆若用于商业目的，须首先取得州交通厅的许可，才能到机动车管理厅领取商用车辆驾照（Business License）；而且，领取商用车辆驾照时，必须先领取普通驾照。

加利福尼亚州机动车管理局不仅负责车辆注册、发牌发证、驾驶人考试、颁发执照、管理标志、标线，而且还为顾客提供“一揽子”服务，负责收取与车辆有关的税费；同时对职业驾校进行行业管理。除公立与私立高校外，经加利福尼亚州机动车管理厅批准的职业驾校也可以提供驾驶人培训服务，并要接受行业管理部门的评估。职业驾校的教练在得到该机构的许可后，每 3 年还要接受一次资格考试。教练车每隔 6 个月需接受一次检测。加利福尼亚州机动车管理厅及时将应该吊销驾照的通告邮寄给驾驶人本人，本人必须停止使用已吊销的驾照，否则，一旦发现，将强行扣押车辆，并予以售出。

交通监控、交通信号、道路标志标线的建设、规划与管理职责是市政府交通局的主要职责。美国主要是一个城市国家，而城市的交通管理任务更加繁重。城市的交通部门充分利用现代化的监视、探测与计算机控制方法，利用信号指挥交通，而不是通过人工来指挥交通。城市的道路交通秩序维护、交通事故处理一般由交通部门与警察部门协作完成。

（2）美国的警察部门是道路交通管理的参与协作部门

这种参与协作主要体现在三个方面：其一，美国的警察部门不制订道路交通管理法规，是较为纯粹的现场执法部门。每一级的政府都有自己的警察。州警察中的公路巡警是一种综合执法队伍，地方政府的警察也有专门参与道路交通管理的类别。如纽约市交通警察约 4000 人，占全市警察的 10% 左右。其二，美国交通运输部门与车辆管理部门的车辆管理、驾驶人管理以及相关的行政执法，离不开警察部门的协助，而且，具有强大执法权威的警察是提高现场执法力度的一支重要力量。其三，交通部门负责建设、管理信息系统，并有接口提供给警察部门使用，是警察参与道路交通管理的重要条件。

2. 美国道路交通安全管理体制及职责分工

美国道路交通安全管理体制具有“多而不乱”的特点。“多”是指围绕道路交通安全而构建的组织机构多，即针对道路交通安全的内在客观需求，建立不同类型的安全管理组织。“不乱”是指职责不乱，协调不乱，执行不乱。

（1）直属总统的独立机构：美国交通安全委员会

其主要职责是调查重大交通安全事故的原因，通过科学性的技术分析与鉴定，向总统或有关部门提出改善交通安全的建议。其突出的贡献是通过科学性的鉴定，明确出现交通安全的原因所在，其结论具有仲裁的性质；明确交通工具、驾驶人、道路设施、生产厂家、政府管理部门各要素在导致交通事故中的责任，从而提出对策建议。这种对策建议通过总统的行政权威、立法机构的立法推动、运输部的行政规章（授权立法）、警察部门的严格执法，而发挥直接的作用。该组织不直接制定交通安全规则，但它直属总统，因而具有强大的权威性。该组织不具有行政协调性质，但具有明显的科学鉴定的咨询性质，是总统与国会做出交通安全方面科学决策的重要组织基础。

（2）美国交通部国家公路道路交通安全署

该组织主要从汽车技术标准的角度制订汽车安全标准。最基本的有 52 项基本标准。这属各汽车工业必需遵守的强制性安全标准。如果发现违背基本的汽车安全标准，则强令全部收回厂家。值得一提的是这些技术标准都是以规章的形式发布，因此具有较强的约束力。

（3）美国交通部公路署

该组织统一规划全国公路发展，并从道路设施安全性能的角度，制订道路交通安全规定，并通过分配公路资助等财政与法律手段，推动州政府来加以落实。

（4）联邦机动商用车安全署

美国交通部1992年新设立联邦机动商用车安全署（Federal Motor Carrier Safety Administration），专门制定载质量在1万磅以上的商用卡车与载客16人以上公共汽车的安全规则，在严格驾驶证管理的基础上（有3次严重违法，则吊销执照），还建立了一套严格的职业证书培训制度，从而加强对商用车辆的管理。同时，该机构在每个州设立办公室，交通部交通检查员可以通过路上抽查的形式来监督执行情况，如管理对象不服，可求助于警察协助执法。

（5）州政府的交通厅与机动车管理部门

道路交通安全管理中有关对车辆与驾驶人管理的职责主要通过州政府的交通厅车辆管理部门（或机动车管理厅）来实施。在联邦政府交通部只有商用车辆管理的专门机构，对普通车辆与驾驶人没有实行统一管理，而是由各州负责，带来的问题是对各州的车辆和驾驶人的管理缺乏协调及指导，因此美国各州的车辆管理机构共同组成了美国机动车管理协会（American Association of Motor Administrators），由该协会来协调州政府对车辆与驾驶人的管理。

（6）警察部门

利用警察的执法权威，来协助交通部门维护交通秩序、纠正交通违章、处理交通事故。

3. 美国道路交通管理与交通安全管理体制的特点

（1）依法行政与科学行政高度统一

行政管理即需要法律管理又需要科学管理。行政管理的法律性与科学性存在双重依赖的关系。科学管理的原则和方法，如果不通过法治化，则无法取得国家强制力的保障，也就形不成普遍遵守的规范，这是科学管理对法律管理的依赖性。同时，行政管理的内容必须符合科学管理的原则与方法，必须符合客观发展规律。否则，法律的规定就会在实践中难以通行。这是行政法律管理对科学管理的依赖性。简言之，行政管理只有“合理合法”才能办好。“理”就是科学，“法”就是法律。“合理”不“合法”，不能保久远；合法不合理，实践上行不通。只有合理又合法，才能畅通无阻。

美国的道路交通管理始终贯彻着依法行政这条主线，但这种依法行政是建立在高度科学行政的基础之上的。其突出表现有以下4点：

①管理模式比较科学。从分散管理走向集中管理是历史的选择，是道路交通各要素相互作用本质属性与内在规律的一种反映，比较符合管理的统一性原则。

②职责划分比较科学。将道路交通管理的内在属性定义为经济技术属性，将道路交通运输部门作为道路交通管理的主管部门，将道路交通的各项管理内容与不同管理主体的组织特性、管理特长相适应，将道路交通管理中的行政执法部分、民事部分、刑事部分做合理划分，将决策与执行做适当划分；道路交通安全归口交通主管、车辆管理与驾驶人管理权限服从服务于交通安全主管权限归属。实践表明，许多发达国家的这种职责划分是正确的。

③专家行政。技术专家甚至是科学家、管理专家、法律专家，构成了道路交通管理部门公务员的绝大部分。大批的专家推动了现代科学技术在道路交通管理中的运用。

④管理主体与管理对象之间没有利益冲突关系。部门职能的增

减与部门利益的多少没有直接关系。预算法定、收支两条线是实现职能法定而不是职能自定的一个重要物质条件。

（2）对道路交通安全管理内在属性的认识与管理方式已发生根本转变

交通安全管理在本质上是一项综合管理，这种本质要求国家统一立法，部门合理分工。国家立法的目的就是把涉及交通安全的各个环节所应负的职责给予总体的划定，并从国家立法的角度对各部门所应承担的责任进行总体的协调。然后根据各部门的组织特点与管理优势，确定所承担的具体职责。

换言之，交通安全是国家的职责。随着社会经济的发展与机动车辆的迅速增加，人们越来越关心人员与货物流动的安全与快捷，在某种程度上，交通安全是最大的人权。确保交通安全是国家的一项重要职责，而且，交通安全首先是中央政府的职责，其次才是地方政府的职责。因为，交通安全首先是全国性公共物品，它对每一个国家公民都同等重要。因此，出台的交通安全法只能是中央政府的立法机构，如果是委托起草，也只能是与道路交通安全有关的管理部门共同起草。

在中央立法的统一规划之下，各职能部门分别承担法定的安全职责。如上所述，美国总统的执行机构国家交通安全委员会、运输部的三个内设机构、警察部门、非政府部门机动车管理协会，具体承担道路交通安全的相关职责。其职责分工的基本特点是，国会制定道路交通安全法，道路交通管理部门负责经济技术领域的管理，警察部门负责现场执法。美国交通部负责制定并发布规章制度和技术标准，并负责经济技术方面的管理，如负责道路养护管理、清除路障、设立标志标线、车辆检测、核发牌照、归口管理驾驶人培训管理；美国警察部门根据立法机构制定的法律、交通部门颁布的规章制度和技术标准进行监督检查，负责交通指挥，疏导车辆，维持交通秩序和处理交通事故。

伴随着道路交通安全观念与交通安全管理方式发生了变化，道路交通安全管理主体发生了变化。

在以马与马车为交通工具的时代，国外所有的“交通”管理以及随之而来的事故处理划入了警察的职责范围，汽车的出现更强化了警察的作用。在道路交通设施与车辆安全防护措施落后、混合交通普遍存在的时代，“人的行为”是诱发交通事故的主要因素。而用强制手段去纠正人的违章行为恰好是警察的优势，因此，警察部门执法的强制性奠定了其在道路交通安全管理中的主体地位。美国从20世纪初至60年代，由警察部门负责的道路交通安全发挥了极高的管理效能。道路交通死亡人数每年仅为三四万人。在机动车大量增加的情况下，1961年的死亡人数（38091人）甚至比1937年的交通死亡人数（39643人）还少。

但随着车辆的持续不断增加，车速的不断提高，道路的不断拥挤，交通事故的主要诱发因素已从“人的行为”这个单一要素发展为“人、车辆、道路、环境”等多种要素，客观上对道路交通安全管理的方法与手段提出了更高的要求，要求必须改变原来的道路交通安全观念，采取新的管理方式。20世纪60年代末，美国道路交通事故死亡人数剧增，1966年美国交通事故死亡人数一跃上升为50894人，或每十万人中有15.80人。这种情况引发了一场关于安全问题的针锋相对的学术争论：一种观点认为，应继续依靠警察部门通过对人的行为控制来达到安全的目的；另一种观点认为，应彻底改变单纯依靠纠正人的行为来实现安全的理念与体制，主张应依靠改善车辆的抗碰撞性能和道路的安全防护来实现道路交通安全的目的。争论的结果是，1966年美国国会通过国家交通与机动车安全法

（National Traffic and Motor Vehicle Safety Act of 1966）和国家公路安全法（National Traffic and Motor Vehicle Safety Act of 1966）。这两个法案授权商业部成立了国家交通安全局（National Traffic Safety Agency），专门负责汽车的安全，制定相关安全法规，建立全国驾驶人执照登记系统等。同年商业部又成立了国家公路安全局（National Highway Safety Agency），专司州际的公路安全项目。同时联邦授权各州出台改进交通安全的法规。各州相继将车辆管理职能交由各州的机动车管理厅负责。

1966 年 10 月美国国会通过了交通部法案（Department of Transportation Act）将原来管理交通运输事务的 8 个管理机构并于交通部，国会将原来隶属于商业部的道路交通安全管理机构转移到运输部。1967 年美国运输部将上述两各个机构进行合并，成立国家公路安全局（National Highway Safety Bureau），隶属交通部的联邦公路署（Federal Highway Administration），专门负责道路交通安全。从而确立了道路交通运输部门主管道路交通安全的地位，形成了以“事前预防”为主、以“事后管理”为辅的道路交通安全综合管理体制，完成了道路交通安全管理的主体由警察部门向交通部门的转变。法国、日本、瑞典在 60 年代经历了相似的演变历程。

美国交通部门不断加强对道路安全的管理。1970 年 3 月，美国交通部把国家公路安全局从联邦公路署中独立出来，成立国家公路交通安全署（National Highway Traffic Safety Administration）。同年，国会通过国家公路安全法（National Highway Safety Act of 1970）予以追认。从此，美国的道路交通事故死伤人数和比率逐年降低。1966 年美国共有 1.95 亿人口，公路交通事故死亡人数 50894 人；而 1997 年全美人口增至 2.62 亿人，公路交通事故死亡人数却降至 42013 人，单位人口死亡率下降了 38.5%。

2000 年 1 月 1 日，美国交通部又从联邦公路局中将商用车辆管理的职能分离出来，成立了一个新的内设职能机构——联邦机动商用车安全署，专门强化对大卡车和公共汽车的车辆与驾驶人的管理，以有效降低这两类车辆的交通事故。

三、关于我国交通运输部内设国家公路局的建议

2008 年初，我们向国务院呈报了《关于交通运输部内设国家公路局的建议》。主要内容如下：

经十一届全国人大一次会议批准，新一届政府组建了交通运输部。将交通部、中国民用航空总局的职责，建设部的指导城市客运职责，整合划入该部。同时，组建国家民用航空局，由交通运输部管理；国家邮政局改由交通运输部管理。在此基础上，为优化公路运输布局，发挥整体优势和组合效率，加快形成便捷、通畅、高效、安全的公路运输体系，有必要在交通运输部再设立国家公路局。

（一）设立国家公路局有利于强化对全国路网的统一管理

到 2007 年底，全国公路总里程从新中国成立初期的 8 万公里上升到 357.3 万公里，其中高速公路 5.36 万公里，稳居世界第二位。但是，我国公路运输的绩效，却远远达不到世界第二位。重要原因在于我国还没有形成高效统一的路网。因此，在加快实施国家公路网规划的同时，要通过不断改革创新，建立健全高效顺畅安全便捷的公路管理体制，消除公路管理中的体制性障碍，发挥公路的整体效益。完成这一任务，必须加强中央政府交通主管部门对全国公路的统一管理职能。

1950 年 1 月，中央人民政府交通部成立公路总局，负责全国公路的规划、建设与管理工作。国道由公路总局直接管理，建设委托各大行政区办理，经费由中央支付。1985 年，交通部将公路建设及

管理、路政、运政、车辆机务、道路交通安全监管等职能集中于交通部公路局。1988 年，交通部机构改革，撤销公路局等管理机构，改设相关司局。至今，交通部都是依靠内设的公路司，主管全国公路建设、养护和道路管理。

我国现行的公路管理体制是根据“统一领导、分级管理”的原则建立起来的，基本形成了中央、省（自治区、直辖市）、地市、县四级的公路管理体制。交通部主管全国公路工作，主要从事法律法规、宏观政策、国道规划、技术标准和业务上指导各地的公路工作。省、自治区、直辖市人民政府设立交通厅（局、委），负责辖区内公路的建设、养护和管理，具体管理工作由交通厅（局、委）下设的公路局（处）、高速公路管理局等机构负责。各地市以下机构基本与省级机构对应设置，地市级、县级政府设交通局，在地市级交通局下设公路总段（局、分局、处）。县级设公路段（局、分局、站）。部分乡镇政府还设有交通管理站（所），业务上接受县交通局领导。

现行公路管理体制最为突出的问题之一是，公路建设、养护和管理的事权均以地方为主，中央政府难以对全国路网进行统一管理。高速公路由于投资主体的多元化以及收费公路的特殊性，从融资、建设到运营管理，各省（市）形成了多种管理模式，更是存在亟待解决的统一管理问题。面对突发事件，问题表现得更为严重。

我们在调研中了解到，2008 年 1 月 24 日 20 时 30 分至 25 日 9 时 40 分，四川省因路面积雪对由陕入川道路进行封闭。根据现行公路管理体制，四川省有权封闭本省道路，而不需要向交通部与相关省通报，更不需要请示交通部与征求相关省的意见。入川道路封闭 13 小时后，即造成 108 国道陕西秦岭山脉宁强段车辆严重滞留，被困车辆近 50 公里，1 万余名驾乘人员被困。陕西省省长袁纯清接到省交通厅报送的信息后立即批示："有关方面要采取措施，要像救灾一样采取措施，保证受困人员喝上热水，不挨饿、不受冻。在公路一时不能通行的，要对相关路段进行交通管制，避免造成新的堵塞。"然而，作为陕西省省长，袁纯清对问题的要害即四川省封路却无能为力。交通部接到陕西省交通厅报送的信息后也立即与四川省联系；同样，根据现行公路管理体制，交通部对四川省封路也只有协调的能力。就在协调处理的应急过程中，宁强县境内被困车辆上升为12000辆（其中绝大多数是四川省的车），在秦岭山脉绵延80公里，被困人员约6万。

四川省原省长张中伟对我们谈道，我国公路管理体制的弊端突出表现为"部门分割、地区分割"；"问题在下面，根子在上面"，即交通部缺少对全国公路有效的统一管理。党的十七大之后，我们所到9省（直辖）市的交通部门，普遍希望中央政府设立国家公路局，强化对全国公路的统一管理。

（二）设立国家公路局是国际范围内大交通行政管理体制的普遍做法

发达国家中央政府公路管理机构的名称略有差异，但其共同点是都设置了中央政府级的公路主管部门，对公路进行统一领导下的分级管理。也有国家从中央到基层垂直设立公路管理机构，直接管理国道和重要的干线公路。

美国公路总里程达630万公里，高速公路里程89232公里，均位居世界首位。美国联邦政府交通部负责对铁路、公路、水路、航空、管道各种运输方式统一管理，设置联邦公路局统一管理全国公路。联邦公路局下设13个处，另外在地方还设有4个资源中心、52个联邦资助公路办事处（设在各州运输厅内）和3个联邦属地公路办事处。联邦公路局的主要职能是：根据联邦有关法律管理联邦政府公路事务，主要包括公路规划、建设、养护、运营和运输等方面事务。各项事务主要通过三项行动计划进行管理，即联邦资助公路计划、联邦属地公路计划和汽车运输安全计划。

英国实行交通部、公路局和地方公路管理部门三级管理体制。交通部负责全英综合运输网，交通大臣负责干线公路网（含高速公路和干线公路）总体政策的制定，并为公路局确定发展战略框架及资金使用计划。英国公路局在交通大臣的领导下，管理和养护英格兰地区的干线公路网，并实施政府的干线公路网的改造计划。英国公路局在8个城市设有分局，负责各自所在地区的事务。英国干线公路的养护实行三级管理体制，由英国公路局统一负责。交通部根据全国干线公路分布，将全国的干线公路网划分为8个区，每个区设立一个直属于交通部的区公路局，负责本区的公路养护管理。区公路局通过签订合同协议书的形式，将干线公路分段委托给所经县、郡、市的当地政府，由其代为养护，负责各辖区内干线公路的养护管理。

日本在中央政府一级设国土交通省道路局。道路局下设8个科，即总务科、路政科、道路交通管理科、规划科、收费道路科、高速公路国道科、一般国道科及地方道路和环境科。

（三）关于国家公路局的职责设定与组织机构建议

1. 交通运输部公路管理的职责设定

交通运输部为公路交通管理的主管部门，具体职责为：

①拟定公路交通管理发展战略、发展规划、方针政策，研究并组织起草公路交通（包括安全）管理的法律法规，并监督检查法律法规的实施。

②统一全国公路规划、建设及公路工程建设标准与大型载重汽车标准，统一全国公路交通安全设施标准，组织实施并监督国家级公路及公路工程建设，规划并实施公路交通信号系统、通信系统、

指挥控制系统等公路交通安全设施。

③负责全国城市公共交通、客运出租汽车行业管理，制订城市公共汽车、客运出租汽车等特许经营权资源的市场化配置政策。

④宏观调控全国公路交通的运力分布、机动车流量和交通秩序，组织并实施全国公路交通指挥控制系统的建设和计算机网络化管理，指导各地方公路交通指挥控制中心的业务工作。

⑤规划并组织实施机动车辆的管理，包括新车认证、车籍管理、车辆安全性能检测、行车执照发放等。制订驾驶人培训和考试的有关技术标准并监督实施，负责汽车驾驶执照的发放。

⑥统一建立全国机动车辆和驾驶人管理信息系统，建立全国交通安全状况统计制度。该系统要引入公安交通执法部门并为路面执法服务。

2. 国家公路局的组织机构设置

根据上述职责划分，设立国家公路局，作为专司公路管理的执行部门。统一负责公路交通法律法规及政策规划的实施与监督，负责全国公路交通的运力分布、机动车流量和交通秩序的宏观调控，负责公路安全设施标准的实施与监督，负责车辆管理与驾驶人管理的有关事项，负责全国城市公共交通、客运出租汽车行业管理，制订城市公共汽车、客运出租汽车等特许经营权资源的市场化配置政策。

国家公路局的机构形式为交通运输部直属机构。

国家公路局可在各级地方设置相应的公路交通管理机构，实行中央垂直管理或省级以下垂直管理。地方各级管理机构的规模和分布，可根据当地公路交通发展的实际状况有所不同，可跨行政区域设置。这样做的原因，主要考虑到国家公路运输网应当是完整的、统一的，中央政府应当在全国公路规划建设、交通管理等方面实行集中统一管理；同时，由于全国各地公路分布、机动车数量发展很不均衡，因此地方各级公路交通安全管理机构不宜完全按现行行政区域设置，而应当依照各地公路、机动车的发展状况实行跨行政区域设置。国家公路局下设全国公路交通信息中心。简言之，在国家公路局相对集中公路管理权责，并参照国外经验，适时组建国家公路局，强化对国家公路的统一管理职能。

我国在交通运输部设立国家公路局可以分两步走：第一步，先将交通运输部公路司改组为交通运输部公路局；在公路司现有职能的基础上，加强相关的公路管理职能。第二步，经过必要的协调与改革，组建交通运输部所属国家公路局。

第四节 深化公路行政管理体制改革的政策建议

2013 年 11 月 1 日，地方政府职能转变和机构改革工作电视电话会议在北京召开。中共中央政治局常委、国务院总理、中央编制委员会主任李克强指出：地方政府改革对于保证中央政令畅通、发挥地方积极性十分重要。这次改革，要进一步处理好中央和地方的关系。一方面要确保中央的政令畅通。我国是单一制国家，实行中央统一领导、地方分级管理的体制。对中央的大政方针，地方必须统一步调，不折不扣地贯彻执行。同时还要看到，我国是一个大国，各地情况千差万别，发展很不平衡，必须从实际出发，发挥地方因地制宜管理经济社会的作用。我国经济社会发展到现在这个阶段，人民群众的需求越来越多，层次也不一样，政府服务事项也越来越多，也很复杂，各地要从实际出发，更加积极主动，创造性地开展工作。[1]

---

[1] 参阅 2013 年 11 月 1 日中国政府网。

上述讲话，对于深化公路行政管理体制改革具有重要指导意义。

一、关于深化公路行政管理体制的基本思路

（一）公路管理机构职能定位

1. 主体性质定位

（1）具体行使执行性职能的法定机构。借鉴英国的“执行局”的模式，将公路管理机构定位于具体行使执行职能的法定机构，即法定的“执行局”。这种“执行局”可不改变公路管理机构的事业单位属性，即除了财政支持外，也可在非行政职能领域适当收取服务费。

（2）具备独立的行政主体资格。机构法定的同时，必然伴随职能的法定。一旦公路管理机构所行使的职能（特别是行政职能）由法律或法规明确界定，公路管理机构即获得法定授权并具有行政主体资格，可以自身名义独立承担行政责任，接受社会和政府部门的监督。

2. 主体关系定位

与现有体制相比，公路管理机构横向、纵向之间的关系需要明确和做相应调整。

（1）与政府交通主管部门的关系。按照“决策—执行—监督”相分离的原则，界定政府交通主管部门和公路管理机构的关系。各级交通主管部门作为公路管理的职能核心层，专司规划计划编制、政策法规制定、标准规范发布等决策性职能，以及指导和监督职能。公路管理机构依照政府交通主管部门的决策，在法律规范框架内，具体执行和实施相关决策。

（2）中央、省、市、县公路管理机构的层级关系。理顺公路系

统内部职能关系。合理划分事权，国家公路网（国家高速公路网、普通国道网）管理的相关事权在交通运输部，具体建管养可委托省公路管理机构实行。省道（包括各省没有纳入国家高速网的高速公路）的管理事权在省公路管理机构，可将部分国省干线公路的养管事务委托至市公路管理机构。农村公路的养管责任在县级公路管理机构，接受省、市两级公路管理机构在业务上的指导与帮助。

3. 管理手段定位

对于法定授权的行业管理职能，主要借助于法律规范手段履行职责，必要时也依靠纯行政手段（如行政请示、汇报、指令执行等），因此需要赋予公路管理机构相应的行政权；对于法定授权的项目业主职能，主要借助于合同手段。

对于在履行法定职能过程中衍生出的系统内部管理职能，主要借助于公路系统行之有效的组织管理手段。

对于公共服务性职能，主要借助于公路管理机构自身专业技术手段。除法律规范明确规定不得收费外，部分花费较大的公共服务也可采取补偿性收费方式，但不以营利为目的。

除以上职能领域以外，政府交通主管部门和公路管理部门之间、公路管理部门不同层级机构之间，部分服务性、辅助性、技术性工作需要相互委托时，应在法律规范允许的前提下，采取规范的委托合同方式。

（二）强化中央政府公路管理职能

在调研中，一些省的有关同志希望通过我们向交通运输部及有关部门转达如下建议：近几年我国高速公路建设成绩有目共睹，但在管理体制方面研究相对滞后。由于国家没有指导性意见，各省自行其是，导致公路特别是高速公路管理体制五花八门，出现了许多不该出现的问题。建议部里在充分调研的基础上，尽快制定指导性意见，明确相对统一的管理体制模式，并最好以国务院的名义下发，便于各省执行。对国家高速公路网的管理，学习借鉴国外和国内电网、通信、铁路、长江、黄河的管理模式，实行国家统一管理，由交通运输部组建包括高速公路在内的公路管理机构，统一接管建设债务，并对收费、运营、养护、安全等实行集中管理。对于国家高速公路网的建设，有的省交通运输厅建议采取国家投资为主，地方投资为辅的模式进行。这些高速公路建成通车后，由国家统一管理，或委托省级交通主管部门具体行使辖区内高速公路的资产监管和运营管理。

上述建议，表达了地方希望中央政府加强对公路统一管理的强烈愿望。

高速公路是运输大通道的主骨架，是经济社会发展的重要支撑。要坚持交通适度超前发展，坚定不移地实施国家公路网规划，争取用 10 年或者稍多一点时间建成国家高速公路网络，带动国省干线和农村公路发展，形成和完善全国公路运输骨架和网络。同时，要通过不断深化改革，建立健全高效顺畅安全便捷的高速公路体制，消除高速公路管理的体制性障碍，更好地发挥高速公路的整体效益。

完成这一任务，必须加强交通主管部门对全国公路的统一管理职能。促进区域协调发展是全面建设小康社会的重要内容，更好地发挥交通运输的桥梁和纽带作用，是实现区域协调发展的重要途径。要根据《国家公路网规划》的要求，继续完善区域交通发展规划，按照东部加密、中部成网、西部联通的思路，坚持突出重点和加强分类指导，加快区域交通一体化建设步伐，加强区域之间的交通衔接，促进生产要素合理流动，为形成东中西部良性互动、优势互补、相互促进、共同发展的经济发展格局提供基础和条件。要特别注意解决省际、区域之间的“断头路”问题，构建区域间相互贯通的交通运输体系。完成这一任务，同样必须加强中央政府交通主管部门对全国公路的管理职能。“区域交通一体化”和“促进区域经济协调发展”是社会主义市场经济发展的必然要求，在现有的公路部门行政管理体制中是不可能实现的，需要建立健全与社会主义市场经济体相适应的公路公共行政体制，需要彻底改革以“部门分割、道路分割”为重要特征的公路部门行政管理体制。强化中央政府对全国公路统一管理的职能，是建立健全公路公共行政体制的基础性要求。

公路行业作为国民经济的基础产业，与其他众多的产业相比较有其显著的特点，即公路基础设施具有全社会都需要且又离不开的社会公益性，在整个国民经济发展过程中的先行性和跨管辖、跨地域延伸的一线性与连接性。这些客观存在的特点，决定了对公路的管理应该有一个超属地局限的、具有较强宏观调控能力、有利于调动各方面积极性的管理机构和管理体系。也就是说，在建立公路管理体制和设立公路管理机构时，要充分考虑公路行业的整体完整性，真正建立统一管理、分级负责的中央和地方公路公共行政管理体系与公共行政管理机构。

我们建议，在交通运输部内部相对集中公路管理权责，并参照国外经验，适时组建管理国家公路的专门机构，强化对国家公路的管理职能，掌管国家公路网的事权。在这方面，发达国家关于中央政府公路管理机构设置的做法可以借鉴。各国由于其经济体制、政治体制及社会发展水平不尽相同，国家公路管理机构的名称也略有差异，但其共同点是都设置了中央政府级的公路主管部门。如英国、法国在运输部下设的公路局，意大利在公共工程部下设全国公路管理局（ANAS），德国设联邦交通部公路建设局，美国设联邦交通部公路局，加拿大设运输部公路局。国外中央政府公路管理机构管理的主要对象是国道或重要的干线公路。管理的方式主要有两种：一种方式是从中央到基层垂直设立公路管理机构，直接管理这些公路；另一种方式是中央公路管理机构仅从宏观层面对国道或重要干线公路实施管理，其主要职责是制订相应的政策、标准、条例，审查批准工程项目的可行性，提供技术指导，监督工程实施等，地方公路管理机构主要负责具体的建设、使用、养护工作。这种权责的划分同样也在地方各级公路的管理中得到体现。

我国已经在交通运输部内原公路司的基础上设立了公路局与道路运输司，加强相关公路管理职能。现在应该在完善大交通管理体制的格局下，尽快研究组建国家公路局。

（三）整合强化省级公路局管理职能

当前，有关部门正在若干省组织省级公路局管理体制改革的试点，拟取消省级公路局的名称。

我们的观点与之相反。我们以为，按照《国务院关于印发“十三五”现代综合交通运输体系发展规划的通知》所提出的“完善‘大交通’管理体制”，需要整合强化省级公路局管理职能，组建省级“大公路局”。

本章第三节已经作过阐述，英国在“大部制”改革以后，政府行政管理体制的架构有了较大改变，主要体现在实行“决策——执行”相分离的行政管理体制。1988 年，英国政府行政改革后，交通运输部只保留核心部门，负责交通运输的政策制定、政策执行监督以及财政资助等事务，人员编制精干。交通运输方面的具体事务，则通过“执行局”完成。其中，公路局（Highway Agency）承担高速公路和干线公路设施及其交通的管理、运营和改善等职能。需要再次强调的是，“执行局”本身仍属于政府部门，其工作人员保留公务员身份，执行公务员工资标准；而且，公路局的资金全部由政府财政提供。英国的做法值得借鉴。

我们认为，体制改革后的省公路局在执行层面负责全省公路（含高速公路）的行业管理。即形成省交通运输厅决策和督导、省公路局组织和监管、市公路处（国省干线公路）和县公路站（农村公路）具体实施的职能格局。

在以上格局中，省公路局侧重于行业管理，不直接承担建设和养护的资金管理和业主职能，以保证监督“四项制度”实施的公正性，因此省公路局更具行政性特征。市公路处主要担当国省干线公路的建设养护业主职能及其他日常执行事务，资金由政府交通运输主管部门统筹管理，因此更具公益性特征。县公路站既担当县道的建设、养护业主职能，又负责乡村公路建设和养护的行业指导和监督，因此兼具公益性和行政性特征。省、市、县三级公路管理机构在法律规范框架内履行法定义务并承担相应责任。

当前的关键，是切实推行交通运输部早已提出的“一省一厅一局”的公路公共行政体制。即省交通运输厅负责本省的公路建设、养护和管理；具体管理工作由省交通运输厅下设的省公路局负责，包括普通国省道、高速公路、农村公路的管理。我们在调研过程中，常常听到的就是希望交通运输部能提出一些具体政策和方案。然而，对于交通运输部多次明确提出的“一省一厅一局”的公路管理体制方案，一些省（自治区、直辖市）的交通主管部门却不予执行。目前，一些省（自治区、直辖市）在公路管理方面实行的“一厅两局”形式，即组建高管局负责高速公路管理，省公路局只负责普通国省道管理，可以说是机构重复设置、多头管理，造成新的部门分割、职能交叉的现象，是在继续延续部门行政体制，是交通部门自己制造的“新的体制性矛盾”。

以中部某省为例，全省有5个单位管理高速公路，在沪昆线、赣粤高速公路存在两个以上管理单位或实体，沪昆线东段管理单位是公路开发总公司，路政管理是挂靠省高管局的一支队派驻，中段是赣粤高速股份公司，西段是省公路局，路政管理是挂靠省公路局的二支队派驻，形成了各有各的一套管理，各有各的一支路政队伍，分段管理、多头管理的局面，管理规定不一、路况信息不共享，给联网收费带来了很大协调难度，更给用户带来很多不便。其实，各省的高管局大都是省公路局派生出的，管理性质、管理职能、各自内设机构十分相似，只是管的公路不同，完全可以由一个机构负责管理。事实也证明，省公路局作为省交通运输厅所属事业单位，完全可以行使好包括高速公路在内的公路管理职能。

二、深化公路行政管理体制改革的建议方案

在此，我们尝试提出深化公路行政管理体制改革的建议方案框架。

（一）关于深化公路管理体制改革的指导思想

科学、高效的公路管理体制是做好公路行业管理工作的重要保证和必要条件。目前，我国高速公路已具一定规模，公路运输网络已初步形成。各级交通主管部门要充分认识到现行管理体制的不足与弊端，从公路事业发展的大局出发，加快改革步伐，尽快建立精简高效、职能明确、权责一致、运转协调、办事规范的新型公路管理体制。

简言之，我国公路管理体制改革应以科学发展观为指导思想，以提高行政能力为价值目标，以深化行政管理体制改革为根本途径，以从“部门行政”向“公共行政”转型为核心内涵，以深化政府所属事业单位公路局的改革为主要方面。

公路管理体制是国家关于公路管理工作在机构设置、隶属关系、职能划分等方面的体系、制度、形式的总称。其核心内容体现在三个方面，即公路管理的机构设置、机构间的行政隶属关系以及各自的职能划分。

我国行政管理体制改革的基本要求是，按照正确处理中央与地方关系的原则，进一步依法界定和规范各级政府在经济社会发展方面的事权和职责，健全科学的决策程序和体制。按照精简、统一、效能的原则和决策、执行、监督相协调的要求，优化政府组织结构，理顺部门分工，明确职能、权限和责任，改变某些部门职能交叉、权责脱节、办事效率不高的现象。政府各部门及其所属事业单位管理要按照职能分工，认真履行职责，加强协调配合。建立健全和严格执行问责制，提高各级政府及其所属事业单位的执行力和公信力。

我国公路管理体制改革的主要任务是合理划分各级政府及其所属事业单位管理公路的权责。

一是要按照“统一领导、分级管理”和“精简、统一、效能”的公共行政、公共管理的原则，合理设置公路管理机构，各省、自治区、直辖市要切实实行交通部已经反复明确提出的“一厅一局”的机构框架。公路管理机构在政府交通主管部门的领导下，根据《中华人民共和国公路法》的有关规定，负责本辖区内公路的有关行政管理职责。

二是要根据公路行业的自身特点，结合贯彻实施交通运输部《交通和车辆税费改革实施方案》，按照“分级管理”的原则，从有利于公路事业长远发展的角度出发，科学界定各级交通主管部门对路网管理的职责。

三是要按照“统一、高效”的原则，强化公路管理机构对收费公路的行业管理工作。根据《中华人民共和国公路法》的规定，严格区分收费经营和收费还贷两种不同性质的收费公路。对经营性收费公路要按照现代企业制度的要求，成立经营公司，实行规模化经营。同时要尽快完善相关法规，强化行业管理，规范投资者的经营行为，提高其服务水平；对还贷性收费公路要按照“合理布局、统一管理、规模运营”的发展思路，转变运营机制和管理模式，实现由省级公路管理机构统一规划、集中管理。

（二）关于我国公路管理体制改革的基本目标

根据公路网的性质、功能和重要程度，按照事权一致的原则，科学划分各级政府、交通主管部门、公路管理机构的职责，逐步建立以“精简高效、职能明确、权责一致、运转协调、办事规范为基本原则”，以“统一领导、分级管理、条块结合为基本模式”的“公路公共行政体制”。

公路公共行政体制要求实行相应的公路公共财政。

公路公共行政体制遵循行政决策与执行相对分开的原则，重视规则的统一，加大决策层对执行层的监督力度。相似或相同的事情交给一个部门来管理，是权责一致原则的根本要求，但把所有与执行相关的职责都交给一个部门有时是不现实的，只能在规则制定层次上实现统一。如在公路交通管理领域，将执行层次的所有相关职责（如规划、设计、建设、路政、运政、车辆、驾驶员、交通安全与路面秩序维护等各项管理职责）都交给一个部门，当前在世界上没有一个国家能做得到。因此，公路公共行政体制要求将涵盖公路管理全部要素的公路管理规则的制定权交给中央政府交通行政主管部门统一负责。这也是发达国家参与公路管理的部门虽多，却很少出现部门扯皮的根本原因之所在。

（三）关于我国公路公共行政体制的基本架构

我国公路管理体制必须坚持“统一领导、分级管理”的公共行政、公共管理的原则。公路建设、养护和管理的事权均应在与社会主义市场经济相适应的公共行政、公共管理的基础上，强调中央与地方结合，完善中央、省、地、县四级公路管理模式。

1. 我国公路公共行政体制的基本架构概述

基本架构是以交通运输部国家公路局统领全局，以省（自治区、直辖市）交通运输厅（局、委）为地域领导，以公路局、交通综合行政执法总队等专门管理机构为执行主力，以纳入公共行政、公共管理范畴的有机结合为行政纽带的，中央、省（自治区、直辖市）、市、县分级管理的模式。

中华人民共和国交通运输部是我国政府主管公路交通的行政部门。首先建议交通运输部设立国家公路局，强化对全国路网特的统一管理。内容如前一节所述。

各省（自治区、直辖市）人民政府以及计划单列市人民政府的交通运输厅（局、委）是主管公路交通的地方行政机构，负责本区域内公路交通基础设施的投融资、建设、养护和管理。建议各省（自治区、直辖市）根据“一厅一局一总队”的原则，统一设置省公路局（副厅级）和省交通综合行政执法总队。省（自治区、直辖市）交通运输厅要注意改变管得过细的做法。

省（自治区、直辖市）交通运输厅（局、委）及其所属专门管理机构的主要职能如下：

（1）省（自治区、直辖市）交通厅（局、委）主要职能

贯彻执行国家有关交通工作的法规、方针和政策；制订本区域交通运输发展战略、法规、方针和政策，并监督执行；制订并组织实施本区域交通运输行业发展规划、计划。

负责本区域交通基础设施建设管理、行政管理和行政执法、交通规费征收管理与监督；监督交通基础设施建设资金的使用；负责

区域内公路、水路通行环境和通行条件管理；负责本区域的交通运输行业管理，维护平等竞争秩序；负责对重点物资运输和紧急客货运输进行调控；负责权限范围内的水上安全监督（含乡镇船舶安全监督的行业管理）、船舶检验、通信导航、救助打捞、防止船舶污染以及航道管理；负责本区域港口行业管理及岸线使用审批；负责交通质量技术监督；负责交通运输行业利用外资、国际交流与合作；负责本区域交通行业安全生产和交通运输战备工作。指导交通运输行业优化结构、协调发展。负责地方政府授权承担的其他管理职能。

各省（自治区、直辖市）实行交通运输厅（局、委）监管的公路建设投融资管理体制。

（2）省公路局主要职能

省公路局作为省交通运输厅（局、委）所属管理类事业单位，为副厅级，统一负责包括高速公路在内的公路养护管理的具体工作，不再单设高速公路管理局等机构。

执行国家和地方公路法规、方针、政策及发展规划、计划；组织实施本区域公路基础设施的建设管理、路政管理、道路通行环境和通行条件管理以及公路养护与改造管理；实施区域内高速公路、国省道主干线的直接管理；实施收费公路的行政管理等。

省交通综合行政执法总队作为省交通运输厅（局、委）所属执法类事业单位，按照政策制定职能与监督处罚职能相对分开的原则，分级承担路政、运政、港航、征费稽查、高速公路五个方面的交通行政执法职能。

地市以下机构基本上与省级机构相对应，即地市级人民政府和县级人民政府下设交通局。在地市级交通局下设公路处，公路处接受地市级交通局和省公路局的双重领导。在县级交通局下设公路站，公路站接受县交通局和地市公路处的双重领导。

农村公路的建管养要统一纳入各级政府交通主管部门及公路机构的重要议程，并成为公路管理体制改革的重要组成部分。

省（自治区、直辖市）及以下各级公路管理机构间的行政隶属关系，建议严格遵照公共行政和公共管理的思路，统一采取条块结合模式。即国省干线及部分重要县道的财权与物权实行统一管理，分级负责，地方政府也要承担相应财政支出；人事管理隶属于各级交通局，但主要领导成员的任免应与上一级公路管理部门协商。县乡公路的建设和管理养护主体是县级人们政府，市县交通局及所属公路管理机构具体负责。《中共中央国务院关于推进社会主义新农村建设的若干意见》（中发〔2006〕1号）指出，有条件的地方可加快推进“省直管县”的财政管理体制改革，国务院《农村公路管理养护体制改革方案》也强调实行以县为主的农村公路养护管理体制。

中国共产党第十八届中央委员会第三次全体会议通过的《中共中央关于全面深化改革若干重大问题的决定》进一步要求：“优化行政区划设置，有条件的地方探索推进省直接管理县（市）体制改革。”遵照这一改革思路，深化公路管理体制改革要特别重视保障和强化县（区）人民政府及其交通主管部门和公路管理机构有效履行相应的公路管理职能。

2. 省、市、县公路管理机构的主要职能职责

（1）省公路局

主要职能：在法律法规授权范围内，负责执行政府有关公路的方针政策、法律法规、规划计划、标准规范；负责全省公路（包括高速公路）建设、养护及收费经营的行业管理；负责全省路网运行调度管理、联网收费管理和统计信息管理。在履行授权职能的同时，适应社会公众需要，不断扩展公路领域的公共服务。

主要职责如下：

①负责按照政府有关公路规划和计划，分解和细化执行计划，并组织实施。

②负责全省公路行业的统计工作，并做好公路统计信息的预测分析工作。

③负责公路项目前期工作的技术性审查。

④负责公路建设项目的资金融通、统筹、调度、信贷以及利用外资的有关审查、审核及财务监管。

⑤负责全省路网交通运行信息的采集和发布。

⑥负责协助公安交管部门的路网调度和指挥。

⑦负责全省公路建设、养护的行业管理。

⑧负责公路管理相关政策法规的宣传、执行和监督。

⑨负责公路行业体制改革。

⑩负责执行公路科技发展计划，组织技术开发和推广应用。

⑪负责全省公路信息化发展的行业管理。

⑫组织和协调全省高等级公路联网收费管理。

⑬指导全省公路行业的安全生产。

⑭负责全省公路收费站点设置和征收的行业管理。

⑮负责公路系统人员队伍素质建设；业务指导和交流；核心信息平台和基础数据库的建设、管理及维护等系统内部管理。

⑯负责组织和管理公路行业的公共服务。包括各种信息发布、政策咨询、交通引导、技术培训和推广等。

（2）市公路局

主要职能：在法律法规授权范围内，执行政府有关公路的方针政策、法律法规、规划计划、标准规范；负责本市境内普通国省干线公路建设、改造、养护的项目管理；负责全市收费还贷公路的运营管理；负责全市路网（含高速公路）运行调度管理、统计信息管理和公共服务。

主要职责如下：

①按照省交通运输厅、省公路局和市交通运输局的统一决策安排，执行辖区内的干线公路建设规划和计划。作为项目业主，组织公路的建设管理工作。

②按照全省公路养护发展规划、年度养护计划，作为项目建设单位，组织辖区内干线公路的养护管理工作。

③负责全市收费还贷公路的融资、建设、运营和财务管理。

④根据省公路局的指令或同级公安交通管理部门的要求，负责协调、配合做好路网运行调度管理。

⑤负责全市公路综合统计信息管理。包括分析、汇总、上报和发布等。

⑥负责全市公路领域的公共服务。包括各种信息发布、政策咨询、交通引导、技术培训和推广等。

（3）县公路局

主要职能：在法律法规授权范围内，执行政府有关公路的方针政策、法律法规、规划计划、标准规范；负责县道建设、改造、养护的项目管理；负责全县收费还贷公路的运营管理；负责全县农村公路统计信息管理和公共服务；指导和监督乡村公路的建设和养护。

主要职责如下：

①按照省交通运输厅、省公路局、县交通运输局的统一安排，执行辖区内农村公路建设和养护的规划和计划。作为项目建设单位，组织县道的建设管理和养护管理工作，并对乡道、村道的建设及养护进行指导和监督检查。

②负责全县收费还贷公路的融资、建设、运营和财务管理。

③负责全县农村公路统计信息管理。包括分析、汇总、上报和

发布等。

④负责全县农村公路领域的公共服务。包括各种信息发布、政策咨询、出行引导、技术培训和推广等。

3. 深化公路管理体制改革的基本步骤

第一步：结合事业单位改革，寻求省级公路管理机构准确定位，强化中央对国家公路的管理；在国家高速公路网尚未形成之前，为提高融资能力，抵御债务风险，可以利用高管局、高速公路公司的融资平台统筹发展，但两类机构不应同时具有行业监管的职能（就是融资和收费养护），监管应由省交通运输厅委派公路局执行。

第二步：整合强化省级公路管理机构，逐步形成一厅一局管理模式，收费和养护进一步利用市场机制，真正实现事企分开。

总之，推进公路管理体制改革，要围绕建立社会主义公共行政体制这一总体目标，全面推进政府管理的体制创新、制度创新、机制创新和管理创新。当前特别要针对政府机构设置不尽合理、部门职能交叉等问题仍然比较突出的情况，加强公路的综合管理，相同或相近的职能由一个部门承担，合理设置政府机构；针对政府工作机构类型过多、机构庞杂等情况，规范机构设置的类型，形成以政府组成部门、执行机构、监管机构为主体的政府机构序列；针对有些部门职能定位不清、集决策与执行于一身等问题，政府组成部门要重点加强研究，拟定公共政策并监督其有效实施的职能；针对权责脱节、监督不到位的问题，在配置部门职能的同时必须明确其应当承担的责任，建立对各部门履行职能情况的监督和评价机制；针对行政层级过多、各级政府间事权与财权不够明确的问题，要减少行政层级，合理划分中央与地方的事权和财权，明确不同层级政府的职责权限；针对机构编制管理与财政预算管理“两张皮”、财政预算“软约束”等问题，要建立健全机构编制管理与财政预算管理相互协调、相互制约的机制，以推进公路公共行政体制的逐步建立。

与此同时，要注意解决体制外制约我国公路交通健康的体制机制性障碍。改革已经处在攻坚阶段，原有体制的不少弊端尚未完全革除，又出现了一些新的体制性矛盾。我们面临着许多难度很大的改革任务。特别是一些改革涉及各方面利益关系的调整，如果处理不好，就有可能加剧社会矛盾和风险。

我们在调查中发现，大多数省的高速公路发展公司在划归省国资委管理后，都与省交通运输厅产生了程度不同的矛盾，此类“新的体制性矛盾”已经相当严重地制约了公路的建设与管理。课题组在西部某省的多次调研中，更是深切感受到高速公路公司与省交通运输厅之间的尖锐矛盾，给高速公路的统一规划、建设与管理造成的不良影响。为此，该省在撤销了由省国资委管理的正厅级的高速公路公司，重新组建了两个由省交通运输厅与省国资委共同管理的副厅级的高速公路公司。

目前全国各省高速公路资产监管部门不尽统一，大体分为交通部门、国资部门分别监管或者共管等三类。我们认为：作为行政性国有资产的交通基础设施，不应由以国有企业为管理对象、以国有资本为管理内容、以资本的保值增值为监管目标的国资委担当管理主体，而应由交通主管部门监管。

我们建议，深化公路管理体制改革必须正确解决全国范围内高速公路发展公司、高投公司与交通运输主管部门、与国资委之间的关系与定位。我们的基本看法是：应该实行交通运输主管部门监管的公路建设的投融资管理体制。主要原因在于，高速公路资产由不同部门监管，不利于实现责权利的统一。高速公路管理的这种责权利不统一，使高速公路监管难以到位，势必割裂全省公路网的完整统一性，影响公路建设管理的效率和水平。

第四章　完善法规制度：修订《收费公路管理条例》

完善法规制度，是公路可持续发展顶层设计的关键。

当务之急是按照公路两个体系发展战略思路，修订《收费公路管理条例》，完善以高速公路为主的收费公路体系的相关法规，为实施公路两个体系发展战略，确保我国公路可持续发展提供法规保障。

第一节　《收费公路管理条例》修订启动

《收费公路管理条例》（以下简称《条例》）自 2004 年 8 月 18 日国务院第 61 次常务会议审议通过（2004 年 11 月 1 日起正式施行）到 2015 年，是我国高速公路迅猛发展的时期。2004 年，我国高速公路的通车里程只有 34288 公里，到 2014 年底我国高速公路的通车里程已达到了 11.2 万公里，稳居世界第一。可以说，如果没有收费公路政策就没有我国高速公路的巨大发展。同时也要看到经过 10 多年国家经济社会的深刻变革，当时《条例》制定时所依据的社会条件和外部环境都发生了很大的变化，《条例》原先设定的一些条款和内容已经明显不适应当前和今后的发展需要。

一、《收费公路管理条例》修订稿新闻发布

根据中央和国务院的部署，交通运输部启动了《条例》的修订

工作。经过几年来的修订进程，2015 年 7 月，受各界关注的《收费公路管理条例》修订稿正式向社会公开征求意见，修订稿的文案和起草说明都在交通运输部的政府网站上公布，期限一个月。

现行《条例》为何要修改？在交通运输部 21 日召开的新闻发布会上，有关负责人和专家进行了具体解读：

现行《条例》某些制度设计已无法保障收费公路可持续发展。

“我国高速公路里程规模世界第一，同时也积累了比较沉重的债务负担，特别是早期建成的高速公路已经面临着收费期限到期、积累债务需要集中清偿的问题。”国家行政学院教授王伟说。“我国专项税收和一般公共财政预算无力承担所有公路的建设、养护、管理和债务偿还的资金需求，这是实际情况。”交通运输部公路局副局长王太表示，坚持和依靠收费公路政策，并通过修订《条例》以改革收费公路的发展模式、体制机制、投融资制度，目的就在于确保公路交通的可持续发展。

现行《条例》已无法适应新修订的《中华人民共和国预算法》和财税体制改革的新要求。

现行《条例》规定，收费公路建设采用地方政府交通运输部门利用贷款或者有偿集资的筹融资模式。然而，财税体制改革后，政府为发展公益性事业的举债渠道统一调整为发行政府债券，同时实行总量控制，这就使“借钱修路，收费还贷”所依据的政策发生了根本变化。根据《修订稿》，今后政府通过举债建设的公路将统一表述为政府收费公路，举债、偿债主体将变更为地方政府，建设、改扩建资金统一采取发行地方政府专项债券方式筹集，用通行费偿还，纳入政府性基金预算管理。

现行收费公路政策吸引社会资本投资的功能逐步减弱，高速公路改建扩容政策不清晰，待建高速公路项目引资存难题，让国家公路网规划的实施面临巨大资金压力。

根据《修订稿》，未来经营性公路将实行特许经营，采用招投标等方式选择投资者，并签订协议明确养护管理、服务质量、信息公开、合理回报、风险分担等内容。“如果收费公路发行政府专项债券有困难或者额度不够，将采取鼓励社会资本通过特许经营的方式，即 PPP 模式来推动发展。”交通运输部财务审计司司长许春风说。

现行《条例》在收费公路信息公开以及对转让、运营的监督管理等方面规定不完善，需加以明确和规范。《修订稿》提出，加强政府对收费公路资金使用、公路技术状态和通行服务水平的监管；并建立收费公路信息公开制度，明确和落实收费公路相关信息向社会公示的主体、内容、形式及相关责任。

《条例》修订中焦点问题在于收费期限的调整。根据 2004 年《条例》，政府还贷公路和经营性公路的收费期限分别为最长不得超过 15 年和 25 年，中西部最长不得超过 20 年和 30 年。此次调整，主要进行了以下 4 个方面修改：

一是政府收费公路中的高速公路实行统借统还，以该路网实际偿债期为准确定收费期限。高速公路以外的政府收费公路，维持现行规定。

所谓“统借统还”，即在一省范围内实行“统一举债、统一收费、统一还款”。交通运输部法制司副司长魏东表示，以省为单位对高速公路实行统收统支、统一管理，可降低政府收费公路的融资和运营成本，提高管理效率，增强政府偿债能力，降低政府性债务风险。此外，若仍以路段为单位核算收费标准和期限，会影响路网的整体性和通行服务效率。

二是特许经营公路的经营期限按照收回投资、有合理回报的原则确定。其中，高速公路的经营期限一般不得超过 30 年，投资规模大、回报周期长的可以超过。经营期届满后，由政府收回统一管理，与本行政区内偿债期政府收费高速公路实行相同收费标准。高速公路以外一级公路及桥隧，维持现行规定。

三是偿债期、经营期结束后实行养护管理收费。“随着公路网发展完善，不少高速公路进入大修养护期，养护资金在偿债期和经营期结束后，需要建立科学规范稳定的资金保障制度。”目前成品油消费税中交通转移支付资金仅能满足现有普通公路一半的养护管理资金需求，无法满足高速公路养护管理需求。

四是对一级收费公路改建为高速公路或提高高速公路通行能力且增加了政府债务或社会投资的改扩建工程，可重新核定偿债期限或经营期限。除高速公路外，其他所有政府收费公路和特许经营公路在偿债期、经营期满后必须停止收费。

“任何国家都没有真正意义的免费公路，资金来源不是收税就是收费。”在国家行政学院教授王伟看来，《条例》修订不是收费还是免费的“判断题”，而是在收费和收税中做“选择题”。

“国际上，在税收不足的情况下，通过收取通行费发展和维护高速公路是一种趋势，不仅发展中国家这样做，日本、德国、法国、意大利等发达国家也这么做。”“为解决税收不足，有些国家已经在向收费公路转型。”王伟举例说，2003 年，此前高速公路免费的德国开始对 12 吨以上的货车征收通行费，2012 年又将征收范围扩大至四车道普通联邦公路，明年还将开始对小客车征收高速公路通行费。

二、解读《收费公路管理条例》（修订稿）

2016 年 3 月 4 日，北京青年报刊文《政府收费高速将统一收费》，邀请交通运输部规划研究院高级工程师王燕弓，对《收费公路管理条例》（修订稿），从“统借统还、统收统支”模式、收费期限、未来公路收费模式、一级公路改建高速公路等方面”进行详细解读。内容如下：

2015 年 7 月交通运输部就《收费公路管理条例》（修订稿）公开征求意见。2016 年 3 月 3 日，北京青年报记者从交通运输部获悉，在此基础上，条例又进行了一轮修订，并上报国务院。根据修订内容，我国将构建“公路两个体系”，即以普通公路为主的非收费公路体系和以高速公路为主的低收费、高效率的收费公路体系。其中，政府收费高速公路将以路网为单位统一收费，不再限定偿债期限，政府性债务偿清后或将收取养护费；特许经营公路必须约定明确的经营期限。高速公路的经营期限一般不得超过 30 年。提高收费高速公路设置门槛，实现未来只有高速公路收费的远期目标。

北京青年报记者从交通运输部获悉，2015 年 7 月公布的《收费公路管理条例》（修订稿）又进行了一轮修改，并已经于 2015 年底上报国务院。交通运输部介绍，未来 10 ~ 15 年，我国公路基础设施仍处于集中建设、加快成网的关键阶段，公路建设任务依然繁重，资金需求规模十分庞大。在国家专项税收和一般公共财政无力承担所有公路建设、养护、管理和偿债的资金需求的情况下，坚持和依靠收费公路政策，仍然是确保公路交通持续健康发展的重要保障。

根据统计，2015 年全国公路总里程 456.91 万公里，其中高速公路 12.36 万公里，一级公路 9.00 万公里，二级公路 35.97 万公里。截至 2014 年底，全国收费公路里程 16.26 万公里，其中高速公路 10.67 万公里；全国收费公路累计建设投资总额为 6.15 万亿元，债务余额为 3.85 万亿元。

参与本次修订的交通运输部规划研究院高级工程师王燕弓介绍，现行的《收费公路条例》基本是按照 20 世纪 90 年代的水平，那时候收费公路以二级公路为主，建设成本低，人工成本低，按照当时的收费标准20年左右是可以还清债务的。但近些年来，高速公路建设迅猛，物价、人工增长明显，按照原来的标准已经难以为继。

根据修订稿，政府收费公路中的高速公路实行统借统还，按照用收费偿还债务的原则，以全路网偿债所需时间，确定偿债期限。高速公路以外的政府收费公路，维持现行《条例》最长不超过15年、中西部最长不超过20年的规定。特许经营公路必须约定明确的经营期限。高速公路的经营期限一般不得超过30年，其中投资规模大、回报周期长的高速公路，可以约定超过30年的经营期限。

（一）政府收费高速公路将“统借统还、统收统支”

根据修订稿，政府收费公路中的高速公路实行统借统还，按照用收费偿还债务的原则，以全路网偿债所需时间，确定偿债期限。高速公路以外的政府收费公路，维持现行《条例》最长不超过15年、中西部最长不超过20年的规定。

王燕弓介绍，重点需要理解“路网”这个概念，此前政府高速公路建设是按照项目来的，也就是每个项目都对应债务。修订稿中提到的“统借统还”是指将所有政府收费高速公路的通行费作为政府性基金预算收入统一上缴省级财政（相当于汇入一个资金池），所有政府收费高速公路的支出也由预算统筹安排。“都在一个池子中好处也是很明显的，在向银行借贷时，也更有谈判的优势，可以降低融资和运营的成本。”

（二）收费期结束后或将收养护费

根据修订稿，政府统一管理的高速公路在政府债务偿清后，其养护管理费用可以由公共财政负担，也可以按满足基本养护、管理支出需求和保障通行效率的原则，重新核定收费标准，实行养护管理收费。

之前，有观点认为，政府统一管理的收费公路在收费期结束后，将长期收取费用。因为即使是收费期结束，也将收取养护费。

王燕弓解释，其实并不是说政府收费公路偿债期结束后一定收费。偿债期结束后，既可能采用收费的方式，也可能采取收税的方式。但实际上，人们对高速公路的使用强度是不同的，有的人经常使用，有的人可能一年也用不了一次，那么收费的方式实际上比收税更加公平。

（三）特许经营高速收费期满将被纳入政府路网

根据修订稿，特许经营公路必须约定明确的经营期限。高速公路的经营期限一般不得超过30年，其中投资规模大、回报周期长的高速公路，可以约定超过30年的经营期限。王燕弓介绍，经营性公路实行特许经营制度，采用招标投标等竞争方式选择投资者，通过签订特许经营协议。

王燕弓介绍，特许经营的公路在收费期结束后，就统一归属地方政府管理，进入“路网”。根据政府收费高速公路网的债务情况和养护情况，重新核算收费标准。如果路网已经没有债务了，同时财政也有能力承担所有高速公路的养护管理费用，就可以不再收费了。

（四）最终将只有高速公路收费

修订稿提到，将严格控制高速公路以外的收费规模，大幅提高了收费公路设置门槛，严格收费公路的设置。最终实现只有高速公路收费，其他公路全部回归公共财政承担的目标。

高速公路以外，收费一级公路及桥梁、隧道的经营期限，维持现行《条例》最长不超过25年、中西部最长不得超过30年的规定。

王燕弓介绍，未来将实现政府收费高速公路可长期收费和普通公路全部由税收负担的模式。目前，天津、辽宁、上海、福建、江西、河南、重庆等省市已经实现了只有高速公路收费，一级、二级公路均不收费的目标。

（五）一级公路改建高速公路将重新核定

根据修订稿，对一级收费公路改建为高速公路或者提高高速公路通行能力增加了政府债务或社会投资的改扩建工程，重新核定偿债期限或经营期限。

王燕弓介绍，所谓改扩建有严格的界定标准，并不是收费站简单增加一条收费车道或者附属设施就可以增加收费期限。公路建设有新建和改扩建两种，改扩建和新建一样也需要发改委等部门的建设项目立项。比如一级公路改成高速公路，或者像京石高速公路全线由四车道改成八车道这样的工程才可以算改扩建，才能重新核定收费期限和收费标准。

第二节 关于修订《收费公路管理条例》的研究报告

为推进《收费公路管理条例》修订，我们早在2010年，就撰写了《关于修订〈收费公路管理条例〉的研究报告》，送国务院有关部委参阅。主要内容如下：

自2004年国务院颁布《收费公路管理条例》以来，我国公路交通取得突飞猛进的发展，同时也面临一些需要解决的问题。为此，我们建议：修订《收费公路管理条例》，继续实行并完善收费公路政策；按照“总量控制、严格准许、公开透明、动态监控”的原则，发展以高速公路为主的收费公路体系，同时探索允许收费期满的高速公路继续按低费率收费，以筹集养护资金，并将延长年限带来的未来预期收入，用于普通公路滚动发展的融资担保，细化并进一步落实好公路发展的统贷统还政策。

一、收费公路政策的提出、成效与完善

（一）收费公路政策的提出

2009 年，我国公路通车总里程达到 386 万公里，从改革开放之初的世界第 7 位跃居第 2 位；公路货运量从世界第 6 位跃居第 1 位；其中，高速公路 6.5 万公里，居世界第 2 位。这一巨大成绩的取得，与改革开放三十年来逐步形成和发展的收费公路政策有着直接的必然的联系。

从 1978 年到 1985 年，我国 GDP 年平均增速超过 10%，民用汽车保有量增加了 2.4 倍，公路年客运量和旅客周转量分别增加了 5.2 倍和 3.3 倍，年货运量和货物周转量分别增加了 6.2 倍和 6.9 倍。然而，我国公路总里程仅由 89 万公里增加到 94 万公里，公路交通供给能力不足与社会需求不断增长的矛盾日显突出，公路交通成为严重制约国民经济发展的“瓶颈”。如北京至天津塘沽的 103 国道，虽经几次改扩建提升为二级公路，但由于交通量快速增长，经常出现严重交通堵塞现象，总长仅为 166 公里，但汽车行驶需要 6 个多小时，年交通事故上千起，严重影响了京津间的往来。石家庄至太原 307 国道、北京至石家庄 107 国道等，都曾经发生过交通瘫痪长达 7 天以上的严重堵车事故。

1981 年，广东省政府率先进行公路建设投融资方式的改革尝试，引进澳门贷款 1.5 亿港元，作为改建 105 国道广州至珠海公路的 4 个渡口改桥梁项目的投资，通过收取车辆通行费的方式偿还借款。随后又集资 1 亿元，用于 107 国道广州至深圳东莞路段的改造。

1984 年 1 月，广深公路上设置的中堂、江南两个大桥收费站正式收费，成为我国最早的公路收费站。同年，广珠公路上设置的容奇等 4 个大桥收费站也陆续开始收费。这种做法，作为公路建设向社会融资的成功实践，在全国公路交通基础设施建设领域引起了积极反响，得到了中央有关部委的高度关注。

为加快公路建设，在总结国内外实践经验的基础上，1984 年国务院第 54 次常务会议，做出了“贷款修路、收费还贷”的重要决定。自此，收费公路政策成为我国公路基础设施建设投融资政策的重要组成部分，打破了单纯依靠政府财政发展公路的体制束缚，为公路事业快速发展奠定了政策和制度基础。收费公路政策的实施，极大地加快了我国公路建设的步伐，沈大、京津塘、广深、济青、沪宁、成渝等一批高速公路项目相继开工建设。各地除利用国内银行、国外政府及国际金融组织贷款的信贷融资之外，还进行了中外合资经营、中外合作经营等直接融资以及资产证券化、收费公路经营权转让等融资方式的尝试，收费公路的融资规模和带动效应明显提高。

随着我国经济社会的不断发展和市场经济体制的日益完善，我国政府和相关部门不断完善收费公路政策，先后出台了一系列法律法规以及相关的规定。

1987 年，国务院颁布了《中华人民共和国公路管理条例》，对收费公路进行了专门规定。1988 年，交通部、财政部、国家物价局联合发布了《贷款修建高等级公路和大型公路桥梁、隧道收取车辆通行费规定》，第一次对我国收费公路政策的目的、设置条件、审批程序、收费标准制定、收费收入使用和管理等做出了明确的规定。中共十四届三中全会提出建设有中国特色社会主义市场经济体制之后，收费公路融资渠道和手段进一步多元化，逐步形成“国家投资、地方集资、社会融资、利用外资”的公路建设投融资发展模式。1994 年，交通部、国家计委、财政部印发《关于在公路上设置通行费收费站（点）的规定》；同年，交通部印发《关于转让公路经营权有关问题的通知》。1997 年，《中华人民共和国公路法》颁布实施，对收费公路的发展和管理做出全面的规定。1999 年 1 月，交通部印发《关于认真做好公路收费站点清理整顿的通知》；2002 年 4 月，国务院办公厅印发《关于治理向机动车乱收费和整顿道路站点有关问题的通知》。全国各地先后撤销公路收费站点 1200 多个。

2004 年 8 月，国务院颁布了《收费公路管理条例》，提出了不同地区、不同类型收费公路的收费年限，规定东部地区不再允许新建二级收费公路，并首次明确了“统贷统还”制度。2006 年 11 月，针对已建成收费公路在转让经营权等方面存在的问题，交通部要求暂停政府还贷公路收费权益转让行为，同时进一步加强收费公路项目的审批把关，严格收费站点设置管理，对现有收费公路也加大了规范管理的力度。2008 年 8 月 20 日，交通运输部、国家发展和改革委员会、财政部联合发布《收费公路权益转让办法》，对收费公路权益转让提出更严格的规定。根据《国务院关于实施成品油价格和税费改革的通知》（国发〔2008〕37 号），自 2009 年 1 月 1 日，逐步有序取消政府还贷二级公路收费。我国开始了收费公路规范结构、减小规模、减少站数的建设新阶段。

（二）收费公路政策的成效

我国探索确立的收费公路政策，打破了过去单纯依靠政府财政和车辆规费收入发展公路的体制束缚，吸引了社会资金和私营企业进入公路建设领域，按照“谁投资、谁受益”“谁使用、谁付费”的原则，既体现社会公平，也符合市场经济的要求，逐步形成了“国家投资、地方集资、社会融资、利用外资”的公路建设投融资模式，极大地加快了我国公路交通发展步伐。截至2009年底，我国的公路总里程已达386万公里，是1978年的4.3倍；高速公路里程从无到有，已达6.5万公里，与美国的差距在迅速缩小；二级以上公路里程已达42.4万公里，是1978年的35.3倍；全国公路高级、次高级路面铺装率达58.3%，而1978年仅为18%；全国农村公路达333.6万公里，比1978年增长了4.3倍；全国通公路的乡镇、建制村比例由90.5%和65.8%，分别增加到99.4%和96.3%；全国乡镇建制村通班车率分别达到98%和87.8%。公路交通的快速发展为促进经济社会发展、国土资源开发、产业优化布局、推动城乡一体化及提高人民生活水平等均做出了重要的贡献。

我国公路事业能够取得如此举世瞩目的成就，收费公路政策功不可没。20多年来，收费公路政策累计筹集了超过5万亿元的公路建设养护资金；现有公路网中，99%的高速公路、64%的一级公路以及46%的二级公路，都是依靠收费公路政策建设的。收费公路政策的实施，极大地加快了我国公路建设的步伐。1984年至1988年间，我国平均每年开工建设的收费公路项目在10个左右。1989年至1992年，平均每年新开工的收费公路项目增加到37个。沈大、京津塘、广深、济青、沪宁、成渝等一批高速公路项目相继开工建设。在收费公路政策的带动下，各地除利用国内银行、国外政府及国际金融组织贷款的信贷融资之外，还进行了中外合资经营、中外合作经营等直接融资以及资产证券化、收费公路经营权转让等融资方式的尝试，收费公路的融资规模和带动效应明显提高。

收费公路的发展实践证明，我国探索确立的收费公路政策，加快和促进了我国基础设施建设发展的步伐，是一个既更好地体现社会公平又符合市场经济要求的公路建设投融资体制。作为我国公路交通发展速度最快、规模最大、成就最为突出的时期，收费公路政策加速了我国公路交通基础设施的高等级化、网络化和跨越式发展。国际社会普遍认为，中国特色的收费公路政策是运用政策手段缓解资金约束、快速改善公路交通基础设施状况的成功经验。世界银行评价说："还没有任何其他国家，能够在如此短的时间内，大规模提高其道路资产基数。""这是了不起的成就"。我们走出了一条在世界现代交通史上前所未有的，有中国特色的公路交通发展之路。

（三）收费公路政策的完善

我国收费公路政策是借鉴发达国家经验，在法律、制度和经验相对缺失的背景下快速发展起来的。作为在交通基础设施领域的政策创新，收费公路经历了从探索到规范的发展过程。由于收费公路与众多使用者的利益息息相关，因而受到社会各界的广泛关注。在肯定收费公路所作出的历史性贡献的同时，也须以科学、客观的态度面对和解决所出现的问题，并通过政策的逐步调整与完善，最大限度地发挥其对促进社会发展的积极作用。

收费公路政策实施的20多年，正值我国经济社会转型期。进入新的发展阶段，在新的发展起点上来重新审视，收费公路政策在做出历史性贡献的同时，在政策实施过程中也出现了一些不容忽视的问题，主要有：一是过度依靠收费公路政策发展公路事业，导致收费公路规模较大、站点过密、收费标准偏高，在一定程度上增加了车辆通行费在公路运输成本构成中的比重，增加了群众的出行成本。二是收费公路管理主体多元化，政府行业主管部门难以实施有效的统一监管，少数经营性收费公路的经营企业为追求企业经济效益最大化，忽视公路的维护管理，导致收费公路的服务质量和运输效率下降，使得路网的完整性和公众利益受到一定程度的损害。三是二级收费公路还贷率偏低，具有潜在的债务风险。二级收费公路收费额总体仅能维持日常养护管理和偿还利息需要，部分省份甚至于不能保证还息、基本养护和日常管理资金的需要。四是部分地方收费公路资产管理及收费资金收支核算、使用等环节监管不到位，出现一些收费权转让及资金使用不规范的现象，违背了收费公路融资“取之于路、用之于路”的宗旨。

修订完善《收费公路管理条例》已经提到议事日程。在已经发布《经营性公路建设项目投资人招标投标管理规定》和《收费公路联网收费技术要求》的基础上，继续抓紧制订出台相关的收费公路法规、规章，逐步健全完善收费公路法规体系。同时，要坚持依法建设和管理收费公路，切实维护好公路使用者的合法权益，促进收费公路健康发展。当前的关键之一，是如何以科学发展观为指导，正面回应社会对于高速公路收费政策的广泛关注，推动坚持与完善公路收费政策的出台。

我们认为，我国公路交通发展的总体规划应该是要建立资金保障机制，理顺管理体制机制，调整法律法规等，加大工作力度，逐步形成以高速公路为主体的收费公路体系和以普通公路为主体的非收费公路体系格局。其中普通公路为主体的非收费体系，体现基本服务。按照公共服务均等化要求，政府的公共财政性投资要更多的投向国省道干线和农村公路的建设、改造与养护。按照统一管理、分层负责的原则，建立健全公路管理体制，继续推进公路养护运行机制改革，使有限的资金发挥最大的效益。高速公路为主体的收费体系，体现效率服务。要按照更多地利用社会资源，鼓励社会资本投资公共基础设施的要求，继续发挥收费公路政策效应，以政府购买服务，实施特许经营的发展理念，吸收社会资本投资建设以高速公路为主体的收费公路体系。按照“多元投资、统一管理”的原则，探索有效的收费公路管理的体制机制，既保护投资者的积极性，维护其合法权益，又充分保证路网运行的安全高效。就是说，坚持收费公路政策是我国构建“两个公路体系”的一个方面。为此，建议加快修订《收费公路管理条例》，消除建立两个公路体系的法规障碍。

二、坚持收费公路政策的基本依据

（一）确保公路作为社会公共产品的可持续发展，是施行高速公路为主体的收费公路政策的基本出发点。

公共产品本质属性是施行高速公路为主体的收费公路政策的基本依据。公路的本质属性是公共产品性质。具体表现在以下方面：

（1）公路资产的国家终极所有权属性。公路资产是依托于土地而形成的，土地的所有权属于国家，因此公路资产所有权属于国家，是国有资产。即使是利用社会资金建设或者转让经营权的高速公路和其他收费公路，其变动的只是公路的经营权而非公路的所有权，在特许的收费经营期满后，整个公路资产必须无偿交还国家。公路资产的国家终极所有权属性，决定高速公路和其他收费公路的经营管理政策必须明确建设权、经营权与所有权分离。

（2）公路资产价值影响因素的特殊性。公路呈带状分布，客观形成高速公路不同区间段的资产价值不同：一是由于不同区段土地开发成本、路基条件等自身因素的差异，造成公路资产形成的价值不同；二是由于不同区段周围的经济发展水平不同，造成公路资产所带来预期收入流不同。从而提出省、自治区、直辖市政府乃至中央政府有必要通过实施“统贷统还”的政策筹集与偿还高速公路和其他收费公路建设资金。

（3）道路、土地的合一性与长期性。公路资产的一个重要经济特征是道路必须依托于一定的土地。高速公路占用土地的开发成本不可避免地蕴含在高速公路资产价值之中，土地的使用价值也通过公路资产得以体现，二者在使用价值上存在相互依存的关系。高速公路和其他收费公路对于国有土地的这种使用权，包含了相当长时期对土地处置、收益、使用的权益。这是地方政府可以用相应的土地政策作为当地高速公路和其他收费公路建设投资的依据。

（4）公路资产的不可移动性与专用性。由于公路占用的土地不可移动，因此依附于土地之上的公路资产也是不可移动的。公路是由路基、路面、构造物和沿线设施组成，这些实物资产只能用来供汽车行驶服务，既不能移作他用，也不能转移到其他区域使用，一旦公路建成，投入到公路上的资本就“沉淀”下来，形成了巨大的“沉淀资本”，这是公路资产最显著的特征之一。公路资产位置的固定性与专用性，导致高速公路和其他收费公路运行管理中的地区性和垄断性。这个特性要求制订相关市场化政策（如公路经营权转让等）时需要格外慎重。简言之，公路作为公共产品的本质属性决定，应强化政府及公共财政在高速公路和其他收费公路发展中的主体责任。

美国是目前世界上最发达的市场经济国家，也是高速公路最发达的国家。美国于 20 世纪 90 年代初建成由高速公路构成的美国州际公路系统，其建设资金的主要来源是国家公路信托基金。1956 年，美国通过“联邦资助公路法”和“公路税收法”，决定征收各种公路交通税（如汽车燃油税、轮胎税、卡车购置税和重型车辆使用税等），设立了国家“公路信托基金”（Highway Trust Fund）。该基金由联邦财政部负责管理，并确定了联邦与各州在州际高速公路建设中的出资比例为 90∶10。就是说，联邦政府是州际高速公路建设的投资主体，州政府按规定比例配套相应资金。美国高速公路系统由联邦公路局统一规划，各州负责本辖区的项目实施及运营管理。德国作为国家高速公路网最早建成的国家，同样由联邦政府提供高速公路建设与养护资金，联邦交通部委托各州实施建设、养护和管理，各州再设高速公路管理局具体负责实施。美国与德国的做法清楚地表明，高速公路的本质属性是社会公共产品。

我国作为世界上最大的发展中国家，尚处在社会主义初级阶段，不可能如美国、德国那样由政府承担公路发展的全部资金。在总结国内外实践经验的基础上，国务院于1984年第54次常务会议做出“贷款修路、收费还贷”的重要决策。收费公路政策的实施，极大地加快了我国公路建设的步伐。

但是，在我国公路建设突飞猛进的进程中，关键的基础点被严重忽视，即收费公路政策并没有改变高速公路和其他收费公路的公共产品之本质属性。相反，公路的公共产品之本质属性决定，高速公路和其他收费公路的经营管理政策从整体和实质上必须是非营利性质的。公路即使经营，也不能遵循“谁投资，谁拥有，谁受益”的一般经济原则，而只能在一定限度内与一定程度上实行“谁投资，谁受益”原则。

2000年，我们在英国考察时了解到，英国也有利用社会与私人资金建设的高速公路。但是高速公路建成后并没有设立收费站，而是由英国政府所属的公路部门，经过对实际通过的车流量的测算，从燃油税中支付相应报酬。值得我们借鉴的是，英国高速公路投资者从中获得的只是微小的利润，国家和公众则获得最大的利益。即便如此，英国仍有社会与私人资金投向高速公路建设，因为没有投资风险。

我国的情况则不尽然。我们在四川省调研时，曾经专门对成渝高速公路成都段所成立的上市股份有限公司进行探讨。与会者的结论居然是：“高速公路上市得不偿失。”该公司一年的通行费高达10亿元，可谓很高，其中2亿元用于公路的管理与养护，另外8亿元只能放在账上。即使作为控股的四川高速公路集团公司也无法使之投入急需的高速公路建设上，原因是受到上市公司相关法律的限制。

海南高速公路集团股份有限公司的情况更发人深省。该公司是以海南东线高速公路的40亿元资产组建的。建设的债务完全由海南省交通运输厅负责偿还。公司上市后划归国资委管理，主要业务是房地产，其利润不能用于高速公路发展。相反，已经属于该公司“资产”的海南东线高速公路的养护经费，还需要再由海南省交通运输厅公路局划拨。致使海南西线高速公路建设时，海南高速公路集团股份有限公司竟没有参与其中。该公司负责人盼望回归交通运输行业。

此类情况在我国东部地区更是多有出现。

高速公路中的许多最优良资产就是在这种所谓的市场运作下被不恰当的剥离。

高速公路和其他收费公路必须回归公共产品属性。税费改革后，财权上收，地方交通6费变为国税，中央财政应负责为国家高速公路网的基本养护提供必要的返还资金；在建设方面，应强化各级政府在高速公路发展中的财政投入责任，提高与融资规模匹配的“偿还能力”。因此，必须解决“开源”问题。强化地方各级政府在高速公路发展中的财政投入责任，应该成为保证高速公路可持续发展的投融资体制机制的重要特色。当然，强化地方各级政府在高速公路和其他收费公路发展中的责任主体地位的同时，还应赋予并维护其相应的权利。

综上所述，我们想强调指出：公路作为公共产品的本质属性决定，高速公路和其他收费公路的经营管理政策从整体和全局上是非营利性质的。在我国乃至世界高速公路发展进程中，企业化与市场化的作用都是“有限”的，因之我国组建的高速公路集团有限公司的地位与作用也是“有限”的。从长远分析，只有通过强化政府及公共财政在高速公路建设与发展中的责任，才能根本解决资金问题。

（二）探索允许收费期满的高速公路继续收费是偿还高速公路发展中的巨额债务并筹集养护资金的最有效途径。

（1）高速公路发展进程中所积累的巨额债务是无法回避的问题，只有解决好积存的债务问题，高速公路才可持续发展。国家由于财力有限，陆续出台了征收养路费、收费还贷等一系列政策，促使我国交通在短短30年间发生了天翻地覆的变化，推动经济社会高速发展。但由于各级政府财政的投入不足，使得交通发展过度依赖养路费等规费收入所撬动的银行贷款，而收费还贷政策正是两者间的杠杆。如国道建设中央财政出资只占10%左右；国家高速公路网作为国家最重要的交通骨架网，它的建设也是依靠收费还贷公路政策和银行贷款。据国家开发银行网站公布，仅此一家至2008年就已经为公路建设贷款4900多亿元。据估算，我国高速公路发展进程中所积累的巨额债务可能高达4万亿元；如果加上普通公路的债务可能突破5万亿元。

我们在湖南省调研时，重点对湖南省政府还贷性高速公路效益进行了分析。1994—2009年间，湖南省已通车的政府还贷性速公路实际收取通行费收入245.87亿元，运营支出53.34亿元，可用于偿还本息的资金有192.53亿元；1994—2009年间还本付息共计253.49亿元，亏损60.96亿元。湖南省高速公路管理局对2010—2033年所有政府还贷性项目的效益进行了预测研究。其效益预测是假定目前在建高速公路项目全部在2012年底建成通车（至2012年底政府还贷性高速公路已建成通车总里程为3250公里），并对影响投资效益的 4 大因素（通行费收入、运营支出、还本付息金额、大修改造支出）进行了分析和测算。经测算，2010—2033 年预计可收取通行费收入 2808.12 亿元，运营支出 842.44 亿元，应归还本金 1224.44 亿元，应支付利息 942.72 亿元，大修改造经费 402.78 亿元（大修计划安排在 2018—2023 年），亏损将达 604.25 亿元。如果加上 2009 年底已经亏损 60.96 亿元，亏损额总计将达 665.21 亿元。

我们认为，湖南省高速公路管理局对政府还贷性项目效益所进行的预测，基本反映了中西部地区高速公路发展的债务状况。据调查，有的省债务状况更严重。如山西省，仅交通运输厅财务处在 2010 年初的公路债务就高达 1350 亿元。预计完成“十一五”规划建设任务后，山西省本级交通建设债务将达 2100 亿元。随着高速公路建设贷款的不断增加，贷款偿还高峰的来临，如何偿还债务成为必须认真解决的问题。

近年来，地方政府融资平台公司（指由地方政府及其部门和机构等通过财政拨款或注入土地、股权等资产设立，承担政府投资项目融资功能，并拥有独立法人资格的经济实体）通过举债融资，为地方经济和社会发展筹集资金，在加强基础设施建设以及应对国际金融危机冲击中发挥了积极作用。但与此同时，也出现了一些亟须高度关注的问题，主要是融资平台公司举债融资规模迅速膨胀，运作不够规范；地方政府违规或变相提供担保，偿债风险日益加大；部分银行业金融机构风险意识薄弱，对融资平台公司信贷管理缺失等。为有效防范财政金融风险，加强对地方政府融资平台公司管理，保持经济持续健康发展和社会稳定，《国务院关于加强地方政府融资平台公司管理有关问题的通知》（国发〔2010〕19 号）指出：“要研究建立地方政府债务规模管理和风险预警机制，将地方政府债务收支纳入预算管理，逐步形成与社会主义市场经济体制相适应、管理规范、运行高效的地方政府举债融资机制。”

（2）探索制订允许收费期满的高速公路继续收费的政策。高速公路和其他收费公路的收费年限日益迫近，公路收费政策取向受到社会的广泛关注。收费公路政策关于收费公路期限设定时对建设资金债务偿还、路网长期养护资金需求和资金来源统筹考虑不足，一旦到期停止收费，高速公路和其他收费公路所面临的资金债务、偿还难题将远远超过目前的情况。对此，必须未雨绸缪，研究创新以高速公路为主的收费公路体系的相关政策，探索制订允许收费期满的高速公路继续收费以偿还债务并筹集养护资金的政策。

2010 年，我国公路总里程达到 395 万公里，其中高速公路将突破 7 万公里，二级及以上公路超过 45 万公里；农村公路达到 345 万公里，实现中央提出的“十一五”农村公路建设目标；公路网络进一步优化，以高速公路为骨架的干线公路网基本形成。到 2015 年，基本建成国家高速公路网；公路网总里程达到 450 万公里，高速公路总里程达到 10 万公里。

为保证高速公路可持续发展，必须继续实行并完善收费公路筹资政策。按照“总量控制、严格准许、公开透明、动态监控”的原则，发展以高速公路为主的收费公路体系，同时探索允许收费期满的高速公路继续按低费率收费以筹集养护资金，并将延长年限带来的未来预期收入，用于普通公路滚动发展的融资担保，细化并进一步落实好统贷统还政策。

延长（或取消）高速公路收费期限，是从根本上解决高速公路发展进程中所积累的巨额债务的最现实、最有效的措施。

我国公路的可持续发展需要坚持收费政策。使用者付费是世界上多数国家在公路发展中普遍采用的政策，收费公路政策也将是我国在高速公路发展中必须长期坚持的一项政策。公路交通基础设施具有整体性和网络性，建设投资巨大，而且需要长期的管理和维护。其固有的社会公益性基础设施功能决定了政府投资必须发挥主导作用。但在公共财政力量严重不足的情况下，通过收费权的特许经营，以市场化的融资手段，吸收社会资本投资公路建设，建设收费公路，弥补政府投资能力不足，是政府鼓励交通基础设施建设发展的应有政策。政府通过车辆用户缴纳税费等方式支付高速公路基础设施建设和运行成本的方式，是当今世界上绝大部分国家制订公路税费规则的主要特征，如国际上通行由车辆用户支付燃油税、重量里程税、车辆购置税、车辆轮胎等配件材料与易耗品的消费税、车辆使用税、汽车驾驶人执照税及车辆通行费等多种税费方式。实践当中，各国往往根据其道路支出需求、道路使用者偏好、税费征管能力等多方面因素确定一个适合本国实际的税费体系。但无论采用何种税费体系组合模式，使用者都是道路成本的最终承担者。

目前，全世界约有60个国家已经把收取道路通行费纳入回收道路成本的税费体系中 。经过20世纪90年代的快速发展，目前世界范围内的收费公路已具相当规模，特别是高速公路有相当高的比例是收费公路。一些发展中国家的高速公路基本上全是收费公路，如印度尼西亚、阿根廷、墨西哥等。在一些发达国家，其高速公路中收费公路的比重也较高，如日本为61%，意大利为86%，法国为42%。收费公路通行费收入已经成为很多国家公路部门的重要资金来源，如挪威收费公路收入已经占公路总预算的32%，而西班牙这一比例更是高达46%。近期美国、德国、俄罗斯、瑞士等国家正逐步在更大范围内推广使用收费公路政策，以筹措更多公路建设和养护资金，并利用这一政策调节交通量分布、优化出行方式。此外，在印度以及东亚、拉美和非洲一些发展中国家，收费公路政策也普遍成为高等级公路建设资金筹措的主要融资方式。

这里，需要研究关于高速公路集团有限公司的负债率问题。课题组经过对我国中西部地区若干省的调研，高速公路建设的负债率普遍在80%左右。所以，我们很赞赏重庆市政府提出的高速公路建设两个基本面的政策，即保证高速公路建设中资本金占30%，负债率控制在70%。目前，社会上普遍形成的看法是“高速公路公司赚了很多钱”，强烈要求取消高速公路收费。而高速公路公司应该是非盈利实际上也是非盈利甚至于是负盈利的企业。如果硬要把它打扮成经营很好的盈利企业，只会误导社会舆论，强化“高速公路公司赚了很多钱”的错误认识。这在客观上给研究探索允许收费期满的高速公路继续收费以偿还债务并筹集养护资金的政策设置了障碍。

建议各地在研究制订高速公路可持续发展政策时，充分考虑如何与中央政府可能出台的关于延长高速公路收费政策的对接。

三、收费公路体系和不收费公路体系并举的总体思路

“十二五”期是深入应对金融危机的关键时期，是调整经济结构、转变发展方式的重要时期，是发展现代交通运输业的重点时期。到2015年，公路交通基础设施总量进一步增加，基础设施网络更加完善，养护管理能力显著增强；运输装备现代化进一步提高，运输结构更加合理，运输服务的效率和质量显著提升；安全和应急保障能力显著增强；资源利用效率、节能环保水平明显提高，形成“能力适应、服务优良、安全环保、保障有效”的公路交通运输系统，基本适应国民经济和社会发展的需要。

主要指标包括：继续加强高速公路建设，基本建成国家高速公路网。公路网总里程达到450万公里，高速公路总里程达到10万公里。重点加强国、省干线建设，国、省道连接所有县级及以上城市。二级及以上公路里程达到65万公里；国、省道中二级及以上公路比例达到80%以上。继续帮扶农村公路建设，完善农村公路整体水平

和服务能力，西部地区建制村通沥青（水泥）路比率明显提高。农村公路里程达到390万公里。

为此，需要继续加快公路交通基础设施建设。扩大公路网规模总量，提高公路网的覆盖与通达能力，优化公路网布局，完善国家公路、省区市公路和农村公路三个层次路网，统筹发展收费公路体系和不收费公路体系。构建国家公路系统，重点推进国家高速公路建设和普通国道升级改造，将省际和区域间重要的地方高速公路纳入国家公路系统建设；优化完善省级公路网布局，扩大覆盖范围，提高整体技术水平；完善和提高农村公路整体水平，重点推进西部地区具备条件的建制村通沥青（水泥）路建设。同时要致力于加强公路养护管理。完善公路养护管理政策法规体系，规范收费公路管理，加大养护力度，提高养护技术水平，建立科学合理的公路养护市场管理体系，提高路网畅通水平。

从政策措施方面，要完善国家公路网规划体系。完善公路发展规划，理顺公路交通发展的中央和地方事权，进一步明确公路建设投资、运营管理导向，逐步形成层次清晰、功能完善、权责分明的公路网系统。该系统主要包括国家公路、省级公路和农村公路三个层次。调整国家高速公路和普通国道，形成以国家高速公路为主骨架、以普通国道为补充的国家公路系统。在国家公路系统框架下，推动各地开展本省（区、市）公路系统的规划工作，形成我国公路网的第二层次即省级公路体系。农村公路作为我国公路网的第三层次，由县道、乡道和村道构成。尽快完成各层次公路系统规划的完善工作，并以规划为指导，科学推进各层次公路系统建设，进一步优化我国公路网布局，提高运营效率和服务水平。

深化公路发展体制机制改革，推进收费公路体系和不收费公路体系建设。按照层级清晰、权责对等的原则，探索建立“三个层次两级管理”的模式。国家公路系统的建设、养护、运营、管理属中央事权，委托省里实施。省级交通运输主管部门下设公路管理机构，对国家公路系统和省级公路系统实行统筹管理，垂直到市。农村公路由县乡人民政府负责，实行省里指导、以县为主的管理体制。在此前提下，要理顺高速公路管理体制，逐步建立和完善以省级行政区划为单位的“一厅一局”高速公路行政管理体系，对经营性收费高速公路建立完善特许经营制度。

继续坚持并进一步完善“国家投资、地方筹资、社会融资、利用外资”的良好机制，逐步建立公共财政框架下的多渠道融资机制，加大公共财政资金比重，形成促进交通运输可持续发展的资金保障机制。

继续实行并完善收费公路筹资政策。按照“总量控制、严格准许、公开透明、动态监控”的原则，发展以高速公路为主的收费公路体系，同时探索允许收费期满的高速公路继续按低费率收费以筹集养护资金，并将延长年限带来的未来预期收入，用于普通公路滚动发展的融资担保，细化并进一步落实好统贷统还政策。

加大政府财政投入，加快以普通公路为主体的不收费公路体系的发展，逐步形成以公共财政投入为主、各级政府责任清晰、财力和事权相匹配的投融资长效机制。努力拓宽融资渠道，探索建立国家和省级层面的公路发展基金，研究开征新专项税种，提高燃油税返还比例，保障普通公路建设和正常养护资金需求。公路交通发展的总体思路体现了三个方面的特点：一是体现了“十二五”期国家发展战略和经济社会发展的要求；二是体现了“十二五”期公路交通运输发展的阶段性特征和自身发展要求；三是体现了从公路交通建设规划向公路交通运输行业发展规划的转变，规划基本涵盖了公路交通运输发展的各个方面。

四、发达国家收费公路政策的借鉴

公路交通基础设施具有整体性和网络性，建设投资巨大，而且需要长期的管理和维护。其固有的社会公益性基础设施功能，决定了政府投资必须发挥主导作用。通过收费权的特许经营，以市场化的融资手段，吸收社会资本投资公路建设，建设收费公路，弥补政府投资能力不足，是政府鼓励交通基础设施建设发展的一个有效途径。

（一）国外收费公路政策的主要内容

前面已经概括地介绍，目前全世界约有 60 个国家已经把收取道路通行费纳入回收道路成本的税费体系中。经过 20 世纪 90 年代的快速发展，目前世界范围内的收费公路已具相当规模，特别是高速公路有相当高的比例是收费公路。一些发展中国家的高速公路基本上全是收费公路，如印度尼西亚、阿根廷、墨西哥等。在一些发达国家，其高速公路中收费公路的比重也较高，如日本为 61%，意大利为 86%，法国为 42%。收费公路通行费收入已经成为很多国家公路部门的重要资金来源，如挪威收费公路收入已经占公路总预算的 32%，而西班牙这一比例更是高达 46%。近期美国、德国、俄罗斯、瑞士等国家还逐步在更大范围内推广使用收费公路政策，以筹措更多公路建设和养护资金，并利用这一政策调节交通量分布、优化出行方式。此外，在印度以及东亚、拉美和非洲一些发展中国家，收费公路政策也在普遍成为高等级公路建设资金筹措的主要融资方式。

1. 美国

美国拥有当今世界上规模最大、功能最完善的公路网。截至 2001 年底，公路总里程达到 635 万公里，其中高速公路 9 万公里。

20世纪20年代，美国第一条高速公路在纽约建成，但高速公路的大规模修建则是在50年代以后。特别是1956年《联邦资助公路法》颁布后，按高速公路标准规划设计的“州际与国防公路系统”建设资金有了保障，高速公路进入了大规模建设阶段。这种快速增长态势一直延续到1980年。其资金投入占同期国内生产总值（GDP）的比例均在1.5%以上。1956—1970年间，美国公路投资规模占全社会固定资产投资总规模的比重在10%左右，明显高于其他时期6%～8%的水平。美国的公路建设和管理体制是联邦资助、地方所有的分权式体制，即由联邦政府资助各州境内州际公路项目的建设，建成后由各州进行管理和养护。联邦资助是美国发展高速公路的主要资金来源，一般情况下联邦政府资金在项目投资中占90%左右，州政府资金占10%。

美国的收费公路只在部分州存在，其建设资金主要来自非政府渠道，融资方式也多种多样，主要是公路债券，均由州及地方政府根据项目建设的需要发行。购买债券的资金，包括私人资金、银行资金、非银行金融机构（如信托投资公司、保险公司等）资金以及国外资金等。加利福尼亚州和佛罗里达州的奥兰多，利用发行债券的方式修建了若干条高速公路。有的州采用BOT融资方式筹集资金建设收费公路，如1995年9月弗吉尼亚州建成的杜勒斯国际机场至利斯堡收费高速公路，全长25.4公里，总投资3.24亿美元，全部通过私人银行和保险公司融资，州政府不做任何担保，经营期为42.5年，期间不得提高收费标准。1999年1月，美国收费高速公路7588公里，约占州际高速公路网的3.7%。

2. 英国

自1919年颁布道路法以来，英国实行国家预算拨款制，随后又建立了道路建设基金来资助收费公路，该基金由汽车牌照税和燃油税组成。1989 年，英国政府出台了两个文件即“通往繁荣之路”和“新手段建设新道路”，宣布政府将更为直接地允许私人集资建设和管理道路。此后英国吸引非政府渠道资金的收费公路项目逐渐增多，融资方式除了推行 BOT 以外，还出现了将高速公路的经营权进行有偿转让及多种 BOT 衍生形式。目前已有 4 个高速公路项目，总造价为 6 亿美元的工程，正在运用 DBFO（设计、建设、融资和运营）方式运作。

3. 澳大利亚

澳大利亚的做法类似于美国，对收费公路实行了国家设立专项基金资助制度。1989 年建立了由汽油附加税和柴油税组成的“道路信托基金”，依据《ABRD 信托基金法》用于国家干线公路、城市干线、乡村干道、地方道路项目建设。近年来，澳大利亚也出现了 BOT 融资方式，政府对收费公路吸引非政府渠道资金的趋势持肯定态度，并在积极地参与、引导和规范。

4. 法国

法国于 1955 年颁布了旨在建立收费公路新体制的“高速公路法”。1969 年又对“高速公路法”进行了修订，目的是吸引更多的资金，特别是私人资本投资高速收费公路。1982 年法国政府决定，对特许经营高速公路的融资和管理制度进行改革，表现出政府对高速公路管理观念的转变，即从重视个别地段的高速公路，转变到重视某一家特许公司的所有高速公路项目，并最终转变到重视整个高速公路特许经营事业。法国高速公路特许经营公司的资金来源，主要由公司自有资金、发行公债取得的资金、中央政府给予的预付款和地方政府给予的无偿补助金构成。

5. 日本

日本 1952 年制订了《道路建设特别措施法》，建立了由国家及金融机构贷款建设公路，并在开通后收取通行费偿还贷款的收费公路制度。最初实行这项制度的是国家和地方公共性组织，后来为更广泛地吸引民间资金，日本开始设立能够综合有效地经营收费高速公路的专门机构，即1956年成立的日本道路公团。目前日本高速公路的资金来源主要靠贷款和政府发行国内外建设债券。2005年日本将道路公团由4个公司改组为6个，分别负责不同区域的高速公路的建设、管理、融资及还债，经营期45年。

6. 西班牙

1967年西班牙政府提出了《国家高速公路计划》，并向第一批高速公路公司授予特许经营权。1972年10月正式通过了以特许经营方式进行高速收费公路、养护和运营的法律。西班牙高速公路特许经营公司的资金，主要来源于国家投入的公共资本、国际国内贷款和特许经营公司自有资金。1973年的经济危机使西班牙政府对特许公司的管理发生了一些变化，成立了国家高速公路公司。该公司除接收私营特许公司外，还为政府直接参与收费高速公路提供了一个新机制。通过新机制，国家和私营企业可以用共同参股的形式建立公私混合型的特许公司，使收费高速公路有效地获得国家预算的资助。另外，西班牙的收费公路非常重视发行债券的融资方式，其整个收费高速公路网的投资中，债券资金约占41.2%。

（二）国外收费公路政策经验启示

以上几个典型国家收费公路融资活动发展的经验，对我国收费公路融资工作重要启示如下：

（1）特许经营普遍。引进特许经营机制，实行收费公路政策是国外总的发展趋势。其目的是更有效地在国内外金融市场上筹集资金，特别是吸引私人资本，不仅有为高速公路筹集建设资金的目的，也有在基础设施建设中引入市场机制，提高建设和管理效率，降低成本，改善服务的目的。

（2）发行债券融资。发行收费公路债券是各国筹集建设资金运用较多、筹资比例较大的一种融资方式。国外收费公路融资把向资本市场融资的重点放在了债券市场，并取得很大成功。这说明发行债券是比较适合收费公路的一种有效的融资方式。这种做法值得借鉴。

（3）配套体制完善。收费公路融资渠道的拓展程度与收费公路管理体制和投融资体制密切相关。各国收费公路融资渠道和方式因管理体制不同而异。在不同的体制下，政府渠道投入收费公路的资金比例不同，收费公路对非政府渠道融资的依赖程度也就不同。建立有效的收费公路管理体制和投融资体制，是进行市场融资活动的需要和保障。

（4）重视政府作用。对政府在公路这样的基础设施建设中应发挥怎样的作用和应实现怎样的政府职能，国外比我国认识得更为深刻。无论哪个国家，政府在收费公路投融资活动中都始终发挥着规范、引导和调控作用。一是政府可以通过法律手段为融资活动创造一个有利的外部环境。完备的法律制度，不仅可以为公路公司的经营活动提供充分的保障，而且一个规范的法律环境的形成，可以更有效地吸引大量的私人资本，拓宽融资渠道。二是政府通过制定优惠政策来为收费公路融资营造一个有利的投资环境和良好的社会氛围。例如在美国，允许外国公司在美筹集资金，发行私有股票，并规定投资者购买的公路债券享受免税待遇。三是政府通过经济手段保证收费公路融资活动的顺利实施。当高速公路公司经营困难、发生危机时，政府有责任进行财政干预，使高速公路的运行和维护继续得到可靠的保障。1982 年法国政府决定，对采取特许经营方式的高速公路融资和管理制度进行改革，其中包括通过收购股权，将发生亏损的私营特许公司转变为半国有公司，即利用国家担保解除其财政危机。

（5）发展规律趋同。在建设现代化公路网的高潮期，许多国家都存在资金紧张的矛盾。为了筹集建设资金，政府采取了借款修路、收费偿还的办法。随着路网的建成，在税收收入增加、开支相应减少和还清债务的条件下，收费公路降温。有些国家（如美国）将收费公路转为免费；有些国家继续收费，但不断改善收费质量，发展效率高、速度快的收费手段，并将收费收入用于公路交通总体、持续发展。

五、《收费公路管理条例》修订的若干建议

（一）我国高速公路可持续发展需要坚持与完善收费政策

作为世界上最大的、人口最多的发展中国家，长期以来，我国交通基础设施建设面临巨大的财政压力。但自1985年以来，我国用于公路建设的投资累计超过5万亿元。截至2006年底，我国公路网总里程达到345.7万公里，建成高速公路4.5万公里，全国公路路网密度提高了近3倍，二级以上高等级公路在公路网中的比例提高了7倍。公路交通基础设施能够在20余年时间取得如此举世瞩目的成绩，“贷款修路、收费还贷”以及多元化公路筹融资政策发挥了重要作用。目前，99%的高速公路、64%的一级公路、46%的二级公路都是依靠收费公路政策建设的。国际社会普遍认为，中国收费公路政策是通过政策创新缓解资金约束、快速改善公路交通基础设施状况的成功经验。

我国公路交通基础设施的快速发展，对于统筹城乡发展、区域

发展、经济社会发展、人与自然和谐发展、国内发展与对外开放都发挥了不可估量的深远作用。但是，由于收费公路是我国改革开放后，在公路交通严重制约国民经济和社会发展，而且相关法律和制度建设相对缺失的情况下，借鉴发达国家先进经验发展起来的。因此，收费公路的发展在很大程度上是边探索、边实践、边规范的过程。随着收费公路规模的不断扩大，收费公路政策在实践发展中也出现了一些困难和问题。对此，需要在确保收费公路政策连续性的同时，不断调整发展方向，最大限度地发挥这项政策的积极作用，最大限度地减少其负面影响。

使用者付费是世界上多数国家在公路发展中普遍采用的政策，收费公路政策也将是我国在公路交通发展中必须长期坚持的一项政策。只有在科学发展观指导下，不断完善和坚持这项政策，才能更好、更持久地支持公路交通事业的发展，使公路交通更好地服务国民经济和社会发展全局、更好地服务人民群众的安全便捷出行、更好地服务社会主义新农村建设。

1. 公路交通的可持续发展需要坚持收费公路政策

公路交通基础设施具有整体性和网络性，建设投资巨大，而且需要长期的管理和维护。其固有的社会公益性基础设施功能决定了政府投资必须发挥主导作用。但通过收费权的特许经营，以市场化的融资手段，吸收社会资本投资公路建设，建设收费公路，弥补政府投资能力不足，已经实践证明是政府鼓励交通基础设施建设发展的有效措施。政府通过车辆用户缴纳税费等方式支付公路交通基础设施建设和运行成本的方式，是当今世界上绝大部分国家制订公路税费规则的主要特征，如国际上通行由车辆用户支付燃油税、质量里程税、车辆购置税、车辆轮胎等配件材料与易耗品的消费税、车辆使用税、汽车驾驶人执照税及车辆通行费等多种税费方式。实践当中，各国往往根据其道路支出需求、道路使用者偏好、税费征管能力等多方面因素确定一个适合本国实际的税费体系。但无论采用何种税费体系组合模式，使用者都是道路成本的最终承担者。

需要重申，目前全世界约有60个国家已经把收取道路通行费纳入回收道路成本的税费体系中。经过20世纪90年代的快速发展，目前世界范围内的收费公路已具相当规模，特别是高速公路有相当高的比例是收费公路。一些发展中国家的高速公路基本上全是收费公路，如印度尼西亚、阿根廷、墨西哥等；在一些发达国家，其高速公路中收费公路的比重也较高，如日本为61%，意大利为86%，法国为42%。收费公路通行费收入已经成为很多国家公路部门的重要资金来源，如挪威收费公路收入已经占公路总预算的32%，而西班牙这一比例更是高达46%。近期美国、德国、俄罗斯、瑞士等国家还正逐步在更大范围内推广使用收费公路政策，以筹措更多公路建设和养护资金，并利用这一政策调节交通量分布、优化出行方式。此外，在印度以及东亚、拉美和非洲一些发展中国家，收费公路政策也在普遍成为高等级公路建设资金筹措的主要融资方式。

就我国的公路交通基础设施现状而言，国家高速公路网中仍有部分路段在建或尚未开工建设；国道中三级以下公路（含三级）里程仍占有国道总里程的20%，省道中这一比例则更高；国省干线中还有3万多公里的公路为砂石路面；有11%的国道处于拥挤状态。随着全面建设小康社会目标的逐步实现，公路交通基础设施将面临提高通达深度、扩大通行能力、加强养护管理、改善服务质量的多重压力，这都需要有巨大的资金保障。在我国经济社会发展的现有条件下，综合研究表明，在今后一个相当长的时期内，收费公路政策仍是我国筹集公路交通基础设施建设资金的主要渠道和保障交通行业健康发展的重大政策。

2. 以科学发展观为指导不断完善收费公路政策

当前和今后一个时期，完善收费公路发展政策的总体要求是：以科学发展观为指导，深入贯彻落实党的十七大精神，按照“调整结构，控制规模；撤并站点，统贷统还；降低标准，延长期限；政府主导，严格监管”的总体思路，着力解决收费公路与经济社会发展和人民出行需求多样化不相适应的矛盾，实现更加可持续发展的、更高水平的货畅其流、人便于行的交通运输服务。

（1）实行总量控制，减少收费公路规模。根据《收费公路管理条例》，公路发展应当以坚持非收费公路为主，适当发展收费公路。加快推进公路投资管理体制改革，加大各级财政对公路建设的投资力度，优化公路建设投资结构，防范债务风险。同时，对收费公路严格实行总量控制，最终实现收费公路主要集中在高速公路、部分一级公路以及中西部地区少量的二级公路的目标。

（2）逐步撤并二级公路收费站点。燃油税费改革前，二级收费公路及其收费站点均占收费公路总量的61%左右，而收费额仅占14%，收费还贷率普遍较低。这些站点大都分布在城乡居民频繁使用的区域，与当地经济发展和居民生产生活的矛盾日益突出。按照抓点带面的工作思路，燃油税费改革初期首先以东部地区为突破口，逐步撤并二级公路收费站点，从根本上解决收费公路规模和债务过大的问题。同时，进一步明确“统贷统还”制度的内涵与政策界限，在更大范围内组织推广，优化收费站点布局，减少收费站点数量，理顺收费公路管理体制，建立高速公路与普通公路统筹发展机制。

（3）规范收费公路权益转让行为。制订《收费公路权益转让办法》，完善相关配套措施，在严格依法界定政府还贷收费公路和经营性收费公路的基础上，进一步规范收费公路经营权转让行为。

（4）强化车辆通行费收支管理。按照公共财政的基本原则，规范车辆通行费的使用管理。制订《收费公路车辆通行费及权益收支管理办法》，加强社会监督，严肃财经纪律，规范车辆通行费的使用管理。进一步完善收费公路价格决策听证制度，降低收费标准，调整收费期限。调整完善公路成本回收定价制度，从严控制收费公路债务，逐步化解债务风险。

（5）提高收费公路服务水平。积极推进高速公路联网收费，全面实现高速公路省内实现“一卡通”付费的目标。推广不停车收费技术，提高车辆通行效率。建立收费公路养护维修保证金制度，加强收费公路养护管理，确保良好的路况水平。兼顾效率与公平，加强农村公路建设和路网改造工作力度，为道路使用者提供更多的不收费公路，增加出行选择机会。

（6）健全收费公路的法规体系。进一步修订完善《收费公路管理条例》，在已经发布《经营性公路建设项目投资人招标投标管理规定》和《收费公路联网收费技术要求》的基础上，继续抓紧制定出台相关的收费公路法规、规章，逐步健全完善收费公路法规体系。同时，要坚持依法建设和管理收费公路，切实维护好公路使用者的合法权益，促进收费公路健康发展。

（二）完善高速公路收费政策需要解决的相关问题

1. 目前收费公路政策存在的问题及原因分析

（1）存在问题

收费公路建设初期，公路设施严重匮乏，技术等级普遍偏低，全国很多地方为建成一条二级公路而欢欣鼓舞，人们把二级路收费看作理所当然。现在高速公路纵横交错，高速公路作为体现级差效益的公路进行收费，人们心理上能够接受，当年的二级路收费变成难以接受，人们逐渐地嫌弃收费站多、钱多、时间长。社会舆论认为我国收费公路主要有以下缺点：

①收费公路规模大。据对世界范围内20多个国家和地区实行包括普通公路在内的收费公路的统计，总里程约30万公里，其中我国占到约70%。欧美国家收费公路占公路总里程的比例相对较小，如意大利、日本、法国分别为1.8%、1%、0.7%，而我国2008年的比例为5.8%。欧美国家的一、二级公路几乎不收费，只有高速公路才收费，如美国的高速公路9万公里，只有约8000公里收费；法国高速公路约8300公里，约7000公里收费；西班牙则规定，修建收费公路时必须保证有一条并行的不收费公路，保证公民选择是否使用收费公路的出行权利。“十五”期间，全国新增的二级以上公路60%以上为收费公路，云南、四川、黑龙江、重庆等省（市）收费公路占二级以上公路的比例均超过了80%。根据《国务院关于实施成品油价格和税费改革的通知》（国发〔2008〕37号）要求，自2009年1月1日起，逐步有序取消政府还贷二级公路收费。政府还贷二级公路收费全部取消后，全国可减少收费公路里程约10万里。

②收费站点多。由于我国收费公路总体规模大，又主要集中在规模小、投资主体多元的一二级公路项目，加上一些地方收费站（点）审批管理不严，造成公路沿线收费站（点）过多过密，严重影响了车辆的正常通行，社会反映强烈。2008年底全国收费站点约3900个。近年来，各级政府和交通部门采取行政手段和经济手段相结合，加强收费公路管理和治理公路“三乱”工作，实施高速公路联网收费，改革收费管理体制等一系列手段来调整撤并站点，但收费站过多过密的现象并未得到根本解决。政府还贷二级公路收费全部取消后，全国可取消收费站1900个，约占总数的一半。

③收费标准高。我国公路收费率平均为0.42元（小汽车），与

发达国家同比价格水平基本相当；若按经济发展水平相比较，我国公路收费率明显偏高，超出普通百姓的经济承受能力。

（2）原因分析

我国收费公路规模大、收费站点多、收费标准高的原因，主要有以下两点：

①公共财政的公路建设责任意识淡化。公路基础设施以为社会发展提供普遍服务目的，其公共产品性决定了需由政府统一提供和安排，即便是一些高等级公路具有一定的可经营性，但其公益属性决定了仍需要国家的大力投入，仍需要政府在公路建设中承担主体责任。政府在财力不足、公路建设压力大的情况下，采取了“贷款修路、收费还贷”的政策，只是特殊时期的权宜之策，公路收费不应成为政府建设公路的普遍政策。《中华人民共和国公路法》规定：“国家允许依法设立收费公路，同时对收费公路的数量进行控制”。《收费公路管理条例》规定：“公路发展应当坚持非收费公路为主，适当发展收费公路”。实际发展过程中，公共财政的公路建设责任被淡化，收费公路政策被各地“过度”运用，且收费与还贷被严格地对等关联在一起。哪怕是在经济发达、财力状况较好的地区，也过度运用收费公路政策，似乎政府永远可以借口“财力有限”，推脱对公路建设的支出责任。一些地方不顾经济实际发展需要和经济承受力，一味地举债建设，投资过大，对银行贷款过度依赖，导致收费公路成为财政风险与金融风险间的缓冲器。1996 年收费公路资金中来自中央和地方各级政府的财政投入占 69.7%，2007 年下降至 37.5%，2008 年约 30%，2010 年又降至 20%。政府的投资比例下降，与这几年收费公路投资大幅度增长形成了鲜明的对比。

②资本金比例偏小，收费年限设置偏短。收费标准受到工程投资、公路级差效益、投资回收期限、地区经济发展水平、公路用户

经济承受能力等因素影响，其中主要受到收费年限的影响。国家最初规定公路项目建设资本金率为35%（1996年8月国务院关于固定资产投资项目实行资本金制度的通知），其余65%可为贷款。资本金所占比例偏小，尤其中西部等不发达地区资本金已经降至20%，造成还款金额巨大。另外，国家规定收费公路收费年限一般为20～30年，远远短于国外的45～99年，要想在短期内收回巨额投资，必然采用相对较高的收费标准。如湖北省的一条新建高速公路的每公里收费已经高达一元以上。

2. 对收费公路经营性的再认识

（1）关于经营性收费公路的性质

根据《收费公路管理条例》第十条规定：收费公路分为政府还贷公路，即县级以上地方人民政府交通运输主管部门利用贷款或者向企业、个人有偿集资建设的公路；和经营性收费公路，即国内外经济组织投资建设或者依照公路法的规定转让政府还贷公路收费权的公路。

不论政府收费还贷公路还是经营性收费公路，建设的缘由都是为了解决建设资金不足的问题。两者的区别，前者公路建设资金来源于政府投资和以政府出面借的贷款或集资款，属于政府行为，收费的目的是偿还贷款或集资，收费的性质是行政事业，免缴营业税和所得税；后者是利用社会资本和贷款修建的公路，收费的目的是为了收回投资并获取盈利，收费的性质是企业经营，按章缴纳营业税和所得税，具有趋利性质。

（2）经营性收费公路存在问题

近年来全国各地的建设实践表明，经营性收费公路存在诸多问题。303国道锡林浩特至赤峰界是一条采取BOT模式的经营性收费公路，破损严重。但经营者却拒绝对公路进行维修，同时继续收费。

政府所属的公路交通运输部门只好动用公共财政维修公路。我们在实地调研时发现，经营者当年建路时的路基就不合格，现在却在政府准备回购时索要高价。其实，当地公路交通管理部门早已发现问题并采取了力所能及的措施。之所以无法切实有效监管，主要原因还是缺乏相关的法律法规与必要的执法手段。

一是从行业管理方面看，高速公路产品是一种具有一定程度垄断性的公共产品，经营管理高速公路的机构，既不能完全等同于普通企业，也不等同于事业单位和政府机构，而应该是一种特许性机构。《收费公路管理条例》定义了经营性收费公路和政府还贷性公路，但没有涉及收费高速公路监管主体及监管内容，也没有定义具体管理运营两类公路的主体。所以，我国现行做法是把管理收费还贷公路的机构按照事业单位对待，把管理经营性收费高速公路的机构等同于普通企业进行管理。这种管理方式，对经营主体的性质定位不准，造成了新的“政、事、企”不分和“企政不分”问题。具体表现在：①高速公路经营主体没有完全的产品（通行费价格）定价权，但却要按一般公司履行同样的纳税义务，权利义务不对等有失公平原则。②没有把高速公路经营企业作为特许企业进行监管，因而高速公路经营主体，为追求经济利益最大化，往往忽视道路的维护，也很难主动增加投入以保证道路安全、通畅。

二是从经济行为方面看，首先，合理回报难以合理。《中华人民共和国公路法》规定，经营收费以收回投资并有合理回报为原则，但在实际操作中缺乏对合理回报的具体指导与界定，存在较大的自由裁量权的空间，收费期限测算缺乏科学性，审批项目的实际收费期限基本都在国家规定的最高年限30年附近，有的甚至还超出最高限。其次，经营性收费公路投资容易变为投机。一些投资者通过股权收购方式，实现公路经营权转让，造成公路资产流失；一些利用小部分自有资金获得经营权，再将经营权转让变卖，获得高额的回报，将企业经营的风险转嫁为金融风险。

三是从路网建设方面看，公路交通的网络性、规模性特征，决定了公路只有成网才能最大限度地发挥效益，但由于区域经济发展的不平衡以及我国地理条件的差异，总有一些公路车流量多，而另外一些公路车流量少。车流量相对较多的公路普遍建设时间较早，由于经济效益好，社会资本投入的积极性高，项目容易融资和经营，而多数成为经营性公路。建设难度较大、投资高、车流量相对较小的公路，社会功能同等重要，却“无人问津”，政府不得不投资建设，即为收费还贷公路。

（3）加强经营性收费公路的管理

我们认为，公路交通的公共产品基本属性，决定了其应主要由政府提供建设资金。即使为了解决建设资金不足的问题，产生了政府收费还贷公路和经营性收费公路，公路的公共产品基本属性也不应因投资主体的不同而改变。政府投资建设公路基础设施，既不是为了获得自身的财务回报，也不是简单地为了实现公路资产的“保值增值”，而更多的是为了提供普遍的社会服务，通过提供低成本高效率的运输服务环境，以更好地体现社会效益，促进社会经济的协调发展。政府应加大公路交通投入，绝对不应把公路特许经营企业等同于一般商业企业，收取营业税和所得税，绝对不应把收费效益好的高速公路项目，通过资产无偿划拨形式组建成为国有公司，用来上市圈钱或被国有资产管理部门收编，增强公路的“经营性”。

进一步讲，应当把吸引社会资本，限制在“借贷还贷或入股分红”层面，如同规划阶段一样，建设、养护等均由政府或政府委托的专业化公里实施，淡化公路“经营性”。应当停止建设经营性收费公路，逐步回收已经实施的经营性收费公路权益，严格控制权益转让。据2008年12月19日“21世纪经济报道”，上海市政府已经决定对本市公路投融资和建设管理体制进行改革，此后上海的高速公路建设将不再招商建设经营性公路，全部改为政府收费还贷公路，并由上海市城市建设投资开发总公司，组建上海沪申高速公路建设发展有限公司，负责政府还贷高速公路的投资、建设、运营与管理。

（三）创立建设和管理高速公路的法定机构

延长完善高速公路收费政策的关键是：创建有中国特色的旨在代行政府职能，建设和管理高速公路的法定机构。

关于制订延长完善高速公路收费政策，课题组认为需要强调两点：

（1）以公司名义管理的收费高速公路（不论是经营性还是政府还贷性的），在到达现有《收费公路管理条例》所规定的收费期限时，必须全部收归省级政府交通运输主管部门。《收费公路管理条例》第十四条规定：“收费公路的收费期限，由省、自治区、直辖市人民政府按照下列标准审查批准：①政府还贷公路的收费期限，按照用收费偿还贷款、偿还有偿集资款的原则确定，最长不得超过15年。国家确定的中西部省、自治区、直辖市的政府还贷公路收费期限，最长不得超过20年。②经营性公路的收费期限，按照收回投资并有合理回报的原则确定，最长不得超过25年。国家确定的中西部省、自治区、直辖市的经营性公路收费期限，最长不得超过30年。”第三十七条规定：“收费公路的收费期限届满，必须终止收费。”第三十八条规定：“收费公路终止收费前6个月，省、自治区、直辖市人民政府交通运输主管部门应当对收费公路进行鉴定和验收。经鉴定和验收，公路符合取得收费公路权益时核定的技术等级和标准的，收费公路经营管理者方可按照国家有关规定向交通运输主管部门办理公路移交手续；不符合取得收费公路权益时核定的技术等级和标准的，收费公路经营管理者应当在交通运输主管部门确定的期限内进行养护，达到要求后，方可按照规定办理公路移交手续。”

（2）制订允许收费期满的高速公路继续收费的政策，仍基于高速公路的本质属性是公共产品，旨在偿还高速公路债务并筹集养护资金。因此，只能由省级政府交通运输主管部门直接管理。尽管在具体收费环节，省级政府交通运输主管部门可以委托有关公司实施，但与现有相关公司对高速公路的管理在性质上已经有质的区别。《收费公路管理条例》第十一条明确规定：“建设和管理政府还贷公路，应当按照政事分开的原则，依法设立专门的不以营利为目的的法人组织。”显然，这里所说的“依法设立专门的不以营利为目的的法人组织”，并不是以《公司法》为依据设立的高速公路公司，更不应该是以营利为目的经营性高速公路公司，特别是上市的高速公路股份有限公司。目前，延长高速公路收费期限的最重大障碍，就是众多由省级国资委管理的高速公路集团有限公司已经不符合《收费公路管理条例》上述最重要的根本性的规定。《收费公路管理条例》第十一条还明确规定：“省、自治区、直辖市人民政府交通运输主管部门对本行政区域内的政府还贷公路，可以实行统一管理、统一贷款、统一还款。”而全国各地纷纷组建高速公路集团有限公司的宗旨越来越背离或难以实现上述规定的根本要求。

在这方面，湖南省一直坚持的高速公路管理体制则比较适合执行收费期满的高速公路继续收费的政策。湖南省高速公路建设开发总公司和湖南省高速公路管理局分别于 1993 年 3 月、1998 年 4 月，经省人民政府和省机构编制委员会批准成立，实行“两块牌子、一套班子、合署办公”，属湖南省交通运输厅归口管理的副厅级事业单位，是全省高速公路建设与管理的机构。管理范围为高速公路项目建设、运营管理、经营开发和行业管理四大块。我们建议，仍设有高速公路管理局的省也能继续保存这种体制而不要急于转制。

在此基础上，我们建议：创建有中国特色的旨在代行政府职能，建设和管理高速公路的法定机构，以有效履行收费期满的高速公路继续收费的政策。

全国各地组建高速公路集团有限公司的主要目的都是为了融资。这样做可以在一定时间内与一定程度上解决部分资金，但同时也带来新的问题。高速公路公共产品的本质决定，高速公路建设与否的关键不取决于能否获得利润，而是取决于人民的需要和国家的意志。在这个意义上，高速公路集团有限公司必然是按照政府制订的建设规划去贷款。任何企业化的运作都不可能从根本上全部解决一省范围内高速公路建设管理的巨额资金。其实，银行系统是清楚高速公路公司债务状况的，之所以继续给其贷款，有的地区甚至是银行送贷款上门，就是看中高速公路公司身后的政府背景。多年来，高速公路收费中的很大部分转换成高额贷款利息送给银行，其成本是很高的。难怪高速公路部门的人戏称："我们这些年是在给银行打工。"

高速公路公共产品的本质属性，决定必须坚持政府主导为主，市场机制为辅，为此需要创新高速公路专门的法律，制订适应高速公路可持续发展的投融资政策。

《国务院关于加强地方政府融资平台公司管理有关问题的通知》（国发〔2010〕19号）指出："地方各级政府要对融资平台公司债务进行一次全面清理，并按照分类管理、区别对待的原则，妥善处理债务偿还和在建项目后续融资问题。纳入此次清理范围的债务，包括融资平台公司直接借入、拖欠或因提供担保、回购等信用支持形成的债务。债务经清理核实后按以下原则分类：①融资平台公司因承担公益性项目建设举借、主要依靠财政性资金偿还的债务；②融资平台公司因承担公益性项目建设举借、项目本身有稳定经营性收入并主要依靠自身收益偿还的债务；③融资平台公司因承担非公益性项目建设举借的债务。对原计划由融资平台公司承担融资的在建项目，对其后续资金应根据不同情况妥善处理。”“在本通知下发前已经设立的融资平台公司，要按以下要求进行清理规范：对只承担公益性项目融资任务且主要依靠财政性资金偿还债务的融资平台公司，今后不得再承担融资任务，相关地方政府要在明确还债责任，落实还款措施后，对公司做出妥善处理；对承担上述公益性项目融资任务，同时还承担公益性项目建设、运营任务的融资平台公司，要在落实偿债责任和措施后剥离融资业务，不再保留融资平台职能。对承担有稳定经营性收入的公益性项目融资任务并主要依靠自身收益偿还债务的融资平台公司，以及承担非公益性项目融资任务的融资平台公司，要按照《中华人民共和国公司法》等有关规定，充实公司资本金，完善治理结构，实现商业运作；要通过引进民间投资等市场化途径，促进投资主体多元化，改善融资平台公司的股权结构。对其他兼有不同类型融资功能的融资平台公司，也要按照上述原则进行清理规范。”“地方政府在出资范围内对融资平台公司承担有限责任，实现融资平台公司债务风险内部化。要严格执行《中华人民共和国担保法》等有关法律法规规定，除法律和国务院另有规定外，地方各级政府及其所属部门、机构和主要依靠财政拨款的经费补助事业单位，均不得以财政性收入、行政事业等单位的国有资产，或其他任何直接、间接形式为融资平台公司融资行为提供担保。”这使得各地组建的高速公路集团有限公司面临着新的考验，同时也为高速公路集团有限公司转型提供了新的机遇。各地高速公路集团有限公司，特别是各级政府及其交通运输主管部门、国资委都应该从高速公路可持续发展的高度，深刻认识这一重要问题，并创新改革相应体制机制。

高速公路可持续发展的投资体制之核心应是构建与融资规模匹配的“偿还能力”。我们曾在呈报国务院的报告中建议：组织专门力量对债务问题进行深入研究，摸清债务实际规模和构成，从开源节流两个方面提出解决方案。包括提高中央政府与地方政府的资金投入比例；实行交通运输主管部门监管的公路建设的投融资管理体制，建立长期收费的高速公路网补贴普通公路网的机制；将从成品油价格和税费改革转移支付资金中支出的水利建设资金、公安机关交通管理经费逐步纳入一般财政，以提高交通发展可用资金总量；研究发行公路建设债券或专项国债来降低公路融资成本。

我国各地陆续出台了一些措施。湖南省、浙江省政府提出由省财政逐步解决积存的公路债务。新疆维吾尔自治区政府决定，区级财政每年将新增收入的5%环比递增作为交通专项资金。河南省洛阳市制订《养护管理条例》，对市、县、乡财政为农村公路养护提供资金数额做出规定。山东省诸城市政府对农村公路的建设与养护投入了比较充足的资金。青岛市通过重组交通开发投资中心，搭建了具有创新性的交通投融资平台。仅整合的高速公路、房产土地、客运场站等优质资产就达127亿元，还将有一批即将建成的交通项目和其他优质资产纳入。此外还有税费改革返还中可用于交通基本建设的资金，国家和省交通建设项目补助，市管高速公路每年还能注入20亿元以上的通行费收入。青岛市政府决定，将公路项目两侧土地出让收入按比例拨付投资中心，作为交通基础设施建设和偿还贷款本息的专项基金，并安排一定债券资金。上述资产按照事业单位国有资产管理模式，免交房产税、营业税、契税。青岛市政府在重组投资中心前，首先理顺公路管理体制，将区市公路管理机构垂直上划，由市交通委员会统一管理，国、省道的管理养护由市公路局负责；农村公路管理养护职责全部下放到当地政府，区市交通部门设路政科具体负责，并安排专项资金用于农村公路养护管理，市交通委员会适当补助。理顺的公路管理体制和健康的投融资平台相结合，实现了公路管理职责、权利、能力的统一。

我们希望，我国能以更大的创新力度，推进制订相关法律或国务院出台专项规定，创建有中国特色的旨在代行政府职能，建设和管理高速公路的法定机构。其突出的优越性是将市场调节这只“看不见的手”与政府管理这只“看得见的手”在“公共产品”的运作中有机结合起来。法定机构在发达国家的“公共产品”运作中发挥着重要的作用。

第三节　中国收费公路资金数据分析报告

近年来，收费公路政策作为我国公路可持续发展的根基受到社会全方位的质疑与挑战。再加上建设、养护、融资成本快速上涨和通行费收入增长放缓的影响，致使当前我国公路建设的形势极为严峻。为此，我们于2014年初向国务院有关部门提交了《中国收费公路资金情况数据分析报告》，为交通运输部《2013年全国收费公路统计公报》提供了基础资料。

该报告约5万字，以下重点节录其中的主要图表。

一、发展历程概述

改革开放后的1978—1985年间，我国公路的客运量增长了219%，货运量增长了531%，汽车保有量增长了136%，但由于政府财力严重不足，这8年间，全国公路总里程仅增长了5.9%，公路发展基本陷于停滞。截至1985年底，全国二级及以上公路里程只有2.1万公里（仅相当于现在山西省的相应公路里程）。全国超过35%

的公路是简易的等外公路，近30%的公路“晴通雨阻”，车辆平均行驶速度不足每小时30公里，从北京到天津166公里的路途需要6个小时才能到达。在北京附近的107国道、104国道都发生过因严重堵车而交通瘫痪超过7天的事件。落后的公路基础设施成了改革开放初期中国经济社会发展的“瓶颈”制约。

为了快速解决公路基础设施严重不足对经济社会发展的“瓶颈制约”，在广东探索“贷款修桥”的成功经验基础上，1984年国务院第54次常务会议做出了“贷款修路、收费还贷”的重要决定，从此改变了单纯依靠政府财政建设发展公路的局面，为此后我国公路事业的跨越式发展奠定了政策和制度基础。到2012年底，基本形成了以高速公路为骨架、普通干线公路和农村公路为基础的公路网络，全国公路总里程达到了423.8万公里，累计投资总额超过20万亿元，承担着全社会93%的客运量和77%的货运量。建设好和维护好公路基础设施，是确保我国经济社会正常运行和可持续发展的基本要求。如图4-1所示。

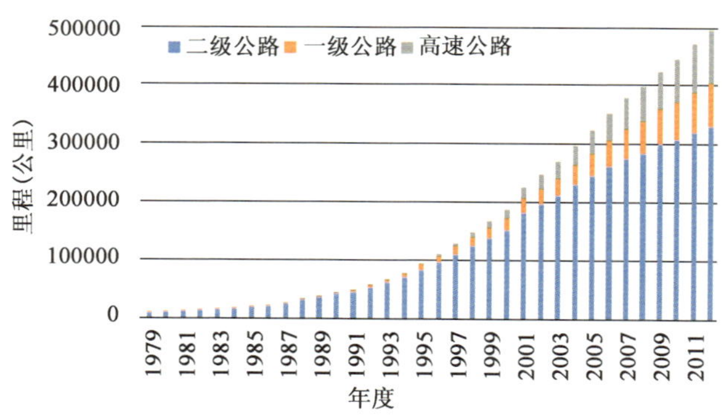

图4-1　高速公路发展历程（1979—2012年）

二、基本现状

2012年底，我国公路总里程为423.8万公里，其中高速公路9.6万公里，一级公路7.4万公里，二级公路33万公里。同年，全国收费公路总里程为15万公里，占全国公路总里程的3.54%。收费公路中政府还贷公路9.5万公里，约占63%；经营性公路5.5万公里，约占37%。15万公里的收费公路具体由2213个收费公路项目构成，其中还贷性项目1195个，经营性1018个；分别由1154个管理单位负责管理，其中属于政府事业单位性质（如公路局、收费公路管理处等）的有486个，属企业性质的单位有668个。2013年又新建公路里程7.03万公里，其中高速公路8260公里；新建改建农村公路21万公里。如图4-2所示。

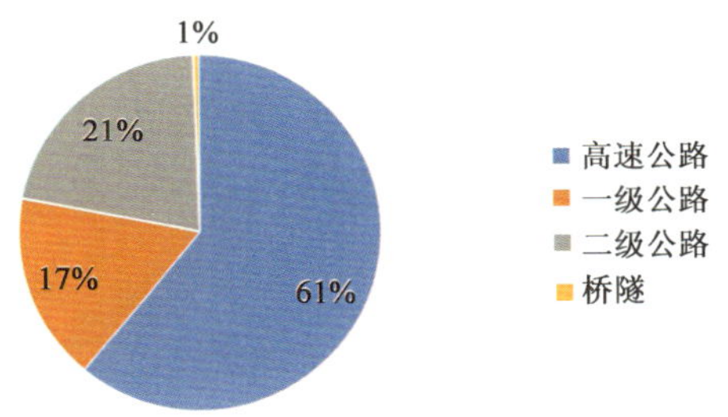

图4-2　收费公路技术等级构成（2012年）

2012年底，全国收费的高速公路、一级公路、二级公路分别为9.17万公里、2.54万公里、3.21万公里，分别占全国高速公路、一级公路、二级公路的95%，34%，9.7%。此外，还有独立收费的桥隧760公里，全国共有主线收费站1838个。如图4-3所示。

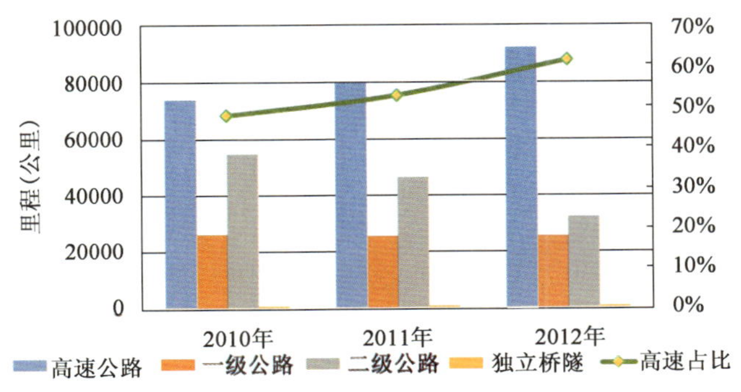

图4-3　收费公路里程（2010—2012年）

从不同等级的收费公路里程变化趋势来看，高速收费公路里程持续增加，基本与高速公路的新建同步，全国95%的高速公路都是收费公路；一级收费公路的总里程基本维持稳定，变化不大；二级收费公路里程从2009年开始迅速下降，主要是由于成品油税费改革时国家启动了逐步有序取消政府二级还贷公路的工作，将对其的“收费”改为了“收税”。

截至2012年底，全国共取消了政府还贷二级公路收费站点2383个，减少收费里程12.3万公里，这些公路的剩余债务约为7450亿元，每年利息约为490亿元，将通过燃油税等方式由中央财政与地方财政逐年化解，预计大约需要超过15年的时间。目前尚未取消的政府还贷二级公路全部集中在西部的6个省区，截至2012年底，其里程为25325公里，债务余额为443亿元，当地政府将结合本行政区的财政情况与公路规划研究确定具体的操作方案与取消时间。

从未来的发展趋势来看，高速公路将成为收费公路的主体，由于路网的不断加密，绕行线路的增多，开放式的一级公路、二级公路设站收费的效率将越来越低，征收难度也越来越大，未来利用收费政策修建的一级公路、二级公路将越来越少。随着建成时间相对较早的一级公路、二级公路的陆续到期，从发展趋势来看，未来所有的一级及以下公路都将变为由税收承担维护管理费用的非收费公路。

随着一级公路、二级公路收费里程的下降，主线收费站点数量从2010年的2455个下降到1838个，尽管高速收费公路里程增长较快，但主线收费站仍呈明显下降趋势。主要是由于高速公路采取全封闭式收费，每个省的每条高速公路一般只有两个主线站（起点站和省界站），而我国收费公路主线站主要集中在开放式的非高速收费公路上。如图4-4所示。

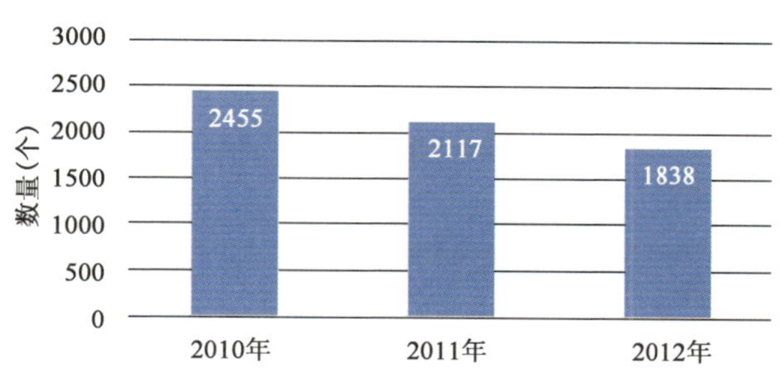

图 4-4　主线收费站数量（2010—2012 年）

三、投资债务

截至 2012 年底，全国收费公路累计建设投资总额为 4.65 万亿元，其中资本金 1.29 万亿元，占 27.6%；初始债务性资金 3.36 万亿元（其中银行贷款 3.10 万亿元），占 72.4%。2012 年底的全国收费公路债务余额为 2.91 万亿元（不含已停止收费的政府二级还贷公路债务），呈逐年快速增长趋势。如图 4-5 所示。

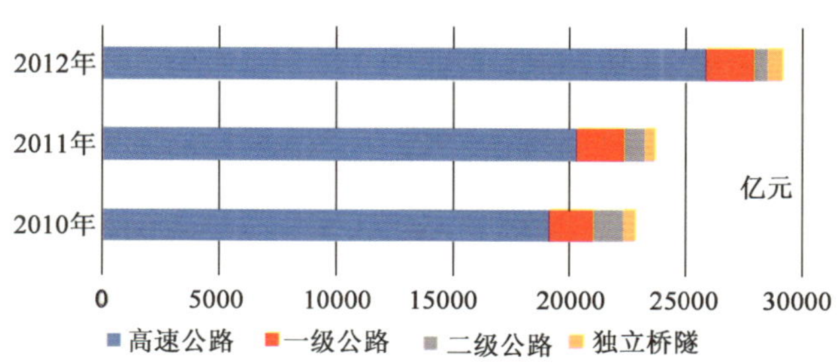

图 4-5　收费公路债务余额（2010—2012 年）

从单位里程债务情况看，高速公路的每公里债务余额从 2010 年的 2601 万元上升到了 2822 万元，增长了 8.5%，这是由于新建高速公路造价增加后拉高平均值导致的，同时也说明我国存量高速公路的债务偿还情况不容乐观。照这一趋势，很多高速公路到期时可能还会有大量债务尚未清偿。如图 4-6 所示。

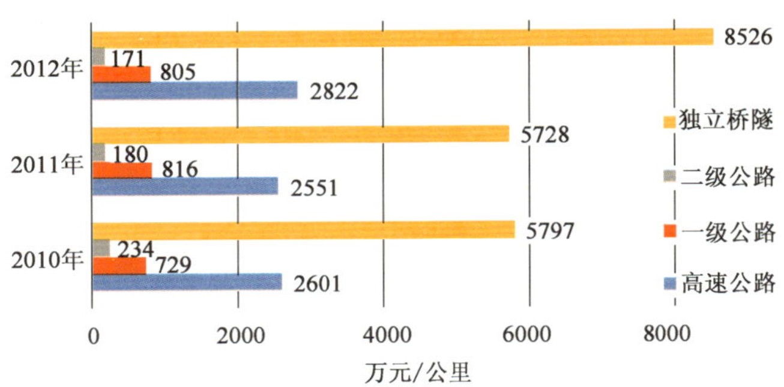

图 4-6　单位里程债务（2010—2012 年）

四、收入支出

2010—2012 年 3 年间，我国通行费总收入稳步增长，从 2859 亿元增长到 3179 亿元和 3281 亿元（超过当年用于公路建设养护的车购税与成品油消费税之和），而通行费收入的主体是高速公路通行费，在 2012 年高速公路通行费收入占到了收费公路总收入的 89%。由于收费里程的增长意味着新的收费项目，因此通行费收入的增长实际上是高速公路收费里程的增加所导致的，并非是由于收费标准的提高或收费的交通量增长带来的，收费效益也并没有在逐年提高。如图 4-7 所示。

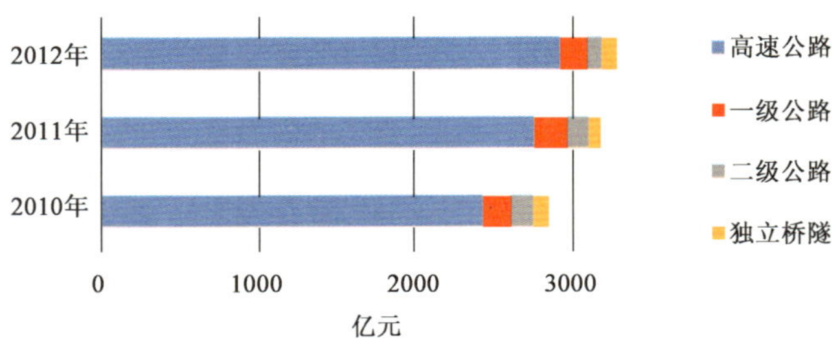

图 4-7　通行费收入情况（2010—2012 年）

从 2011 年度和 2012 年度收费公路单位里程收费额变化情况来看，高速公路和一级公路单位里程收费额下降比较明显，其中高速公路下降了7.8%，一级公路下降了18.8%。产生下降的原因，一是大量新通车的高速公路初期车流量较小，导致收费收入普遍偏低，拉低了全国平均水平；二是随着公路网的不断加密，开放式一级公路收费站更加容易绕行；三是国务院出台的重大节假日免收小型客车通行费政策，使得节假日期间的通行费收入有所减少。如图4-8、图4-9所示。

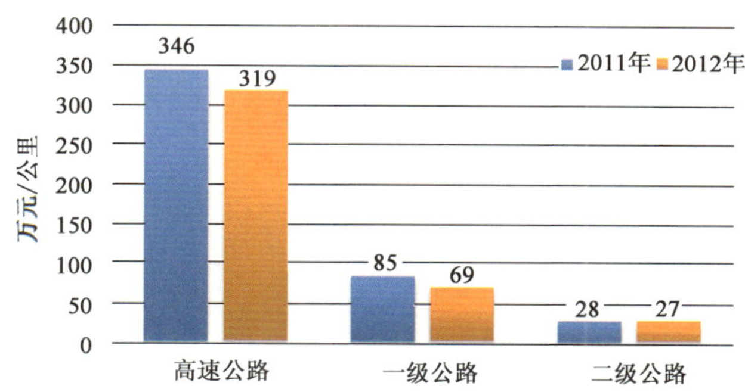

图4-8　单位里程收费额变化情况

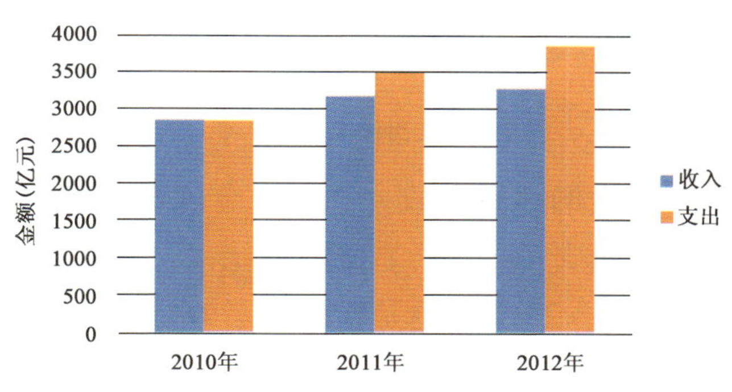

图4-9　收入与支出（2010—2012年）

2012年度，全国收费公路通行费收入为3280.99亿元，各项支出费用共计3846.66亿元，全年收支平衡结果为负565.67亿元。如图4-10所示。

在各项支出费用中，还贷支出费用2808.48亿元，占73.01%；养护（包括小修、大中修养护工程）支出费用352.24亿元，占

9.16%；运营管理费用462.83亿元，占12.03%；税费及其他支出费用223.11亿元，占5.8%。如图4-11所示。

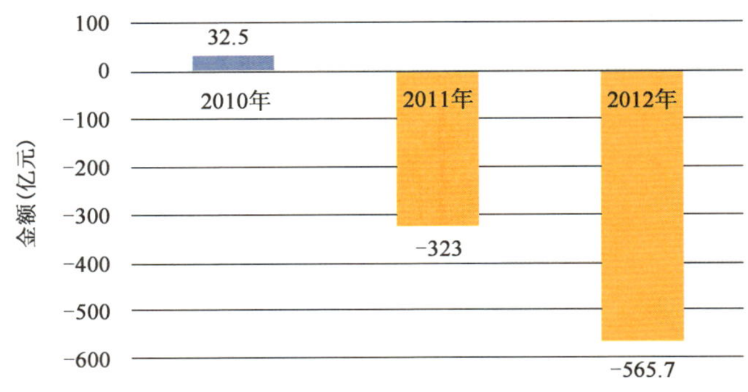

图4-10　收支平衡结果（2010—2012年）

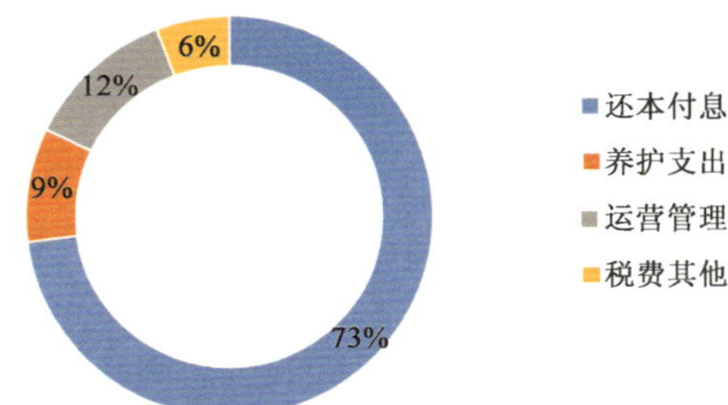

图4-11　支出情况（2012年）

与增长相对缓慢的通行费收入相比，全国收费公路的还贷支出增长非常迅速，还贷支出占通行费收入的比例，从2010年的61%增长到2011年的69%，2012年更是扩大到了86%，也就是说在2012年，每收取10元通行费，就有8.6元交给银行或债权人用于偿还借款本息，由于剩余通行费收入远无法满足公路的日常管理维护、大中修和缴纳税费，2012年更是出现了高达565.7亿元的收支亏损。如图4-12所示。

公布的审计报告中发现很多地方存在着“借新还旧”和“债务逾期”现象。收费公路收不抵支的根源是当前收费年限设置与通行费标准与实际需求严重不匹配，现行《收费公路管理条例》

对不断提高的建设养护成本、经济社会飞速发展对公路基础设施的旺盛需求，以及专项税收的巨大缺口估计不足，通行费标准也大都执行的是十多年前通车时制订的标准，致使很多收费公路通行费收入仅能支付贷款利息，无法在规定时间内确保债务本金的偿还。

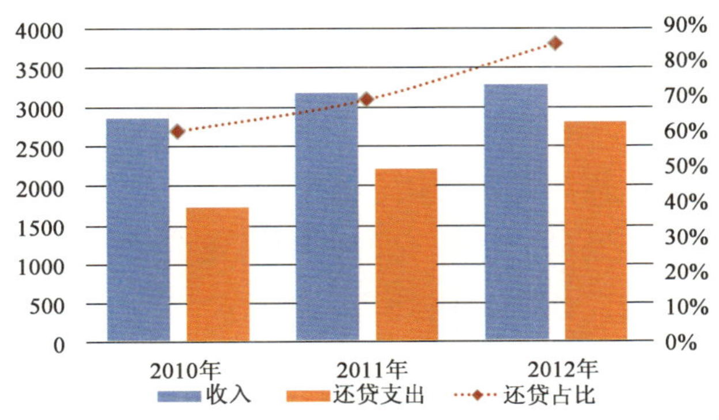

图 4-12 收入与还贷支出（2010—2012 年）

需要补充说明的是，由于通行费收不抵支，各地目前的收费公路特别是收费高速公路养护支出费用普遍小于实际养护需求，存在着应养未养问题。根据近期组织开展的公路养护专题研究成果测算，2012 年全国高速公路的养护资金需求约为 412 亿元（均按照路况维持在中等偏上的低方案测算），养护资金投入缺口为 126 亿元。随着高速公路里程的快速增长及养护成本的变化，未来高速公路的养护需求还将持续增加，预计 2015 年将达到 648 亿元，2017 年将达到 800 亿，2020 年将达到 1107 亿元。

五、收费期限

在收费公路债务负担过重的同时，我国大量高速公路面临陆续到期停止收费的巨大压力。根据测算，如不采取统贷统还方式，按照每个收费项目各自独立计算收费起始和结束时间的情况下，2014

年内将有2134公里收费高速公路到期，涉及债务2126亿元（一些效益相对好些的早期收费公路已作为质押承担着部分新建公路债务），今年将产生的利息高达139亿元，而预计这部分路段的年收费额仅为114亿元，停止收费后将有超过2100亿元的债务失去偿还来源。预计到2019年，累计会有7460公里高速收费公路到期，扣除可偿还的部分，届时产生的债务缺口将超过4200亿元。目前各地已有部分高速公路陆续到期，主要集中在东部地区的还贷性收费公路（时间最短15年），但鉴于巨额未偿债务等情况无法停止收费，社会各界高度关注。需国务院明确《收费公路管理条例》的修订可按照构建公路两个体系的思路，允许到期高速公路在政府收回后继续实行非营利性收费。如图4-13所示。

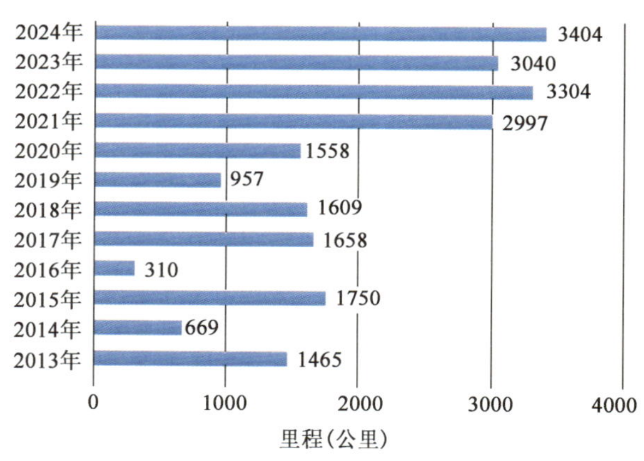

图4-13　到期收费高速公路里程（2013—2024年）

此外，我国高速公路已实施联网收费，分段到期取消收费的形式，会对收费高速公路网络管理的完整性和通行效率产生很大影响。按照现行《收费公路管理条例》规定，到期停止收费的公路必须及时拆除所有收费站，变为开放式公路，而为继续确保前后所连高速公路的正常收费，需在每个到期停止收费路段的两端增设两个高速公路主线收费站，这将额外增加巨额征地和建设成本，还会造成路网的分割管理，全面影响高速公路网的通行效率。

六、税收情况

成品油税费改革后，取消了公路养路费等 6 项地方规费，所有非收费公路养护费用改由中央财政的成品油消费税交通专项资金承担，而在基数测算和税率设定时并未考虑十几万公里高等级收费公路的养护与大中修资金需求。目前我国专项用于公路建设和养护的“车购税”与“成品油消费税交通专项资金”仅能满足公路建设需求的 15% 和养护需求的 30%，资金缺口巨大。

2012 年，全国公路建设投资为 12715 亿元，其中车购税 1896 亿元，其他一般财政资金 195 亿元，建设税收缺口高达 10624 亿元；同年全国公路养护需求为 4000 亿元，而成品油消费税中可用于公路养护的资金仅有 1200 亿元，公路大中修工程需要依靠贷款实施，一些地方被迫出现了“弃养待建”的现象，反过来又增加了建设需求。目前公路建设养护的税收缺口，主要是通过车辆通行费和各种债务性资金弥补。因此目前的成品油消费税交通专项资金根本无力承担收费公路特别是收费高速公路到期后的养护费用。如高速公路到期停止收费，每年又会增加超过 1000 亿元的养护资金需求，进一步扩大公路养护的税收缺口。经测算，在满足现有非收费公路正常养护需求的前提下，将停止收费后的高速公路养护费用及其剩余债务偿还改由成品油消费税承担，其税率将是现在的 3 ~ 4 倍，会对经济社会发展和公众生活产生很大影响，这对较少使用高速公路的普通公众也是很不公平的。此外，一旦高速公路停止收费，其未来改扩建费用也只能全部由政府财政承担，更会进一步扩大公路建设的税收缺口。具体见表 4-1 ~ 表 4-4。

收费公路投资与债务情况(截至2012年底) 表4-1

项目		收费公路里程	建设投资总额	初始债务			债务余额合计	银行贷款余额	其他债务余额
					银行贷款	其他债务			
		公里	万元	万元	万元	万元	万元	万元	万元
总计		150086.425	464806621	336302488	309655593	26646895	291309905	264749609	26560296
还贷性		95003.992	241355234	178739316	170530929	8208387	161957820	152712628	9245192
经营性		55082.433	223451387	157563172	139124665	18438508	129352085	112036982	17315104
高速公路	小计	91618.610	411894119	298226913	277350158	20876756	258844244	236806379	22037864
	还贷	50570.911	208334660	153853165	148391939	5461226	140253437	132540165	7713273
	经营	41047.699	203559459	144373748	128958219	15415529	118590806	104266215	14324592
一级公路	小计	25569.064	32061426	23084570	19874584	3209986	20472518	17879505	2593014
	还贷	19016.000	22784403	17207579	15457407	1750172	15931154	14789714	1141440
	经营	6553.064	9277023	5876991	4417177	1459814	4541364	3089790	1451574
二级公路	小计	32139.028	10156061	6342149	5508792	833357	5511868	4694161	817707
	还贷	25241.977	7332897	4825809	4489207	336603	4434606	4159364	275242
	经营	6897.051	2823163	1516340	1019585	496755	1077262	534796	542466
桥梁隧道	小计	759.723	10695015	8648856	6922060	1726795	6481276	5369564	1111710
	还贷	175.104	2903273	2852763	2192376	660386	1338623	1223385	115238
	经营	584.619	7791742	5796093	4729683	1066409	5142653	4146180	996472

收费公路单位里程投资债务情况（截至2012年底）

表4-2

项目		建设投资总额	初始债务	银行贷款	其他债务	债务余额合计	银行贷款余额	其他债务余额
		万元/公里	万元/公里	万元/公里	万元/公里	万元/公里	万元/公里	万元/公里
总计		3097	2241	2063	178	1941	1764	177
还贷性		2540	1881	1795	86	1705	1607	97
经营性		4057	2860	2526	335	2348	2034	314
高速公路	平均	4496	3255	3027	228	2825	2585	241
	还贷	4120	3042	2934	108	2773	2621	153
	经营	4959	3517	3142	376	2889	2540	349
一级公路	平均	1254	903	777	126	801	699	101
	还贷	1198	905	813	92	838	778	60
	经营	1416	897	674	223	693	472	222
二级公路	平均	316	197	171	26	172	146	25
	还贷	291	191	178	13	176	165	11
	经营	409	220	148	72	156	78	79
桥梁隧道	平均	14078	11384	9111	2273	8531	7068	1463
	还贷	16580	16292	12520	3771	7645	6987	658
	经营	13328	9914	8090	1824	8797	7092	1704

注：表头中“银行贷款”“其他债务”为“初始债务”下的子项。

2012 年度收费公路收支情况

表 4-3

项目		收费里程	债务余额	收支情况							
				收费收入	支出合计						收支平衡
						还贷额	养护支出	运营管理	税费支出	其他支出	
		公里	万元	万元	万元	万元	万元	万元	万元	万元	万元
总计		150086.425	291309905	32809943	38466625	28084838	3522417	4628275	1880067	351029	-5656682
还贷性		95003.992	161957820	13675636	18738653	14559807	1783592	1973748	290762	130743	-5063017
经营性		55082.433	129352085	19134307	19727972	13525031	1738825	2654526	1589305	220286	-593665
高速公路	小计	91618.610	258844244	29216999	33697482	24878305	2864080	4031416	1667275	256404	-4480483
	还贷	50570.911	140253437	11985671	15991226	12534572	1441715	1671344	246180	97416	-4005555
	经营	41047.699	118590806	17231328	17706255	12343734	1422365	2360073	1421096	158988	-474928
一级公路	小计	25569.064	20472518	1766399	2754667	2025030	298898	306201	90914	33625	-988269
	还贷	19016.000	15931154	1077362	1946974	1533862	165161	184712	38752	24487	-869612
	经营	6553.064	4541364	689036	807693	491168	133737	121490	52161	9138	-118657

续上表

项目		收费里程	债务余额	收支情况							
				收费收入	支出合计						收支平衡
						还贷额	养护支出	运营管理	税费支出	其他支出	
		公里	万元	万元	万元	万元	万元	万元	万元	万元	万元
二级公路	小计	32139.028	5511868	868989	941603	424507	269760	188126	44698	14512	-72614
	还贷	25241.977	4434606	489523	594122	327886	156586	98034	4656	6960	-104598
	经营	6897.051	1077262	379465	347481	96621	113174	90092	40043	7552	31984
独立桥梁	小计	601.177	5428355	869657	932527	647834	74902	89892	74781	45118	-62870
	还贷	140.073	941299	93290	133281	104283	11285	15402	1174	1136	-39991
	经营	461.104	4487056	776367	799246	543551	63617	74490	73607	43982	-22879
独立隧道	小计	158.546	1052921	87901	140347	109162	14777	12639	2399	1370	-52446
	还贷	35.031	397324	29789	73051	59204	8845	4257	0	744	-43261
	经营	123.515	655597	58111	67296	49958	5932	8382	2399	626	-9185

表 4-4

2012 年度收费公路单位里程收支情况

项目		收费收入	支出合计						收支平衡
				还贷额	养护支出	运营管理	税费支出	其他支出	
		万元/公里	万元/公里	万元/公里	万元/公里	万元/公里	万元/公里	万元/公里	万元/公里
平均		219	256	187	23	31	13	2	-38
还贷		144	197	153	19	21	3	1	-53
经营		347	358	246	32	48	29	4	-11
高速公路	平均	319	368	272	31	44	18	3	-49
	还贷	237	316	248	29	33	5	2	-79
	经营	420	431	301	35	57	35	4	-12
一级公路	平均	69	108	79	12	12	4	1	-39
	还贷	57	102	81	9	10	2	1	-46
	经营	105	123	75	20	19	8	1	-18
二级公路	平均	27	29	13	8	6	1	0	-2

第四节　《收费公路管理条例》修订中的社会互动

做好《收费公路管理条例》修订工作，需要加强社会互动，主要体现在科学解答社会公众质疑与实事求是向高层汇报请示。

一、科学解答公众质疑

科学解答社会公众质疑，是修订《收费公路管理条例》、实施“公路两个体系”发展战略的前提。我们曾应交通运输部及《中国交通报》的委托，就社会关注的若干热点问题，通过主流媒体做过分析。

（一）关于收费公路的合理性问题

1. 世界上没有真正意义上的免费的公路

质疑公路收费最核心的观点认为，公路作为公共产品应由政府提供，所以不应该收费。

对上述质疑最简明的回答就是：世界上没有真正意义上的免费公路，只有“收税公路”和“收费公路”。对于公路来说，不管是之前收取的养路费，还是目前仍在收取的通行费，以及近年开始征收的燃油税等，都不影响公路（包括收费公路）的公共产品本质属性。公路基础设施永远不可能免费提供。

世界银行2006年报告《中国高速公路：连接公众与市场，实现公平发展》的如下分析可以说明问题：

1990—2005年间，我国建成了大约41000公里高等级收费高速公路，构成了国道主干线系统，现称为“国家高速公路网”。同时，也对大约400000公里的地方和乡镇公路进行了改造。我国高速公路迄今为止和规划中的投资与美国和日本过去的同等投资相当，并且已经达到相同的规模。美国和日本都花了超过40年来建设其国家高速公路网；美国的建设始于20世纪50年代中期，日本的稍晚，大约是在美国的10年后。两国在建设初期的人均国内生产总值都要高于中国，因此也更负担得起如此规模的投资。1956年7月29日，美国国会和艾森豪威尔总统签署通过了联邦公路资助法案，拨出250亿美元用于支付美国66000公里州际公路系统（当时称为“国家州际防御公路系统”）中90%的投资。为此，国会通过了3%的燃油消耗税。国会随后对这一公路网络进行扩展，覆盖了其他路线和新的州（如夏威夷、阿拉斯加等）。

我国的高速公路建设只有20年的历史，且主要集中在1990年后的15年间。我国高速公路网快速发展背后的关键因素之一，即通过自筹资金和国内或国外贷款集中中央和省级政府的资源。通常各省由其预算和债务承担66%～90%的基建投资。交通运输部制订政策和标准，并对建设费用提供补贴。高速公路开通后由省交通运输厅通过运营公司进行管理。私营部门通过不同形式的特许方案提供少部分的融资。

简言之，公路的修建和维护都需要大量资金。人们常说的“不收费公路”，实质上是“收税公路”。在我国，公路建设、养护资金主要来源于公众买车、加油时缴纳的“车购税”和“燃油税”（成品油消费税交通专项转移支付资金）。目前，我国车购税和中央地方一般财政资金只能满足公路建设需求的17%，燃油税也只能满足公路养护需求的30%。剩余的资金缺口，都需要通过吸引社会投资和向银行贷款解决；而投资回报与贷款偿还，则需要按照“使用者付费”的原则通过收取车辆通行费的方式实现。我国大部分高等级公路特别是高速公路都是依靠收费公路政策才得以建成的。

2. 收费公路和收税公路的选择要兼顾公平与效率

世界银行2006年报告《中国高速公路：连接公众与市场，实现公平发展》分析："中国目前面临的情况是东部高速公路网由于交通量大，将拥有足够的收入来吸引贷款甚至私人资产，而中部和西部高速公路网则将缺乏足够的收入来负担债务和养护费用。中央政府在平衡高速公路系统收益率上可以采取的措施包括：①以盈利的公路吸引贷款和私人资产从而使政府能够将资金集中在社会需要但却难以盈利的公路上；②建立全国统一收费机制，将收入重新分配给贫困的西部省份；③征收燃油税。这几种措施可以混合使用。"

不难看出，收税和收费，两种方式的最终目标其实是一致的，只是在征收对象、征收渠道、征收标准与征收效率方面有所区别。在公路规模一定的情况下，收费与收税是此消彼长的关系。因此，政府也可以通过提高税率和增加新税种的方式进行"等额替换"。收税的方式不需要设置收费站，征收成本低，征收效率高；但是不加区分全面收税的方式对很少使用高等级公路的公众而言又有失公允，如主要在城市里驾车的居民。因此，收税更适合用于难以计量且征收成本高的开放式公路。这也是2008年底燃油税费改革时，国家决定仅取消政府还贷二级收费公路，而不是所有收费公路的原因。

收费与收税是此消彼长的关系。使用何种筹资方式更合理不仅要看公共财政的能力，同时也要整体考量政策的公平合理性。一些媒体在呼吁取消公路收费时，往往没有意识到取消收费就意味着必须相应增加税收。燃油税费改革时，国家决定逐步有序取消政府二级还贷公路，其目的：一是随着政府财力增长，可以给公众提供更多的出行选择；二是解决开放式公路通行费征收成本过高和债务偿还困难的问题；三是减少路网发达后，开放式的收费公路造成的不必要绕行的问题。因此，在停止部分省份政府二级还贷公路收费的同时，也明确了其未偿付的债务和公路维护资金由中央财政和地方财政分担，其中仅中央的补助资金规模就高达每年 260 亿元。由于政府财政能力有限，中央部分的补助资金全部来源于新增的“燃油税”。

由此可见，收费公路停止收费并不是简单的撤销收费站点，还必须同时考虑剩余债务偿还、未来维护资金、税收政策匹配等一系列后续问题。所以，在讨论如何提供公路这一公共产品的时候，需要回答的是一道“收税”还是“收费”的“选择题”，而不是简单的“收费”或“不收费”的“是非题”。

3. 世界银行报告主张中国延长收费期实行全国统一还债政策

世界银行 2007 年报告《中国高速公路：连接公众与市场，实现公平发展》指出：“如果中国政府决定完全依靠燃油税来支持各种公路维护支出，燃油的税后价格将比 2006 年中期的油价高 30%。如果将税后油价提高到 2006 年中期油价的 3 倍，所得税收可以支付所有的养护和规划中公路的建设费用（基于 2006 年数据测算）”。就是说，如果停止收费公路政策，至少会有三部分费用将转由专项税承担：一是新建公路的资金缺口，大约一年为 8000 亿元；二是现有收费公路的债务利息偿还，按 15 年还清测算，仅 2011 年收费公路积累的 2.4 万亿元的债务，每年需还本付息 2700 亿元；三是现有 15 万公里收费公路的维护费用，每年至少需要 900 亿元（不含独立收费桥梁和隧道的维护）。由此测算，车购税税率要从 10% 提高到 50% 才能解决建设资金缺口，燃油税要从每升 0.8 元提高到 2.72 元才能保证债务偿还和公路停止收费后的维护。

世界银行报告《中国高速公路：连接公众与市场，实现公平发展》主张中国延长收费期，实行全国统一还债政策：“最近通过的关于已经偿清所有贷款的公路不再收费的规定值得商榷”。“为满足中西部交通量不足地区公路的需求，中国政府可以考虑采用全国统一路费征收政策。这一政策目标是将成熟高速公路上的收入转移到欠发达省份低容量和非营利公路的建设上。这一方法旨在弥补部分省份的收入不足，直至所有公路债务完全偿清为止。许多国家，尤其是欧洲国家的收费公路发展运用的都是这种方法。以日本和法国为例，这类交叉补助被认为是支持高速公路网发展的关键手段。”

世界银行报告并建议中国实行长期收费政策与提高燃油税价格同时并举：“任何燃油税都应逐步推进，并对农民和农村地区实行免税或退税补偿。国际经验证明，经济本身会对高燃油价格做出调整，尤其如果在征收新税的同时减免其他税收的话。假设燃油税每个月增加1%，那么燃油价格在6年内将会翻上一番。与此同时，经济将会不断调整来适应这种循序渐进的燃油价格的提升，从而减少负面影响。延续当前水平高速公路建设，同时保持适当的公路养护水平，需要建立综合收费和燃油税政策。这些政策能够有利于融资，以及合理分配跨省和在不同等级公路的投资（因为贫困省份缺乏满足其投资需要的财政手段），确保能有足够的资源用来维护建成的公路资产。”

（二）关于我国收费公路里程多的原因

1. 我国收费公路里程多源于公路快速发展

改革开放后的1978—1985年，我国公路客运量增加了5.2倍，货运量增加了6.2倍，汽车保有量增加了2.4倍。但由于政府财力严重不足，这8年间，我国公路里程仅仅增长了0.06倍，发展基本陷入停滞状态。1985年，全国二级及以上公路总里程只有2.1万公里，仅相当于现在山西一个省的公路水平。全国近40%的公路是简易的等外公路，近30%的公路“晴通雨阻”；车辆平均行驶速度每小时还不到30公里，从北京到天津166公里的路程需要6个小时才能到达。北京附近的107国道、104国道都发生过因严重堵车而交通瘫痪超过7天的事件。落后的公路交通运输成了改革开放初期经济和社会发展的制约因素。

为解决公路发展的“瓶颈制约”，1984年国务院第54次常务会议做出了“贷款修路、收费还贷”的重要决定，打破了单纯依靠政府财政建设发展公路的束缚，为此后我国公路事业的跨越式发展奠定了政策和制度基础。1985—2012年底，我国公路总里程达423.7万公里；高速公路从无到有达到了9.6万公里，里程规模跃升为世界第2，超过了世界排名第3到第10的加拿大、德国、法国、西班牙、意大利、日本、英国、荷兰等国高速公路里程之和。2011年与1985年相比，一级公路、二级公路分别增长了161倍和15倍，达到了68119公里和320536公里。

2. 我国收费公路里程多源于“不收税公路最多”

在行路难、行车难已经成为历史的今天，一些人开始谈论“中国的收费公路最多、国外的公路都不收费”，并以此质疑国务院出台的收费公路政策。其实，他们忽略了这句话的另一层含义，那就是“中国的不收税公路最多”。因为除了少量资本金外，收费公路的建设和养护资金完全来自于贷款、有偿集资、社会投资和通行费收入等非财政性资金。在财政资金严重不足的情况下，能建成如此多的高等级公路，为经济社会的快速发展提供基础支撑，是非常了不起的成就。世界银行专题报告《中国高速公路：连接公众与市场，实现公平发展》指出：“在这一史无前例的高速公路网扩展的同时，一级公路和二级公路在中央政府和全国31个省的协作努力下持续发展。还没有任何其他国家，能够在如此短的时间内，大规模提高其道路资产基数。这些公共建设工程同时帮助发展了一系列融资、管理、建设和道路运营等支持性技能。”

经济社会发展对公路的旺盛需求，决定了我国公路发展资金的需求强度巨大；而公路交通专项税收入的严重不足决定了我国必须实行收费公路政策。收费公路政策是我国实现公路交通跨越式发展的必然选择。发达国家高速公路建设是在20世纪30年代启动的（美国是1935年，德国是1932年），发展了近80年才达到现有水平，而我国是20世纪90年代才有了第一条高速公路，仅用20多年就赶上了发达国家的水平。在我国现有公路网中，97%的高速公路、61%的一级公路、42%的二级公路，都是依靠收费公路政策才得以建成的。如果没有收费公路政策，仅靠“收多少税，修多少路”的发展模式，就不会有这些高等级公路，也就无法支撑经济社会发展的运输需求，更不可能有我国经济社会发展的今天。

美国收费公路少是由于其实行的是以税收为主的公路发展模式。美国公路的专项税种多、税率高，还建立了联邦公路信托基金，此外州政府还可以根据实际需求自行制订本州的燃油税率。20世纪20年代，美国第一条高速公路在纽约建成，但高速公路的大规模修建则是在50年代以后。

1956年美国《联邦资助公路法》颁布，按高速公路标准规划设计的“州际与国防公路系统”建设资金有了保障。联邦政府资助是美国发展高速公路的主要资金来源，一般情况下联邦政府资金在项目投资中占90%左右，州政府资金占10%。从此美国高速公路进入了大规模建设阶段。这种快速增长态势一直延续到1980年。其资金投入占同期国内生产总值（GDP）的比例均在1.5%以上。1956—1970年间，美国公路投资规模占全社会固定资产投资总规模的比重在10%左右，明显高于其他时期6%～8%的水平。世界银行相关报告指出："1950—1985 年间，也就是美国建成 8.5 万公里州际高速公路系统的这段时间内，联邦政府承担了全部建设成本的 90%，分别占到国内生产总值的 1.3%（1960 年）和 3.3%（1980 年）。剩余的部分由各州的用户费用填补。到 80 年代中期，由于大量绕城高速路的兴建，美国用于高速公路建设项目的开支总额达到了国内生产总值的 3.7%。"

美国的公路建设和管理体制是联邦资助、地方所有的分权式体制，即由联邦政府资助各州境内州际公路项目的建设，建成后由各州进行管理和养护。美国的收费公路只在部分州存在，其建设资金主要来自非政府渠道，融资方式也多种多样，主要是公路债券，均由州及地方政府根据项目建设的需要发行。1999 年 1 月，美国收费高速公路 7588 公里，约占州际高速公路网的 3.7%。

2010 年，美国公路总里程达到 655 万公里，其中高速公路 9.9 万公里；全年公路总支出为 12750 亿人民币，其中建设支出 6221 亿元，维护与管理支出 5766 亿元，还债支出 762 亿元。而同年美国公路专项税费总收入为 13723 亿元人民币，收支盈余约 1000 亿元，使得美国的公路发展可以不依赖收费公路政策。这就是中国与美国高速公路规模虽然相当，但收费里程和比例远高于美国的根本原因。

（三）关于我国收费公路是否存在暴利问题

1. 世界银行报告对收费公路的风险与回报的看法

世界银行 2007 年报告《中国高速公路：连接公众与市场，实现公平发展》对收费公路的风险与回报作如下阐述：

国际经验表明私营部门融资是公路总体融资来源中的重要组成部分，但同时也存在很多局限性。由于大部分公路通常都在运营数年后才能产生正的净现金流，私营资本一般要求更高的资本回报率。

由于私营借款人在规模、信息和关键风险的控制上处于劣势，私营部门举债比公共贷款的成本要高。私营部门集资耗时更长，交易成本也更高。相对这些不利因素，私营部门参与的主要优势在于能够带来更有效和新颖的管理模式。此外，私营企业投资公路建设以换取未来的通行费收入，公共资金便可更多地用于路网其他非盈利的部分。如果私营部门融资能够系统地在成本和时机上与完全公共融资相比较（即最先应用于英国的所谓“相对公共融资”的概念），相关政府实体就可以更准确的评估私营部门融资的净收益。

高速公路的受益者不仅包括付费高速公路使用者，也包括那些更为畅通的平行公路上的免费道路使用者。这便造成这一情况，即私营投资者的预期财务回报低于其最低标准，而整个社会的经济回报率则高于公共部门所定的目标。出现这种情况时有必要将公共和私营部门目标回报率结合起来。各省可选择其中的某项或多项措施，使政府在不承担过高金融风险的前提下，合理提高融资能力。

金融风险的性质及其如何在政府和私营部门间分配，需要结合具体情况具体分析。在我国私营部门投资的早期阶段，投资者通过和地方交通运输厅组成联营体来降低风险，并通常能获得特别待遇以及高层政府的支持。当这一过程中引入竞争性指标，且操作逐渐透明后，私营部门可能会寻求低于当前水平的收益率，但同时风险也会随之下降。公私合作方式可以满足这种需求。

通行费是高速公路融资的主要机制，我国的通行费设置的水平和许多发达国家相当，有时还更高一点。更重要的是，我国通行费的可承受性是全世界最低的几个国家之一，高速公路上低流量的原因之一是用户不愿或无力支付规定的通行费。

2. 我国收费公路的债务与收支总体情况

收费公路是否存在暴利是媒体和公众关注的焦点，要解答好这个问题，首先要分析我国收费公路总体的债务情况和收支情况。

投资债务：高等级公路属于资金密集型基础设施，具有建设成本高，土地占用多，投资规模大的特点。2011 年底，我国收费公路里程达到了 15.2 万公里（不含已取消收费的政府还贷二级公路），累计投资为 39010 亿元；其中资本金为 10968 亿元，占 28.12%；初始债务为 28042 亿元，至 2011 年底已偿还本金 4370 亿元，债务余额为 23672 亿元，每年应还的利息大约是 1550 亿元。

年度收支：2011 年全国收费公路通行费总收入为 3179 亿元，总支出为 3502 亿元，其中还贷支出 2210 亿元，养护管理支出 752 亿元，税费和其他支出 540 亿元。全年还贷额占通行费收入的 70%，收支平衡结果为 -323 亿元。

收支与债务比较：收费公路用户每交 10 元通行费，有 7 元是用于偿还银行贷款本息，有 2.4 元用于收费公路的日常养护管理和大中修工程，有 1.7 元用于支付营业税、水利基金等相关税费，整体收支平衡结果为负 1.1 元。全国收费公路整体的情况是“收支接近平衡，略有亏损”。这一结果与媒体和公众对收费公路行业的认知截然相反，主要原因是收费公路的信息不够公开透明，社会公众误以为通行费收入就是纯利润，并不知道仅收费公路的还贷支出和纳税就占了全部收入的 87%。此外，部分媒体把不考虑还贷和大中修成本的“毛利率”与“净利率”概念相混淆，进一步加深了社会的误解。

（四）收费公路与交通拥堵的关系问题

造成公路拥堵的原因主要有车流量大、交通事故、恶劣天气、公路养护施工等。收费带来的拥堵主要发生在高速公路主线站收费站，即当通过收费站的交通量超过了收费站设计通行能力时带来的收费拥堵。这种情况一般发生在特定的交通量突增的时段，例如大都市附近的主线收费站在早晚进出城高峰时段，节假日集中进出城时段。平时，由于每条高速公路只有一或两个主线站（起点站和省界站），因此，收费对全线交通的影响相对有限。全国路网运行监测显示，更多的拥堵是发生在通过收费站之后的公路主线上，如2010年的京藏公路大堵车，由于运煤车辆剧增，拥堵从北京延伸至内蒙古境内达100多公里，断断续续长达20多天。在2011年中国干线公路发生的8413起阻断事件中，40%是由恶劣天气引起的，23%是由施工养护引起的，21%是由事故灾难引起的，这三种情况占了所有公路阻断事件的84%。

收费与拥堵的关系是一个十分复杂的问题，需要具体情况具体分析。在不考虑收回投资与偿还债务的前提下，对交通量小的收费公路，取消收费确实能进一步提高通行效率和通行速度，甚至可以吸引交通量来缓解平行路段的拥堵。但对于交通量已经接近饱和甚至超过饱和的收费公路，取消收费必然会使流量进一步上升导致拥堵加剧；结果就是大家都堵在路上，所有人在节约经济成本的同时却又增加了时间成本和环境成本，甚至会出现油耗增加带来的费用抵消了节约的通行费。2011年7月，首都机场高速路进京方向免费后，车流量迅速增加，一些原本每天走京密路、机场高速辅路的车辆被吸引到了机场高速上，车流量增加了40%。目前，首都机场高速路交通流量已超过了设计通行能力的2.6倍，每天的拥堵时段从之前的2小时延长至12个小时，平均行车速度下降了63%，从50公里/小时降为15公里/小时。迫使许多车辆选择绕行收费高速公路，社会上甚至出现恢复该路收费的呼声。

对于高速公路这种有限的公共产品采用使用者付费政策，不仅可以回收成本、筹集维护资金，还可以利用收费标准调节平衡路网流量，发挥公路的最大效益。当然，利用收费调节交通要解决好两个关键问题，一是要确保有平行的非收费公路（收税公路）供公众选择，否则都是收费公路没有其他选择，就不可能起到调节作用；二是调节流量所收取的费用，应该全额用于改善公路通行条件，确保“取之于车，用之于路”。

（五）收费公路与物流成本的关系问题

习近平总书记指出，推进供给侧结构性改革，促进物流业“降本增效”，交通运输大有可为。李克强总理在十二届全国人大五次会议上所作《政府工作报告》关于“2017 年重点工作任务”中指出：多措并举降成本。通过深化改革、完善政策，降低物流等成本。各有关部门和单位都要舍小利顾大义，使企业轻装上阵，创造条件形成我国竞争新优势。

我们以为，这已然为我们实施“公路两个体系”发展战略，完善公路收费政策，从而降低公路运输物流成本，指明了方向与路径。

1. 关于收费公路的两种矛盾认识

“收费公路政策对物流成本的影响”一直是社会各界高度关注且存在颇大争议的问题。一种观点认为收费公路政策推高了物流成本，导致我国物流成本是发达国家的“两倍”，影响了经济运行，提高了商品价格，所以必须要降低通行费标准，最好是取消所有公路收费；另一种观点则认为依靠收费公路政策建成的高速公路，提高了公路整体通行能力与运输效率，按照同样的每吨公里货物运输计算，我国公路运输成本仅为发达国家的一半左右，如果没有收费公路政策带来的高等级公路基础设施，物流行业根本不可能发展到今天的水平，物流成本也大大增加，收费公路政策是一项需要长期坚持的政策。

之所以出现两种针锋相对但感觉又好像各有道理的观点，背后是基于不同的利益主体和讨论语境。

持反对公路收费观点的主要是物流企业、运输业户和需要大宗物资运输的生产企业，也就是收费公路的用户。他们认为公路作为一种公共产品，政府财政理应为其买单，因为从车主的角度来看，买车的时候交了车购税，加油的时候交了燃油税，为什么用路的时候还要再交通行费呢？也有很多人在问，美国的收费公路就很少，为什么中国就做不到？

而支持公路收费的，主要有交通运输部门、经济学家，以及收费公路的建设者、投资方和债权人。他们认为收费公路建设资金除了少量财政补贴以外，基本全都是依靠银行贷款和社会投资筹集，这部分费用自然需要通过收取车辆通行费偿还和回收，同时由于燃油税的使用范围并不含收费公路，因此收费公路养护管理和大中修费用同样也需要依靠征收的车辆通行费筹集，这种用路者付费的方式也更加公平。

2. 收税与收费的政策选择

其实收税也好，收费也罢，并不存在绝对的是非对错，实质上只是一个路径选择问题。美国收费公路确实相对较少，这是因为美国高速公路发展之初就选择了收税发展的模式。基于当时美国充沛的财政能力，在洲际高速公路网建设的时候，联邦政府承担了 90% 的投资，地方政府只负责剩余的 10%，因此美国高速公路的负债很少。

但这种收税发展的模式，也使美国成了公路专项税负最重的国家，不仅有联邦政府和州政府两级的燃油税（各洲燃油税率自定），还有轮胎税、牌照税、重车税等一系列公路专项税收。在 2010 年的时候，美国公路专项税就已经超过了 2114 亿美元（按当年汇率约为 14375 亿元人民币），比同期我国的公路专项税负（燃油税和车购税）重了10000亿元人民币。

近年来，美国的情况也发生了很大变化。由于路网老化，特别是随着50年代修建的公路项目接近使用年限，大量早期修建的公路、桥梁出现了问题，需要维修甚至重建，这使得美国2000多亿美元的专项税年收入开始捉襟见肘，支撑不下去了，公路信托基金也是入不敷出，接近破产。2014年，媒体就“美国危桥遍野 公共财政无力支付更新维修费用”等问题进行了广泛报道。目前，美国政府也在想办法改变这个状况，包括扩大收费公路政策的应用范围，利用收费和收税“两条腿”走路的方式解决公路发展资金不足的问题。

3. 费、税间的此消彼长关系

在路网规模一定的情况下，收税和收费是此消彼长的关系，公路专项税收的多了，通行费就可以少收甚至不收，反之通行费收得多了，公路专项税负就可以维持在较低水平。现在，很多人在呼吁取消公路收费的时候，往往没有意识到取消收费意味着必须相应增加税收。

2008年底，燃油税费改革时，为了提高公路基本通行服务能力和水平，国家决定逐步有序取消政府还贷二级公路收费。但取消公路收费并不是简单地把收费站拆除那么简单，路要养，债要还，无论是停止剩余债务偿还，还是放弃公路养护都是不可能和不现实的。为此，国家在燃油税费改革时特别明确了政府还贷二级公路取消收费后的剩余债务和养护资金由中央财政和地方财政分担。

目前，每年仅中央财政就需要通过征收燃油税方式筹集300亿元专项补助资金。简单来说，就是为了实现政府还贷二级公路停止收费，全国所有车辆每加一升油，需要多缴0.1元来帮助筹集取消收费专项补助资金，替那些通行政府还贷二级公路的车辆来支付

“通行费”。

4. 标准降低与收费延期

关于收费公路问题，社会上还有种声音：一方面要求收费公路降低收费标准或减免通行费；另一方面又在指责地方的收费公路延长收费期限。其实，降低收费标准与公路收费延期之间存在着因果的关系，因为收费标准的降低意味着偿债能力的下降和偿债进度的放缓。

“十二五”期间，收费高速公路车辆通行费减免金额从2011年的260亿元扩大到2015年的509亿元，增加了147.1%；收费高速公路的还本能力（通行费总收入扣除管养、税费和付息支出后剩余可用于偿还债务本金的资金）相应的从2011年的630亿元下降到了2015年的240亿元，降低了61.9%。换算为单位里程的话，相当于每公里减免金额从2011年的25.9万元上升到了2015年的43.5万元，同时每公里还本能力从79.2万元下降到了20.5万元。

按照2015年每公里收费高速公路债务余额3542.9万元计算，在不考虑还本能力进一步下降的情况下，乐观地按照20.5万元的还本能力维持不变计算，也需要173年才能偿清债务，远远超过了《收费公路管理条例》规定的30年收费收费期限。而假设没有减免政策，收费公路的偿债能力可提高到64万元/公里，偿清债务所需时间可以一下缩短到55年。

从上面的数据可以看出，无论收费标准怎么降低，通行费如何减免，收费公路背后的支出都是刚性的，债依然要还，路依然要养。银行也好，企业债券也好，并不会因为车辆通行费标准降低，而同意收费公路少还债务本金或少还债务利息；建设施工企业或养护企业也不会因为收费标准的降低提供免费的工程服务。

在收费公路整体收不抵支、收支缺口逐年成倍扩大的情况下，减免通行费的实质是在降低收费公路的还本付息能力，可以说是一种“饮鸩止渴”。收费标准降得越多，通行费减免范围越大，收费公路的偿债能力就越低，偿清债务所需的时间也会不断延长，使得收费公路债务雪球越滚越大，而未来无论是财政兜底、延长期限还是银行坏账核销，最终连本带息买单的还是纳税人、车辆用户，这也是享受收费公路降费好处后需要付出的代价。

5. 完善公路收费政策，降低公路运输物流成本

逐步取消普通公路收费，适度降低高速公路的收费标准，的确是降低物流成本的一个可供选择的途径。但是同时必须清醒地看到并解决好公路融资困境与巨额债务。

我国的收费公路正承受着内部与外部的双重压力，处理不好会影响整个国家经济社会的发展。而“收费政策”作为“收税政策”的必要补充，可以长期有效解决公路已经积累的巨额债务与持续发展的资金，还可以将公路使用者和非使用者的负担分开，调节交通流量，是一项需要长期坚持并不断完善的政策。实施“公路两个体系”发展战略，坚持和完善收费公路政策，是实现我国公路交通可持续发展的基本途径。

习近平总书记明确指出，“十三五”是交通运输基础设施发展、服务水平提高和转型发展的黄金时期，要抓住这一时期，加快发展，不辱使命，为实现中华民族伟大复兴的中国梦发挥更大的作用。他指出，“要想富，先修路”不过时，要求我们久久为功，建好“四好农村路”；综合交通运输进入了新的发展阶段，要求我们在体制机制上、方式方法上、工作措施上都要勇于创新、敢于创新、善于创新，推进各种运输方式融合发展。

习近平总书记的上述指示，是对交通运输发展阶段的科学定位，是对交通运输发展形势任务的深刻把握。我们要在适应经济发展新

常态的经济政策框架下，准确把握黄金时期的深刻内涵，坚持稳中求进工作总基调，既要在稳的前提下有所进取，又要在把握好度的前提下奋发有为，为实现我国由交通运输大国迈向交通运输强国奠定坚实的基础。这也是我们研究、解决降低公路运输物流成本的基本出发点。

国务院印发的《“十三五”现代综合交通运输体系发展规划》在“全面深化交通运输改革”部分明确要求：“完善收费公路政策，逐步建立高速公路与普通公路统筹发展机制。”

我国公路交通发展的实践已经表明，解决公路建设的巨额债务与发展资金、促进公路可持续发展的治本之策，就是统筹发展以普通公路为主的体现政府普遍服务的非收费公路体系和以高速公路为主的低收费、高效率的收费公路体系，即实施中国特色“公路两个体系”发展战略。其中，普通公路为主体的非收费公路体系体现基本服务。按照公共服务均等化要求，政府的公共财政性资金要更多地投向国省道干线和农村公路的建设、改造与养护。按照统一管理、分层负责的原则，建立健全公路管理体制，继续推进公路养护运行机制改革，使有限的资金发挥最大的效益。非收费公路体系提供基本服务，在公路网中处于主体地位，充分体现公共服务均等化的要求和公路基础设施的公益性。高速公路为主体的收费公路体系体现效率服务，主要为经济社会发展提供高效、便捷、安全的高品质运输服务。要按照更多地利用社会资源，鼓励社会资本投资公共基础设施的要求，继续发挥收费公路政策效应，以政府购买服务，实施特许经营的发展理念，吸收社会资本投资建设以高速公路为主体的收费公路体系。按照“多元投资、统一管理”的原则，探索有效的收费公路管理的体制机制，既保护投资者的积极性，维护其合法合理的权益，又充分保证路网运行的安全高效与体现社会公众根本利益和公共产品属性。

综上所述，要实现降低公路运输的物流成本，必须牢牢抓住“十三五”交通运输基础设施发展、服务水平提高和转型发展的黄金时期，依据十二届全国人大五次会议所批准的《政府工作报告》中提出的路径——“多措并举降成本。”概括地讲，就是要通过深化交通运输体制机制和供给侧结构性改革、“推进各种运输方式融合发展”“完善收费公路政策，逐步建立高速公路与普通公路统筹发展机制”，逐步完全取消普通公路收费，适度降低高速公路的收费标准。为此，“各有关部门和单位都要舍小利顾大义”。

二、实事求是汇报问题

2014 年，我们曾草拟过一份关于《收费公路管理条例》修订有关问题的报告。因故此报告没有呈送。现将此报告（有所删节）作为本章的结语。

2004 年颁布的《收费公路管理条例》（以下简称《条例》）系统规范了我国收费公路发展和管理的法律制度，实施十年来发挥了重要作用，促进了公路事业的跨越式发展。但随着经济社会快速发展以及成品油价格税费改革深入推进，《条例》的部分内容已无法适应公路发展的实际情况，亟须修订和完善。按照国务院 2013 年度立法计划安排，《条例（修正案）》送审稿已于 2013 年 8 月正式上报，现就有关事宜再汇报如下：

（一）我国公路发展亟须解决的突出问题

公路是我国覆盖范围最广、通达程度最深、服务人口最多、提供服务最普遍的交通基础设施。到 2012 年底，基本形成了以高速公路为骨架、普通干线公路和农村公路为基础的公路网络，全国公路总里程达到了 423. 8 万公里，累计投资总额超过 20 万亿元，承担着全社会93%的客运量和77%的货运量。建设好和维护好公路基础设施，是确保我国经济社会正常运行和可持续发展的基本要求。目前我国公路发展形势十分严峻，面临着一系列亟须解决的突出问题：

一是，公路专项税收严重不足，不能满足非收费公路建设养护需求。我国专项用于公路建设和养护的“车购税”与“成品油消费税交通专项资金”仅能满足公路建设需求的15%和养护需求的30%。2012年，全国公路建设投资为12715亿元，其中车购税1896亿元，其他一般财政资金195亿元，建设税收缺口高达10624亿元；同年全国公路养护需求为4000亿元，而成品油消费税中可用于公路养护的资金仅有1200亿元，公路大中修工程需要依靠贷款实施，一些地方被迫出现了“弃养待建”的现象，反过来又增加了建设需求。目前公路建设养护的税收缺口，主要是通过车辆通行费和各种债务性资金弥补。到2020年，全国公路将达到500万公里，其中仅非收费公路新建改建就需要25000亿元。仅承担非收费公路的各种资金，对我国目前的公共财政已然是入不敷出。

二是，收费公路债务负担过重，高速公路发展面临陆续到期停止收费的巨大压力。2012年底全国收费公路债务余额为29131亿元，全年公路通行费收入3281亿元（超过当年用于公路建设养护的车购税与成品油消费税之和），支出3847亿元，亏损566亿元，尽管还本付息支出高达全年收入的86%，但仍未能满足全部还本付息需求，审计中发很多地方存在着“借新还旧”和债务逾期现象。收费公路收不抵支的根源是当前收费年限设置与通行费标准与实际需求严重不匹配，现行《条例》对不断提高的建设养护成本、经济社会飞速发展对公路基础设施的旺盛需求，以及专项税收的巨大缺口估计不足，通行费标准也大都执行的是十多年前通车时制订的标准，致使很多收费公路通行费收入仅能支付贷款利息，无法在规定时间内确保债务本金的偿还。根据测算，在不考虑统贷统还的情况下，2014 年内将有 2134 公里收费高速公路到期，涉及债务 2126 亿元（一些早期收费公路作为质押已承担了部分其他公路债务），今年将产生的利息高达 139 亿元，而预计年收费额仅为 114 亿元，停止收费后将有超过 2100 亿元的债务失去偿还来源。到 2019 年，累积会有 7460 公里收费高速公路到期，届时产生的债务缺口将超过 4200 亿元。以上仅仅是已经建成通车的高速公路债务，而在建的高速公路债务又是一笔大数。实施国务院批准的《国家公路网规划（2013—2030 年）》，按静态投资匡算，总投资需求大约是 4. 7 万亿元。其中，国家高速公路规划中新建大约 2. 5 万 ~ 3. 3 万公里，约需要 2. 5 万亿元。如仍按照现有《条例》规定，未来我国高速公路建设、维护管理资金困难重重，而巨额债务偿还的任务几乎不可能完成。

三是，我国高速公路已实施联网收费，分段到期取消收费的形式，会损害收费高速公路网络管理的完整性、降低通行效率。按照现行《条例》规定，到期停止收费的公路必须及时拆除所有收费站，变为开放式公路，而为继续确保前后所连高速公路的正常收费，需在每个到期停止收费路段的两端增设两个高速公路主线收费站，这将额外增加巨额征地和建设成本，还会造成路网的分割管理，降低高速公路网的通行效率。更严重的是，将导致《收费公路管理条例》所规定的“省、自治区、直辖市人民政府交通主管部门对本行政区域内的政府还贷公路，可以实行统一管理、统一贷款、统一还款”这一重大政策难以继续实施。

我国河北省高速公路规模目前已与日本大体相当。日本国家高速公路网是由法定机构道路公团历经 50 年建成，积累债务 387398 亿日元（约为 21010 亿人民币）。2005 年，日本通过“日本高速公路资产持有及债务偿还机构法”，组建相应法定机构，规定 2050 年

（累计收费期限约100年）还清全国公路债务。相比之下，我国作为长期处于社会主义初级阶段的发展中国家，高速公路收费期限也需要大大延长。

（二）修订《收费公路管理条例》的宗旨与难度

修订《条例》旨在确立我国“公路两个体系”发展战略，保障我国公路可持续发展。其内涵是：统筹发展政府主导的以高速公路为主的低收费、高效率的“收费公路体系”和以普通公路为主的体现政府普遍服务的“非收费公路体系”。其中，非收费公路体系约占全国公路里程的96%，主要解决通达问题，资金以公共财政为主，尽量避免使用债务性资金。收费公路体系约占全国公路里程的4%，体现更高品质的公共服务，主要解决快捷高效问题，其收费不以营利为目的，资金逐步以融资成本低且易于监管的债券和低息贷款为主。这一宗旨兼顾了公路使用的效率与公平，也为通过收税方式解决非收费公路建设养护问题预留了空间。按照国务院2013年度立法计划，交通运输部于2013年初启动了《条例》修订工作，并与国家发展和改革委员会、财政部就主要修订内容进行了研究和磋商，在此基础上，修改完成了《条例（修正案）》征求意见稿，并于5月份向行业内部和社会公开征求了意见。但在国务院没有明确的决定性意见情况下，难以进一步推进《条例》修订工作。同时，统一各方认识，正面引导舆论，让各界理性客观看待《条例》修订工作，也需要国家层面的指导和支持。

（三）有关方面意见

在《条例》修订过程中，有关各方的反馈意见主要集中在两个方面：

一是认为收费公路到期后，其剩余债务和未来养护及改扩建费用可完全交由财政通过税收的方式解决，且《中华人民共和国公路法》中也提到了“国家采用依法征税的办法筹集公路养护资金”。

二是认为收费公路受到社会各界高度关注，修订《条例》允许高速公路长期收费，需要考虑如何让公众理解和接受的问题。

对上述意见有关部门进行了认真研究。首先，公路专项税应优先满足非收费公路的建设养护需求，而现实情况与达到这一目标还有非常大的差距，如高速公路到期停止收费，每年就会增加超过1000亿元的养护资金需求，进一步扩大公路养护的税收缺口。经测算，在满足现有非收费公路正常养护需求的前提下，将停止收费后的高速公路养护费用及其剩余债务偿还改由成品油消费税承担，其税率将是现在的3~4倍，会对经济社会发展和公众生活产生很大影响，这对较少使用高速公路的普通公众也是很不公平的。此外，一旦高速公路停止收费，其未来改扩建费用也只能全部由政府财政承担，更会进一步扩大公路建设的税收缺口。

其次，《中华人民共和国公路法》一般性条款确有“国家采用依法征税的办法筹集公路养护资金”的内容，但同时《中华人民共和国公路法》也对收费公路的养护资金做出了特殊性规定，即“收费公路的养护由公路经营企业负责”；根据《中华人民共和国公路法》授权，《条例》中又进一步明确：“收费公路养护费用由收费公路经营管理者承担，其中政府还贷公路的管理、养护费用从车辆通行费中列支”。我国所有收费公路的养护资金一直是严格按照上述法规执行的。所以，收费公路通过收取车辆通行费方式筹集养护资金完全符合现行法律、法规的规定。

其三，收费公路政策是世界各国筹集高速公路建设养护资金所普遍采取的政策，部分媒体和公众对收费公路政策存在的负面认识，其原因主要是长期以来信息公开不足所导致的误解，并非收费公路政策本身不合理，而收费与收税一直以来也是此消彼长的关系。为给《条例》修订和顺利出台创造良好外部环境，交通运输部已开展了一系列相关工作。按照国务院对进一步加强政府信息公开工作提出的“对重要舆情和社会热点问题，要积极回应、释疑解惑”并让“群众看得到、听得懂、信得过”的要求，交通运输部于2013年11月编制出版了《收费公路怎么看·交通热点面对面》一书，采用通俗易懂的问答形式，系统阐述了收费公路的由来与发展、政策实施效果、专项税收情况、债务与收入支出、收费与物流成本，以及未来收费公路政策的完善等内容，为社会各界全面了解和理性看待收费公路政策做了充分准备和铺垫。

（四）建议事项

（1）目前各地已有部分高速公路陆续到期，但尚未停止收费，社会各界高度关注。需国务院明确《条例》的修订可按照构建公路两个体系的思路，在税收与公路的维护发展与还债需求达到平衡之前，继续坚持并完善收费公路政策，统筹考虑高速公路债务、养护、发展及路网完整和高效运行等因素，延长高速公路收费期限。

（2）省、自治区、直辖市人民政府交通运输主管运输部门对本行政区域内的政府还贷高速公路，以路网为单位，实行统一管理、统一贷款、统一还款，并定期向社会公布债务情况和收支情况。

（3）收费公路政策受到社会各界高度关注，释疑解惑工作需要国务院的指导和相关部门的支持。为配合《条例》修订工作，建议通过国新办平台进一步公开收费公路相关信息，并就公众关注的热点问题进行系统完整的解答，依靠新闻媒体客观真实的报道，消除误解，引导公众理性看待收费公路政策，为《条例》修订工作创造良好的外部环境。

第五章　重视规划引领：实施完善国家公路网规划

《国家公路网规划（2013—2030年）》作为公路交通基础设施的中期布局规划，体现了新时期国家发展综合交通运输的战略方针，是指导国家公路发展的纲领性文件。强化《国家公路网规划（2013—2030年）》的引领，是今后一个时期保障公路可持续发展的重要基础工作。同时，应继续遵循邓小平同志1989年的指示，跟踪研究、适时制定“下一个世纪前五十年的”“交通运输的发展规划”；即基本适应新中国成立100年时建成富强民主文明和谐的社会主义现代化国家目标的国家公路网规划。

第一节　关于编制国家公路网规划中的建言

编制国家公路网规划的工作不仅事关公路可持续发展的全局，而且也是事关国家经济社会发展的基础性工程。我们在力所能及的情况下，提出一些建言。

一、关于编制国家公路网规划的若干建议

2011年10月下旬，我们在国家发展和改革委员会基础司主持的《国家公路网规划》（征求意见稿）专家论证会上提出有关建议。会后，我们又与相关部门多次讨论研究，并前往多省进行补充调研。

在此基础上，我们于2012年初撰写完成《关于编制国家公路网规划的若干建议》，送有关部门参考。内容如下：

为推进我国公路交通科学、健康、可持续发展，我们提出关于编制国家公路网规划的若干建议。

（一）关于编制国家公路网规划的必要性与迫切性

国家公路网作为由普通国道和国家高速公路组成的国家级干线公路网，是综合运输体系的重要组成部分，对支撑经济发展、推进社会进步、保障国家安全和维护社会稳定具有基础作用。然而，中华人民共和国成立已逾60年，至今仍没有编制出由中央政府正式批准的国家公路网规划，这不能不说是个重大缺憾。

“完善国家公路网规划”已经列入国家“十二五”规划。交通运输部会同国家发展和改革委员会拟定的《国家公路网规划》（征求意见稿）为此奠定了扎实的基础。但仍有完善的空间，特别是关于编制国家公路网规划的目标定位与布局规模。

课题组认为，编制国家公路网规划应定位为基本适应实现现代化建设第三步战略目标，即基本适应新中国成立100年时建成富强民主文明和谐的社会主义现代化国家目标的长期规划。邓小平同志早在1989年6月就高瞻远瞩地提出：“我建议组织一个班子，研究下一个世纪前五十年的发展战略和规划，主要是制定一个基础工业和交通运输的发展规划。要采取有力的步骤，使我们的发展能够持续、有后劲。”

“规划引领”是发达国家公路建设取得巨大成就的主要经验。

美国公路发展经历了4个历史阶段。第一阶段：20世纪初至40年代，主要是经济较发达的东、西部地区公路及城市道路的建设。美国从公路建设初期就十分重视制订相关公路的法律与规划。1916年联邦资助公路法规定，联邦政府提供50%的资金用于改善主要公路；1921 年联邦资助公路法强调规划全国主要道路系统，成为建设国家级公路的开端。1926 年，美国规划了总规模约 15.5 万公里的国家编号公路系统，这是世界上第一个具有国道性质的公路系统。1937 年，美国总统罗斯福提议修建横跨全国的州际公路系统；1944 年美国国会将其定义为国家州际公路系统，规模约 6.4 万公里，功能是直接连接大都市地区、城市和工业中心，服务于国防，适当连接加拿大和墨西哥。第二阶段：20 世纪 50 ~ 70 年代，以高速公路为主的州际公路系统开始规划与建设。1956 年联邦资助公路法将国家州际公路系统改为州际国防公路系统，总规模扩大到 6.6 万公里。这是美国国家级公路的第一次重大调整。第三阶段：20 世纪 80 ~ 90 年代，主要是各州公路建设和完善，地区公路网逐步均衡，形成结构合理、干支结合的公路网络。其间，1995 年规划的国家公路系统是美国国家级公路的第二次重大调整。第四阶段：21 世纪至今，美国公路网已基本完善，公路发展重心转向养护和安全畅通、智能化管理方面。

日本早在 1920 年就编制出 30 年公路改善计划。1932 年，日本政府制订了公路改善五年计划。1940—1943 年，日本政府又对干线公路网进行了重新规划。1954 年日本开始实施第一个现代公路网建设五年计划。1966 年，日本编制了以 1985 年为目标年的 20 年长期公路建设规划。1987 年编制了高等级干线公路网规划，目标年为 2025 年，规划里程为 1.4 万公里。规划内容包括：加强地方中心城市（10 万人口以上的城市）的联络；强化东京、名古屋、京阪神三大城市圈的环行公路和迂回道路；加强与其他交通源（特别是重要港口和机场）的连接；在全国形成从城市、农村各地 1 小时内可达的高速公路网络；消除高速公路中交通严重拥挤的路段。

相比之下，我国国家级公路网规划仅有 1981 年国家计委、国家经委和交通部以《关于划定国家干线公路网的通知》（计交〔1981〕789号）批准的《国家干线公路网（试行方案）》，即所谓“国道网”（试行方案）。此外，就是交通部编制的《国家高速公路网规划》，于2004年底由国务院审议通过。

《国家干线公路网（试行方案）》早已提前实现，亟须做出重新规划。国家高速公路网规划也将提前10年于2015年基本建成。2010年我国GDP接近6万亿美元，人均接近4500美元，已超过《国家高速公路网规划研究》中提出的2020年经济总量4万亿美元、人均3000美元的预测值；2010年我国汽车产销量均突破1800万辆，2020年我国汽车保有量将超过2亿辆，远高于《国家高速公路网规划研究》1亿辆的预期。经济总量和汽车消费的快速增长，对公路网的规模和质量提出了更高的要求。迫切需要编制国家公路网，促进我国公路交通的全面、协调、可持续发展。

我国现行的公路网规划已经远远不能适应经济社会发展的新形势：一是规模不足，覆盖范围需进一步拓展，全国还有27个地级行政中心未实现国家高速公路覆盖、900多个县未实现普通国道的有效连接。二是部分重要区域之间、重要城市之间的通道数量不足，路线替代性差，网络化程度低，路网布局有待进一步优化、完善。三是部分主要公路通道能力不足，能力配置需进一步加强。四是国家高速公路和普通国道之间的衔接协调亟须加强。五是现有国家高速公路网和普通国道网不能适应构建现代综合运输体系的需要。六是我国国防战略大通道、战役通道和边海防公路与确保国防安全仍有相当差距。七是统筹发展以高速公路为主的低收费、高效率的收费公路体系和以普通公路为主的体现政府普遍服务的非收费公路体系，需要全面规划国家公路网。八是各省（自治区、直辖市）公路发展规划的制订与实施需要国家公路网规划作为依据与指导。

《中华人民共和国国民经济和社会发展第十二个五年规划纲要》明确要求："完善国家公路网规划"。我们建议有关部门采取积极措施，力争在较短时间编制完成国家公路网规划，呈报国务院审议。

（二）关于编制国家公路网规划的目标思路与布局规模

编制国家公路网规划的目标依据是党中央所确立的我国经济建设的"三步走"战略部署。经过全党和全国各族人民的共同努力，我们胜利实现了"三步走"战略的第一步、第二步目标。现在正迈向第三步，即到建国一百年时，基本实现现代化，建成富强民主文明的社会主义国家。正如邓小平所说："现在，我们国内条件具备，国际环境有利，再加上发挥社会主义制度能够集中力量办大事的优势，在今后的现代化建设过程中，出现若干个发展速度比较快、效益比较好的阶段，是必要的，也是能够办到的。我们就是要有这个雄心壮志！"综观全局，21 世纪初 20 年，对我国来说，是一个必须紧紧抓住并且可以大有作为的重要战略机遇期。我们要集中力量，全面建设惠及十几亿人口的更高水平的小康社会，使经济更加发展、民主更加健全、科教更加进步、文化更加繁荣、社会更加和谐、人民生活更加殷实。这是实现现代化建设第三步战略目标必经的承上启下的发展阶段，也是完善社会主义市场经济体制和扩大对外开放的关键阶段。

国家公路网规划的编制目标应该是服务于实现现代化建设第三步战略。概括地说，国家公路网规划应该是基本适应实现现代化建设第三步战略目标的比较全面完整的长期规划，即适应到 21 世纪中叶基本实现现代化，把我国建成富强民主文明的社会主义国家的需要。

国家公路网规划的编制目标决定着布局规模。

美国面积 962.91 万平方公里（其中陆地面积 915.90 万平方公里），人口 3.09 亿。2010 年国内生产总值（GDP）14.66 万亿美元，人均国内生产总值4.74万美元。美国拥有完整而便捷的交通运输网络，运输工具和手段多种多样。2008年，美国交通运输业总产值为1.38万亿美元，约占美国经济总量的9.5%，吸纳了约3%的就业人员。公路里程总长约652万公里，其中高速公路总里程约9.5万公里，世界排名第一。

欧盟由欧洲的27个国家组成，面积433万平方公里，人口5.01亿。2010年国内生产总值16.28万亿美元，公路总里程约500万公里，其中高速公路6.5万公里。日本陆地面积约37.8万平方公里，人口1.28亿。2010年国内生产总值5.47万亿美元，人均国内生产总值4.23万美元。日本公路总里程约120万公里，面积密度高达318公里/百平方公里，高速公路约7600公里。

美国、日本等发达国家的公路网建设与社会经济的发展存在着密不可分的关系。从大的趋势来看，早期公路网建设落后于社会经济的发展，是社会经济发展的瓶颈制约，随着需求的增长，公路网建设加快，超过了社会经济的增长速度，出现交通基础设施适度超前的发展趋势。当公路网建设到达一定规模时，受到土地、资源、环境等方面的制约，建设速度开始放缓，但高等级公路建设随着人民生活和经济的发展，还将保持一段时间的快速增长，然后趋于稳定。从美国和日本的发展经验看，当人均GDP低于10000美元时，公路建设处于快速发展期，随后进入稳步发展阶段。

结合历史发展趋势和国外发展经验，我国公路网建设也会经历建设速度适度超前于社会经济的快速发展阶段和建设与社会经济发展平稳增长的稳定发展阶段。将我国的社会经济发展、部分主要物资产量、部分制造业产品产量、交通运输、公路基础设施等现状情况与美国、欧盟、日本进行对比，可以看出，我国公路特别是高速公路的规模仍明显不足。

目前，我国原煤产量是美国的2.5倍、粗钢5.7倍、水泥16倍、蔬菜12倍、水果6倍、肉类3倍、水产类12倍，同样也远远高于欧盟和日本。相应地，我国公路完成的货物周转量已经是美国的2倍、欧盟的1.2倍、日本的3.3倍；我国单位GDP的公路货运强度已经远大于主要发达国家，分别是美国的7倍、欧盟的6倍、日本的5倍。这样高强度的运输特征是我国经济结构、国土面积、人口等特殊国情所决定的。

以国土面积和人口两个因素综合考虑，我国高速公路综合密度仍远低于发达国家水平。到2009年底，我国高速公路综合密度仅为5.7，远低于美国的17.6、欧盟的14.1和日本的11.4，仅相当于他们的1/2～1/3。另外，我国国家高速公路网连通水平也远低于主要发达国家，美国连通人口5万以上的城市、日本连通人口10万以上的城市、欧洲主要国家也是5万～10万，而我们国家规划设定的目标是连通20万以上的人口城市，这里需要说明一点，发达国家的城市人口是指区域内的所有人口，我们的城市人口是指非农业城镇人口，如果与发达国家同口径比较，我国国家高速公路规划连接城市的市辖区人口实际上在35万以上，其连通水平远低于发达国家。

2010年，我国国内生产总值达到39.8万亿元，财政收入8.31万亿元；公路总里程达到400.82万公里，其中国道16.4万公里（含5.77万公里国家高速公路）、省道26.98万公里。交通运输需求成为决定国家公路网规划布局规模的重要因素。1991—2000年，我国公路旅客运输量年平均增长率为7.6%，2001—2009年达到8.4%。1991—2000年，我国公路货运量年平均增长率为3.7%，2001—2009年达到8.3%。公路运输需求呈加速增长趋势。随着国民经济的快速发展、人民生活水平的不断提高、城镇化加速、小汽车进入家庭的步伐加快，公路运输需求将持续增长。预计到2030

年，我国公路客运量将达到810亿人次，旅客周转量约为47500亿人公里，分别是2010年的2.6倍和3.2倍；货运量约为525亿吨，货物周转量将达到102000亿吨公里，分别是2010年的2.2倍和2.4倍。2009年公路旅客运输量和周转量分别占全社会总量的93%和54%，公路货物运输量和货物运输周转量分别占全社会总量的75%和30%。公路运输在综合运输体系中的地位突出。目前，我国主要运输通道运输能力趋于饱和，2009年我国38条主要公路通道平均交通量分别达到2.3万辆/日，已基本达到通道的适应通行能力。预计到2020年和2030年，我国38条主要公路通道平均交通量将分别达到5.2万辆/日和9.4万辆/日，分别是目前的2.20倍和4.02倍，是现有通行能力的2.17倍和4.04倍。主要公路运输通道能力明显不足，不能适应未来发展的要求。东部地区干线交通量明显大于西部地区，中西部地区增长速度高于东部地区。2005—2009年我国东部地区国省干线交通量基本保持稳定，4年间年均增长率仅为0.54%；中部和西部地区国省干线交通量增长相对较快，年均增长率分别为2.76%和3.65%。目前，东部地区主要通道平均交通量为4.7万辆/日，中部和西部地区分别为2.2万辆/日和1.3万辆/日。到2030年，东部地区主要通道平均交通量将达到16.2万辆/日，中部和西部地区将分别达到9.2万辆/日和6.1万辆/日，京沪、京港澳等繁忙通道交通量将达到20万辆/日以上。在主要公路运输通道中，与国家高速公路平行的普通国道承担了通道交通量的30%～50%。2009年，高速公路承担的旅客平均出行距离为96.45公里，跨省（区、市）的旅客平均出行距离为281.63公里；货物运输平均出行距离为205.88公里，跨省（区、市）的货物运输平均出行距离为472.01公里。国防战略大通道、战役通道和重要边海防公路需要纳入国家公路网。

近年来，公路收费问题引起社会的严重关注。为此，课题组曾提出关于实施“两个公路体系”发展战略、完善公路收费政策、促进公路科学发展的建议。构建“两个公路体系”是解决公路收费问题、促进公路科学发展的治本之策，是基于我国长期处于社会主义初级阶段基本国情做出的公路科学发展战略，需要国家公路网相应的布局规模作为支撑。

据测算，未来我国公路网合理规模约为600万~650万公里，其中国家公路网的合理规模约为40万~43万公里（含12万~15万公里的国家高速公路），约占未来全国公路网总里程的6%~7%，省道合理规模约为50万公里。国道和省道所占比重分别约为6.6%和8.6%。有必要说明：其一，国家公路网规划所含12万~15万公里的国家高速公路，并没有在真正意义上超过美国的9.5万公里高速公路。因为，我国高速公路以双向4车道为主，而美国高速公路以双向6车道为主。其二，我国确实存在规划出台后即盲目加速建设的情况，但应通过加强管理去解决，而不能采取推迟编制规划的做法。

（三）关于国家公路网规划增设北京至重庆首都放射线

我国实际存在的国家公路网采用放射线与纵横网格相结合的布局形态，构成由中心城市向外放射以及横连东西、纵贯南北的公路交通大通道。其中，《国家高速公路网规划》包括7条首都放射线：北京—上海、北京—台北、北京—港澳、北京—昆明、北京—拉萨、北京—乌鲁木齐、北京—哈尔滨。《国家干线公路网（试行方案）》规划的普通国道为12条首都放射线：北京—沈阳、北京—佳木斯、北京—塘沽、北京—福州、北京—澳门、北京—广州、北京—香港、北京—昆明、北京—拉萨、北京—银川、北京—塔河、北京环线。这里，重庆被严重忽视了。而重庆作为我国中西部地区唯一的直辖市，在国家公路网的布局与建设中理应占据不容忽视的战略地位。

国务院关于最新的城镇体系规划，已经将重庆确定为全国五大中心城市之一。《国务院关于重庆市城乡总体规划的批复》（国函〔2011〕123号）明确指出："重庆市是我国重要的中心城市之一，国家历史文化名城，长江上游地区经济中心，国家重要的现代制造业基地，西南地区综合交通枢纽。""要加快公路、铁路、机场和港口等交通基础设施建设，改善城市与周边地区交通运输条件，把重庆市建设成为长江上游地区综合交通枢纽和国际贸易大通道。""加快完善旅游公共服务设施，发挥集散地枢纽功能。"其实，《国务院关于重庆市城乡总体规划的批复》（国函〔2007〕90号）就指出："重庆市是我国重要的中心城市之一，国家历史文化名城，长江上游地区经济中心，国家重要的现代制造业基地，西南地区综合交通枢纽。""要统筹城乡基础设施体系建设，加快城乡交通基础设施建设，建立公路、铁路、民航、水运相协调的综合交通运输体系。"

《国务院关于推进重庆市统筹城乡改革和发展的若干意见》（国发〔2009〕3号）进一步指出："重庆市是中西部地区唯一的直辖市，是全国统筹城乡综合配套改革试验区，在促进区域协调发展和推进改革开放大局中具有重要的战略地位。设立直辖市以来，重庆市坚决贯彻中央的决策部署，努力实施西部大开发战略，经济社会发展取得重要成就，已经站在新的历史起点上。重庆市集大城市、大农村、大库区、大山区和民族地区于一体，城乡二元结构矛盾突出，老工业基地改造振兴任务繁重，统筹城乡发展任重道远。在新形势下，党中央、国务院对重庆市改革发展提出更高要求，赋予重庆市新的使命。加快重庆市统筹城乡改革和发展，是深入实施西部大开发战略的需要，是为全国统筹城乡改革提供示范的需要，是形成沿海与内陆联动开发开放新格局的需要，是保障长江流域生态环境安全的需要。”为此，国务院要求“各省、自治区、直辖市人民政府，国务院各部委、各直属机构，要站在全局和战略的高度，充分认识加快重庆市改革开放和经济社会发展的重大意义，努力把重庆市改革发展推向新阶段。”国务院国发〔2009〕3号文件强调指出：“加快综合交通运输枢纽建设。加快对外通道建设，优化运输衔接，完善综合交通运输体系，尽快建成长江上游地区综合交通枢纽。加快建设襄渝复线、宜万、兰渝、渝利铁路和遂渝复线，尽快开工建设渝怀复线、重庆至贵阳铁路、重庆至万州铁路、成渝客运专线、黔江—张家界—常德铁路，规划建设郑渝昆等铁路，形成以重庆铁路枢纽为中心，多条便捷化、大能力对外通道为骨干的铁路网布局，推进团结村铁路枢纽与保税港区物流联动。加快重庆辖区国家高速公路网络建设，稳步开展地方高速公路建设，加快建成‘一环两射一联’市内高速公路骨架，国家和省级干线公路达到三级及以上标准，实现‘四小时重庆’和‘八小时邻省’的公路通达目标。推动长江上游航运中心建设，统筹规划岸线资源和港口布局，重点建设主城、万州、涪陵三个港区，以及长江、嘉陵江、乌江高等级航道。实施改扩建工程，提升江北国际机场枢纽功能。加快发展支线航空，尽快建成黔江机场，开展巫山机场前期工作。尽快完成近期建设规划修编，加快城市轨道交通发展。合理规划地下管网，有效利用地下空间。加强港口、铁路、公路、机场、城市道路的衔接，构建一体化交通换乘系统。支持重庆进行综合交通体制改革试点。”

为落实党中央国务院的战略部署以及对重庆的上述要求，国家公路网实在需要增设北京至重庆的首都放射线。

我们建议增设的北京至重庆的高速公路首都放射线，界于G5京昆高速公路（北京—西安—成都—昆明）和G4京港澳高速公路（北京—郑州—武汉—港澳）之间。路径为从北京出发，经石家庄、长治、洛阳、十堰、房县、万州至重庆，全长约1700公里。其中已纳入国家高速公路网的约有1000公里，另约700公里已纳入地方高速公路规划，大部分线已建成。现行国家高速公路网的布局方案中，成都、西安、太原三个特大城市之间的直接联系只有G5京昆高速公路，相邻城市间的交通量已经很大并将越来越大，面临通行能力不足的问题，而周边替代路径绕行太远。建议增设的北京至重庆首都放射线，重庆境内以沿江高速公路复线为通道主线，不仅在里程上更节约，而且该通道内渝万高速公路和绕城高速公路已建，多种替代路径选择能有效弥补原京昆高速通行能力不足和通道单一的问题。

经过实地考察与已经掌握的国家高速公路布局方案，我们对北京至重庆高速公路首都放射线的路径有了比较准确的把握。从北京出发，经石家庄、长治、洛阳、十堰、房县，以及宜昌、兴山、巴东、奉节、万州至重庆的高速公路已经全部纳入新规划的国家高速网。房县高速公路与兴山高速公路之间只差56公里的高速公路空白。我们在神农架林区实地调研时，与神农架林区人民政府及交通局、公路局进行了深入的讨论。我们原则上支持神农架林区区委、区人民政府的建议，即北京至重庆高速公路可采取穿行神农架林区的途径，具体走向为：十堰市房县桥上乡—神农架林区阳日镇—宜昌市兴山县古夫镇。此方案，业已经纳入《神农架林区公路交通运输“十二五”规划》。需要特别指出，建议方案与《中华人民共和国自然保护区条例》的规定不相违背。神农架林区拥有国务院批准的国家级自然保护区，但保护区仅占林区面积十分之一，主要在西南部；建议方案线路走向则位于神农架林区的东部，与保护区相隔崇山峻岭。此方案与拟定的十堰市至宜昌市铁路穿行神农架林区的线路方案走向途径大体一致，远离保护区100多公里，距离核心保护区130公里。如穿行神农架林区的56公里高速公路得以实现，将有利于保护神农架保护区（大量减少绕道神农架保护区的车辆，提高神农架保护区的应对危机能力）；同时，北京至重庆国家高速公路里程将缩短近200公里。建议增设的北京至重庆高速公路首都放射线中，均无工程技术上的重大障碍。

我们建议增设的北京至重庆的普通国道首都放射线，路径为从北京出发，经保定、长治、晋城、洛阳、十堰、神农架（保护区）、巴东、奉节、万州至重庆。上述道路已经存在并纳入普通国道，只需在编制国家公路网规划时予以命名。

二、北京至重庆国家高速公路通道战略研究报告

2010年底，我们完成“北京至重庆国家高速公路通道战略研究”。内容如下：

（一）关于国家高速公路网增设北京至重庆首都放射线的建议

2010年5月20日，我们撰写的《关于国家高速公路网增设北京至重庆首都放射线的建议》，作为《国家行政学院送阅件》第47号（总139号）报送党中央、国务院。有关领导做出批示。决策咨询报告全文如下：

2005年1月，国务院审议通过《国家高速公路网规划》，拟用30年时间完成8.5万公里国家高速公路网建设。截至2009年底，全国高速公路里程已达到6.5万公里，预计到“十二五”期末，国家高速公路网将提前20年基本建成。国家高速公路网规划调整修编工作已经提到议事日程。交通运输部业已就国家公路主骨架（国家高速公路网）规划修编方案征求意见。为此，我们提出关于国家高速公路网增设北京至重庆首都放射线的建议。

1. 增设北京至重庆首都放射线的政策依据

重庆作为我国中西部地区唯一的直辖市，在国家公路主骨架

（国家高速公路网）的布局与建设中理应占据不容忽视的战略地位。

2007 年 3 月，胡锦涛总书记参加十届全国人大五次会议重庆代表团审议时，高瞻远瞩地概括了直辖 10 年的重庆在新的历史起点上的三大定位和一大目标：“要把重庆加快建成西部地区的重要增长极、长江上游地区的经济中心、城乡统筹发展的直辖市，在西部地区率先实现全面小康社会的目标。”

《国务院关于重庆市城乡总体规划的批复》（国函〔2007〕90 号）明确指出：“重庆市是我国重要的中心城市之一，国家历史文化名城，长江上游地区经济中心，国家重要的现代制造业基地，西南地区综合交通枢纽。”“要统筹城乡基础设施体系建设，加快城乡交通基础设施建设，建立公路、铁路、民航、水运相协调的综合交通运输体系。”

《国务院关于推进重庆市统筹城乡改革和发展的若干意见》（国发〔2009〕3 号）进一步指出：“重庆市是中西部地区唯一的直辖市，是全国统筹城乡综合配套改革试验区，在促进区域协调发展和推进改革开放大局中具有重要的战略地位。设立直辖市以来，重庆市坚决贯彻中央的决策部署，努力实施西部大开发战略，经济社会发展取得重要成就，已经站在新的历史起点上。重庆市集大城市、大农村、大库区、大山区和民族地区于一体，城乡二元结构矛盾突出，老工业基地改造振兴任务繁重，统筹城乡发展任重道远。在新形势下，党中央、国务院对重庆市改革发展提出更高要求，赋予重庆市新的使命。加快重庆市统筹城乡改革和发展，是深入实施西部大开发战略的需要，是为全国统筹城乡改革提供示范的需要，是形成沿海与内陆联动开发开放新格局的需要，是保障长江流域生态环境安全的需要。”为此，国务院要求“各省、自治区、直辖市人民政府，国务院各部委、各直属机构，要站在全局和战略的高度，充分认识加快重庆市改革开放和经济社会发展的重大意义，努力把重庆市改革发展推向新阶段。”国务院的国发〔2009〕3号强调指出：“加快综合交通运输枢纽建设。加快对外通道建设，优化运输衔接，完善综合交通运输体系，尽快建成长江上游地区综合交通枢纽。加快建设襄渝复线、宜万、兰渝、渝利铁路和遂渝复线，尽快开工建设渝怀复线、重庆至贵阳铁路、重庆至万州铁路、成渝客运专线、黔江—张家界—常德铁路，规划建设郑渝昆等铁路，形成以重庆铁路枢纽为中心，多条便捷化、大能力对外通道为骨干的铁路网布局，推进团结村铁路枢纽与保税港区物流联动。加快重庆辖区国家高速公路网络建设，稳步开展地方高速公路建设，加快建成‘一环两射一联’市内高速公路骨架，国家和省级干线公路达到三级及以上标准，实现‘四小时重庆’和‘八小时邻省’的公路通达目标。推动长江上游航运中心建设，统筹规划岸线资源和港口布局，重点建设主城、万州、涪陵三个港区，以及长江、嘉陵江、乌江高等级航道。实施改扩建工程，提升江北国际机场枢纽功能。加快发展支线航空，尽快建成黔江机场，开展巫山机场前期工作。尽快完成近期建设规划修编，加快城市轨道交通发展。合理规划地下管网，有效利用地下空间。加强港口、铁路、公路、机场、城市道路的衔接，构建一体化交通换乘系统。支持重庆进行综合交通体制改革试点。”

为落实党中央国务院的战略部署以及对重庆的上述要求，国家高速公路网实在需要增设北京至重庆的首都放射线。

2. 增设北京至重庆首都放射线的路径构想

根据《国家高速公路网规划》，国家高速公路网采用放射线与纵横网格相结合的布局形态，构成由中心城市向外放射以及横连东西、纵贯南北的公路交通大通道，包括7条首都放射线（北京—上海、北京—台北、北京—港澳、北京—昆明、北京—拉萨、北京—

乌鲁木齐、北京—哈尔滨）、9 条南北纵向线和 18 条东西横向线，可以简称为“7918 网”，总规模大约为 8.5 万公里。其中：主线 6.8 万公里，地区环线、联络线等其他路线约 1.7 万公里。

建议增设的北京至重庆首都放射线，界于 G5 京昆高速（北京—西安—成都—昆明）和 G4 京港澳高速（北京—郑州—武汉—港澳）之间，路径为从北京出发，经石家庄、长治、洛阳、十堰、巴东（或安康）、万州至重庆，全长约 2000 公里。其中已纳入国家高速公路网的约有 1000 公里，另约 1000 公里基本已纳入地方高速公路规划，并有部分线已建成。现行国家高速公路网的布局方案中，成都、西安、太原三个特大城市之间的直接联系只有 G5 京昆高速，相邻城市间的交通量已经很大并将越来越大，面临通行能力不足的问题，而周边替代路径绕行太远。建议增设的北京至重庆首都放射线，重庆境内以沿江高速公路复线为通道主线，不仅在里程上更节约，而且该通道内渝万高速公路和绕城高速公路已建，多种替代路径选择能有效弥补原京昆高速通行能力不足和通道单一的问题。

建议增设的北京至重庆首都放射线，加密了现有射线 G5 京昆高速和 G4 京港澳高速之间的广大空白区域，可实现石家庄—长治（278km）、洛阳—十堰（300km）、十堰—巴东—万州—重庆的顺直连接，增加昔阳、和顺、左权、宜阳、洛宁、卢氏、勋县、房县、兴山、丰都、涪陵等 11 个县区级城市节点连接国家高速公路网，体现了对“7918”国家高速公路网优化衔接和补充完善的原则。沿该线的地方政府有建设的积极性，将其提升为国家通道，有利于区域大通道作用的发挥。

建议增设的北京至重庆首都放射线，连接长江黄金水道，拓展长江上游航运中心的服务纵深，使这条贯穿东中西部的大通道连接长江黄金水道，方便陕西、贵州、云南等地大宗货物快速进入长江，促进长江上游地区综合交通枢纽的加快形成，对更好地服务长江上游地区经济社会发展具有重要作用。

建议增设的北京至重庆首都放射线中，石家庄—长治段沿线途经太行山区，洛阳—十堰段途经秦岭末端。除十堰—万州间神农架自然保护区需绕行安康或巴东外，均无工程技术上的重大障碍。十堰—安康—万州段487公里。十堰—安康198公里，为国家高速公路；其中十堰至鄂陕界已建成，鄂陕界至安康段在建，预计2010年建成通车。安康—万州289公里，拟建，为地方高速公路。十堰—巴东—万州段470公里，其中十堰—巴东260公里，拟建，为地方高速公路；巴东—万州210公里，为国家高速公路，其中云阳—万州段78公里已建，其余在建，预计2010年建成通车。鉴于陕西经安康至万州段与国家高速公路网纵线G65包头—茂名并行且间距较近，建议该放射线采纳十堰—房县—兴山—巴东—万州方案。

增设的北京至重庆首都放射线可定编为G5京渝高速，原G5京昆高速更名为G6京昆高速，其他相关首都放射线依次类推。

3. 增设北京至重庆首都放射线的相关建议

（1）建议国家高速公路网规划修编时增设北京至重庆与北京至昆明两条首都放射线之间的联络线（重汉线），即从重庆合川经四川广安、营山、巴中、陕西南郡至汉中的高速公路。其中的重庆段已全部列入重庆市的规划，四川巴中至陕西界段也列入四川省的规划。北京至昆明首都放射线中的四川陕西交界路段战略地位突出，车流通量巨大。在2008年汶川地震的抢险救灾期间，该路段的畅通起了重大作用，受到党中央国务院的赞扬。然而，就是这一关键路段，经常堵塞。2008年1月，因冰雪灾害造成四川广元境内公路堵塞，致使陕西省汉中市宁强县境秦岭山脉绵延80公里的公路上，12000辆车辆、6万人被困。课题组当年曾前往汉中实地调研，并就有关问题向国务院及有关部委提交了咨询报告。增加重庆至汉中连接线，将大大增强北京至重庆与北京至昆明两条首都放射线的通行与应对危机的能力。

（2）建议国家高速公路网增设重庆经贵州毕节、云南曲靖至昆明的延长线（重昆线），即将北京—重庆—昆明高速公路通道作为国家战略通道纳入规划，形成我国东中西部直达东盟印度洋的综合运输通道。其中的重庆段已列入重庆市的规划，贵州毕节经云南曲靖至昆明段则列入“7918”国家高速公路网的规划。建设重庆至昆明这条至东盟印度洋的综合大通道，具有重要战略意义。目前中缅原油管道已进入实施阶段，大理—瑞丽铁路正在建设，郑州—重庆—昆明客运专线铁路已纳入国家规划。规划建设重庆—昆明高速公路，并纳入国家高速公路网，既服务于国家层面的战略需要，也满足加快中西部地区发展的迫切要求。长江上游地区位于中国的西南部，幅员辽阔，周边与 8 个国家接壤，重庆作为长江上游最大的港口城市和军事战略要塞，肩负着国防大后方的重任。规划建设重庆—昆明高速公路有利于构建我国通往东盟印度洋方向海陆优势互补的战略通道体系，规避单一通道存在的风险，在战争或抢险救灾时期能有效承担组织物资和人员集散的运输保障，维护国家的安全稳定。

（二）关于增设北京至重庆首都放射线给重庆市委市政府的建议

2010 年 7 月 12 日，我们撰写的《关于重庆市高速公路可持续发展的政策建议》，直接报送重庆市委市政府主要负责人。其中第六部分系“以增设北京至重庆首都放射线为重心，打通重庆对外出口通道，建成西南地区公路交通枢纽。”内容如下：

胡锦涛总书记在西部大开发工作会议上强调：“要加快形成连通

内外、覆盖城乡的综合交通运输网络”。“十二五”期间，我国将规划布局适应综合运输体系发展和现代化公路交通需要的公路基础设施网络，即在现有国家高速公路网布局的基础上，形成新的国道主干线布局，同时对普通国道网进行调整完善。新的国道主干线属于主骨架，主要承担区域间快速中长途的运输任务，构成以高速公路为主体的收费公路体系，侧重体现国家公路网高效性。优先建设规划的新国道主干线，以中西部地区国家高速公路建设为重点，加快形成国家高速公路网。干线公路方面要加强高速公路薄弱环节建设，重点建设符合国家区域发展规划的地方高速公路，以及对于加强省际、区域和城际联系有重要价值的地方高速公路，解决断头路，提高高速公路通道能力。

重庆作为我国“中西部地区唯一的直辖市”“西南地区综合交通枢纽”，在国家公路主骨架（国家高速公路网）的布局与建设中理应占据不容忽视的战略地位。为此，建议重庆市政府向国家发改委和交通运输部提出在国家高速公路网中增设北京至重庆首都放射线的要求；必要时，直接向国务院报告。

我们认为，提出国家高速公路网增设北京至重庆的首都放射线，而不宜笼统地提建立北京—重庆—昆明大通道的建议，主要理由如下：一是突出强调重庆作为“西南地区综合交通枢纽”的主体地位。二是在增设北京至重庆的首都放射线的基础上，可以顺理成章地解决重庆至昆明的延长线与重庆经（广安、巴中）至汉中的联络线。同时也为“西南地区综合交通枢纽”的重庆打通其他对外出口通道奠定坚实基础。三是避免与已有的北京（经西安、成都）至昆明的首都放射线重复。

我们已经向党中央国务院及交通运输部报送了《关于国家高速公路网增设北京至重庆首都放射线的建议》。我们建议增设的北京至重庆首都放射线，界于 G5 京昆高速（北京—西安—成都—昆明）和 G4 京港澳高速（北京—郑州—武汉—港澳）之间；路径为从北京出发，经石家庄、长治、洛阳、十堰、巴东（或安康）、万州至重庆，全长约 2000 公里。我们同时提出了增设北京至重庆首都放射线的相关建议：①建议国家高速公路网规划修编时增设北京至重庆与北京至昆明两条首都放射线之间的联络线（重汉线），即从重庆合川经四川广安、营山、巴中、陕西南郡至汉中的高速公路（如此建议被采纳，实际上就已经形成北京至重庆的高速通道）。②建议国家高速公路网增设重庆经贵州毕节、云南曲靖至昆明的延长线（重昆线），即将北京—重庆—昆明高速公路通道作为国家战略通道纳入规划，形成我国东中西部直达东盟印度洋的综合运输通道。

国家高速公路网的调整，是一个复杂的系统工程，涉及众多方面，需要做好多方面的工作。我们报送的《关于国家高速公路网增设北京至重庆首都放射线的建议》，得到交通运输部有关领导及相关司局的关注。近期，课题组又与交通运输部有关部门负责同志进行了沟通，取得重要共识。

建议重庆市交通委员会在继续争取交通运输部支持的基础上，与相关省的交通运输厅加强联系，共同努力。建议重庆市政府在适当时机，采取适当方式与相关省的领导同志共议此事，以期形成合力。

我们在撰写并报送上述两份决策咨询报告的基础上，还做了一些汇报、协商、沟通等方面的工作。并在交通运输部召开的国家公路网规划专家咨询会议和交通运输“十二五”发展规划专家咨询会议上，在国家发展改革委员会召开的关于国家公路网规划专家咨询会议上，阐述了我们的观点与建议。

2010 年 11 月 11 日，交通运输部规划司以《关于国家高速公路网增设北京至重庆首都放射线的意见》（中华人民共和国交通运输部规公便字〔2010〕307 号）正式致函王伟教授。

在此，我们诚挚感谢交通运输部对我们建议的负责态度，尽管在《国家公路网规划》中没能将北京至重庆的国家高速公路增设为首都放射线。

鉴于我们建议的重庆至北京的三条高速公路线路被纳入新规划的国家高速网，实际上已经形成北京至重庆的高速通道。重庆市至北京的三条高速公路通道分别是：①重庆市区经重庆万州至陕西安康、湖北十堰前往北京的高速公路；②重庆市区经重庆奉节至湖北平利、房县、十堰前往北京的高速公路；③重庆市区经四川广安、巴中、陕西汉中前往北京的高速公路。

我们感受到，交通运输部、国家发展和改革委员会还是相当重视重庆市作为中西部唯一直辖市在公路交通方面所具有的重要战略地位。

为继续推动将北京至重庆的高速公路通道增设为首都放射线，我们又作了补充调研。

（1）关于北京至重庆国家高速公路路线布局的里程问题。我们在当初设计北京至重庆首都放射线的路径时，因过多考虑绕行神农架林区，故将放射线里程高估为约 2000 公里。后来经过实地考察与已经掌握的国家高速公路布局方案，我们对北京至重庆首都放射线的路径有了比较准确的把握。从北京出发，经石家庄、长治、洛阳、十堰、房县，以及宜昌、兴山、巴东、奉节、万州至重庆的高速公路已经全部纳入新规划的国家高速网。房县高速公路与兴山高速公路之间只差 56 公里的高速公路空白。我们在神农架林区实地调研时，与神农架林区人民政府及交通局、公路局进行了深入的讨论。我们原则上支持神农架林区区委、区人民政府的建议，即北京至重庆高速公路可采取穿行神农架林区的途径，具体走向为：十堰市房县桥上乡—神农架林区阳日镇—宜昌市兴山县古夫镇。此方案，业已经纳入《神农架林区公路交通运输“十二五”规划》。需要特别指出，建议方案与《中华人民共和国自然保护区条例》的规定不相违背。神农架林区拥有国务院批准的国家级自然保护区，但保护区仅占林区面积十分之一，主要在西南部；建议方案线路走向则位于神农架林区的东部，与保护区相隔崇山峻岭。此方案与拟定的十堰市至宜昌市铁路穿行神农架林区的线路方案走向途径大体一致，远离保护区100多公里，距离核心保护区130公里。如穿行神农架林区的56公里高速公路得以实现，我们所建议的北京至重庆首都放射线的里程将由原来高估的约2000公里缩短至约1600公里；比国家高速网规划中的方案，即通过京昆、包茂等国家高速公路路线共同形成的北京至重庆国家高速公路约1800公里路线布局，里程又缩短约200公里。

（2）关于“客货流向并非传统运输通道，路线的功能、地位难以与京沪、京哈、京新、京藏等路线等同，也无法与国家高速公路首都放射线相匹配”。我们认为，一旦北京至重庆的1600公里高速公路通道形成，客货流向必然大幅度提升至与国家高速公路首都放射线相匹配的水平。

（3）关于“建议路线中部分路段穿越山区，地形地质条件差，交通需求量小，不具备建设高速公路的基本条件。”我们在十堰市至房县高速公路建设现场，与“十房”高速公路建设指挥部副总指挥、十堰市交通局总工程师进行了访谈。得到的肯定性答案是：房县与神农架林区属于同一地质构造，完全可以修建高速公路。

（4）关于“增设北京至重庆首都放射线并命名为G5京渝高速公路，将引起国家高速公路相关路线命名编号的又一次调整，导致人力、财力的浪费，对行业造成不利的社会影响。”我们认为，如果前述三个方面得以解决，增设北京至重庆首都放射线并命名便是顺理成章之事。与时日俱进将会增加社会对交通行业的信任度。

我们将继续跟踪关注这一问题。

第二节　国家公路网规划的完善

2013 年 6 月，《国家公路网规划（2013—2030 年）》正式颁布。这是我国公路发展的一个重要里程碑，也是我国公路可持续发展顶层设计的重要方面。

为实现第二个百年奋斗目标，即在新中国成立 100 周年之际，建成富强民主文明和谐的社会主义现代化国家，我国的《国家公路网规划》还需要在实践中继续完善，以强化公路发展中的规划引领。

一、美国国家公路规划引领回顾

“规划引领”是世界范围公路建设取得巨大成就的重要经验。这里，重点回顾一下美国的国家公路发展规划。

（一）美国公路的规划体制

美国，位于北美洲中部，领土还包括北美洲西北部的阿拉斯加和太平洋中部的夏威夷群岛。北与加拿大接壤，南靠墨西哥湾，西临太平洋，东濒大西洋，本土东西长 4500 公里，南北宽 2700 公里。全国共分 50 个州和 1 个特区（哥伦比亚特区），有 3042 个县。

面积 962. 91 万平方公里（其中陆地面积 915. 90 万平方公里），人口 3. 09 亿（2010 年人口普查数据，截至当年 4 月 1 日）。2010 年国内生产总值（GDP）14. 66 万亿美元，人均国内生产总值 4. 74 万美元。

美国拥有完整而便捷的交通运输网络，运输工具和手段多种多样。2008 年，美国交通运输业总产值为 1.38 万亿美元，约占美国经济总量的 9.5%，吸纳了约 3% 的就业人员。公路里程总长约 652 万公里，世界排名第一。

美国公路的规划体制与公路归属密切相关，各级政府负责其拥有公路的发展规划，建设体制与规划体制有所区别。总体而言，国家级公路的规划由联邦公路局负责，建设、养护则由州交通厅负责；州道的规划、建设、养护由各州交通厅负责，县道的规划由州交通厅负责建设，建设、养护由各地交通部门负责。但由于美国的国体属联邦制，各州有相当大的权限，国家公路系统虽由联邦公路局负责规划，但规划方案仍须由各州交通厅先行提出，各州提出的规划方案是联邦公路局决策的重要基础。因此，美国各州交通厅在整个公路系统的规划、建设等各环节中的作用非常重要。

美国各州公路规划程序大体上可以划分为 4 个阶段，即公众参与推动，城市区和乡村地区规划编制，全州规划编制，项目建设准备。

第一阶段：公众参与推动。主要强调公众参与，对于规划方案的形成，任何人都可以参与意见。公众意见可以被送往县级或市级政府部门、州交通厅、运输部门或都市规划部门等；规划人员和工程人员将认真评价公众要求对交通机动性的影响，并着手开展相关研究。

第二阶段：区域规划编制。各州交通厅分别对都市区和乡村地区进行单独规划。城市区是先编制考虑项目排序的长远规划，听取公众意见后优化，在资金约束及相关标准要求的条件下，起草规划草案，征求公众意见并完善，直至被规划部门批准并采纳；然后对最优先的项目作进一步的排序和评估，形成短期（一般为 2 ~ 3 年）

规划草案，列出项目安排，再次听取公众意见并完善，直至被都市区规划部门批准并采纳，形成短期运输改善规划方案，提交州长和联邦运输部门批准。乡村地区制订规划草案程序相对简单，交通厅每年与县和市的政府官员、地方运输运营者和组织机构以及特殊利益群体进行讨论，研究地方运输需求和项目规划，在此基础上，对项目进行优先排序，提交有关部门批准。

第三阶段：全州规划编制。交通厅统筹考虑城市区及乡村地区规划方案，形成全州范围内短期项目建设实施规划草案，向公众发布，听取意见，并依据公众意见完善草案，最后报州及联邦政府批准。

第四阶段：项目建设准备。依据项目建设规划，对拟建项目举行公众听证会，进行详细讨论，并进行相应的前期工作（资金准备、可行性研究、设计、征地等）准备，直至项目建设开始。

美国公路的规划体制还与建设资金来源有直接联系。如果州及以下政府拥有的公路在建设中使用了联邦公路信托基金的资助，则会体现到联邦公路发展规划中。因此，尽管美国的州道、县道等公路由州政府规划、县政府建设管理，但如果能够符合联邦公路法案相关资助项目的条件并得到联邦资助，就会体现到联邦公路的相关发展建设规划中，这间接体现了联邦公路发展规划对全国公路长期发展规划的指导和影响。

（二）美国公路的规划历史

截至 2007 年底，美国公路总里程达到 651.5 万公里。包括州际公路在内的干线公路占里程的 11.3%，集散公路占 19.6%，地方道路占到了 69.1%。

回顾美国公路的发展历史，归纳起来，美国公路发展经历了 4 个重要的历史阶段：

第一阶段：20 世纪初至 40 年代。主要是经济较发达的东、西部地区公路及城市道路的建设，规模小、技术等级较低、发展不均衡；这一时期，美国于 1926 年首次规划了国家级公路：美国国道。

第二阶段：20 世纪 50 至 70 年代。以高速公路为主的州际公路系统开始规划及大规模建设；1952 年规划的州际国防公路系统是美国国家级公路的第一次重大调整。

第三阶段：20 世纪 80 至 90 年代。主要是各州、地方公路建设发展和完善，各地区公路网发展逐步均衡，形成结构合理、干支结合的公路网络，并以提高路面质量、注重安全管理和重视环境保护为公路发展方向。1995 年划定的国家公路系统是美国国家级公路的第二次重大调整。

第四阶段：21 世纪至今。美国公路网已基本完善，公路发展方向以主要转向养护和安全畅通、智能化管理方面。

（三）美国公路的规划演变

这里重点回顾美国国道、州际国防公路、国家公路系统三个规划的演变历史，简要介绍其路线组成及编号情况。

1. 美国国道（编号公路）

美国国道，正式名称为美国编号公路（United States Numbered Highways，简称为 U. S. Routes 或 U. S. Highways），是美国公路系统的一部分，依靠统一的编号系统贯穿全美国，因此亦被称为联邦公路（Federal Highways），但由于各路线是由各州或地方政府来养护，因此“联邦公路”的名称并不常用。虽然名称为“美国国道”，但是来自联邦政府的养护经费并没有与各州的州道有所不同。美国国道的路线以及编号是由美国各州公路运输官员协会（AASHTO）所规定，唯一来自联邦政府的影响是一名不具投票权的运输部代表。

美国国道的最初形式是私人道路协会（trail association）命名的跨州道路。私人道路协会命名的公路没有编号，只有名称，许多路线既不是最便捷的，路况也差。根据 1916 年的联邦资助公路法案（Federal Aid Highway Act of 1916），联邦政府提供 50% 的资金用于改善主要公路的状况；1921 年联邦资助公路法案（Federal Aid Highway Act of 1921）将联邦资助公路的范围进一步界定，提出了 7% 道路系统（Seven Percent Road System），在这个系统中，约有 3/7 的道路具有跨州运输的性质，突出了建设全国主要道路系统的概念。这是美国建设国家级公路的开端。

在 1921 年通过的联邦资助公路法案（Federal Aid Highway Act of 1921）及 1923 年州和联邦政府对干线公路认定的基础上，为了解决道路命名混乱、州对命名道路建设积极性不高以及满足快速增加的汽车运输需求和方便驾驶人出行等问题，1926 年各州政府通过了由美国州公路官员协会（American Association of State Highway Officials，简称 AASHO，1974 年更名为美国公路运输官员协会 AASHTO）提出的、总规模约 15.5 万公里的美国编号公路系统（US numbered highway，简称 US highway），这是世界上第一个有编号的具有国道性质的公路系统。

美国国道没有最低道路设计标准规定，不像州际国防公路系统有设计标准，所以通常并不是高速公路，许多路段是各城镇的主要街道。虽然美国国道有着不同的标准，但是 AASHTO 协会宣布新的路线必须大致符合最新的 AASHTO 设计标准。除了桥梁与隧道之外，大部分的美国国道都不是收费公路，因为 AASHTO 的政策要求收费路段的公路只能被编为辅助公路而不是主线，并且“同样两端点之间必须保持一条免费的路线，并且标示为美国编号公路的一部分”。

美国国道路网原则上以两位数编号为主，奇数为南北向，偶数为东西向；编号由东自1起向西增加至101，由北自2起向南增加至98（101号美国国道为两位数的编号；编号结尾为0或1（以及2号美国国道）以及部分5结尾的路线在过去为主要路线，但是现今由于许多路线的延伸与改道使得这些编号不再具有任何意义。州际国防公路系统的编号是特意与美国国道相反，这是为了避免同样编号的美国国道与州际国防公路经过同一个地方而造成混淆。三位数的编号使用于两位数主线的支线，例如201号美国国道为1号美国国道在缅因州布朗斯维克镇（Brunswick）分出的支线，往北通向加拿大。

由于最初的编号公路系统没有明确的限制条件，随着公路行车条件的改善、汽车的普及、长途交通的增长，美国编号公路系统的路线不断增加，短线和支线过多，规模不断膨胀，有些路线不承担跨州运输的任务。因此，1937年美国州公路官员协会提出了对美国编号公路系统调整的具体意见。经过调整，规模快速增长的趋势得到了较好的控制，1956年编号公路系统的规模达到历史最高的26万公里。

2. 州际国防公路系统

美国国家级公路的第一次调整是1956年规划出台了州际国防公路系统。20世纪30年代经济大萧条时期，为了带动就业、引导经济发展、解决日益突出的城市交通拥堵问题，美国开始修建高速公路。1937年，时任美国总统的罗斯福提议修建横跨全国的州际公路系统，该系统于1944年由国会定义为国家州际公路系统（National System of Interstate Highway），规模约6.4万公里，功能是要尽可能直接连接大都市地区、城市和工业中心，服务于国防，在合适的边界区域连接加拿大和墨西哥。1956年联邦资助公路法案（Federal

Aid Highway Act of 1956）对“国家州际公路系统”进行了修订，改为州际国防公路系统（National System of Interstate and Defense Highways），其总规模扩大到6.6万公里。

AASHTO协会规定了州际公路标准。除非联邦公路署（FHWA）同意，所有州际公路均应符合该标准。近年来，这些标准规格愈趋严谨。州际公路双向至少应各有两个车道，路面为沥青或混凝土材质。另外一个重要的规格是限制进出，所有车辆只能通过匝道进出州际公路，红绿灯仅设在收费站和匝道仪控（依主线上的车流量管制匝道上可进入的车辆数，通常在高峰时间才使用），但目前仍有少数路段不符合这个标准。

联邦在州际国防公路经费的主导角色使其拥有了美国宪法未赋予的权力，例如干涉各州的商业发展。联邦政府借由扣留公路基金的方式，强迫各州的立法机构通过各式各样的法律。虽然某些违反了州的权利，美国最高法院仍判定这种做法是符合宪法中的商业条款。首要的例子是1974年起规定州际公路速限为每小时55英里（90公里）。最初的用意是节约汽油的用量以度过1973年的第一次石油危机，但这个规定却维持了21年。这个例子给了历任总统和国会信心，通过了更多的法律，即使有些和公路或运输没有很大的关联。

除了联邦资助兴建的州际公路之外，如果其他的公路符合州际公路的标准且合理地与整个公路系统连接，联邦法允许该公路成为州际公路系统的一部分。联邦未补助的公路可分为两类：已达州际公路标准者，只要向联邦申请确认编号，这些公路就会被列入州际公路系统中；未达州际公路标准者，公路必须改建以符合州际公路标准，否则不列入系统。

美国公路网按政治、军事、经济意义和行政管理范围划分为4

个层次：州际公路（Interstate System）、国道（U. S. Highways）、州道（State Highways）和县道（County Highways）。公路相应按照这 4 个层次分别进行编号。

①州际国防公路系统是联邦政府资助和管理（但由州负责养护、运营）的高速公路系统（极少部分为非高速公路），它是美国的战略公路，也是经济干线，直接连通全国大城市、工业中心以及几乎全部人口在 5 万人以上的城市，并在边境与加拿大、墨西哥等国的干线公路相连，构成美洲大陆的重要干线网。

②国道是沟通州与州、城市与城市之间的干线，是州际国防公路的辅助路线。随着州际公路的建设，国道不断进行调整，相当部分的国道被降级为州道。

③州道与干线公路网相连通，主要连接州内主要城镇。

④县道与干线公路相连，主要为乡村经济服务。

除州际国防公路外，其他行政等级的公路没有严格的技术等级限制，例如县道中同时存在高速公路和未铺装的土路。州际公路和国道的标志标示除在部分州有少许差别外，标准相对统一；州道和县道的标志标示没有统一的标准，各州、县不尽相同。

二、我国国家公路网规划的完善

交通运输对于一个国家或地区的经济社会发展至关重要，不仅是提高经济运行效率、增强发展活力、提升国民生活质量的重要基础，也是衡量一个国家或地区综合实力、经济发展水平、社会文明程度的重要标志。为进一步增强我国的国际竞争力，保持国民经济平稳持续较快发展，保障国家安全，需要重新审视和科学谋划我国重大战略性交通基础设施的发展规划。对国家层面的干线公路网络进行系统的、长远的布局规划研究，是其中一项重要任务。

（一）我国国家公路网规划长期处于空白

严格意义上讲，新中国成立64年中，我国没有真正意义的国家公路网规划，更别谈规划引领。回顾这段历史，有些令人触目惊心。

在整个计划经济时期，我国公路交通发展竟然没有“国家计划”。当时所谓的公路发展规划，仅仅以短期规划为主，发展思想、理念和政策措施主要体现在五年建设计划中。1956年，交通部公路总局曾组织专家启动了新中国第一个公路规划草案的研究；1960年，又对全国干线公路网规划草案进行了深入研究；1973年，启动了包括干线公路网规划在内的10年交通发展规划研究。由于受当时投资、体制等诸多因素的制约，这些“规划”都停滞在研究阶段。

现在看来，我国在计划经济时代，公路发展缓慢，成为制约国民经济发展的瓶颈，重要原因就是缺乏国家公路网规划引领。致使我国交通运输，尤其是跨区域中长途运输主要依赖铁路和水运；公路主要定位于集散运输和短途运输，公路网的规划与建设实行地方管理体制，尚未形成全国统一的干线公路网，公路运输能力尤其是跨区域中长途运输能力十分薄弱。当时，我国公路交通发展面临的突出矛盾集中体现在基础设施建设历史欠账太多：一是路网布局缺乏整体性和系统性，大区域之间、大军区之间、省际以及大中城市之间，许多在国民经济和国防战备上带有全局性的重要公路，断断续续、连不成网；二是公路标准低、质量差，全国近一半公路达不到最低技术标准，特别是一些交通繁忙的重要干线，交通量超过设计能力数倍，完全不适应经济社会发展和维护国防安全的要求。

改革开放以后，局面有所好转。为了改变我国公路的落后面貌，适应新时期经济发展的需要，交通部逐步展开了国家干线公路规划编制工作。1978年3月，交通部在《关于实现交通运输现代化的汇报提纲》中提出2000年交通运输4个方面规划设想，要求“建成以高速公路和国防、经济干线为骨架的现代化公路网”；同年 10 月，交通部完成了《1978—1985 年十万公里国道网规划（讨论稿）》的编制；1979 年 4 月形成了《1981—1990 年十万公里国道网规划》的初步方案；1981 年 6 月，交通部向国务院报送了《关于划定国家干线公路网的报告》；1981 年 11 月，国务院授权国家计委、国家经委和交通部以《关于划定国家干线公路网的通知》（计交〔1981〕789 号）批准了《国家干线公路网（试行方案）》，即国道网（试行方案），也就是通称的“普通国道”。

《国家干线公路网（试行方案）》是在各省（自治区、直辖市）既有公路基础上划定而成，采用了放射与网格相结合的布局形式，由 70 条具有全国重要政治、经济和国防意义的主要干线公路组成，包括首都放射线 12 条（含 1 条北京环线），南北纵线 28 条，东西横线 30 条，总里程 10.92 万公里。国道网主要由以下线路组成：由首都通向并连接各省（自治区、直辖市）的政治经济中心和 50 万人口以上城市的干线公路；通向各大港口、铁路干线枢纽、重要工农业生产基地的干线公路；连接各大军区之间和具有重要国防意义的干线公路；连接省际和省内个别地区的重要干线公路。

《国家干线公路网（试行方案）》在一般意义上，可以视为我国历史上第一个得到国务院认可的国家级干线公路网规划。在批准试行初期，对促进国家干线公路发展、提高全国公路发展水平起到一定的推动作用。但它毕竟只是“试行方案”，存在先天不足。随着改革开放的深化，《国家干线公路网（试行方案）》其局限性逐步显现。

20 世纪 90 年代以后，交通部制订了“三主一支持”长远发展战略并颁布实施了国道主干线系统规划。为适应经济社会的持续发展和产业结构、城镇布局的巨大变化，同时也为加强国道网与国道主干线系统的衔接和协调，交通部按照“整体不变，局部调整”的原则开展了国道网（试行方案）的调整工作。调整方案从适应经济、城镇布局和资源分布以及避让环境敏感区等角度进一步优化了路网布局方案，取消了个别作用不明显的路段，解决了省际接线方案不同的问题，并明确将国道主干线系统纳入国家干线公路范畴。调整后的国道网（不含国道主干线）由 68 条路线组成，包括 12 条首都放射线，27 条南北纵线和 29 条东西横线，总里程 10.62 万公里，比试行方案减少 2950 公里。《国家干线公路网（调整方案）》于 1994 年以《关于批准国家干线公路网的请示》（交计发〔1994〕87 号）上报国务院，但该方案没有得到国务院的批复，国道网继续为“试行方案”。

2001 年，交通部开展了国家高速公路网规划的预研究工作，对规划的必要性、可行性、主要内容等问题进行了初步研究；2002 年，交通部正式启动国家高速公路网规划编制工作；2003 年 3 月，交通部在向国务院报送《关于公路国道主干线建设问题的报告》中说明了研究制定国家高速公路网规划的情况，国务院有关领导同志做出重要批示，要求该届政府任期内完成国道主干线的建设目标，同时启动国家高速公路网规划，规划编制完成后报国务院审批；2004 年 4 月至 8 月，国家发展和改革委员会先后主持召开了 3 次专家论证和征求意见会，并就规划提出了具体意见；2004 年 12 月 17 日，国务院常务会议原则审议通过《国家高速公路网规划》；2005 年 1 月 13 日，国务院新闻办召开新闻发布会，向全世界正式公布了我国的《国家高速公路网规划》。

国家高速公路网规划采用放射线与纵横网格相结合的布局方案，包括 7 条首都放射线、9 条南北纵线、18 条东西横线，简称“7918 网”，总规模约 8.5 万公里，其中主线 6.8 万公里，地区环线、联络线等其他路线 1.7 万公里。国家高速公路网规划总体上贯彻了“东部加密、中部成网、西部连通”的布局思路，连接了包括台、港、澳在内的所有省会城市和当时城镇人口超过 20 万的大中城市，建成后可以在全国范围内形成“首都连接省会、省会彼此相通、连接主要地市、覆盖重要县市”的高速公路网络；覆盖全国 10 亿以上的人口和 GDP 总量 85% 以上的地区；实现东部、中部和西部分别在平均半小时、一小时和两小时之内抵达高速公路；连接国内主要 4A 级旅游景区所在城市、主要的国家一类公路口岸和交通枢纽城市。

《国家高速公路网规划》的颁布实施，在一定时间内曾经有效指导了我国高速公路的持续快速发展，推动了全国性主干线公路网的加速形成，大幅提升了我国公路高效运输的服务水平，为全面建设小康社会和加快现代化建设提供了比较坚实的交通保障。问题是，该规划在几年内即被高速公路发展的实践所突破。

我们可能需要认真思考：为什么我们的公路发展规划常常落后于我国公路发展的实践？

（二）研究制定适应新中国成立 100 周年的国家公路网规划

2013 年 6 月，我们终于有了严格意义上的《国家公路网规划（2013—2030 年）》。但这只是公路交通基础设施的中期布局规划。

这里，我们想说：我们不能以此为满足；相反，我们需要立即行动起来，研究制定适应新中国成立 100 周年的国家公路网长远规划。

早在 1989 年 6 月 16 日，邓小平同志在《第三代领导集体的当务之急》的重要谈话中，就语重心长地对有关领导同志说道：“现在需要聚精会神地做几件使人民满意、高兴的事情，同时要赶快注意那些对我们前进不利的事情。第一，经济不能滑坡。这次解决经济滑坡的问题，要清理一下急需解决哪些问题。应该解决的问题要加快解决，要用快刀斩乱麻的办法解决，不能拖。当断不断，要误事。看准了的，积极方面的，有利于发展事业的，抓着就可以干。要在今后的十一年半中争取一个比较满意的经济发展速度。如果再翻一番，没有水分的翻一番，那时候人民就会看到我们的国家、我们的社会主义事业是兴旺发达的。党中央、国务院应当是有权威的，有能力的。没有权威不行啊。”❶

在此基础上，邓小平同志特别强调指出：“我建议组织一个班子，研究下一个世纪前50年的发展战略和规划，主要是制定一个基础工业和交通运输的发展规划。要采取有力的步骤，使我们的发展能够持续、有后劲。”❷

邓小平同志的这个讲话过去近30年了，我国却还是没有21世纪“前50年”的“交通运输的发展规划”。这在很大程度上制约了公路发展中的规划引领，直接影响在新中国成立100周年之际，建成富强民主文明和谐的社会主义现代化国家。为此，需要我们认真反思。

在新中国成立100周年之际，建成富强民主文明和谐的社会主义现代化国家，是我们党和国家制定的宏伟目标。

江泽民同志1997年9月12日在中国共产党第十五次全国代表大会上的报告《高举邓小平理论伟大旗帜　把建设有中国特色社会主义事业全面推向二十一世纪》中，代表全党郑重承诺：“展望下世纪，我们的目标是，第一个十年实现国民生产总值比2000年翻一番，使人民的小康生活更加宽裕，形成比较完善的社会主义市场经济体制；再经过十年的努力，到建党100年时，使国民经济更加发展，各项制度更加完善；到世纪中叶新中国成立100年时，基本实

❶ ❷《邓小平文选》第三卷《第三代领导的当务之急》。

现现代化，建成富强民主文明的社会主义国家。”

胡锦涛同志2008年12月18日《在纪念党的十一届三中全会召开30周年大会上的讲话》再次指出：“近一个世纪以来，我国先后发生3次伟大革命。第一次革命是孙中山先生领导的辛亥革命，推翻了统治中国几千年的君主专制制度，为中国的进步打开了闸门。第二次革命是中国共产党领导的新民主主义革命和社会主义革命，推翻了帝国主义、封建主义、官僚资本主义在中国的统治，建立了新中国，确立了社会主义制度，为当代中国一切发展进步奠定了根本政治前提和制度基础。第三次革命是我们党领导的改革开放这场新的伟大革命，引领中国人民走上了中国特色社会主义广阔道路，迎来中华民族伟大复兴光明前景。我们的伟大目标是，到我们党成立100年时建成惠及十几亿人口的更高水平的小康社会；到新中国成立100年时基本实现现代化，建成富强民主文明和谐的社会主义现代化国家。”❶

习近平总书记2012年11月29日在参观《复兴之路》展览讲话时提出“中国梦”：“每个人都有理想和追求，都有自己的梦想。现在，大家都在讨论中国梦，我以为，实现中华民族伟大复兴，就是中华民族近代以来最伟大的梦想。这个梦想，凝聚了几代中国人的夙愿，体现了中华民族和中国人民的整体利益，是每一个中华儿女的共同期盼。”❷

习近平总书记2013年12月26日《在纪念毛泽东同志诞辰120周年座谈会上的讲话》中指出：“近代以来，中华民族始终有一个梦想，这就是实现中华民族伟大复兴，为人类做出更大贡献。我们的先辈们为实现这个梦想付出了巨大努力。今天，我们可以告慰毛

❶ 2008年12月19日《人民日报》第二版。

❷ 2012年11月30日《人民日报》第一版。

泽东同志等老一辈革命家的是，在他们带领党和人民建设社会主义的基础上，我国改革开放和现代化建设取得了举世瞩目的成就，我们比历史上任何时期都更接近中华民族伟大复兴的目标。”❶

习近平总书记2016年7月1日《在庆祝中国共产党成立95周年大会上的讲话》中又强调指出：“坚持不忘初心、继续前进，就要统筹推进‘五位一体’总体布局，协调推进‘四个全面’战略布局，全力推进全面建成小康社会进程，不断把实现‘两个一百年’奋斗目标推向前进。现阶段，建设中国特色社会主义的主要任务，就是到2020年中国共产党成立100年时实现第一个百年奋斗目标、全面建成小康社会，为进而到本世纪中叶中华人民共和国成立100年时实现第二个百年奋斗目标、建成富强民主文明和谐的社会主义现代化国家打下坚实基础。”❷

为此，中国公路交通发展需要将邓小平同志30年前就提出的——研究制定适应建国100周年的国家公路网规划提到重要议事日程！

我国刚刚拥有的《国家公路网规划》由普通国道和国家高速公路两个路网层次构成，路网的总规模约40万公里。其中，普通国道由12条首都放射线、47条北南纵线、60条东西横线和81条联络线组成，总规模约26.5万公里。国家高速公路由7条首都放射线、11条北南纵线、18条东西横线，以及地区环线、并行线、联络线等组成，约11.8万公里；另规划远期展望线约1.8万公里。

这个规划基本适应全面建成小康社会需求，构建“布局合理、功能完善、覆盖广泛、安全可靠”的国家干线公路网络，实现首都辐射省会、省际多路连通，地市高速通达、县县国道覆盖。1000公

❶ 2013年12月27日《人民日报》第二版。

❷ 2016年7月2日《人民日报》第二版。

里以内的省会间可当日到达，东中部地区省会到地市可当日往返、西部地区省会到地市可当日到达；区域中心城市、重要经济区、城市群内外交通联系紧密，形成多中心放射的路网格局；沿边沿海公路连续贯通，国边防建设能力显著增强；有效连接国家陆路门户城市和重要边境口岸，形成重要国际运输通道，与东北亚、中亚、南亚、东南亚的联系更加便捷。其中，普通国道全面连接县级及以上行政区、交通枢纽、边境口岸和国防设施；国家高速公路全面连接地级行政中心，城镇人口超过 20 万的中等及以上城市，重要交通枢纽和重要边境口岸。

这个《国家公路网规划》的时间为 2013—2030 年。在编制规划期间，我们曾提出建议：如果再延长 10 年，即将《国家公路网规划》的时间延长到 2040 年，就能基本满足建国 100 周年的路网需要。因为“交通先行”，实现“百年复兴”的“中国梦”，最迟 2040 年我国的路网就应该达到适应第二个百年奋斗目标——建成富强民主文明和谐的社会主义现代化国家水平。

大家知道，公路作为我国综合交通运输体系的重要组成部分，支撑国民经济运行重要的基础设施，其规划建设对促进国民经济发展和社会进步发挥了重要作用，主要表现在：

一是公路交通具有覆盖面广、门到门的优势，是通达率最广、与人民群众生产生活联系最为密切的一种运输方式，是综合交通运输体系的基础。目前，我国全社会 78.2% 的货运量、93.5% 的客运量由公路承担。公路交通的快速发展，为公众出行和货物流通提供良好的基础设施，为经济和社会的快速发展奠定了良好的基础。

二是公路改善了投资环境，促进沿线地区土地开发和产业结构调整，促进沿线经济产业带的形成和区域经济的繁荣。尤其大容量、快速度的高速公路和高等级公路，拉进了区域之间、城市之间的时空距离，不仅推动了以分工和专业化为基础的相关产业的空间集聚，而且也促进了产业链条的延伸和生产环节的跨区域配置，成为优化区域产业布局的重要轴线。

三是公路对消除贫困，促进“老、少、边、穷”地区发展具有重要作用。消除城乡二元结构、缩小区域发展差距，是我国全面建设小康社会的主要任务。农村公路建设显著改善了农村地区和贫困地区交通条件，促进了当地资源开发和产业发展，加快了群众脱贫致富步伐。

四是公路行业是与国民经济其他产业联系紧密，通过公路建设，将带动建材、石化、机械、汽车、运输、旅游、商业等相关行业的发展（据统计，1000 公里的高速公路建设将直接形成约 100 万吨的钢材、900 万吨水泥、80 万吨沥青的消费需求）。特别是应对 1998 年亚洲金融危机和 2008 年全球金融危机，公路建设成为积极财政政策实施的重要领域，为避免经济大起大落，实现国民经济的平稳运行做出了重要贡献。

五是公路建设增加了就业。公路系统的规划、设计、运营及维护提供了大量的就业机会，据统计，1000 公里的高速公路建设将为社会直接提供 130 万就业机会、间接提供 150 万个就业机会。近些年，全国公路建设的施工人数常年约 280 万人，施工高峰期达 400 万人，对缓解就业压力、解决农村剩余劳动力转移、增加农民收入发挥了重要作用。

六是公路是国家安全的重要保障。公路连接重要的国边防设施和部队驻地，其技术状况的改善提高了我国军事交通的机动性和快速投送能力，对保障国家安全、维护领土完整意义重大。此外，公路作为抢险救灾、灾民转移及灾后恢复重建的生命线，在汶川、玉树、舟曲等特大自然灾害面前经受住了考验，提供了有力的应急保障。

完善《国家公路网规划》的主要目的是，从国家长远发展需要出发，对我国公路网的合理架构继续进行顶层设计，谋划国家级干线公路的布局，指导国家公路网科学发展，满足在全面建设小康社会的基础上，实现“百年复兴”“中国梦”的需要。

我国已进入全面建设小康社会的关键时期，以科学发展为主题，以加快转变经济发展方式为主线的现代化建设步伐正在加快。经济结构加速调整，工业化和城镇化快速推进，消费结构不断升级，迫切要求提高公路交通的服务能力、质量和效率。

2013 年，我国民用汽车保有量已经达到了 1.1 亿辆，是 1981 年的 60 倍。应该可以那么说，我们进入了一个汽车时代。据预测，2020 年全国汽车保有量将达到 2 亿辆左右。到 2030 年，全社会公路客运量、旅客周转量、货运量和货物周转量将分别是 2010 年的 2.6 倍、3.2 倍、2.2 倍和 2.4 倍，主要公路通道平均交通量将达到 9.4 万辆/日，是目前的 4.0 倍，京沪高速公路、京港澳高速公路等繁忙通道交通量将达到 20 万辆/日以上。汽车时代的来临以及公路客货运输总量的快速增长，使未来公路网承载能力面临巨大挑战。规划国家公路网，统筹考虑我国干线公路的长远布局、合理结构和建设问题，是解决主要公路通道能力不足的有效途径。

城镇化是现代化的重要标志，也是今后较长时期内推动我国经济社会发展和现代化建设的重要动力。我国正着力构建“两横三纵”为主体的城市化战略格局，形成 20 余个集聚 50% 以上城镇人口的城市群，同时加快中小城市、小城镇建设。到 2030 年，我国城镇化水平将由 2010 年的 47.5% 提高到 62% ~65%，全国城镇人口将达到 9 亿 ~9.5 亿人，较目前增加 2.6 亿 ~3.1 亿人。城镇化水平提高，城际间、城乡间的公路客货运输需求将显著增长。从长远看，规划建设国家公路网对支撑和推进城镇化具有重要意义。

1991—2000 年，我国公路旅客运输量年平均增长率为 7.6%，2001—2009 年达到 8.4 %。1991—2000 年，我国公路货运量年平均增长率为 3.7%，2001—2009 年达到 8.3%。公路运输需求呈加速增长趋势。

随着国民经济的快速发展、人民生活水平的不断提高、城镇化加速、小汽车进入家庭的步伐加快，公路运输需求将持续增长。预计到 2030 年，我国公路客运量将达到 810 亿人次，旅客周转量约为 47500 亿人公里，分别是 2010 年的 2.6 倍和 3.2 倍；货运量约为 525 亿吨，货物周转量将达到 102000 亿吨公里，分别是 2010 年的 2.2 倍和 2.4 倍。运输需求的持续增长，将给公路运输带来巨大压力。

公路运输在综合运输体系中的地位突出。2009 年公路旅客运输量和周转量分别占全社会总量的 93% 和 54%，公路货物运输量和货物运输周转量分别占全社会总量的 75% 和 30%。

主要公路运输通道能力不足。目前，我国主要运输通道运输能力趋于饱和，我国 38 条主要公路通道在 2009 年平均交通量即已经达到 2.3 万辆/日，基本达到通道的适应通行能力。预计到 2020 年和 2030 年，我国 38 条主要公路通道平均交通量将分别达到 5.2 万辆/日和 9.4 万辆/日，分别是目前的 2.20 倍和 4.02 倍，是现有通行能力的 2.17 倍和 4.04 倍。主要公路运输通道能力明显不足，不能适应未来发展的要求。

其中东部地区干线交通量明显大于西部地区，中西部地区增长速度高于东部地区。2005—2009 年我国东部地区国省干线交通量基本保持稳定，4 年间年均增长率仅为 0.54%；中部和西部地区国省干线交通量增长相对较快，年均增长率分别为 2.76% 和 3.65%。预计到 2030 年，东部地区主要通道平均交通量将达到 16.2 万辆/日，中部和西部地区将分别达到 9.2 万辆/日和 6.1 万辆/日，京沪高速公路、京港澳高速公路等繁忙通道交通量将达到 20 万辆/日以上。

结合历史发展趋势和国外发展经验，我国公路网规划必须坚持公路发展速度适度超前于社会经济的快速发展阶段和建设与社会经济发展平稳增长的稳定发展。将我国的社会经济发展、部分主要物资产量、部分制造业产品产量、交通运输、公路基础设施等现状情况与美国、欧盟、日本进行对比，可以看出，我国公路、特别是高速公路的规模仍明显不足。

在编制《国家公路网规划》之时，我国原煤产量已经是美国的 2.5 倍、粗钢 5.7 倍、水泥 16 倍、蔬菜 12 倍、水果 6 倍、肉类 3 倍、水产类 12 倍，同样也远远高于欧盟和日本。到了 2013 年，我们国家公路承担的货运量，已经承担的货运量达到美国的 3.7 倍，我们的公路货物的周转量，则是其 2.8 倍。我国单位 GDP 货运强度是美国的 6.3 倍，证明我们国家的交通需求与能源、产业布局、资源布局、生产力结构是密切相关的。而且，我国将面临越来越大的交通需求和压力。根据测算，到 2030 年，公路交通的客货运输需求以及客货周转量基本上是现在的 2.2 ~ 3.6 倍之间。而我们现在已经是美国的数倍，和整个欧盟比，我们也是这样，几乎差不多。

应对这样一种交通需求，这样一种交通压力，必须站在顶层设计的角度来谋划。目的就是形成一个适应于我国将来长远发展需求的，能够应对剧烈挑战的比较集约、比较优化的公路交通体系，同时它又是和整个综合运输体系相匹配、相一致的。

以国土面积和人口两个因素综合考虑，我国高速公路综合密度仍远低于发达国家水平。到 2009 年底，我国高速公路综合密度仅为 5.7，远低于美国的 17.6、欧盟的 14.1 和日本的 11.4，仅相当于他们的1/2~1/3。另外，我国国家高速公路网连通水平也远低于主要发达国家，美国连通人口5万以上的城市、日本连通人口10万以上的城市、欧洲主要国家也是5万~10万，而我们国家规划设定的目标是连通20万以上的人口城市，这里需要说明一点，发达国家的城市人口是指区域内的所有人口，我们的城市人口是指非农业城镇人口，如果与发达国家同口径比较，我国国家高速公路规划连接城市的市辖区人口实际上在35万以上，其连通水平远低于发达国家。

国内生产总值（GDP）和人均国民生产总值反映了一个国家的整体经济实力和富裕程度，不同经济水平对交通基础设施的需求是不同的。一个国家的经济发展水平与交通基础设施的发达程度密切相关。进行类比也有助于论证公路网的合理规模。

美国、日本等发达国家的公路网建设与社会经济的发展存在着密不可分的关系。从大的趋势来看，早期公路网建设落后于社会经济的发展，是社会经济发展的瓶颈制约，随着需求的增长，公路网建设加快，超过了社会经济的增长速度，出现交通基础设施适度超前的发展趋势。当公路网建设到达一定规模时，受到土地、资源、环境等方面的制约，建设速度开始放缓，但高等级公路建设随着人民生活和经济的发展，还将保持一段时间的快速增长，而后趋于稳定。从美国和日本的发展经验看，当人均GDP低于10000美元时，公路建设处于快速发展期，随后进入稳步发展阶段。

日本的公路建设在战后保持了长期而又稳定的发展态势，从1965年人均GDP不到1000美元，发展到1995年人均超过40000美元，公路总里程从99万公里发展到了116万公里，在30年的时间里增加了17万公里，且建设速度稳定。

我国人均GDP低于1000美元时，公路网发展速度缓慢。人均GDP在1000美元至3000美元时，进入了公路网的快速发展期。而在人均 GDP 到达 3000 美元后，公路网增长速度放缓。从目前发展趋势来看，我国高速公路建设仍保持了快速增长的趋势。

按照发达国家的发展经验，我国公路总里程再保持 20 年快速发展，大体到 2040 年左右将基本完成规模建设任务。

综上所述，《国家公路网规划（2013—2030 年）》将我国公路网规模规划为 580 万公里，仍不能满足我国长远发展。我们以为，中国的公路网里程达到美国现有的 650 万公里，方才基本符合实现“百年复兴”的“中国梦”实际需要。

第六章　优化交通配置：建设综合交通运输体系

交通运输是国民经济中基础性、先导性、战略性产业，是重要的服务性行业。构建现代综合交通运输体系，是适应把握引领经济发展新常态，推进供给侧结构性改革，推动国家重大战略实施，支撑全面建成小康社会的客观要求。构建现代综合交通运输体系，优化交通配置，科学高效地使用公路资源，是确保公路可持续发展的基础。

第一节　交通配置需要优化

优化交通配置，是公路发展的实践提出的要求。构建现代综合交通运输体系，有其坚实的实践基础。

一、京藏公路大堵车的教训

2010 年京藏公路大堵车曾引起社会广泛关注。

当时，我们曾专程前往内蒙古调研。京藏公路大堵车的背景在于内蒙古成为供应南方煤炭的主要地区，每天出区的运煤车辆约 8000 辆（折合小客车 2.4 万辆）。22 个省区的大型运输车辆在京藏公路行驶，其中 50 吨以上车辆占 80%。据计算，从内蒙古运煤到南方，公路、水路、铁路的收益比为 1∶2∶9，但我国没有从内蒙古南下的铁路专线。

世界上通过公路大规模长途运煤运菜的唯有中国。综合运输路网结构不合理，是形成公路拥堵并加大运输成本的最重要原因。

蒙西是我国煤炭主产区。目前，“三西”地区煤炭通过铁路和公路运输到北方沿海港口装船，通过水路运输到华东和华南地区，每年运量超过5.5亿吨。“西煤东送、北煤南运”煤运系统的能耗主要包括铁路运输能耗、公路运输能耗、港口装卸能耗和船舶运输能耗。

交通运输部规划研究院2012年曾以两条典型运煤线路测算煤运系统综合能耗。

线路一：神东煤矿—公路运输—天津港—船舶运输—广州港。

线路二：神东煤矿—铁路运输—黄骅港—船舶运输—广州港。

测算同样表明，从煤矿到装船港，公路运距与铁路运距接近，但公路运输综合单耗是铁路运输的9倍。

研究发现，目前在公路上常见的普通重型半挂载货汽车，自重为14.7t，当载货重量为22t（设计负荷）、33t、44t、55t和66t时，百车公里油耗量分别为27.1L、33.2L、39.4L、46.4L和53.3L，百吨公里油耗分别为1.23L、1.01L、0.89L、0.84L和0.81L。显然，百车公里油耗量随载货量递增而递增，成线性正比关系；但百吨公里油耗随载货量递增而递减，成线性反比关系。数据揭示了公路载货汽车普遍超载的秘密。目前，我国公路货物运输的返程空驶率较高，里程利用率仅50%左右；铁路煤炭运输专线返程基本上也是空载运行。提高里程利用率可以大大降低运输能耗强度。

我们于2011年在呈报国务院的《关于实施“公路两个体系”发展战略、完善公路收费政策、促进公路科学发展的建议》中指出：要站在加快建立综合运输体系的战略高度，根本改变以公路进行长途运输的方式。“统筹发展、加快构建便捷、安全、高效的综合运输体系”，是交通运输科学发展的紧迫任务。

综合运输体系是交通发展到高级阶段的表现形式。加快发展综合运输体系，是优化资源配置的需要，是建设环保节约型社会的要求，也是实现交通又好又快发展的根本途径。

二、加快推进综合交通运输体系建设

加快推进综合交通运输体系建设，一要准确把握综合交通运输体系的基本内涵，二要深刻认识建立综合交通运输体系的重要价值。

（一）综合交通运输体系的基本内涵

所谓综合运输体系，就是将交通运输业融入整个人口出行和物流系统之中，把生产、经营、销售与流通及人口出行等环节整合起来，通过全面系统的管理，极大地提高运输的效率和效益，并逐步解决来自环境、能源和安全等方面的压力，建立一个可持续的、客运高速化、货运物流化、调度智能化的新型交通运输体系；也就是由公、铁、水、空、管道等各种运输方式组成的分工协作、有机结合、连接贯通、布局合理、无缝对接、高效运行的交通运输体系。

综观发达国家的交通发展历程，大致可以划分为以下三个阶段：

第一个阶段，是以单一运输方式为主导的初级发展阶段。这一阶段先后经历了“水运时代”和“铁路时代”。在交通成为独立的社会分工以后的一个很长时期内，由于经济和科技不发达，主要依赖天然河道、海洋等自然资源开展运输；随着蒸汽机的发明和改良，从1825年起，铁路迅速以高速度、大运量的特点确立了陆上运输优势。

第二个阶段，是各种运输方式激烈竞争的中级发展阶段。进入20世纪以后，经济社会的快速发展对交通运输的需求大幅增长，同时，经济实力和运输技术也出现了跨越式发展，水路、铁路、公路、航空、管道等各种运输方式竞相发展，交通在经济增长和社会发展中的基础性作用逐步显现，但“分割”和“竞争”是这一阶段交通运输业发展的鲜明特征。

第三个阶段，则是各种运输方式由竞争走向合作、由独立发展走向综合的高级发展阶段，也就是构建综合运输体系的新阶段。20世纪40～50年代，各种运输方式恶性竞争、独立发展造成资源能源消耗多、运输效率低的问题越来越引起人们的重视。美国《1940年的运输条例》明确提出，要防止运输方式间的过度竞争，保持各种运输方式的协调和健康发展。20世纪90年代以后，随着产业结构的调整、经济全球化和信息化的形成和发展，以及资源环境压力的日益增大，综合运输体系在发达国家得到进一步重视并获得了快速发展。在这一阶段，各种运输方式之间虽然仍存在竞争，但更加强调合作，更加强调相互之间的协调发展、有机衔接以及运输全过程的连续性、无缝性等。因此，加强各种运输方式的协调和整合，并进而构建综合运输体系，是交通运输业发展的客观规律和必然趋势。

发达国家综合运输理论和政策的形成与发展，同其社会经济发展阶段特征及发展需求紧密联系，综合运输理论在研究内容与研究重点方面经历了一个具有阶段性特征的演变过程，不同时期的综合运输战略与政策主要面向各自的时代背景、发展的问题和需求。

美国提出综合运输概念是在20世纪40年代。美国《1940年的运输条例》规定：运输系统具有多种方式的性质，国家对各种运输方式实行公平待遇，承认和保护各种运输方式的内在优势，防止运输方式间的过度竞争；国家运输政策的目的是保持水路、公路和铁路及其他运输方式的协调和健康发展，并最终形成统一的国家运输体系，以满足美国商业、邮政及国防的需要。到了20世纪70～80

年代，美国逐步放松对各种运输方式的管制，比较重视通过市场机制来促进各种运输方式在物理设施和营销业务上的协调发展和综合利用。90年代后，随着产业结构的高度化、经济的全球化和信息化以及资源环境的不断恶化，综合运输的发展在美国得到进一步重视，在理论和实践方面都有重大发展。

日本在1955年制定经济发展计划时就用了“综合交通体系”这一概念。此后，日本对综合运输体系和政策进行了大规模研究。1971年，日本在经济计划厅综合计划局内设立了“综合运输问题研究会”。1981年，日本运输政策审议会特别强调了实施综合交通政策对保持经济长期稳定增长的必要性。

西欧各国对综合运输的研究和发展也比较重视。近些年来，西欧各国对综合运输系统问题进行了大量研究，尽管其有关交通运输的决策仍主要按各种运输方式分别制定，但形势正在发生重大的变化。一方面，运输基础设施拥挤日益加剧及生态环境不断恶化；另一方面，伴随知识经济的迅猛发展及世界经济的一体化，运输需求的数量和质量都发生了根本变化。这些都导致了对稀缺运输资源应如何更有效配置的认真思考，各运输方式的整合问题已变得十分必要和迫切。同时，信息技术和现代通信技术的迅猛发展和广泛应用，也为建立和发展高质量的综合运输体系创造了有利的技术条件。因此，综合运输体系这个概念目前在西欧等国的应用已日益普遍，并在相关文件中作出了规定。

从国外主要发达国家综合运输体系发展理论与实践看，各自发展历程和侧重点也存在较大差异，但他们共同的特点是早期均强调综合运输体系是一种各环节有效衔接的客货运输系统，强调运输过程的完整性和连续性，侧重于从运输市场与组织角度来建设综合运输体系，强调市场配置资源的基础作用和通过市场竞争提高运输效率并降低运输成本，这一方面与市场经济国家的体制机制有关，也与这些国家交通基础设施建设已基本完成更多地关注运输效率的提高密切相关。20 世纪 90 年代，特别是进入新世纪，随着世界范围的政治、经济和交通发展历史背景的深刻变化，尤其是资源、环境矛盾的日益突出，世界各国开始强调政府干预，强调交通运输方式结构优化，大力倡导综合交通、公共交通和智能交通发展，将现代科技尤其是信息化技术的应用、交通资源和运输效率的提高以及绿色交通发展作为新时期综合运输体系建设的战略取向。如欧美许多国家开始实施铁路复兴计划、抑制私人小汽车发展、大力倡导绿色交通等。

我国综合运输的提出始于20 世纪50 年代中后期，经历了以下4 个发展阶段：

第一阶段：综合运输工作的起始阶段（20 世纪 50 ~ 70 年代末）。这一时期我国处于计划经济时期，各种运输方式按照计划经济的模式发展，总体上，交通运输整个行业基础非常薄弱，网络基础设施规模小、密度低，运输装备数量不足、技术落后，整体发展水平低下。

这一时期的综合运输研究工作，理论基础非常薄弱，主要是进行调查，对交通建设和运输生产组织提出建议，在发展过程中，基本不存在结构优化和结构比例问题。研究工作基本上是按各种运输方式分别进行，研究的重点主要是线路布局和通路建设，以及旨在节约运输能力、提高运输效率的大宗货物合理（径路）运输、铁水联运等，全国性、大区域性的交通运输整体规划研究很少，对交通运输与国民经济的关系虽有所研究，但很薄弱，综合运输网的研究主要侧重在某些主要通路各种运输方式的协调配套建设。

第二阶段：综合运输理论研究的基础起步阶段（20 世纪 80 年

代)。改革开放后，随着各种运输方式基础的逐渐加强、自我发展能力的提高，客观上提出了协调发展、合理的结构比例、衔接配合等问题。

这一时期的综合运输研究重点在推动各种运输方式加快发展，以及解决能源等大宗物资运输，在发展政策、运输网络建设规划、煤炭铁水联运、港口集疏运系统建设等方面的具体实际工作中取得了许多重要成果，对我国交通运输事业的发展做出了积极贡献。在交通网规划与建设的实际工作中，一定程度上体现了促进各种运输方式共同发展、协调配合的思想，对综合运输的内涵、定义等进行了一定的思考，但尚未形成比较系统的理论。这一时期综合运输发展的思想，除了联运通路、集疏运系统中的各种运输方式衔接配合以外，主要是体现在各种运输方式的分工、按比例发展、综合平衡的思想上。

第三阶段：我国现代综合运输体系理论初步形成的发展阶段(20 世纪 90 年代)。这一时期交通发展的主要任务，仍然是进一步推动各种运输方式加快建设，壮大基础，完善网络。1997 年亚洲金融危机后，交通基础设施建设成为了我国“积极财政政策，扩大内需”的投资重点，到 20 世纪末，不仅交通运输对国民经济的“瓶颈”制约基本缓解，而且综合运输体系的建设基础大为增强，为加强引导、优化结构、提升层次、增强满足多样化需求的适应能力和贯彻可持续发展的方针创造了有利的基础条件。

这一时期，在为各种运输方式规划、项目建设服务的大量理论研究的基础上，对综合运输体系的概念和理论进行了一些系统性归纳和总结，形成了一些观点和定义。对于综合运输体系，部分学者给出了一些描述和定义，虽各有不同，也未被普遍公认，但总体中心意思是：根据各种运输方式的技术经济特征，经济合理地发展各种运输方式，并使之有机结合形成一个完整的体系，为社会经济发展服务。在认识描述以及在制定规划和具体建设项目实施中，很大程度上是将综合运输体系作为集各种运输方式的综合体看待。

第四阶段：现代综合运输体系理论进入逐步完善的发展阶段(21 世纪以来)。进入 21 世纪后，由积极财政政策启动的新一轮交通基础设施大规模建设，发展势头更加强劲，在建设现代综合运输体系的大方针下，各种运输方式进入了加快完善网络布局、提升结构层次的现代化建设大发展阶段。基本建设投资规模在上了一个大台阶后，继续逐年大幅增长，远远超过了以往规划设想。

从我国综合运输体系理论研究历程看，我国早期综合运输体系理论受计划经济体制和发展模式影响，着重强调综合体系是一个合理分工、优势互补的交通体系，强调有计划、按比例建设集约高效的基础设施系统。到了 20 世纪 80 年代我国综合运输理论研究和实践才真正大规模地开展，综合运输体系的概念也逐渐为业界所认同，并成为政府推进交通运输发展的重大战略目标。当前，我国政府和理论界已经把对综合运输体系基本概念及其内涵的认识与交通运输行业贯彻落实科学发展观紧密地联系起来，视野更宽阔、思路更系统，不仅强调基础设施的集约高效，也强调市场竞争作用和运输高效，同时更关注现代科技尤其是信息化技术的应用和资源节约、环境保护的要求。从理论的角度，目前我国还没有公认的综合运输体系的定义，相对多数人的观点将综合运输体系看作是一种发展理念和与这种发展理念相配合的发展战略和政策的执行结果，是从国家意志和市场需求角度所追求的理想化的现代交通运输有机整体。

关于综合运输体系的内涵，大体包括以下几个方面：一是综合运输体系是一个有机整体，而不是各种运输方式的简单叠加，它至少应由硬件（基础设施）和软件（运输服务）两大部分组成；二是综合运输体系应体现各种运输方式的多重性、平等性与包容性，更多强调分工协作，能使各种运输方式的比较优势得到发挥；三是综合运输体系在整体功能指向上要兼顾经济社会发展需要和资源环境要求两个方面；四是政府和市场都是推动其建设和形成的重要力量；五是发展过程中应充分利用信息化等先进技术。

综合运输体系从外延看应该与交通运输体系的外延完全一致，由基础设施系统、运输装备系统和运输组织保障系统三部分组成。具体而言，交通基础设施系统包括公路、铁路、水路、民航以及管道 5 种交通方式的线路和站场设施。交通运输装备系统包括道路运输车辆，铁路机车、车辆，运输船舶，航空飞行器以及相应客货运站场装卸、搬运及其辅助作业装备。交通运输组织保障系统包括交通体制机制、战略规划、法规政策、技术标准、运输管理、运营服务、信息技术、安全保障等。

综合运输体系的核心理念是以尽量少的资源消耗和占用提供尽量好的客货运输服务，本质要求体现在高效、经济和优质三个方面。

高效是构建综合运输体系的核心价值取向之一，资源高效和运输高效既体现了国家意志、公众利益和可持续发展要求，也是运输生产和市场竞争的基本要求，综合运输体系的高效更强调交通基础设施系统的高效以及运输全过程的高效。

运输成本低是交通运输服务的基本要求和发展的原动力，也是构建综合运输体系的基本要求和重要的发展目标，能否提供低成本运输服务也是评价综合运输体系优劣的最重要指标之一。

有效满足需求，为社会提供多层次、个性化、高品质的运输服务是任何单一运输方式都无法企及的，建设集约的基础设施系统、现代化的运输装备系统和科学高效的运输组织保障系统，构建完善的综合运输体系成为满足当代社会日益增长的交通需求的必然选择。

综合运输体系的特性主要体现整体性和相对性两个方面。

综合运输体系的整体性首先是指各种运输方式及其基础设施系统、运输装备系统和运输组织保障系统的有机整体，单独某种运输方式或单独的基础设施系统，或运输装备系统，或运输组织保障系统都谈不上综合运输体系；其次体现在目标、功能和标准上的整体性，综合运输体系追求的目标、具备的功能能否为社会提供高效、经济、优质的运输服务以及评价综合运输体系的优劣都是针对系统整体而言的，而不是某种运输方式或某个运输环节和阶段。

综合运输体系的相对性体现在时空上的相对性，目标、功能、标准的相对性以及手段、方法的相对性。综合运输体系因时、因地、因人而异，不同的历史时期、不同的国家和地区、不同的交通价值取向都需要不同的综合运输体系，不同的交通需求结构、不同的资源禀赋条件、不同的社会和时代背景都会对综合运输体系建设提出不同的要求，综合运输体系没有固定的模式和评价标准。

综上所述，所谓综合运输体系可以理解为：各种运输方式按照各自技术经济特征和比较优势，根据国家发展战略和交通需求共同构建形成的布局合理、功能完善、有机衔接、技术先进、安全环保，符合资源高效、成本节约、服务优质要求的交通运输有机整体 。

（二）综合交通运输体系的社会价值

党的十三大，中央正式提出了“加快发展以综合运输体系为主轴的交通运输业”这一交通发展的指导思想；在《国民经济和社会发展“十一五”规划纲要》中明确提出“统筹规划、合理布局交通基础设施，做好各种运输方式相互衔接，发挥组合效率和整体优势，建设便捷、通畅、高效、安全的综合运输体系”的发展思路。党的十七届五中全会进一步提出了“按照适度超前原则，统筹各种运输方式发展，构建便捷、安全、高效的综合运输体系”的战略部署。

这是党中央和国务院科学研判和准确把握我国交通运输发展规律而做出的重大决策，是新时期交通运输业发展的总方针。加快推进综合运输体系建设有利于提高经济运行质量和效率，是深入贯彻落实科学发展观的具体体现；加快推进综合运输体系建设可以有效提高交通资源和运输效率，降低运输成本，满足当代社会日益增长的多层次、个性化、高品质运输需求，是经济社会发展的客观要求；加快推进综合运输体系建设是交通运输自身发展的必然要求，是实现交通运输科学发展的迫切要求。

1. 推进综合运输体系建设是中国交通治理体系与治理能力现代化的应有之义

党的十八届三中全会明确提出全面深化改革的总目标，即完善和发展中国特色社会主义制度、推进国家治理体系和治理能力现代化。推进综合运输体系建设是中国交通治理体系与治理能力现代化的应有之义。

总目标问题，要用广阔的世界历史眼光来看。

改革开放以来，我们党开始以全新的角度思考国家治理体系问题。1980 年，邓小平同志在《党和国家领导制度的改革》中指出："我们进行社会主义现代化建设，是要在经济上赶上发达的资本主义国家，在政治上创造比资本主义国家的民主更高更切实的民主，并且造就比这些国家更多更优秀的人才。"

2014 年 2 月，习近平总书记在省部级主要领导干部学习贯彻十八届三中全会精神全面深化改革专题研讨班开班式上，集中围绕三中全会提出的全面深化改革的总目标发表重要讲话。他指出："国家治理体系和治理能力是一个国家的制度和制度执行能力的集中体现，两者相辅相成。"

我们的国家治理体系和治理能力总体上是好的，是有独特优势的，是适应我国国情和发展要求的。我们应该有这个自信。我国的实践向世界说明了一个道理：治理一个国家，推动一个国家实现现代化，并不只有西方制度模式这一条道，各国完全可以走出自己的道路来。

同时，我们必须看到，相比我国经济社会发展和人民群众的要求，相比当今世界日趋激烈的国际竞争，相比实现国家长治久安，我们在国家治理体系和治理能力方面还有许多亟待改进的地方，我们的制度还没有达到更加成熟更加定型的要求，有些方面甚至成为制约我们发展和稳定的重要因素。所以，我们必须适应国家现代化总进程，提高党科学执政、民主执政、依法执政水平，提高国家机构履职能力，提高人民群众依法管理国家事务、经济社会文化事务、自身事务的能力，实现党、国家、社会各项事务治理制度化、规范化、程序化，不断提高运用中国特色社会主义制度有效治理国家的能力。

相对而言，我们在提高国家治理能力上需要下更大气力。应该看到，制度执行力、治理能力已经成为影响我国社会主义制度优势充分发挥、党和国家事业顺利发展的重要因素。只有以提高党的执政能力为重点，尽快把我们各级干部、各方面管理者的思想政治素质、科学文化素质、工作本领都提高起来，尽快把党和国家机关、企事业单位、人民团体、社会组织等的工作能力都提高起来，国家治理体系才能更加有效运转。

我们要以习近平总书记重要讲话精神为指导，从国家治理体系和治理能力现代化的高度，把握和推进综合交通运输体系建设。

2. 推进综合运输体系建设是经济社会发展的客观要求

首先，推进综合运输体系建设是经济发展的客观要求。改革开放以来，我国经济发展抓住了经济全球化的发展机遇，经历了 20 多年举世瞩目的经济高速增长，成为世界经济的重要组成部分。在我国经济和对外贸易快速发展过程中，交通运输发挥了极其重要的保障和促进作用。从发展阶段看，我国目前处于经济起飞阶段的初期，工业化进程总体处于中期阶段，中国与世界之间的贸易品需要在全球更加便捷、灵活地流动，对国际运输通道的发展会要求更高；大宗物资在原产地、生产地和消费地之间的大量运输将在相当长时期内存在；原材料、能源的进口和产品的输出也越来越大，这些长距离、大运量的运输更多是需要铁路、水运以及管道来完成；随着工业化的深入发展和谋求更好的国际贸易分工的需要，我国制造业将不断升级，工厂的即时生产和新型流通体制都要求不论是原材料还是制成品的运输都要更加准时和低成本；服务城镇居民生活的日用消费品、鲜活农产品等的生活物资运输需求将快速增长，对配送服务会提出更高的要求。据测算，到2020年我国交通运输需求总量将是目前的2.5~3倍，交通运输能力需再提高2倍以上。这些新需求、新变化迫切需要加快推进综合运输体系建设。

其次，推进综合运输体系建设是社会进步的客观要求。社会进步的目的就是增加人类的福祉，它依靠运输也影响运输。随着生活、居住、消费模式等的改善和变化，人们对“更多选择、更优服务、更自由的出行”的要求会日趋强烈，并要求交通运输不断更新发展理念、改进运输供给方式、推进综合运输体系发展。预计到2020年，我国城市人口将达到8.4亿人，到2030年将达到10亿人，分别比目前增加2.1亿人（德国、英国、法国3国人口合计）和3.7亿人（大约是德国、美国2国人口合计）。城市化的过程同时还伴随着收入水平的提高和消费观念的变化，由此交通运输将出现以下显著变化：人的出行次数、出行距离将大大突破现有水平；出行目的也发生变化，休闲出行逐步提高甚至超过商务出行；城市内、城乡间和城镇化地带的城际交流、商务出行、通勤交通等会更为频繁；节假日时期的长途集中往返客流、城镇密集地区的短途客流、区域间自驾游出行也将达到更为可观的规模；越来越多的人会对舒适、便捷和安全性提出更高的要求，多样化、个性化、机动化、快速化和网络化的趋势更加显著，不仅要求交通运输有充足的供给能力，而且对运输服务质量和水平提出了新的要求，这也迫切要求加快推进综合运输体系建设。

3. 推进综合运输体系建设是交通运输自身发展的必然要求

首先，推进综合运输体系建设是世界交通发展的普遍规律。很多国家在发展到一定阶段时，先后提出了“多式联运”、“将用户置于运输政策的核心”（欧洲）、“要更加关注人的出行”（很多国家）、“零换乘”等新的发展理念和“公共交通优先发展”（法国）、“城乡客运一体化”（德国）等建设思路等，都逐步进入综合运输体系的发展阶段。西方发达国家在工业化中后期开始意识到综合运输的重要性并有意推进综合运输体系建设，主要原因就是伴随着地区分工、全球贸易的发展，生产所需要的原材料、初级产品以及各类销售商品呈现出跨区流动乃至全球流通的格局，运输必须满足日益复杂的经济活动要求。为了应对气候变暖、资源枯竭所带来的挑战，各国政府都在运输的节能降耗、高效整合方面付出了巨大努力，往往也是从综合运输的基本出发点研究制定政策。著名的美国《多模式地面运输效率法案》（1991 年）（以后简称为“冰茶法案”）最初就是由环保组织人士发起，力图通过建立更加公平有效的地面运输系统，来达到交通方式之间以及交通与自然之间的和谐。因此，推进综合运输体系建设已经成为世界交通发展的普遍规律。

其次，推进综合运输体系建设是交通运输发展到一定阶段的必然要求，我国已全面进入推进综合运输体系建设的发展阶段。改革开放30多年来，我国各种运输方式基础设施建设取得了巨大成就，各种运输方式都达到了一定的规模和水平。到2009年底，我国综合运输基础设施网络总里程约410万公里。其中，铁路营业里程达到8.6万公里，居世界第二；公路里程达到383万公里，其中高速公路达到6.5万公里；内河航道里程达到12.3万公里，其中等级航道达到6.1万公里；年货物吞吐量超过亿吨的港口达到16个；民用机场总数达到166个；城市轨道交通运营线网里程为814公里；输油（汽）管道达到7万多公里，综合交通基础设施网络基本形成。总体上，我国交通运输已经进入网络完善、结构优化和运输一体化的发展新阶段，迫切需要加快推进综合运输体系发展。

第三，切实解决当前交通运输发展不平衡、衔接不顺畅、政策标准不统一等问题亟待加快推进综合运输体系建设。现阶段，在缺乏科学统一的“顶层设计”的情况下，各种运输方式主要依据各自的子系统规划进行发展，尤其在基础设施建设方面快速发展，在一定程度上促进了各种运输方式自身体系的完善。但是，目前各种运输方式的基础设施网络衔接还不够顺畅，综合运输服务效率和水平还不高，多式联运政策标准还有待统一协调。要切实系统解决这些问题，必须加强规划的有效衔接，加强沟通协调，加快推进综合运输体系建设。

4. 推进综合运输体系建设是实现交通运输科学发展的迫切要求

首先，推进综合运输体系建设有利于交通运输全面发展。推进综合运输体系建设，有利于促进基础设施、运输装备、运输服务全面发展，有利于促进公路、铁路、水路、民航、管道各种运输方式全面发展。“十二五”期，各种运输方式要按照适度超前的原则，加速形成交通基础设施网络，加快提升运输保障能力，优化交通结构，提升质量效率。

其次，推进综合运输体系建设有利于交通运输协调发展。统筹交通运输协调发展，关键是要推进综合运输体系建设，强化总体协调。推进综合运输体系建设对于促进建设、养护、运营、管理协调发展，统筹区域、城乡协调，推进基本公共服务均等化，使人民群众共享交通运输改革发展的成果具有重要的意义。

第三，推进综合运输体系建设有利于交通运输可持续发展。资源环境是供给交通运输集约高效发展的外部硬性条件。“十二五”时期，各种运输方式仍将保持较快发展，必须充分发挥各种运输方式的比较优势和组合效率。特别是我国人口众多、运输需求巨大，而土地、岸线、能源、环境的要求也很高，迫切需要大力推进综合运输体系建设，统筹各种运输方式的发展，提高资源效率，促进运输服务一体化，不断提高综合运输整体发展水平。

第四，推进综合运输体系建设有利于优化资源配置。首先表现在降低物流成本、实现经济效益最大化上。据测算，运输成本是物流成本中的最大组成部分，约占50%～60%。当前，我国物流成本占GDP的比例平均约为16%，而美国为10%。因此，交通运输体系的综合发展，对于供应链的优化重组、降低物流成本的意义十分重大。

综合交通运输体系对优化资源配置的重要作用，还表现在满足日益丰富和多元化的运输需求上。主要表现在客货运两个方面：一方面，产业结构不断优化，逐步形成区域性产业布局和产业带，能源、原材料、机电产品、农副产品将成为地区间运输的重点，这就需要同时由水运、管道、铁路、高速公路和航空等综合交通运输体系的支持。另一方面，城市化的快速发展和城市化水平的进一步提高必将影响人们的出行和货物流通的变化。国际经验表明，一个国家或地区的城市化水平达到30%以后，客运量将会有一个高速增长期，人们对出行方式要求更加多样、舒适、便捷和安全。这都要求加快形成多种运输方式有机结合、协调运转的综合交通运输体系，以满足对交通运输的“质”和“量”两个方面的需求。

交通运输是国民经济的基础部门，也是大量消耗能源和资源的行业。未来一段时期我国交通运输的总体能耗仍将大幅攀升。作为国民经济的一个重要行业，交通必须占用一定的土地，但也要通过不断地整合和创新，进一步提高节约和集约使用土地的水平。发达国家的实践表明，构建综合交通运输体系，既可以优化配置资源要素，实现各种运输方式的协调发展和综合利用；又能够以最低的经济社会成本，提高交通资源的使用效率和实现可持续利用，保证经济、社会、资源、生态环境的协调发展。

三、“十三五”现代综合交通运输体系发展

2017年2月，《国务院关于印发“十三五”现代综合交通运输体系发展规划的通知》是我国现代综合交通运输体系发展历程中的伟大丰碑。[1]

“十二五”时期，我国各种交通运输方式快速发展，综合交通运输体系不断完善，较好完成规划目标任务，总体适应经济社会发展要求。交通运输基础设施累计完成投资13.4万亿元，是“十一五”时期的1.6倍，高速铁路营业里程、高速公路通车里程、城市轨道交通运营里程、沿海港口万吨级及以上泊位数量均位居世界第一，天然气管网加快发展，交通运输基础设施网络初步形成。铁路、民航客运量年均增长率超过10%，铁路客运动车组列车运量比重达

[1] 2017年2月28日，中央政府网站。

到46%，全球集装箱吞吐量排名前10位的港口我国占7席，快递业务量年均增长50%以上，城际、城市和农村交通服务能力不断增强，现代化综合交通枢纽场站一体化衔接水平不断提升。高速铁路装备制造科技创新取得重大突破，电动汽车、特种船舶、国产大型客机、中低速磁悬浮轨道交通等领域技术研发和应用取得进展，技术装备水平大幅提高，交通重大工程施工技术世界领先，走出去步伐不断加快。高速公路电子不停车收费系统（ETC）实现全国联网，新能源运输装备加快推广，交通运输安全应急保障能力进一步提高。铁路管理体制改革顺利实施，大部门管理体制初步建立，交通行政审批改革不断深化，运价改革、投融资改革扎实推进。

“十三五”时期，交通运输发展面临的国内外环境错综复杂。从国际看，全球经济在深度调整中曲折复苏，新的增长动力尚未形成，新一轮科技革命和产业变革正在兴起，区域合作格局深度调整，能源格局深刻变化。从国内看，“十三五”时期是全面建成小康社会决胜阶段，经济发展进入新常态，生产力布局、产业结构、消费及流通格局将加速变化调整。与“十三五”经济社会发展要求相比，综合交通运输发展水平仍然存在一定差距，主要是：网络布局不完善，跨区域通道、国际通道连通不足，中西部地区、贫困地区和城市群交通发展短板明显；综合交通枢纽建设相对滞后，城市内外交通衔接不畅，信息开放共享水平不高，一体化运输服务水平亟待提升，交通运输安全形势依然严峻；适应现代综合交通运输体系发展的体制机制尚不健全，铁路市场化、空域管理、油气管网运营体制、交通投融资等方面改革仍需深化。

综合判断，“十三五”时期，我国交通运输发展正处于支撑全面建成小康社会的攻坚期、优化网络布局的关键期、提质增效升级的转型期，将进入现代化建设新阶段。站在新的发展起点上，交通运输要准确把握经济发展新常态下的新形势、新要求，切实转变发展思路、方式和路径，优化结构、转换动能、补齐短板、提质增效，更好满足多元、舒适、便捷等客运需求和经济、可靠、高效等货运需求；要突出对“一带一路”倡议、京津冀协同发展、长江经济带发展三大战略和新型城镇化、脱贫攻坚的支撑保障，着力消除瓶颈制约，提升运输服务的协同性和均等化水平；要更加注重提高交通安全和应急保障能力，提升绿色、低碳、集约发展水平；要适应国际发展新环境，提高国际通道保障能力和互联互通水平，有效支撑全方位对外开放。

为此，根据《中华人民共和国国民经济和社会发展第十三个五年规划纲要》，并与“一带一路”倡议、京津冀协同发展、长江经济带发展等规划相衔接，制定《“十三五”现代综合交通运输体系发展规划》。(以下简称《“十三五”规划》)

这部全文约三万字的《“十三五”规划》，提出的“指导思想”是：全面贯彻党的十八大和十八届二中、三中、四中、五中、六中全会精神，深入贯彻习近平总书记系列重要讲话精神和治国理政新理念新思想新战略，认真落实党中央、国务院决策部署，统筹推进“五位一体”总体布局和协调推进“四个全面”战略布局，牢固树立和贯彻落实新发展理念，以提高发展质量和效益为中心，深化供给侧结构性改革，坚持交通运输服务人民，着力完善基础设施网络、加强运输服务一体衔接、提高运营管理智能水平、推行绿色安全发展模式，加快完善现代综合交通运输体系，更好地发挥交通运输的支撑引领作用，为全面建成小康社会奠定坚实基础。

《“十三五”规划》的“基本原则”包括以下三项：

(1) 衔接协调、便捷高效。充分发挥各种运输方式的比较优势和组合效率，提升网络效应和规模效益。加强区域城乡交通运输一体化发展，增强交通公共服务能力，积极引导新生产消费流通方式和新业态新模式发展，扩大交通多样化有效供给，全面提升服务质量效率，实现人畅其行、货畅其流。

（2）适度超前、开放融合。有序推进交通基础设施建设，完善功能布局，强化薄弱环节，确保运输能力适度超前，更好发挥交通先行官作用。坚持建设、运营、维护并重，推进交通与产业融合。积极推进与周边国家互联互通，构建国际大通道，为更高水平、更深层次的开放型经济发展提供支撑。

（3）创新驱动、安全绿色。全面推广应用现代信息技术，以智能化带动交通运输现代化。深化体制机制改革，完善市场监管体系，提高综合治理能力。牢固树立安全第一理念，全面提高交通运输的安全性和可靠性。将生态保护红线意识贯穿到交通发展各环节，建立绿色发展长效机制，建设美丽交通走廊。

《“十三五”规划》制定的“主要目标”是：到2020年，基本建成安全、便捷、高效、绿色的现代综合交通运输体系，部分地区和领域率先基本实现交通运输现代化。

（1）网络覆盖加密拓展。高速铁路覆盖80%以上的城区常住人口100万以上的城市，铁路、高速公路、民航运输机场基本覆盖城区常住人口20万以上的城市，内河高等级航道网基本建成，沿海港口万吨级及以上泊位数稳步增加，具备条件的建制村通硬化路，城市轨道交通运营里程比2015年增长近一倍，油气主干管网快速发展，综合交通网总里程达到540万公里左右。

（2）综合衔接一体高效。各种运输方式衔接更加紧密，重要城市群核心城市间、核心城市与周边节点城市间实现1～2小时通达。打造一批现代化、立体式综合客运枢纽，旅客换乘更加便捷。交通物流枢纽集疏运系统更加完善，货物换装转运效率显著提高，交邮协同发展水平进一步提升。

（3）运输服务提质升级。全国铁路客运动车服务比重进一步提升，民航航班正常率逐步提高，公路交通保障能力显著增强，公路货运车型标准化水平大幅提高、货车空驶率大幅下降，集装箱铁水联运比重明显提升，全社会运输效率明显提高。公共服务水平显著提升，实现村村直接通邮、具备条件的建制村通客车，城市公共交通出行比例不断提高。

（4）智能技术广泛应用。交通基础设施、运载装备、经营业户和从业人员等基本要素信息全面实现数字化，各种交通方式信息交换取得突破。全国交通枢纽站点无线接入网络广泛覆盖。铁路信息化水平大幅提升，货运业务实现网上办理，客运网上售票比例明显提高。基本实现重点城市群内交通一卡通互通，车辆安装使用 ETC 比例大幅提升。交通运输行业北斗卫星导航系统前装率和使用率显著提高。

（5）绿色安全水平提升。城市公共交通、出租车和城市配送领域新能源汽车快速发展。资源节约集约利用和节能减排成效显著，交通运输主要污染物排放强度持续下降。交通运输安全监管和应急保障能力显著提高，重特大事故得到有效遏制，安全水平明显提升。

关于“完善基础设施网络化布局”，《“十三五”规划》明确提出：

（1）建设多向连通的综合运输通道。构建横贯东西、纵贯南北、内畅外通的“十纵十横”综合运输大通道，加快实施重点通道连通工程和延伸工程，强化中西部和东北地区通道建设。贯通上海至瑞丽等运输通道，向东向西延伸西北北部等运输通道，将沿江运输通道由成都西延至日喀则。推进北京至昆明、北京至港澳台、烟台至重庆、二连浩特至湛江、额济纳至广州等纵向新通道建设，沟通华北、西北至西南、华南等地区；推进福州至银川、厦门至喀什、汕头至昆明、绥芬河至满洲里等横向新通道建设，沟通西北、西南至华东地区，强化进出疆、出入藏通道建设。做好国内综合运输通道对外衔接。规划建设环绕我国陆域的沿边通道。

（2）构建高品质的快速交通网。以高速铁路、高速公路、民用航空等为主体，构建服务品质高、运行速度快的综合交通骨干网络。

推进高速铁路建设。加快高速铁路网建设，贯通京哈—京港澳、陆桥、沪昆、广昆等高速铁路通道，建设京港（台）、呼南、京昆、包（银）海、青银、兰（西）广、京兰、厦渝等高速铁路通道，拓展区域连接线，扩大高速铁路覆盖范围。

完善高速公路网络。加快推进由 7 条首都放射线、11 条北南纵线、18 条东西横线，以及地区环线、并行线、联络线等组成的国家高速公路网建设，尽快打通国家高速公路主线待贯通路段，推进建设年代较早、交通繁忙的国家高速公路扩容改造和分流路线建设。有序发展地方高速公路。加强高速公路与口岸的衔接。

完善运输机场功能布局。打造国际枢纽机场，建设京津冀、长三角、珠三角世界级机场群，加快建设哈尔滨、深圳、昆明、成都、重庆、西安、乌鲁木齐等国际航空枢纽，增强区域枢纽机场功能，实施部分繁忙干线机场新建、迁建和扩能改造工程。科学安排支线机场新建和改扩建，增加中西部地区机场数量，扩大航空运输服务覆盖面。推进以货运功能为主的机场建设。优化完善航线网络，推进国内国际、客运货运、干线支线、运输通用协调发展。加快空管基础设施建设，优化空域资源配置，推进军民航空管融合发展，提高空管服务保障水平。

（3）强化高效率的普通干线网。以普速铁路、普通国道、港口、航道、油气管道等为主体，构建运行效率高、服务能力强的综合交通普通干线网络。

完善普速铁路网。加快中西部干线铁路建设，完善东部干线铁路网络，加快推进东北地区铁路提速改造，增强区际铁路运输能力，扩大路网覆盖面。实施既有铁路复线和电气化改造，提升路网质量。拓展对外通道，推进边境铁路建设，加强铁路与口岸的连通，加快实现与境外通道的有效衔接。

推进普通国道提质改造。加快普通国道提质改造，基本消除无铺装路面，全面提升保障能力和服务水平，重点加强西部地区、集中连片特困地区、老少边穷地区低等级普通国道升级改造和未贯通路段建设。推进口岸公路建设。加强普通国道日常养护，科学实施养护工程，强化大中修养护管理。推进普通国道服务区建设，提高服务水平。

完善水路运输网络。优化港口布局，推动资源整合，促进结构调整。强化航运中心功能，稳步推进集装箱码头项目，合理把握煤炭、矿石、原油码头建设节奏，有序推进液化天然气、商品汽车等码头建设。提升沿海和内河水运设施专业化水平，加快内河高等级航道建设，统筹航道整治与河道治理，增强长江干线航运能力，推进西江航运干线和京杭运河高等级航道扩能升级改造。

强化油气管网互联互通。巩固和完善西北、东北、西南和海上四大油气进口通道。新建和改扩建一批原油管道，对接西北、东北、西南原油进口管道和海上原油码头。结合油源供应、炼化基地布局，完善成品油管网，逐步提高成品油管输比例。大力推动天然气主干管网、区域管网和互联互通管网建设，加快石油、成品油储备项目和天然气调峰设施建设。

（4）拓展广覆盖的基础服务网。以普通省道、农村公路、支线铁路、支线航道等为主体，通用航空为补充，构建覆盖空间大、通达程度深、惠及面广的综合交通基础服务网络。

合理引导普通省道发展。积极推进普通省道提级、城镇过境段改造和城市群城际路段等扩容工程，加强与城市干道衔接，提高拥挤路段通行能力。强化普通省道与口岸、支线机场以及重要资源地、农牧林区和兵团团场等有效衔接。

全面加快农村公路建设。除少数不具备条件的乡镇、建制村外，全面完成通硬化路任务，有序推进较大人口规模的撤并建制村和自然村通硬化路建设，加强县乡村公路改造，进一步完善农村公路网络。加强农村公路养护，完善安全防护设施，保障农村地区基本出行条件。积极支持国有林场林区道路建设，将国有林场林区道路按属性纳入各级政府相关公路网规划。

积极推进支线铁路建设。推进地方开发性铁路、支线铁路和沿边铁路建设。强化与矿区、产业园区、物流园区、口岸等有效衔接，增强对干线铁路网的支撑作用。

加强内河支线航道建设。推进澜沧江等国际国境河流航道建设。加强长江、西江、京杭运河、淮河重要支流航道建设。推进金沙江、黄河中上游等中西部地区库湖区航运设施建设。

加快推进通用机场建设。以偏远地区、地面交通不便地区、自然灾害多发地区、农产品主产区、主要林区和旅游景区等为重点，推进200个以上通用机场建设，鼓励有条件的运输机场兼顾通用航空服务。

完善港口集疏运网络。加强沿海、长江干线主要港口集疏运铁路、公路建设。

《“十三五”规划》还对“强化战略支撑作用”（包括打造“一带一路”互联互通开放通道，构建区域协调发展交通新格局，发挥交通扶贫脱贫攻坚基础支撑作用）；“加快运输服务一体化进程”

（包括优化综合交通枢纽布局，提升客运服务安全便捷水平，促进货运服务集约高效发展，增强国际化运输服务能力，发展先进适用的技术装备）；“提升交通发展智能化水平”（包括促进交通产业智能化变革，推动智能化运输服务升级，优化交通运行和管理控制，健全智能决策支持与监管，加强交通发展智能化建设）；“促进交通运输绿色发展”（包括推动节能低碳发展，强化生态保护和污染防治，推进资源集约节约利用）；“加强安全应急保障体系建设”（包括加强安全生产管理，加快监管体系建设，推进应急体系建设）；“拓展交通运输新领域新业态”（包括积极引导交通运输新消费，培育壮大交通运输新动能，打造交通物流融合新模式，推进交通空间综合开发利用）等，作出具体规划。

《“十三五”规划》为我国现代综合交通运输体系的发展规划了切实可行的美好愿景，而《规划》的实施完成，将推动我国现代综合交通运输体系的建设迈入新的境界。

第二节　江苏构建综合运输体系的探索

江苏率先在省级层面上探索公铁水空齐抓共管的大交通管理体制，初步构建了全国领先的综合运输体系。

一、关于江苏探索建立综合运输体系的研究报告

2007 年 10 月 17 日，即党的十七大召开的第三天，江苏省政府为贯彻十七大报告关于“加快发展综合运输体系”的要求，在南京召开了加快综合交通运输体系建设工作会议，对江苏加快构建全国领先的综合运输体系进行了动员和部署。当年 11 月，我们即赴江苏，就加快构建综合运输体系进行调研，并向国务院及有关部委呈

报了《江苏省：实行大交通体制、构建全国领先的综合运输体系——探索实行职能有机统一的大部门体制研究报告之二》。内容如下：

江苏率先在省级层面上形成公铁水空齐抓共管的大交通管理体制，为构建全国领先的综合运输体系奠定了坚实的行政体制基础。

（一）加快发展综合运输体系：江苏省关于构建全国领先的综合运输体系的部署

2007年10月17日，即党的十七大召开的第三天，江苏省政府为贯彻十七大报告关于"加快发展综合运输体系"的要求，在南京召开了加快综合交通运输体系建设工作会议，对江苏加快构建全国领先的综合运输体系进行了动员和部署。

江苏省委提出："加快现代综合运输体系建设，进一步提升交通运输保障能力和服务水平，是贯彻落实科学发展观、促进经济又好又快发展的迫切需要，是增强国际竞争力、提升经济国际化水平的战略选择，也是坚持以人为本、构建社会主义和谐社会的必然要求。全省交通战线要以科学发展观为指导，坚持'经济发展、交通先行'方针，以更前瞻的理念，更扎实的举措，加快交通能力建设，转变交通发展方针，优化运输结构，提高运输效率，努力建设符合国情省情、具有江苏特色、助推江苏发展的现代综合运输体系，为实现富民强省、加快推进'两个率先'提供有力的支撑。"

江苏综合运输体系的发展思路，可以概括为努力推进"三个一体化"和"三个有机衔接"。所谓"三个一体化"：一是各种运输方式一体化；二是城乡交通发展一体化；三是区域交通发展一体化。所谓"三个有机衔接"：一是注重各种交通网络的衔接和协调；二是注重通道、走廊的衔接和协调；三是注重枢纽的衔接和协调。

江苏现代综合运输体系的主要目标是：到2020年，全面建成于江苏地理条件和经济特征相适应的规模适度、布局合理、结构均衡、能力充分、衔接顺畅、整体最优的一体化协调发展的运输体系，使资源更节约、运输效率更高、物流成本更低、客货运输更加便捷。

到2020年，综合交通网络覆盖全省100%的中等城市和100%的国家级、省级园区；综合交通通道紧贴全省城镇体系和生产力布局，通道能力充分，保障可靠，平均饱和度小于0.8；综合交通枢纽保证客运20分钟内实现换乘和货物及时衔接。

到2020年，水运、铁路和航空运输能力得到明显提升，其中，沿江、沿海港口吞吐能力达19亿吨，集装箱吞吐能力达到3300万标箱，全面建成"两纵四联"3455公里高等级干线航道网，实现千吨级船舶通江达海、联网畅通；实现电气化铁路、高速铁路和城际轨道交通的突破，形成京沪、陇海、沪汉蓉3条运输能力超亿吨的跨省通道，形成干线成网、方便快捷的铁路运输系统；建成"两枢纽、一大、六中"机场体系，航空运输腹地覆盖全省100%的县级城市和10万人口以上的城镇，旅客吞吐量达到1亿人次，货邮达到360万吨，分别占长三角地区总量的1/3。

到2020年，交通运输市场进一步开放，各种运输方式的服务质量明显改善，交通运输智能化、信息化水平得到显著提升，客运快速化、货运物流化以及人流、物流、信息流的有机融合有效实现，更趋多样化的运输需求将得到较好满足。

江苏省委省政府站在"全面达小康，建设新江苏"的新的历史高度，高瞻远瞩，审时度势，提出的"加快构建全国领先的现代综合运输体系"，是对江苏交通发展的一次具有战略意义的全新定位。

（二）探索实行职能有机统一的大部门体制：江苏省加快发展综合交通运输体系的大交通管理体制的分析

江苏省加快构建全国领先的综合运输体系的实践表明，在省级层面上率先形成公铁水空齐抓共管的大交通管理体制，使统筹规划建设各种运输方式成为可能。江苏省委书记梁保华同志指出："要深入贯彻落实科学发展观，坚持着眼长远，统筹规划，突出重点、配套完善的原则，优化大交通布局，加强交通基础设施建设，推进水运、铁路、航空、公路和管道等多种运输方式协调发展，又好又快地构建安全、便捷、通畅、高效的现代综合运输体系。"

当前，江苏交通发展初步具备了在全国率先构建现代综合运输体系的体制性优势。江苏省具有较为发达的交通基础。公路交通在全国实现了率先发展，总里程、密度均居全国前列，其中高速公路密度居各省区第一，并在全国率先实现了联网畅通。水路交通已呈现出加快发展态势，2006 年完成投资相当于"十五"期间的总和；航道里程、密度和万吨级以上泊位数、港口总吞吐能力均居全国第一。铁路、航空加快发展的局面也即将形成。交通运输生产增势强劲，2006 年单位国土面积上的客运量、客运周转量以及货运量、货运周转量的强度分别达到了全国平均值的 7.8 倍、6.7 倍以及 5.6 倍、3.9 倍。其中，公路水路运输服务业增长已连续两年超过 GDP 增幅。从根本上讲，这得益于江苏在省级层面上率先形成了公铁水空齐抓共管的大交通管理体制。

江苏将原隶属于省政府的省铁路办公室划归省交通运输厅管理；同时在交通运输厅内成立江苏省航空产业发展办公室。课题组与江苏省交通运输厅正集全力做的两件"新事"给我们以深刻印象：一是拟用公路项目资金解决江苏省内铁路发展严重滞后状况；二是为使无锡机场向国际机场发展，重新规划与之配套的公路建设。这是其他省只分管公路与水路交通的交通运输厅不必做也不能做的事情。

根据初步研究，江苏通过在省级层面上率先实行公铁水空齐抓共管的大交通管理体制，优化公、铁、水、空、管各种运输方式结构，进一步提高铁路和水路基础设施的比重后，单位运量交通能耗指数至少下降8%，污染物排放下降13%，同时还节约了土地，在节约资源和保护环境方面都产生了巨大的经济和社会效益，加快了综合交通运输体系建设步伐。

江苏在行政管理体制改革方面也面临着挑战：一是各种运输方式发展失衡。近年来，公路发展一枝独秀，水运、铁路、航空等发展相对滞后。从建设投资看，“十五”期间全省公路建设投资高达1478.3亿元，而同期航道、港口建设仅完成投资159.4亿元，近十年来省铁路建设和改造的总投入则只有150亿元。从运输分担看，2006年公路承担了全省95.3%的客运量、67.4%的货运量，而铁路仅承担了4.5%和4.1%。二是综合交通枢纽、机场和港口集疏运体系建设滞后。长期以来各种运输方式自成体系、相对独立的发展模式所带来的弊端，已成为制约交通又好又快发展的“瓶颈”。三是在市县级层面上，公铁水空管五类运输方式仍分别隶属于不同的管理部门，多头管理。观察发达国家走过的历程，解决这一问题的最佳途径就是实行职能有机统一的大交通管理体制。

江苏省政府明确提出：“加快构筑综合交通运输的体制机制优势。”一是各级政府都要把综合交通运输体系建设纳入地区经济社会发展目标，强化考核，落实责任，明确任务，抓好督查。二是以大交通管理体制的形成契机，进一步加强机构优化和职能整合，努力构建一个运转高效、协调有序的综合交通管理体系。三是交通主管部门要主动加强与发展改革、国土资源、环保、建设和水利等部门的沟通协调，各有关部门要对综合交通运输体系建设给予大力支持，合力营造有利于加快综合交通运输发展的环境。同时积极引导市县两级交通管理体制向职能有机统一的大交通体制转变。

十七大报告指出："加大机构整合力度，探索实行职能有机统一的大部门体制，健全部门间协调配合机制。"这是加快发展综合运输体系建设的重要前提，也是江苏目前领先其他省区的最大优势。

二、江苏综合交通运输体系建设的成效与愿景

2009—2015年，我们又多次赴江苏省，就构建综合运输体系与公路交通在综合运输体系中的地位等进行调研；参与了江苏省综合交通运输体系建设规划研究，出席了交通运输部与江苏省人民政府联合召开的"江苏交通运输现代化规划纲要（征求意见稿）评审会议"；并在呈报国务院的《关于公路可持续发展的顶层设计建议》中重点报告了江苏构建综合交通运输体系的做法与取得的成效。

江苏探索建立综合交通运输体系的实践与愿景，对我国现代化综合交通运输体系的建设，具有样板价值。

（一）江苏综合交通运输现代化发展背景

党的十八大"鼓励有条件的地方在现代化建设中继续走在前列，为全国改革发展做出更大贡献"。"率先全面建成小康社会、率先基本实现现代化"，是中央对江苏的殷切期望，也是当前及下一阶段江苏发展总目标。

交通运输作为国民经济和社会发展的基础性、先导性产业和服务性行业，必须率先发展。2012年11月，交通运输部与江苏省政府签订《共同推进江苏交通运输现代化建设会谈备忘录》，明确由江苏省率先开展交通运输现代化规划研究等工作，为江苏基本实现现代化提供支撑和保障，为全国交通运输现代化积极探索模式、路径、政策和方法。

为此，江苏省交通运输厅在部省指导下组织编制《江苏交通运输现代化规划纲要》。规划期为2013—2020年，展望到2030年。

经过多年努力，江苏交通运输已经进入构建综合交通运输体系、统筹提升发展的新阶段，具备开展综合交通运输现代化建设的条件，面临着新的发展要求。

1. 现实基础

江苏省位于东部沿海中心，长江、淮河下游，紧邻上海，是长江三角洲地区北翼。全省面积10.26万平方公里，区域内河网密布，平原辽阔。全省综合经济实力位居全国前列，2012年，常住人口7920万人，人均地区生产总值达6.8万元，突破1万美元（相当于世界主要国家排名第49位）。现代产业体系初步形成，三次产业增加值比例为6.3∶50.2∶43.5。开放型经济水平领先，进出口贸易总额和实际利用外资分别占全国的1/7和1/3。城乡协调发展，城镇化率达到63.0%，城乡居民收入比2.13∶1，是全国差距最小的省区之一。2010年，江苏以省为单位总体达到省定全面小康社会指标，江苏交通运输在实现“两个率先”的进程中发挥了重大作用。

综合交通网络不断完善，服务经济社会发展全局的能力大幅提升。到2012年底，全省建成方式齐全的综合交通网总里程达18.0万公里。公路设施领先发展，全省公路总里程15.4万公里，密度居全国各省区之首，高速公路在全国率先实现联网畅通，覆盖了98%的10万人口以上城镇，普通干线公路服务能力大幅提高，基本实现市—县、县—县一级公路短直连通，农村公路实现等级公路通达所有行政村，公路养护质量全国领先。铁路建设跨越发展，全省铁路总里程2309公里，实现了电气化铁路、高速铁路和综合客运枢纽建设三大突破，建成了一批集铁路、公路和城市客运为一体的综合客运枢纽。水运设施加快发展，全省内河航道总里程达2.4万公里，千吨级内河航道通达58%的县级节点，沿海沿江亿吨大港数、万吨级以上泊位数居全国第一。民航运输机场布局全面落地，在全国率先普及航空运输服务。

城乡客运服务体系逐步建立，人民群众出行条件显著改善。2012年，完成客运量26.8亿人、旅客周转量1949.8亿人公里，客运量强度达2.41万人/平方公里，是全国平均水平的6.1倍。同时，初步形成以城市公交、城镇客运、镇村公交为主体，其他客运方式为补充的城乡客运体系，全省镇村公交覆盖率达到38%，其中发达的苏锡常地区已实现镇村公交全覆盖。全省城市倡导公交优先发展，城市公交分担率达20.1%。

货运与物流体系加快升级，为增强江苏的综合竞争力做出重要贡献。2012年，完成综合货运量23.1亿吨、货物周转量8474.6亿吨公里，其中水运占比达到71.4%，比全国高24.9个百分点，全省物流费用与GDP的比例为15.4%，较全国低2.6个百分点。以连云港港、太仓港、南京港等为代表的港口现代物流功能进一步增强，交通运输枢纽的物流集聚效应不断发挥，全省启动建设“以物流园区为骨干、以物流中心为支撑、以农村物流站点为补充”的三级物流基地体系。多式联运发展迅速，连云港港集装箱铁水联运列为全国示范项目，到发总量及增幅均居全国沿海港口第一位。甩挂运输试点成效明显，试点企业甩挂运输项目周转量占15%以上，平均单位运输成本下降18%左右，车辆里程利用率提高到80%以上。

率先探索综合交通运输管理模式，统筹大交通发展的能力进一步加强。交通运输主管部门强化铁路、民航、邮政的规划、建设和管理协调职能，在全国各省区率先形成公铁水空邮统筹管理的大交通体制架构，为构建综合交通运输体系奠定了体制基础，并进一步开展了省级综合交通运输体系的顶层设计工作，有力推动了江苏公铁水空的结构调整和方式衔接。

2. 形势要求

面对江苏“两个率先”的总体部署，产业结构调整、新型城镇化建设和生态文明建设的更高要求，以及人民群众对安全便捷出行的新期待，交通运输发展面临新的发展要求。

为构建现代产业体系和经济转型发展提供动力。江苏未来产业转型的发展方向是构建以现代服务业为主体、先进制造业为支撑、现代农业为基础的现代产业体系。产业转移、产业结构调整、运输需求变化和新型业态（电子商务）的快速发展等均会对江苏交通运输发展提出新的要求。据预测，在单位 GDP 货运强度有所降低的情况下，货运总需求仍将持续增加，2020 年货运总量将达到 2010 年的 2. 3 倍。并且货物结构将发生重大变化，大宗物资运输比重降低，小批量、多样化、高附加值货物运输比重上升，城市配送需求不断增加。在经济全球化和产业一体化进程中，江苏将进一步加大开放力度，远距离、多批次、高时效的国际、跨区运输需求将显著增加。

为促进新型城镇化和建设世界级城市群夯实基础。2010—2020 年，江苏省城镇化水平仍将保持快速增长，城市人口年均增长 3. 1%，城市和农村居民出行频次和距离都将明显增加，客运出行总量将增至2. 4 倍。“同城化”的生产生活方式日趋普遍，通勤需求快速增长。私人小汽车发展处于快速增长期，据预测 2020 年千人小汽车拥有量为 200 辆，对交通设施供给能力、城市公共交通发展等提出了新的挑战。省内较为关注的 6 个集中连片地区的不同交通扶贫需求等均对交通运输差别化发展提出了更高要求。因此，要重点提升国际旅客运输、城际通勤交通和城市公共交通等方面的服务能力，缩小南北差距、促进区域协调发展。

为推进生态文明建设做出重要贡献。中央明确强调江苏要扎实推进生态文明建设。平衡生态环境保护与交通运输发展的矛盾是江苏发展的战略性课题。

为深化改革创新积极探索实践。江苏交通运输发展已进入更加注重提升交通运输服务水平的新时期。江苏交通运输行业正在开展适应未来发展需要的改革总体设计，如何贯彻落实国家和省深化改革的总体部署，并结合自身实际，探索建立适应新阶段发展需要的体制机制，切实转变职能，加快转型发展。

在新的历史时期，推进江苏交通运输现代化建设，还面临着一些困难和问题，主要是：综合交通发展仍不均衡，尤其是内河干线航道和铁路骨干网络尚未形成。国际旅客航空运输和通用航空尚有很大发展空间，难以满足现代化客货运输需求。现代物流发育并不充分，物流体系尚不完善，企业竞争力不强，国际运输直达能力不足，难以满足经济社会转型发展的更高要求。大城市交通拥堵严重、城市公交能力不足、公共交通服务难以满足群众更加体面、便捷出行的要求。交通运输信息化顶层设计和应用有待加强。破解土地、资金和环境保护等刚性约束的有效举措不多，难以支撑“五位一体”总体布局。制约交通运输科学发展的体制机制性问题仍然较突出，改革创新任重道远。

（二）江苏综合交通运输现代化发展战略

1. 指导思想

以科学发展观为指导，深入贯彻落实党的十八大精神，围绕江苏“两个率先”战略目标，借鉴国际先进经验，把握阶段发展特征，以改革创新和科技进步为动力，加快交通运输转型发展，不断增强发展的平衡性、协调性和可持续性，扎实推进基础设施、旅客运输、货运与物流、安全与绿色循环低碳、科技与人才支撑、改革与创新推动的能力建设，构建具有江苏特色的现代综合交通运输体系，发挥交通运输在江苏基本实现现代化建设中的基础性、先导性和服务性作用，为全国交通运输现代化探索路子、积累经验。

2. 基本原则

以人为本。树立交通运输现代化服务人、依靠人和解放人的价值取向，完善交通基本公共服务，提升公众出行体验，保障出行安全，培育良好的交通运输环境。

统筹兼顾。服务新型城镇化和产业结构调整，注重交通运输的综合发展、综合利用和统一管理，统筹推进区域交通一体化、城乡交通一体化和各种运输方式一体化发展。

创新驱动。围绕交通运输现代化的重要领域和关键环节，大力推进理念创新、科技创新、体制机制创新和管理服务创新，积极探索实践，破解发展难题。

可持续发展。着力建设绿色循环低碳交通运输体系，走资源节约型、环境友好型发展之路，推进交通运输增长方式从外延扩张型向内涵集约型转变。

3. 战略目标

江苏交通运输现代化是达到当时国际先进水平的发展状态，是与江苏经济社会现代化相协调的提升过程，是将先进理念技术手段制度等应用于交通运输全过程全领域的发展模式。具体理解为：

达到当时国际先进水平的发展状态，是指交通运输的发展目标整体达到当时发达国家的发展水平，交通运输发展的平衡性、协调性和可持续性大幅提升。

与江苏经济社会现代化相协调的提升过程，是指交通运输发展充分满足人的现代化发展需求，与经济社会现代化发展的价值取向和目标保持高度协调并适度超前，交通运输的基础性、先导性和服务性作用持续发挥。

将先进理念技术手段制度等应用于交通运输全过程全领域的发展模式，是指在交通运输发展方式转变进程中，更加突出先进理念和现代科技、信息化手段、先进制度等的重大推动作用。

江苏交通运输现代化的战略目标是：

到 2020 年，江苏交通运输总体上达到当时世界中等发达国家水平，交通基础设施率先基本实现现代化，运输服务和管理水平显著提升。苏南地区率先基本实现现代化，苏中、苏北与苏南差距进一步缩小。具体为：

交通基础设施率先基本实现现代化。覆盖苏南与苏中、苏北的综合交通骨干网络基本形成，有效支撑城镇空间和产业布局。多层次的轨道交通体系和通江达海的干线航道网基本形成，公路网络和运输机场覆盖全面。综合交通枢纽层次分明、功能完善。综合运输通道基本形成，能力充分、结构合理。

运输服务和管理水平显著提升。多层次多元化的客运服务有效提升公众出行体验，“行有所乘”体现在人民生活的各个方面。一体化的现代交通物流服务有效降低运输成本和提高运输效率，助推江苏融入全球供应链。交通人才的整体素质显著提升，交通出行更加安全和绿色低碳，可持续发展能力不断增强。

到 2030 年，江苏交通运输发展水平总体上进入当时世界发达国家行列，发展的协调性、系统性和可持续性显著提升，现代综合交通运输体系全面建成。

按照上述战略目标，构建江苏交通运输基本实现现代化指标体系，积极推进江苏交通运输现代化建设。

（三）江苏综合交通运输基础设施与装备现代化

进一步完善交通基础设施空间布局，着力优结构、促衔接、强养护，大力提升运输装备水平，构建高效、安全、集约的基础设施与装备。

优化空间布局。围绕江苏省城镇空间结构和产业布局，依据区域资源条件、客货需求特征，采取差别化发展策略，优化区域运输方式结构，加快建成“四纵四横”综合交通走廊，支撑和引导产业空间集聚和城镇化发展。

完善网络结构。以构筑现代综合交通运输体系、充分发挥各种运输方式的比较优势为导向，统筹推进各种交通方式有序发展，进一步完善各交通方式间及方式内部的网络结构。

加强一体化衔接。以加强基础设施在区域之间、城乡之间和不同方式之间的衔接为导向，打造一体化的交通运输体系。

保障设施高效运行。以合理的社会经济成本，管理和维护好交通运输基础设施，以持续保持良好的运行状态，充分发挥其功能，更好地服务于社会公众。

升级运输装备。积极推广应用能效高、排放低、安全可靠的交通运输工具与机械设备，提高装备整体能效水平。

到2020年，江苏现代综合交通运输网络基本形成。各种交通方式结构合理、衔接紧密，“四纵四横”综合运输通道基本形成，多层次客货运输枢纽体系基本形成。江苏省综合交通网络总规模19.9万公里，快速铁路、千吨级航道、民航航线90分钟县级节点通达率分别达80%、85%、100%，高速公路10万人口城镇覆盖率100%，干线公路市县、县县一级公路连通率98%，长江12.5米深水航道南京以下全线畅通，沿江沿海港口、内河港口综合通过能力分别达到18亿吨、8亿吨，其中集装箱通过能力分别达到2800万TEU、150万TEU，综合客运枢纽省辖市覆盖率100%，公路、航道维护达到更高水平。运输装备不断升级，厢式车、集装箱车及专用车占营运货车比例达到40%，内河船舶标准化率达到60%。

到2030年，现代综合交通运输网络全面建成，综合运输通道能力充分，综合交通枢纽体系转换高效，设施运行安全稳定，运输装备先进高效。

（四）江苏综合交通运输客运货运服务现代化

1. 客运服务现代化

积极探索城乡客运一体化发展，实现“行有所乘”基本公共服务均等化，并提升公众出行的安全和智能水平，推进国际客运便捷化、城际客运多样化、城市公交舒适化、镇村客运公交化。

提高城市公交的可靠性、便捷性和舒适性，让城市公交更具吸引力。

城际出行更多选择。打造立体化、多样化城际客运网络，让中远距离城际出行有更多选择、更加便利。

城乡客运更加公平。完善城市公交、城镇客运班线、镇村公交紧密协作的城乡客运一体化体系，让城乡居民共享出行便利。

公众出行更加安全智能。通过规范的客运组织和智慧的出行信息服务系统，提供更高品质、更加精细的客运服务，实现公众出行更安全更智能。

到2020年，形成便捷、公平的旅客运输体系。与东北亚、东南亚主要城市形成“4小时航空交通圈”，民航航线世界重要贸易和旅游目的地直达率达到75%，形成国内干线（快线）、国际航线和区域支线相互支撑、协调发展的网络体系，城际出行更加多样化。至2020年，城市轨道运营里程达到500公里，快速公交营运里程达到800公里。城市万人拥有公交车达到16标台，城市居民公共交通出行分担率达到26%，镇村公交开通率100%。

到2030年，城市公交多层次、多元化、更具吸引力，国际、城际和都市圈出行立体、多样、更便捷，城乡客运公平、一体化、更宜居便行，形成发达、成熟的现代客运服务体系。

2. 货运与物流服务现代化

深化交通运输与现代物流融合，推进传统货运转型升级，港口和航空物流功能充分发挥，城市配送更加规范，运输组织集约高效，运输市场更具活力，打造经济、高效和更具竞争力的现代货运与物流体系。

港口物流更具竞争力。从整合港口资源、拓展服务功能、加密近远洋航线入手，提升港口物流效率，提高竞争力。

航空物流更具规模。依托航空产业园，以航空快递中心布局及国际航线拓展为支撑，以多样化的物流组织模式为纽带，促进航空物流业跨越式发展。

城市配送更加规范高效。城市配送的健康发展不仅需要布局合理的配送基础设施，也需要更加规范的发展政策和因地制宜的管理模式。

运输组织更加先进。以加快发展多式联运和甩挂运输为重点，以创造良好的发展环境和高水平的运输信息服务为保障，加速运输组织的现代化进程，提高货运行业竞争力。

运输企业更具活力。通过政策鼓励骨干企业做大做强，带动市场整合，为中小型企业、民营企业创造更多生存和发展空间，支持传统货运企业向现代物流企业升级。

到2020年，近远洋航线世界重要贸易地区通达率达到80%，外贸集装箱本省港口承运率达到60%。水铁货运周转量占比达到55%。社会物流费用与GDP比值降为13%，初步形成经济高效的货运与物流体系。

到2030年，港口物流和航空物流有效提升国际竞争力，城市配送高度发达，运输市场健康有序，形成与现代产业体系相得益彰的现代货运与物流服务体系。

《江苏交通运输现代化规划纲要》于2013年率先出台，特别是近来的强力实施，已经在全国现代综合交通运输体系的建设中起到良好的示范效应。

第三节　完善“大交通”管理体制

我国是世界上较早提出建设综合运输体系的国家之一。但是，由于长期以来交通管理的部门行政体制的制约，我国综合运输体系建设一直比较缓慢。为此，必须按照国务院颁发的《“十三五”现代综合交通运输体系发展规划》要求，改革和完善“大交通”管理体制，为综合运输体系健康发展提供体制保证。

一、加快发展综合运输体系

党的十七大突出强调“加快发展综合运输体系”，同时明确要求“加快行政管理体制改革”“加大机构整合力度，探索实行职能有机统一的大部门体制，健全部门间协调配合机制。”2007年11月，我们撰写了决策咨询报告《加快发展综合运输体系——探索实行职能有机统一的大部门体制研究报告之一》。内容如下：

胡锦涛总书记在十七大报告中，提出了加快发展综合运输体系的战略任务。

（一）综合运输体系是交通发展到高级阶段的表现形式

所谓综合运输体系，就是将交通运输业融入整个人口出行和物流系统之中，把生产、经营、销售与流通及人口出行等环节整合起来，通过全面系统的管理，极大地提高运输的效率和效益，并逐步解决来自环境、能源和安全等方面的压力，建立一个可持续的、客运高速化、货运物流化、调度智能化的新型交通运输体系；也就是由公、铁、水、空、管道等各种运输方式组成的分工协作、有机结合、连接贯通、布局合理、无缝对接、高效运行的交通运输体系。

综观发达国家的交通发展历程，大致可以划分为以下3个阶段：

第一阶段，是以单一运输方式为主导的初级发展阶段。这一阶段先后经历了“水运时代”和“铁路时代”。在交通成为独立的社会分工以后的一个很长时期内，由于经济和科技不发达，主要依赖天然河道、海洋等自然资源开展运输；随着蒸汽机的发明和改良，从1825年起，铁路迅速以高速度、大运量的特点确立了陆上运输优势。

第二阶段，是各种运输方式激烈竞争的中级发展阶段。进入20世纪以后，经济社会的快速发展对交通运输的需求大幅增长，同时，经济实力和运输技术也出现了跨越式发展，水路、铁路、公路、航空、管道等各种运输方式竞相发展，交通在经济增长和社会发展中的基础性作用逐步显现，但“分割”和“竞争”是这一阶段交通运输业发展的鲜明特征。

第三阶段，则是各种运输方式由竞争走向合作、由独立发展走向综合的高级发展阶段，也就是构建综合运输体系的新阶段。20世纪40~50年代，各种运输方式恶性竞争、独立发展造成资源能源消耗多、运输效率低的问题越来越引起人们的重视。美国《1940年的运输条例》明确提出，要防止运输方式间的过度竞争，保持各种运输方式的协调和健康发展。20世纪90年代以后，随着产业结构的调整、经济全球化和信息化的形成和发展，以及资源环境压力的日益增大，综合运输体系在发达国家得到进一步重视并获得了快速发展。在这一阶段，各种运输方式之间虽然仍存在竞争，但更加强调合作，更加强调相互之间的协调发展、有机衔接以及运输全过程的连续性、无缝性等。因此，加强各种运输方式的协调和整合，并进而构建综合运输体系，是交通运输业发展的客观规律和必然趋势。

（二）我国加快发展综合运输体系具有迫切性

加快发展综合运输体系，是优化资源配置的需要，是建设环保节约型社会的要求，也是实现交通又好又快发展的根本途径。

综合交通运输体系对优化资源配置的重要作用，主要表现在降低物流成本、实现经济效益最大化上。据测算，运输成本是物流成本中的最大组成部分，约占50%～60%。当前，我国物流成本占GDP的比例约为17%～20%，而美国为10%～12%。因此，交通运输体系的综合发展，对于供应链的优化重组、降低物流成本的意义十分重大。

综合交通运输体系对优化资源配置的重要作用，还表现在满足日益丰富和多元化的运输需求上。主要表现在客货运两个方面：一方面，产业结构不断优化，逐步形成区域性产业布局和产业带，能源、原材料、机电产品、农副产品将成为地区间运输的重点，这就需要同时由水运、管道、铁路、高速公路和航空等综合交通运输体系的支持。另一方面，城市化的快速发展和城市化水平的进一步提高必将影响人们的出行和货物流通的变化。国际经验表明，一个国家或地区的城市化水平达到30%以后，客运量将会有一个高速增长期，人们对出行方式要求更加多样、舒适、便捷和安全。这都要求加快形成多种运输方式有机结合、协调运转的综合交通运输体系，以满足对交通运输的“质”和“量”两个方面的需求。

交通运输是国民经济的基础部门，也是大量消耗能源和资源的行业。未来一段时期我国交通运输的总体能耗仍将大幅攀升。作为国民经济的一个重要行业，交通必须占用一定的土地，但也要通过不断地整合和创新，进一步提高节约和集约使用土地的水平。发达国家的实践表明，构建综合交通运输体系，既可以优化配置资源要素，实现各种运输方式的协调发展和综合利用；又能够以最低的经济社会成本，提高交通资源的使用效率和实现可持续利用，保证经济、社会、资源、生态环境的协调发展。

经济社会的发展对交通需求量仍将保持较快增长。加快发展综合交通运输体系，需要突出重点、大力解决交通发展中的“短腿”，同时在加快发展中优化布局、调整结构，实现质量、速度和效益的有机统一。在继续实施公路率先基本现代化战略的同时，进一步加快港口与航道、铁路、航空、管道的发展，努力实现各种运输方式的协调并进。需要结合国情和经济社会发展的阶段性特征，加快建设大走廊、大通道、大枢纽、大物流。交通通道是沟通区域间的重要交通基础设施，而交通走廊则是由多种运输方式骨干线路构成的综合运输大通道，通过各种运输方式共存与紧密的协作，将极大促进产业、要素和人口的合理流动，支撑工业带和城市带的形成和完善，经济发展的爆发力进一步增强。交通走廊及其通道的发达程度代表着一个国家和地区交通运输的发展水平，更是区域经济发展规模与发展水平的重要支撑。综合运输枢纽是各种运输方式的结合部，是影响整个交通运输效率的重要环节，枢纽的作用发挥不好，一体化运输就无从谈起。因此，要高度重视和推进综合交通运输枢纽的布局与建设，使各种运输方式紧密对接，实现运输过程的流畅化和一体化。

（三）加快发展综合运输体系必须探索实行大交通体制

我国是世界上较早提出建设综合运输体系的国家之一。早在20世纪60年代，就有专家提出了建设综合运输体系的设想。1984年国家科委编制的《交通运输技术政策》，正式提出要尽快建立经济合理、协调发展的现代化综合运输体系。国家“十一五”规划又进一步明确提出，要统筹规划、合理布局交通基础设施，做好各种运输方式相互衔接，发挥组合效率和整体优势，建设便捷、通畅、高效、安全的综合运输体系。但是，由于长期以来交通管理的部门行政体制的制约，我国综合运输体系建设一直比较缓慢。无论是从国家层面还是从各省区的交通发展情况看，目前大都还处于综合运输体系发展的起步阶段。为此，必须改革和完善交通管理体制，为综合运输体系健康发展提供体制上的保证。

从交通运输业发展历史看，分散式管理是造成各种运输方式发展失衡和衔接不畅的主要原因。从20世纪60年代起，大多数发达国家均已对交通运输管理体制进行了从部门行政向公共行政的根本性改革，设立了综合交通运输管理部门。比如，美国交通部就包括了航空、公路、铁路、海运、管道和危险货物安全等，以及负责航道管理的航道开发局；日本成立了国土交通省，内设道路局、公路运输局、铁道局、河川局、港湾局和民航局等机构；德国成立了建设与交通部；英国成立了环境与交通运输部；澳大利亚成立了运输与地区服务部；等等。通过交通管理体制的改革，这些国家在发展综合运输体系上都取得了明显成效。目前，只有我国和印度等极少数的国家，仍是按运输方式分设行政管理部门。

全面落实十七大关于“加快发展综合运输体系”的要求，必须坚决贯彻党的十七大精神，“加快行政管理体制改革”“加大机构整合力度，探索实行职能有机统一的大部门体制，健全部门间协调配合机制。”

二、美国“大交通”管理体制借鉴

在世界范围内，美国所实行的美国“大交通”管理体制是比较完善的，值得我们借鉴。2000 年和 2010 年，我们曾二次前往美国，实地考察美国“大交通”管理体制。

（一）美国交通运输部的发展演变

在美国交通运输部成立之前，由海岸警卫队及美国陆军工程兵团管理贸易及运输事宜。

1965 年，美国联邦航空局的局长 Najeeb Halaby 提议成立交通运输部，确保交通政策及项目的制定及执行。这一提议得到了美国预算局局长 Charles Schultze 及总统特别助理 Joseph A. Califano 的支持，计划将此建议列为约翰逊总统 1966 年立法项目的一部分，并指示主管商务运输的副部长 Alan S. Boyd 负责对其可行性进行研究。最终提交的报告建议，成立包括联邦航空局、公共道路局、海岸警卫队、圣劳伦斯航道开发公司、美国州际商务委员会汽车服务部门及巴拿马运河等管理机构在内的统一交通管理部门。

1966 年 3 月 6 日，约翰逊总统将这一提案提交国会，提出新的运输系统对于国内经济稳定发展具有重要作用。美国交通运输部将致力于保障公共交通的安全，减少能源浪费，提高各种交通运输方式的可用性，满足公众的需要。职责上，将负责管理运输项目，解决运输问题，发展和完善国内运输政策。

1966 年 10 月 15 日，约翰逊总统签署了授权法案，美国交通部成立。虽然在机构设立等方面仍存缺陷，却是联邦政府组织机构改革的一项重大进步。

1967 年 4 月 1 日，交通部正式展开工作，成为美国联邦政府中第 4 大职能部门。

（二）美国交通运输部的组织机构

成立于1966年10月的美国交通运输部，是主管全美国各种运输事务的最高行政机构，主要由美国交通运输部由部长办公室及另外11个独立的职能部门组成，分别是国家航空管理局（FAA）、国家（联邦）公路管理局（FHA）、国家（联邦）机动车安全委员会（FMCSA）、国家（联邦）铁路局（FRA）、国家（联邦）公路交通安全管理局（NHTSA）、国家（联邦）运输管理局（FTA）、国家海洋管理局（MARAD）、圣劳伦斯航道开发公司（SLSDC）、研究和特别项目管理局（RSPA）、运输统计局（BTS）、地面运输管理局（STB）。2002年根据国土安全法，授权成立了国土安全部门，从2003年负责管理美国海岸警卫队及运输安全管理局。

我们在2000年访问美国交通运输部时，其组织机构如图6-1所示。其后，部分职能部门与办公室有所调整，此图仅供参考。

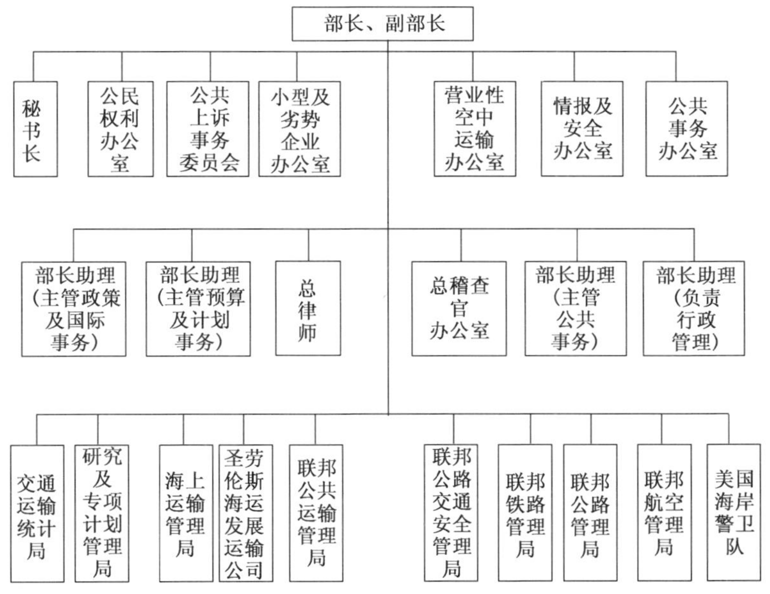

图6-1 美国联邦政府交通运输部组织机构示意图

美国交通运输部主要机构分为两大类型：一是专业职能部门；二是直接辅佐部长开展日常管理工作的业务办公室。以下就主要职能部门与办公室作一简要介绍。

（三）美国交通运输部专业职能部门

1. 国家公路管理局（FHA）

主管全美公路规划、建设、养护、运营以及汽车运输的职能部门，主要是按照各个不同时期由国会批准的法案，对州际高速公路、国家公路系统的建设活动进行资助与管理。其主要任务是通过积极的引导、创新和出色的服务，为美国公众创建世界上最好的交通运输系统。

FHA 总部设在华盛顿，并在全美各地设有区域性机构办公室，大约有 3400 名工作人员。联邦公路管理局总部机构如图 6-2 所示；联邦公路管理局职能架构如图 6-3 所示。

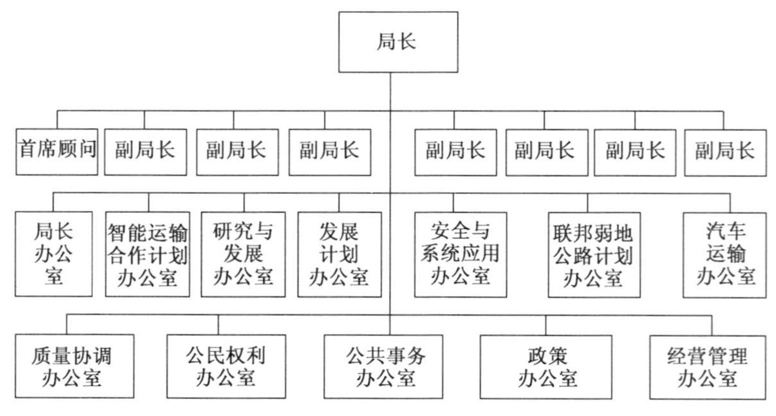

图 6-2　联邦公路管理局总部机构

联邦公路管理局与各州及其他机构合作，协调国家公路运输系统，确保国家安全，促进经济发展、居民生活质量保障及环境的维护。主要的项目包括联邦资助公路项目，为各州提供资金支持，建

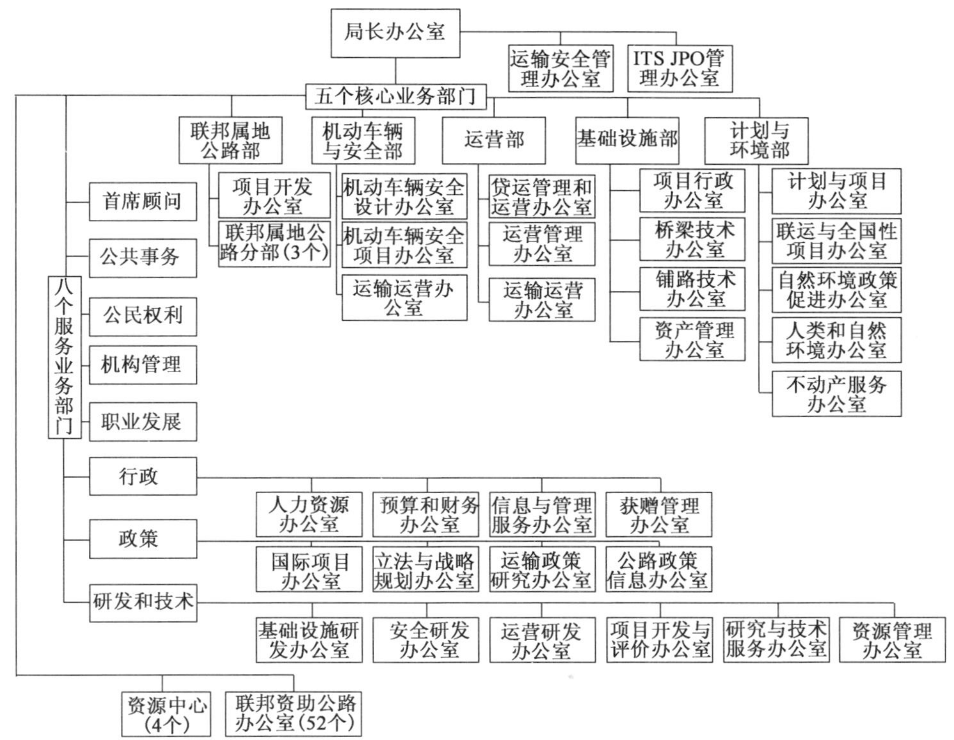

图 6-3　联邦公路管理局职能架构

设和改善国家公路系统，范围包括城市、乡村公路及桥梁。联邦陆地公路计划为森林地区、国家公园及印第安人保留地等区域规划道路，监督建设项目，检测桥梁等。另外还掌管综合性的研发及科技项目。其中，规划、环境及不动产办公室负责管理国际、州际、各州及城市的运输规划，环境管理，不动产收购及管理。该部门还是联邦政府统一法案的主要执行机构。基础建设部负责管理国家公路的基础建设项目，提供技术支持，促进技术创新。同时为联邦资助公路项目提供支持服务，范围包括项目发布及监察，制订工程计划及标准，包括路面、材料、桥梁、隧道、土木工程及液压结构，合同管理，公路设计，建造质量保障，系统维护及资产管理等。运作管理部管理地面运输系统，包括货运联运的开发及智能交通系统在公路运输方面的发展。智能交通系统合作项目办公室负责管理智能交通系统的研发项目，制订新的立法、法规及政策，提供跨部门合作，管理项目的资金状况及进展。安全办公室负责公路交通安全方面的活动，制订和实施战略项目以减少交通事故保护生命。陆地公路办公室管理联邦陆地公路计划，通路防御及急救计划，也对各联邦机构提供交通服务及培训等。

2. 国家公路交通安全管理局（NHTSA）

主要职能与任务是：通过制订完善汽车安全的技术政策、公路交通安全的法令、法规，实施专项公路交通安全行动计划，全面负责公路（包括高速公路）交通安全管理。在正常情况下，交通警察一般不上路拦车检查。在有些收费高速公路管理中，警察还受雇于收费公路管理部门（如新泽西收费高速公路管理委员会）。管委会每年要支付警察工资、福利、办公费用等，并为其配备相应的车辆、通信工具等，双方签订合同确定权利、义务，警察执法完全服从、服务于高速公路运营、管理的要求。国家公路交通安全管理局机构组成如图6-4所示。

3. 国家机动车安全委员会（FMCSA）

2000年1月1日成立，致力于减少商业交通车辆运输事故，减少伤亡，实施安全条例，促进安全运输，改善安全信息系统及技术，强化车辆运营标准，增强安全意识。联邦机动车安全委员会与联邦政府、各州政府、地方机构、汽车运输行业、劳工安全组织等相关机构合作，促进安全运输。

4. 国家铁路局（FRA）

主要致力于保障国家铁路运输的安全，聘用安全监察人员管理

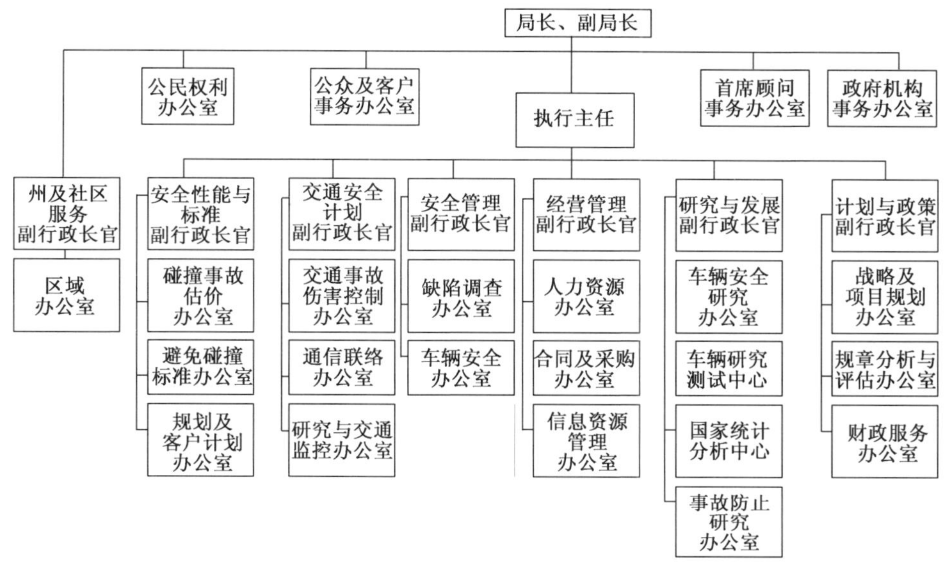

图 6-4 公路交通安全管理局机构组成

铁路运输，在铁路养护、监察标准及管理上达到联邦安全标准。另外，也组织实施安全方面的研发测试，加强铁路系统的运输。铁路安全管制的规划和实施是联邦铁路管理局的主要职责。安全管制包括维护、检查以及制订设备标准和运营实践。它管理着铁路安全改进的研究与开发，并运营着运输测试中心，该测试中心测试高级的和有争议的系统以及技术，以促进地面运输。FRA 管理着国家的、地区的和当地的铁路服务的联邦资助项目，资助被用于支持铁路货运和客运服务，以及州铁路规划。另外，FRA 管理着旨在促进美国东北部铁路运输的运输项目。

其中，财务管理及行政部门负责协调管理联邦铁路局的行政项目，提供行政服务，并为公众及私人部门提供支持。同时也负责实施政府及交通部的管理改革。政策部门为铁路行业相关的项目提供支持、分析和建议。具体包括：兼并和重组，经济管理，铁路效益，交通方式及网络分析，劳工管理问题，运输数据，联运，环境问题及国际项目。铁路发展部该部门负责制定和实施铁路相关的规章制定，提供财务资助，主办研发项目，提供技术支持等。安全办公室致力于促进国家铁路行业的安全，进行铁路安全检查，落实联邦安全标准，收集和分析事故数据，提交相关图表或报告。

5. 国家航空管理局（FAA）

负责保证国内航空的安全。安全的第一要务，包括相关法规及标准的颁布和实施，范围涉及航空器的制造、运行、认证和维护。同时负责对飞行员的等级评定及机场的认证，根据危险材料运输法案对空运进行监管。

国家航空管理局负责管理机场塔台、空中交通管制中心和飞行服务站，制订完善空中交通法规，分配空中使用权，提供满足国防需要的空中安全管制，管理商业航空运输企业，颁发商务航天器许可。另外，还负责设计和安装用于空中导航的可视电子辅助设备，促进国际航空安全。负责航空关注促进航空商业的发展，在安全和有效的前提下控制可飞行的空间领域。

FAA 最著名的是它的航空安全管制，管理着飞机的制造、运营和维护，飞行员和导航员的资格证书，航空运输控制设施的运营。它进行着程序、系统和设施的研究和开发，以达到安全和有效的航空导航和航空运输控制。同时它也实施危险物质的安全管制。FAA 管理着一个很大的项目对公共航空港进行规划和发展，并提供机场的规划、设计以及安全运营的技术指导。该机构保留着飞行员、飞行器、螺旋桨推进器和零件的注册和记录，通过与外国机构交换航空信息推动国际航空安全，确保外国的修理设施和机械，提供航空安全培训的技术指导。

其中，机场管理机构负责规划、发展安全且高效的机场系统，同时考虑经济、环境的兼容性、地方所有权和保护公共投资。空中交通组织的首要职能是保证空中交通的安全和便捷，服务对象主要是商业航空、私人航空及军队。机构的员工包括工程师、技术人员、检查员及提供支持服务的人员。航空政策、规划及环境部门为联邦航空管理局提供政策、战略规划，协调整个机构的权利分配，同时负责制订有关环保及能源方面的国家航空政策，包括航空活动预测、经济分析、航空器噪声及排放的研究及政策制订、环境政策、航空保险及员工安全和健康保障。航空安全部负责航空器的认证、生产许可及适航，还有飞行员、技术工程师及其他与安全飞行有关的工作人员的资格认证。还负责对所有从事国内民航维护及运营的企业进行认证，对7300多个美国商业航线及空运公司的认证和安全检查。商业航空运输部门的职责是在商务航空活动中维护公众人身及财产安全、国家安全及美国对外政策的利益，同时负责鼓励和促进美国商务航空运输。交流沟通部门负责向媒体及全国范围内员工发布航空管理局交流活动的相关政策信息。政府及企业事务部负责与国会、航空企业组织及其他政府组织的联络。信息服务部门负责领导和管理国家航空管理局下属的信息技术企业，包括基础建设及应用。首席信息官制订相关政策并提供指导，范围涉及资金规划、企业服务、信息管理、信息系统安全、项目服务及研发等。国际航空部门负责处理国际航空事务，维护美国在国际航空领域的领导地位，致力于提高全球航空系统的安全；负责与其他国家的相关机构进行交流，与国际民航组织展开合作，安排技术协助及培训，促进全球航空标准的统一与国际合作伙伴分享经验及新技术。地区管理部门领导美国各地区管理局，总部设在华盛顿，分设9个地方办公室，同时管理位于俄克拉荷马市的麦克航空中心。安全与危险材料办公室负责保障国家航空系统的工作人员及设备避免遭受犯罪分子和恐怖分子的袭击。

6. 国家海洋管理局（MARAD）

国家海洋管理局又名海上运输管理局。旨在发展、促进和运营美国商业海洋并组织和引导紧急商业运输运营的项目。海洋管理局保留着一支由政府拥有的国防舰队，用以在国防紧急时期的运营。它同时还运营着美国商业海洋军队，负责未来商业海洋执行官的培训。通过海洋基金局管理着海洋补助项目。海洋管理局致力于加强和改善美国海洋运输系统，包括基础建设、企业及员工。促进美国商业海运的平衡发展，管理国内及部分外国的内陆水运，并在国家紧急状态或战争时期为军队提供辅助服务。海洋管理局也负责保证美国拥有充足的船只建造及维修服务，高效率的港口和水陆联运系统，并确保在国家紧急状态下提供足够的运载能力。

7. 国家公共运输管理局（FTA）

负责促进多式联运、设备、技术和方法，并鼓励规划和建立城市多式联运系统，以及提供对于州的和当地的多式联运项目政府的资金支持。有75%的项目成本的资本金或者贷款可以赋予社区购买设备和设施。规划基金能够满足80%的运营补助，另外它也为研究和培训计划提供资金支持。国家运输管理局协助其他部门，促进全国公众交通运输系统的发展。帮助规划、建设和管理运输系统，实现便捷、低成本的运输。最主要的公共运输方式是汽车和铁路，其他还包括地铁、通勤渡船等。联邦运输管理局提供资金、技术和规划支持，促进建设安全、高科技的地方运输系统。另外该机构还负责管理国家交通图书馆，馆藏各种报告、文档和数据资料。预算和政策办公室，负责制订政策、规划项目、进行项目评估，以及预算和财务服务。规划和环境部门为联邦及各地区政府官员提供信息等支持工作，使其更好地制订运输投资决策。项目管理部门负责管理全国性的项目，通过各地区办公室指导项目实施，管理相关资金和技术资源，并提供程序及项目方面的指导。另外，对运输企业及各州和地方管理机构提供帮助，如技术、培训和信息支持，实现高标准的安全运输。研究和创新办公室为企业和政策制订者提供信息和技术，从而使其在运输技术、管理及投资方面做出决策。

8. 管道和危险材料安全管理局（PHMSA）

负责检查美国危险材料的运输和由管道运送的能源物资，致力于减少危险材料运输及管道运输的伤亡事故，促进运输发展，保护环境。

9. 圣劳伦斯海运发展公司（SLSDC）

政府拥有的运营组织，负责美国圣劳伦斯海洋的发展、维护和运营。它对使用海洋的船只进行收费，这些收费站是和加拿大海洋机构商议后制订的。美国和加拿大海洋机构的联合行为包括海洋运营、交通控制、导航帮助、安全和运输。圣劳伦斯航道开发公司负责管理和维护五大湖及大西洋地区的水运，包括商业及非商业船只，以建立安全高效的水运系统。与加拿大圣劳伦斯航道管理局合作，监督作业安全，检查船只，控制水上交通，并提供领航协助，促进发展地区贸易。

10. 研究和科技创新管理局（RITA）

该部门负责交通部的研究项目，通过研究促进技术应用，改善国家交通系统。

综上所述，美国交通运输部的管理范围包括公路、铁路、航空、水运、管道运输等多种方式，这种综合管理体制有利于统一规划和配置运输资源，协调各种运输方式的发展，达到了机构精简、经济节约、运输便利、环境清洁的目的。

三、深化交通管理体制改革

《国务院关于印发“十三五”现代综合交通运输体系发展规划的通知》（国发〔2017〕11号）（以下简称《通知》）在“全面深化交通运输改革”部分，突出强调“深化交通管理体制改革”，明确要求“完善‘大交通’管理体制”。[1]

《通知》指出：“深入推进简政放权、放管结合、优化服务改革，最大程度取消和下放审批事项，加强规划引导，推动交通项目多评合一、统一评审，简化审批流程，缩短审批时间；研究探索交通运输监管政策和管理方式，加强诚信体系建设，完善信用考核标准，强化考核评价监督。完善‘大交通’管理体制，推进交通运输综合行政执法改革，建设正规化、专业化、规范化、标准化的执法队伍。完善收费公路政策，逐步建立高速公路与普通公路统筹发展机制。全面推进空域管理体制改革，扎实推进空域规划、精细化改革试点和‘低慢小’飞行管理改革、航线审批改革等重点工作，加快开放低空空域。加快油气管网运营体制改革，推动油气企业管网业务独立，组建国有资本控股、投资主体多元的油气管道公司和全国油气运输调度中心，实现网运分离。”“各有关部门要按照职能分工，完善相关配套政策措施，做好交通军民融合工作，为本规划实施创造有利条件；做好本规划与国土空间开发、重大产业布局、生态环境建设、信息通信发展等规划的衔接，以及铁路、公路、水运、民航、油气管网、邮政等专项规划对本规划的衔接落实；加强部际合作和沟通配合，协调推进重大项目、重大工程，加强国防交通规划建设；加强规划实施事中事后监管和动态监测分析，适时开展中期评估、环境影响跟踪评估和建设项目后评估，根据规划落实情况

[1] 2017年2月28日，中国政府网。

及时动态调整。地方各级人民政府要紧密结合发展实际，细化落实本规划确定的主要目标和重点任务，各地综合交通运输体系规划要做好对本规划的衔接落实。”

从交通运输业发展历史看，分散式管理是造成各种运输方式发展失衡和衔接不畅的主要原因。自20世纪60年代起，大多数发达国家均已对交通运输管理体制进行了从部门行政向公共行政的根本性改革，设立了综合交通运输管理部门。美国交通运输部包括航空、公路、铁路、海运、管道和危险货物安全等，以及负责航道管理的航道开发局；日本成立了国土交通省，内设道路局、公路运输局、铁道局、河川局、港湾局和民航局等机构；德国成立了建设与交通部；英国成立了环境与交通运输部；澳大利亚成立了运输与地区服务部；等等。通过“完善‘大交通’管理体制”的改革，这些国家在发展综合运输体系上都取得了明显成效。

综合运输体系是各种运输方式在现代经济条件下共同组成的布局合理、优势互补、分工明确、衔接顺畅的运行系统和服务系统。“十二五”期是全面建设小康社会的关键时期，是深化改革开放、加快转变经济发展方式的攻坚时期，也是我国加快推进综合运输体系建设，促进交通行业加快转变发展方式，向现代服务业转型的重要战略机遇期。推进综合运输体系发展建设，是适应我国经济社会发展新阶段、新形势、新任务的现实需要和长远需要，是中央赋予交通运输管理部门的重要职责，也是转变交通运输发展方式的重要途径。

改革开放近40年来，交通运输行业快速健康发展，各种交通方式能力不足问题已逐步缓解，但各种方式之间及其内部的统筹协调问题也日益显现，制约了综合运输系统整体效率的发挥。我国交通运输行业已经进入转型的关键时期，交通运输的发展必须从以往各种运输方式自成体系和自我扩张的发展方式，转向更加注重合理分工和协调发展的轨道上，这一趋势要求推进综合运输体系建设，助力交通运输业的顺利转型。

当前，我国工业化、信息化、城镇化、市场化、国际化深入发展，经济社会发展迫切要求交通运输系统提供更加便捷、经济、高效、安全的运输服务。同时，关系交通发展的土地、能源、岸线和环境等有关制约因素日益显现。在这一形势下，必须通过建设综合运输体系，以资源节约、环境友好为导向，有效协调和衔接各种运输方式，走资源集约利用的道路，才能满足经济社会发展对交通运输业的要求。

党中央、国务院高度重视综合运输体系发展，党的十七大报告及国民经济和社会发展“十一五”规划纲要提出“统筹规划、合理布局交通基础设施，做好各种运输方式相互衔接、发挥组合效率和整体优势，建设便捷、通畅、高效、安全的综合运输体系”的明确要求。十七届五中全会决议文件再次明确要“按照适度超前的原则，统筹各种运输方式发展，构建便捷、安全、经济、高效的综合运输体系”。

2008 年，国务院大部制改革组建了交通运输部并赋予其若干重要职责，包括“加强综合运输体系的规划协调职责”“加强统筹区域和城乡交通运输协调发展职责”“承担涉及综合运输体系的规划协调工作”“由交通运输部牵头，会同国家发展改革委、铁道部等部门，建立综合运输体系协调配合机制”。大部制改革明确了综合运输体系建设的推进主体，在为推进工作提供必要的体制环境的同时，也对交通运输部的工作提出新的期望和要求。推进综合运输体系建设，是交通运输部履行好新职能的重要抓手。

党的十八大进一步提出，要构建系统完备、科学规范、运行有效的制度体系，使各方面制度更加成熟更加定型。这是一篇大文章，做好这篇大文章不容易。我们要落实好已经出台的改革措施，同时要从解决当前突出矛盾出发，及时推出改革新举措。要深入研究全面深化体制改革的顶层设计和总体规划，加强对各项改革关联性的研判，把经济、政治、文化、社会、生态等方面的体制改革有机结合起来，把理论创新、制度创新、科技创新、文化创新以及其他各方面创新有机衔接起来。要尊重人民首创精神，坚持全局和局部相配套、治本和治标相结合、渐进和突破相促进，鼓励大胆探索、勇于开拓。对看准了的改革，要下决心推进，争取早日取得成效。对看得还不那么准、又必须取得突破的改革，可以先进行试点，摸着石头过河，在实践中开拓新路。

然而，中国的交通运输部正式组建10年了，我国的综合交通运输的“大交通体制”运行效果并未十分理想。

对于这一的现实，我们需要认真反思。

其一，“大交通体制”改革牵涉多个部门权责关系，推进难度较大。由于思想认识上的差异，有的上级部门对撤并其下属系统机构施加压力，有的改革由于权利关系的制约而推迟，导致改革进程放缓。

其二，“大交通体制”还没有完全实现从“物理组合”到“化学反应”。有的机构虽然划归到一起，但融合程度不到位，“名合而实不合”，一些部门在新体制下仍然保持了独立性；有些新组建部门还处在磨合期，工作机制没有能够相应建立起来，有些大部门职能作用还没有发挥出来。同时，不少公务员素质和能力也难以适应大部门的需要。

为此，我们要深化“大交通体制”改革理论研究，增强改革的前瞻性和指导性。对于“大交通体制”改革理论，我国理论界和实际部门已进行了一些探索，对改革起到了一定的理论支撑和实践指导作用。但总体看来，由于我们对“大交通体制”理论与实践研究的时间比较短，研究深度和广度还有限，对于它的基础条件、支撑条件还缺乏深入的理解，还不能完全满足实践发展的需要。当前，迫切需要研究适合我国新阶段实际情况的机构改革的特点和规律，迫切需要研究中央与地方各级政府的行政职能和组织结构，政务管理部门、社会事务管理部门、经济事务管理部门的总体数量及相互关系，决策部门、执行部门、监督部门的法律关系等。同时，还需要对改革中涉及的一些重点难点问题，进行深入的理论研究和实践总结。大部门体制反映了现代行政管理体制发展的趋势，但也受到国家经济社会发展水平和行政管理传统的深刻影响与制约，要在准确把握我国国情的基础上，深入研究国外做法，吸取对我们有益的经验。当然，对国外成功经验，我们既要学习与借鉴，也要做到有扬弃。

要强化“大交通体制”改革法制建设，保障改革的持续性和稳定性。探索实行职能有机统一的“大交通体制”，是行政体制和政府管理的创新，推进“大交通体制”改革并巩固其改革成果，都需要法制保障。如果没有法制做保障，仅靠行政力量是很难持续推进的。即使仅靠行政力量在比较短的时间内能够推进，但改革成果也很难长期保持下去。这方面过去是有深刻教训的。例如，真正实现中央与地方行政管理体制的规范化和制度化，还应适时修改宪法和组织法，尽快制订相应的《中央与地方关系法》，对中央政府与地方政府的职责权限做出更加明确细致的规定，使适当的集权与必要的分权具有法定性的保障。因此，加强“大交通体制”改革的法制建设，保障改革措施的持续性、稳定性，应当成为下一步改革的重要任务。

要突出“大交通体制”改革重点难点，增强改革的突破性和实质性。推进大部门制改革的关键在于两个方面：一是要抓住转变政府职能这个核心，实现组织机构从“硬件压缩整合”到“软件更新升级”；二是要建立健全部门间的协调配合机制，理顺上下部门、平行部门间和部门内部的关系。这两个方面是改革的重点，也是难点。

从公共行政理论来看，机构职能的合理配置是行政体制的基础，科学的机构设置是全面履行政府职能的保证。在“大交通体制”改革过程中，既要考虑职能的科学配置，又要考虑机构的科学设置。因此，最大限度地避免政府职能交叉、多头管理、责任不清的问题，就需要进一步转变职能，加大对机构整合的力度，建立健全上下部门、平行部门间和部门内部协调配合机制，特别是需要完善工作流程机制。

包括“大交通体制”改革在内的行政体制改革是经济体制改革和政治体制改革的重要内容，必须随着改革开放和社会主义现代化建设发展不断推进。转变政府职能是深化行政体制改革的核心，实质上要解决的是政府应该做什么、不应该做什么，重点是政府、市场、社会的关系，即哪些事应该由市场、社会、政府各自分担，哪些事应该由三者共同承担。我国行政体制改革的过程，就是从计划经济条件下的政府职能体系不断向社会主义市场经济条件下的政府职能体系转变的过程。

党的十四大、十五大、十六大、十七大、十八大都对行政体制改革、转变政府职能提出了明确要求。党的十八大在总结行政体制改革经验的基础上，提出要建立中国特色社会主义行政体制，深化行政审批制度改革，继续简政放权，推动政府职能向创造良好发展环境、提供优质公共服务、维护社会公平正义转变。

党的十八大与三中全会进一步提出，要构建系统完备、科学规范、运行有效的制度体系，使各方面制度更加成熟更加定型。这是一篇大文章，做好这篇大文章不容易。我们要落实好已经出台的改革措施，同时要从解决当前突出矛盾出发，及时推出改革新举措。

综合交通运输体系是一个有机整体，不是各种运输方式的简单叠加。加快推进综合交通运输体系建设，首先要紧紧围绕主题主线搞好顶层设计，着力完善有利于综合交通运输体系建设的体制机制和规划、政策、法律法规、标准规范体系。推进过程中要坚持适度超前，形成布局合理、功能完善、有机衔接、安全环保的综合交通运输网络。坚持优化布局，实现通道畅通、枢纽高效，促进各种运输方式在区域间、城市间、城乡间、城市内的协调发展。坚持绿色发展，形成节约资源和保护环境的交通结构、建设方式、消费模式，实现与资源环境的和谐统一。坚持改革创新，深化体制机制改革和职能转变，依托科技进步和管理创新，增强内生动力和活力。

推进综合交通运输体系建设固然是一项长期的、系统的工程，但“完善‘大交通’管理体制”也需要有毛泽东主席所倡导的“只争朝夕”的精神！

这里，要清醒地认识到：改革必然触及利益。有一句著名的格言说：几何公理要是触犯了人们的利益，那也一定会遭到反驳的。深化改革，难免触动一些人的奶酪，碰到各种复杂关系的羁绊，不可能皆大欢喜。突破既得利益，让改革落地，需要有勇气、有胆识、有担当。畏首畏尾，不敢出招，怕得罪人，是难以落实措施、推动工作的。全面深化改革是立足国家整体利益、根本利益、长远利益进行部署的，目的是要达到一加一大于二的效果，使整体利益产生乘数效应，避免一加一小于二的状况，防止局部利益相互掣肘、相互抵消。在地方和部门工作的同志要站在党和国家事业全局的高度思考问题、推动工作，而不是各取所需、挑三拣四，甚至借改革之名强化局部利益。要注意避免合意则取、不合意则舍的倾向，避免不得要领、违规操作的倾向，避免缺乏信心、心存观望的倾向。

还要注意打破不合时宜的思维定式。思维定式有的是在长期工作中形成的，有的是个人立场、地位、利益决定的，有的是同现有一些工作格局、工作权限、工作机制密切相关的。事业在发展，形势在变化，过去合理的现在可能已经不适应，以前长期有效的目前可能开始失灵。正所谓“昨日是而今日非矣，今日非而后日又是矣。”面对新形势新任务，如果完全顺着既有的思维定式来行事，可能就觉得不需要改革或不积极去推动改革了，就可能误事。我们说要以更大决心冲破思想观念束缚，就是要破除妨碍改革发展的那些思维定式，顺应潮流，与时俱进。“审度时宜，虑定而定，天下无不可为之事。”要做好承受改革压力和改革代价的思想准备，对党和人民事业有利的，对最广大人民有利的，对实现党和国家兴旺发达、长治久安有利的，该改的就要坚定不移改，这才是对历史负责、对人民负责、对国家和民族负责。

同时，我们会坚定信心：方向决定成败。转变政府职能，关键是要明确往哪里转、怎么转。转变政府职能的总方向，就是党的十八大确定的创造良好发展环境、提供优质公共服务、维护社会公平正义。要按照这个总方向，科学界定政府职能范围，优化各级政府组织结构，理顺部门职责分工，突出强化责任，确保权责一致。政府要全面正确履行经济调节、市场监管、社会管理、公共服务职能，应该有所为有所不为，减少对微观事务的管理，把不该由政府管理的事项转移出去，把该由政府管理的事项管住管好，努力做到不越位、不错位、不缺位，以充分发挥市场在资源配置中的基础性作用，更好发挥社会力量在管理社会事务中的作用，充分发挥中央和地方两个积极性。

综合交通运输行政体制改革是经济体制改革和政治体制改革的重要内容，必须随着改革开放和社会主义现代化建设发展不断推进。

转变政府职能是深化行政体制改革的核心，实质上要解决的是政府应该做什么、不应该做什么，重点是政府、市场、社会的关系，即哪些事应该由市场、社会、政府各自分担，哪些事应该由三者共同承担。推进综合交通运输行政体制改革，要坚持积极稳妥、循序渐进、成熟先行，抓住主要矛盾和重点问题，把职能转变放在更加突出的位置，既巩固以往的改革成果，又着力破解重大难题。要协调推进综合交通运输体系改革，注重改革的关联性和耦合性，力争最大综合效益。

综上所述，我们要把握历史方位，搞好顶层设计，寻求重点突破，加快推进我国综合交通运输体系建设，扎实推进交通运输现代化，为全面建成小康社会、实现民族伟大复兴两个“百年目标”提供强有力的交通运输服务保障。

后　　记

在本书出版之际，谨在此写几句话。

首先，我想说明，《中国公路可持续发展顶层设计研究》其实是高级工程师王燕弓硕士的专著，集中体现了他多年来的主要研究与实践成果。

2008 年 12 月 5 日，国家发展和改革委员会、财政部、交通运输部和国家税务总局根据国务院常务会议的要求联合发布公告，就《成品油价税费改革方案（征求意见稿）》向社会公开征求意见。王燕弓当时被借调到国家发展和改革委员会，承担汇总互联网上征求到的各方面意见工作。他强烈意识到：成品油税费改革预示我国公路交通的投融资体制乃至公路发展基础模式将发生根本性的变化，如准备不充分，将引发危机。为此，王燕弓主动撰写了《燃油税费改革要避免引发中国"次贷危机"》的决策咨询报告。

那一年，王燕弓 27 岁。

2009 年 7 月，王燕弓执笔完成了《成品油税费改革后公路交通面临的严峻形势与对策建议》。

2011 年 3 月，王燕弓执笔完成了《关于实施"公路两个体系"发展战略、完善公路收费政策、促进公路科学发展的建议》。

2013 年 5 月，王燕弓执笔完成了决策咨询报告《关于公路可持续发展的顶层设计建议》。

本书就是以王燕弓执笔的《关于公路可持续发展的顶层设计建

议》为基本架构而展开论述的。

王燕弓执笔的《关于公路可持续发展的顶层设计建议》，原本可以延伸出一篇博士论文的。据我所知，王燕弓也曾有此谋划。后来，他放弃了攻读博士学位的路径，决定将《关于公路可持续发展的顶层设计建议》扩展为《中国公路可持续发展顶层设计研究》这部专著。我理解并点赞王燕弓的这个选择。作为一名博士生导师，我以为《中国公路可持续发展顶层设计研究》可以与一篇“博士论文”相媲美。

我的长辈、著名诗人臧克家生前曾几次与我谈到，创作诗歌的一条重要经验就是“功夫在诗外”。据此道理，研究中国公路可持续发展也不能仅仅局限于中国公路发展的学术领域，而必须长期深入中国公路的发展实践。

十余年来，王燕弓参与了我所主持的全部交通课题，其中包括交通（运输）部委托课题，也包括国务院主要领导同志交办的重大课题，并执笔完成了有关公路发展的研究报告。

更为重要的是，王燕弓全力投身于中国公路交通研究已经有12 年。

2005 年，王燕弓作为北京理工大学硕士研究生在交通部规划研究院战略研究所进行毕业实习期间，被借调到交通部参与公路“治超”。他所设计的“治超”软件经交通部专家审定后用于“治超”实践。于是，王燕弓毅然放弃已经写好的学位论文，重新撰写了以此“治超”软件应用于“治超”实践为内容的学位论文，并以此论文获得北京理工大学颁发的工程硕士学位。王燕弓随即成为交通部规划研究院战略研究所的正式成员。

2016 年秋天，王燕弓提议写一本《中国公路可持续发展顶层设计研究》的著作，这与我长期以来的一个愿望不谋而合。

我从事交通研究始于1998年。我想过将20年来关于公路交通可持续发展的研究，特别是顶层设计的研究成果撰书发表，以表达对我国公路可持续发展的期盼。但由于年事已高等原因，此愿望长久地存于我的心中，没有付诸实施。

2017年元旦，王燕弓再次和我谈起想写一本《中国公路可持续发展顶层设计研究》的著作时，我以为时机已到，欣然应允。于是，我负责提出《中国公路可持续发展顶层设计研究》的写作大纲，提供我的有关研究成果；王燕弓具体负责全书文稿的撰写。之后，我负责审改文稿，对若干地方作了适当的修订与补充。基于此，我同意作为第二作者署名，并愿意对本书负责；本书也反映了我从事交通管理体制改革研究20年走过的历程。

《中国公路可持续发展顶层设计研究》即将付梓，作为一位从事教育工作近50年和从事交通研究20年的教师与学者，我颇感欣慰。希望王燕弓再接再厉，在发展中国交通运输事业的征程中继续努力前行。

在《中国公路可持续发展顶层设计研究》付印出版之际，衷心感谢多年来支持我们的有关部门和有关方面的同志们！

衷心感谢人民交通出版社社长朱伽林同志、总编辑韩敏同志；衷心感谢为本书出版付出巨大辛劳的吴有铭主任、尤晓暐主任和周宇副主任！

国家行政学院一级教授　博士生导师

交通管理体制改革研究课题组组长

王　伟

2017年6月5日